Philip Singerman
Red Adair

PHILIP SINGERMAN

RED ADAIR

Der Feuerlöscher

Die autorisierte Biographie

Moewig

Die Originalausgabe erschien 1989 unter dem Titel
Red Adair. An American Heroe
bei Bloomsbury, London

Deutsche Erstausgabe
Aus dem Englischen von Michael H. Weise

Umschlagentwurf und -gestaltung: Meinolf Paul, Berlin
Umschlagfoto: dpa
Gesetzt aus der 10/12° Palatino
Druck und Bindung: Bercker Graphischer Betrieb
Printed in Germany 1991
ISBN 3-8118-1165-7

Für Marcia
Philip Singerman

Im Gedenken an Myron M. Kinley
Red Adair

Inhaltsverzeichnis

Vorwort

In Texas erzählt man sich folgende Geschichte über Red Adair: Ein Texaner starb und kam an die Himmelspforte. Dort stand er nun Auge in Auge mit Petrus. Dieser Texaner war ein hohes Tier gewesen, einer, der was zu sagen und auch vieles bewegt hatte. Und überhaupt, er war völlig von Texas überzeugt. Petrus war es leid, sich von ihm anhören zu müssen, wie wunderbar und einzigartig Texas ja nun einmal sei, und beschloß, ihn ganz schnell in den Himmel zu lassen und ihm seinen Platz zuzuweisen. „Sieh einmal dort, diese sanften und saftigen Hügel, über und über mit Blumen bedeckt, und diese wogenden dunklen Wälder dahinter. Nun, gibt es vergleichbar Schönes in Texas?"

„Ganz sicher", entgegnete der Texaner, „ja bestimmt, genauso ein schönes Fleckchen findet man in der Nähe von Tyler."

„Dann sieh einmal dort hinüber", sagte Petrus. „Siehst du, wie der Fluß dahingleitet, die reißenden Stromschnellen? Siehst du, wie die Fische darin herumspringen? Gibt es so etwas in Texas?" — „Ganz sicher", sagte der Texaner voller Stolz. „Nördlich von Austin haben wir ein Plätzchen, das sieht ganz genauso einladend wie dieser Flußlauf aus."

Allmählich wurde Petrus ein wenig ärgerlich, schnippte mit den Fingern und zeigte über seine Schultern auf die lodernden Feuer der Hölle. „Und das?" fragte er. „Habt ihr irgend etwas Vergleichbares in Texas?"

Der stolze Texaner blickte lange in dieses Inferno. Die Flammen schlugen einige hundert Meter hoch, kochende Lava ergoß sich am Fuße der lodernden Feuer. „Nein, Petrus, so etwas haben wir ganz sicher nicht. Aber dafür haben wir den einzigen Burschen, der es schafft, ein solches Feuer zu löschen."

Kapitel 1

Eine Ölbohrung ist immer wieder wie ein Glücksspiel. Man kann ein riesiges Vermögen machen oder in Null Komma nichts pleite gehen. Manchmal muß man einen Gewinn auch mit dem furchtbaren Preis eines Menschenlebens bezahlen. Man kann jede nur erdenkliche Sicherheitsvorkehrung treffen, doch man kann nie ausschließen, daß irgend etwas schiefgeht. Das kann immer und überall passieren. Es passiert so sicher wie das Amen in der Kirche, doch das macht die besondere Romantik des Ölgeschäfts aus.

Red Adair

Nordsee, 1988

Plötzlich erklang dieses schreckliche Heulen, das entsteht, wenn Gas unter hohem Druck aus den Leitungen strömt. Es war ein durchdringendes, lähmendes Kreischen, wie man es nur aus den schlimmsten Alpträumen kennt, so furchterregend wie das Brüllen einer wütenden Raubkatze im Urwald, drei Meter vom eigenen Zelt entfernt. Die ganze Welt bestand nur noch aus Lärm. Das Heulen fuhr den Männern durch Mark und Bein und lähmte sie nahezu. Sie blieben, wo immer sie sich gerade befanden, wie angewurzelt stehen oder klebten an ihren Matratzen. Es verschlug ihnen den Atem. Wer es einmal gehört hatte, konnte — vorausgesetzt, er war mit dem Leben davongekommen — nie wieder in Ruhe auf einer Bohrinsel arbeiten.

229 Männer befanden sich in der Nacht vom 6. Juli 1988 auf „Piper Alpha", einer der Nordsee-Bohrinseln der Firma Occi-

dental Petroleum. Keiner von ihnen wußte genau, an welcher Stelle dieses heulende Gas aus den Leitungen austrat. Es konnte von überall her kommen. Vielleicht von dem Teil der Plattform, von dem die Bohrungen ausgingen. Dieser Teil wurde Modul A genannt. Von seiner untersten Ebene bahnten sich 36 Bohrlöcher ihren Weg in die Tiefe, in ein ausgedehntes, knollenförmiges Öl- und Gasvorkommen, mehr als acht Kilometer unter der Wasseroberfläche. Die 300 000 Barrel Erdöl und die riesigen Mengen Gas, die pro Tag anfielen, machten Modul A zu dem gefährlichsten Teil der Bohrplattform.

Das ausströmende Gas konnte natürlich auch von einem Rohrbruch zwischen Modul B und Modul C stammen. In Modul B, in der Abscheidungsanlage, wurde das Gas durch chemische Prozesse vom Öl getrennt. Modul C war die Gasdruckanlage, dort erhöhten zwei riesige Kompressoren, von Rolls-Royce RB 211-Turbinen angetrieben, den Druck des Gases von 350 Kilopond auf über 1000 Kilopond pro Quadratzentimeter. Dieser Druck war nötig, um das Gas durch die unterirdische Rohrleitung zur Küste zu transportieren. Vielleicht war die Ursache auch ein winzig kleiner Riß in einem der beiden Kessel der Druckerhöhungsanlage oder ein Leck in den Rohrleitungen zwischen Modul C und den zwei Gasturbinen in Modul D. Dort war neben der eigenen Stromversorgung auch die Kommandozentrale der Bohrinsel untergebracht. Die genaue Ursache sollte allerdings niemand erfahren. Aber jeder auf der Plattform, die Piloten auf dem Hubschrauberdeck, die Deckarbeiter an den Bohrgeräten, die Köche in der Großküche und selbst diejenigen, die so etwas noch nie zuvor gehört hatten, wußten sofort, was das Heulen zu bedeuten hatte und was jetzt passieren konnte.

Die Männer kannten das Brausen der Nordseewinde, die mit bis zu 160 Stundenkilometern um die Spitze des Bohrturms tobten. Sie waren mit dem Tosen der bis zu 25 Meter hohen Wellen vertraut, die gegen das riesige Stahlgerüst schlugen, ein 13 000 Tonnen schweres Skelett aus röhrenförmigen Balken und Querrahmen, an dem die Plattform verankert war. Sie kannten das dumpfe Schlagen der Rotorblätter bei Start und Landung der Hubschrauber, das Tuckern der Dieselmotoren von den Versorgungsschiffen, wenn sie längsseits gingen. All diese Geräusche waren ihnen in Fleisch und Blut übergegangen, sie waren ein Teil des Lebensrhythmus auf See, sie begleiteten den Alltag auf „Piper Alpha".

„Piper Alpha" war im Jahr 1975 etwa zweihundert Kilometer nordöstlich von Aberdeen, Schottland, in der Nordsee errichtet worden. Die See unter der Bohrinsel war 145 Meter tief. Schwere Hohlpfähle waren 115 Meter weit in den Meeresboden gerammt worden, und darauf hatte man den Stahlmantel in einem Stück verankert. Dieser „Mantel" aus Stahlträgern von 150 Metern Länge war an Land gebaut, zusammengesetzt und dann auf einem 152 Meter langen Frachtenschlepper zu der Position der Bohrinsel gebracht worden. Dort angekommen, hatte man ihn mit Schwimmkränen zu Wasser gelassen und mit Hilfe von Schwimmkörpern abgesetzt, bis er die Hohlpfähle genau erreicht hatte. Auf dieses Stahlgerüst, das noch etwa dreißig Meter aus dem Wasser ragte, war ein Stützrahmen geschweißt worden. Darauf hatte man eine Anzahl großer rechteckiger Kästen montiert: die einzelnen Module der Bohrplattform, die jeweils die Anlagen und Geräte für einen genau bestimmten Produktionsablauf auf der Bohrinsel enthielten.

Wenn man einen Querschnitt von „Piper Alpha" vor sich hatte, sah man zuunterst eine Reihe von vier Modulen: die Bohreinfassung, die Öl- und Gasabscheideanlagen, die Gasdruckerhöhung und die Stromversorgung. Diese vier waren direkt auf dem Stützrahmen verankert. Über ihnen befanden sich der Bohrturm, ein Lastenkran und weitere Moduleinheiten, in denen Materiallager, Drucktanks sowie Luftfilter- und Klimaanlage untergebracht waren. Hoch über dem Modul D, der internen Stromversorgung, thronten die zwei Module mit den Quartieren für die Bohrmannschaft. Neben den Schlaf- und Eßzimmern gab es dort Aufenthaltsräume mit Fernseher und Kino oder zum Kartenspielen, eine Bücherei sowie die Büros für die Verwaltung der Bohrplattform. Zwei Mannschaften wechselten sich auf „Piper Alpha“ ab, während die eine sieben Tage auf See arbeitete, war die andere sieben Tage an Land. Die Mannschaft, die an Bord war, arbeitete in zwei Schichten von je zwölf Stunden, was bedeutete, daß während der Freizeit immer rund die Hälfte der Mannschaft in den Unterkünften zu finden war.

Als man die Plattform errichtet hatte, waren alle Konstruktionseinheiten aus Stahl gebaut worden, abgesehen von den Modulen für die sozialen Einrichtungen. Diese bestanden aus Holz und Fiberglas, was man auch auf den Bohrinseln im Golf von Mexiko verwendete. Die britische Regierung hatte Occidental Petroleum eine Ausnahmegenehmigung erteilt, allerdings zur Auflage gemacht, daß sie im Laufe der Zeit gegen Stahlkonstruktionen mit Feuerschutzwänden ausgetauscht würden. Tatsächlich war auch eines der beiden ursprünglichen Module von einem neuen stählernen Modul ersetzt worden, das andere jedoch an Bord verblieben.

Oberhalb der Unterkünfte, 55 Meter über dem Meeresspiegel, lag der Hubschrauberlandeplatz mit Standplätzen für zwei Hubschrauber. Diagonal zu dem Landeplatz ragten an den Ecken nahe dem Bohrturm zwei dreißig Meter lange Gerüstbäume mit Sicherheitsfackeln wie lange Nasen aufs Wasser hinaus. Sie verstärkten zwei Rohrleitungen, durch die das überschüssige Gas der Bohrinsel floß. Dieses Gas wurde ständig in zwei Brennern am Ende der Röhren verbrannt oder abgefackelt. Die Flammen verliehen dem Ozean unter ihnen eine feurig orangerote Farbe, es sah immer so aus, als ginge gerade die Sonne unter.

Aus der Entfernung, besonders im dämmerigen Zwielicht subarktischer Sommernächte, ähnelte die Bohrinsel einem riesigen, vielfüßigen, feuerspeienden Ungeheuer, das sich aus dem Meer erhob. Sie wirkte gewaltig und aufregend in dieser Einsamkeit, einzig und allein von Hunderten von Quadratkilometern kalter, dunkler See umgeben. Von der Spitze des Bohrturms bis zu den Füßen der Hohlpfähle maß diese monströse Erscheinung 341 Meter und wog 30840 Tonnen. Aber dieses Monster war alt. Seit dreizehn Jahren dem Kampf gegen ungünstige Witterungsverhältnisse ausgesetzt, quietschte und ächzte es. Wenn aus sämtlichen Bohrlöchern Öl und Gas gefördert wurde, stampfte und ruckte es wie ein altes Dampfschiff bei voller Fahrt. Am deutlichsten waren die Vibrationen in der hölzernen Wohn- und Schlafeinheit zu spüren. Neuankömmlinge, die zusammengekauert in ihren Kojen lagen, fragten sich manchmal, ob die Bohrinsel kurz vor der Zerstörung stünde. Selbst die Veteranen an Bord waren argwöhnisch und erinnerten sich an eine Gasexplosion aus dem Jahr 1984. Damals hatte eine Gasleitung ein Leck. Zum Glück war niemand getötet worden, aber die Druckwelle hatte eine Luke aus Modul C herausgerissen.

Doch der Job wurde gut bezahlt. Zudem hatte die Arbeit auf einer Ölplattform auf See auch etwas Geheimnisvolles. Es war, als führten die Männer ein Doppelleben: zu Hause ruhig und bürgerlich mit der Familie, auf See rauh und abenteuerlich, abgeschnitten vom Rest der Welt und nur einen Atemzug von der Katastrophe entfernt. Sie nahmen die Launen der Natur und die Gefahren von Öl und Gas in Kauf, arbeiteten, aßen und schliefen, ganz dem Rhythmus der Erschütterungen und dem Stöhnen der Plattform angepaßt. Und die alten Hasen sagten zu den Neulingen: „Vergiß es ganz einfach, mein Junge. Das ist nur die Musik der guten alten ‚Piper Alpha'."

Dieses schreckliche Heulen des ausströmenden Gases war jedoch etwas anderes. Es klang wie das schrille Lachen des Teufels, das augenblicklich jedem Menschen das Blut in den Adern gefrieren läßt. Es war halb zehn abends, als das entsetzliche Geräusch ertönte. Die Nachtschicht war gerade im Einsatz, die Tagesschicht hatte frei. Es blieb noch etwas Zeit, um zu begreifen, was dieser Lärm zu bedeuten hatte, auch noch, um schnell ein Gebet zu sprechen. Dann hatte ein Funke vom Einschalten eines elektrischen Geräts, vom Herunterfallen eines Metallwerkzeugs oder die Flamme eines Schweißbrenners das Gas erreicht. Die erste Explosion riß eine Ecke der Plattform bei den Modulen C und D in Stücke. Sie zerstörte den Kontrollraum, unterbrach sämtliche Kommunikationsverbindungen und beschädigte die interne Stromversorgungsanlage. Das einzige Licht auf „Piper Alpha" kam nun von dem Feuer, das die zerstörten Teile der Bohrinsel einhüllte und sich von dort weiter ausbreitete. Wie viele Männer bei dieser Explosion ums Leben gekommen waren, ließ sich nie feststellen.

Stahlträger und Ausrüstungsteile wirbelten durch die Luft, als eine Reihe von weiteren Explosionen die Module A und B durchzog und noch andere Bohrlöcher in Brand setzte. Die Bohrinsel bebte und zitterte, und die Module mit den Mannschaftsquartieren gingen in Flammen auf. Die Hitze und die Erschütterungen hatten die Bauteile bereits derart verschoben und verkantet, daß sich die zehn Zentimeter starken stählernen Feuerschutztüren verzogen hatten und nicht mehr öffnen ließen. In den Unterkünften waren nun mehr als einhundert Männer in der Dunkelheit eingesperrt. Die Luft verwandelte sich in beißenden Rauch. Schreie, Flüche und Hilferufe ertönten, während die Männer auf den Befehl warteten, die Plattform zu verlassen.

Die Disziplin an Bord einer Bohrinsel ist sehr streng, ja strenger als in manchen militärischen Einrichtungen. Es gibt keinen Alkohol, nicht einmal ein einziges Bier, um sich nach einer zwölfstündigen Schicht den Staub aus der Kehle zu spülen. Wer mit Drogen jedweder Art erwischt wird oder beim Einsatz einschläft, wer die Anordnungen eines Vorgesetzten nicht befolgt, fliegt — im wahrsten Sinne des Wortes. Es gibt kein Verfahren, keinen Einspruch, keine zweite Chance: „Nimm den nächsten Hubschrauber zur Küste und komm nie wieder!"

Den Arbeitern an Bord wird ständig eingeschärft, den Anweisungen Folge zu leisten, und sie halten sich deshalb streng an die speziellen Bordinstruktionen. So werden sie beispielsweise eindringlich davor gewarnt, ins Wasser zu springen, denn selbst im Sommer ist die Nordsee in diesen Breiten so kalt, daß ein Mann, der in den Fluten schwämme, nur ein paar Minuten bei Bewußtsein bleiben könnte. In Aberdeen gibt es das Offshore Survival Centre, ein berühmtes Institut für Überlebenstraining auf See, und dort wurden viele Arbeiter von den Bohrinseln ausgebildet. Dort erfahren sie, daß ein Sprung ins Wasser aus großen Höhen einem Sturz vom Dach auf einen Betonboden gleichkommt. Wer nicht richtig springt, kann sich unheilbare Verletzungen des Rückgrates zuziehen. Dringt das Wasser unter großem Druck in die Nase, kann es die Hirnnerven stark schädigen und den sofortigen Tod nach sich ziehen. In der Schule lernt man gemeinhin, richtig ins Wasser zu springen: Nase zuhalten und den Hintern zusammenkneifen. Aber dort übt man das Springen von einem Dreimeterbrett und nicht von einem dreißig Meter hoch gelegenen flammenden Inferno oder einem Hubschrauberlandeplatz, der noch einmal 25 Meter höher ist.

Der verantwortliche Manager der Bohrinsel kontrolliert alles, er verfügt über eine absolute Autorität, sogar über eine noch größere Machtbefugnis als der Kapitän eines Schiffes. Er darf einen Mannschaftsangehörigen in Arrest nehmen, Hubschraubern die Erlaubnis zur Landung geben oder verweigern, Schiffe an- und ablegen lassen, ja er kann selbst die gesamte Anlage aufgeben, wenn es ihm notwendig erscheint. Der Verantwortliche für „Piper Alpha" hieß Colin Seaton. Er hatte den Männern an Bord immer wieder beigebracht, im Notfall in den Unterkünften zu bleiben, weil man diese für den sichersten Ort gehalten hatte. Die Mannschaft war angewiesen worden, auf eine Lautsprecherdurchsage von Colin Seaton zu warten, der ihnen bei Gefahr sagen würde, ob sie sich in die Rettungsboote flüchten oder auf das Hubschrauberdeck hinaufklettern sollten, um aus der Luft gerettet zu werden. Aber Colin Seaton war wahrscheinlich bereits in dieser Hölle umgekommen. Und das Fernsprechsystem über Lautsprecher und Telefone funktionierte nicht mehr. Die Männer in den Quartieren und andere auf der Plattform erwarteten Handlungsanweisungen, sie warteten auf Befehle, die nicht mehr kommen sollten. Diejenigen, die die Katastrophe von „Piper Alpha" in jener Nacht überlebten, haben dies vielleicht nur ihrer Mißachtung der Dienstanweisungen und ihrer Eigeninitiative zu verdanken. Sie kamen aus purem Zufall mit dem Leben davon und nicht aufgrund von Rettungsplänen. Als das Feuer immer stärker wurde, verwandelten sich weite Teile der Plattform in glühendroten Stahl. Die höllische Hitze verschmorte den Männern durch die Stiefel die Fußsohlen, versengte ihnen die Gesichter und verbrannte ihnen die Haut an den Armen. Wer irgendwie überleben wollte, mußte sich im Bruchteil einer Sekunde entscheiden: Er konnte seine Rettung in einem Sprung ins Wasser suchen oder mußte an Bord der Plattform verbrennen.

In seiner verdunkelten Kabine war ein Mann von der ersten Explosion schreiend aus dem Schlaf erwacht, er stand jetzt senkrecht in seiner Koje. Er war Deckarbeiter, Hilfskraft für die verschiedensten Arbeiten auf dem Bohrdeck, 38 Jahre alt und hatte eine Frau und zwei Kinder. Als er sich in dem Rauch und der Dunkelheit vortastete, kamen plötzlich zwei Freunde in seine Kabine. „Die Bohrinsel steht in Flammen!" schrien sie. „Wir müssen hier raus." Verzweifelt rannten die drei von Tür zu Tür, aber alle Ausgänge waren von Flammen versperrt. „Wir sind tot, wir sind praktisch schon tot, Leute", stieß der Hilfsarbeiter hervor. In diesem Moment brach ein Teil des Decks auseinander und zerriß die Bodenplatten dieser Einheit. Wie durch ein Wunder klaffte jetzt vor ihnen ein Spalt, der den Weg ins Meer freigab. Es ging etwa 21 Meter tief gerade nach unten, aber die Männer zögerten nicht einen Moment lang. Sie sprangen, blieben bei Bewußtsein, als sie auf das Wasser aufprallten, und schwammen von der Insel weg.

In einem der Freizeiträume saßen gerade drei Bohrspezialisten zusammen und sahen sich einen Film an, als plötzlich schwere Stahlträger durch die Decke krachten, ein riesiges

Loch in den Boden rissen und sie in eine Wolke aus Holzsplittern und Staub einhüllte. Es war, als hätte ein Meteorit eingeschlagen. Sofort, nachdem sich die Männer von dem Schreck erholt hatten, sprangen sie die nächstgelegenen Treppen zu den Vorratskammern hinunter, schnappten sich warme Kleidung und kletterten durch eine Luke auf das Deck, wo die Rohre gelagert wurden. Flammenwände versperrten ihnen den Weg, überall ereigneten sich noch kleinere Explosionen, aber zumindest war die Luft hier etwas frischer als in den Unterkünften. Auf einmal legte sich das Wüten der Flammen etwas, sie konnten an den Rand der Plattform gelangen und sprangen, ohne zu zögern, ins Wasser, dreißig Meter in die Tiefe.

Ein fünfzig Jahre alter, erfahrener Bohrarbeiter stand einige Minuten lang mit einer Gruppe von Männern auf einer Treppe. Die Männer wollten sich nicht von der Stelle bewegen. Er ließ sie zurück und rannte zu den Sozialeinrichtungen, wo er eine andere Gruppe Arbeiter fand, die dort, ebenfalls von Panik erfaßt, wie angewurzelt standen. Ich bleibe hier nicht einfach stehen und warte darauf, daß ich verbrenne, dachte er bei sich. Nur ein einziger Fluchtweg stand ihm offen: mitten durch die Flammenwand. Er wagte es, wobei er sich schwere Verbrennungen zuzog. Es gelang ihm, das Bohrdeck zu erreichen, und dann kletterte er mit drei anderen Männern, die es ebenfalls bis dorthin geschafft hatten, ein Stück an den Füßen der Plattform hinunter, bis sie schließlich ins Wasser sprangen.

Mehrere Angehörige der Mannschaft, die gerade bei der Arbeit war, als der große Knall sie überraschte, kletterten auf einen der Gerüstbäume und sprangen ins Wasser — abgesehen von einem Mann. Er hatte durch die lodernden Flammen eine Gruppe von Arbeitern auf dem Hubschrauberdeck gesehen. Es waren Küchenhilfen, die nach ihrer Schicht, kurz bevor die Bohrinsel Feuer fing, auf das oberste Deck gegangen waren, um noch etwas frische Luft zu schnappen. Die Männer aus der Küche hatten wenig oder gar kein Überlebenstraining absolviert. Der Bohrarbeiter sah, wie die Flammen der Gruppe immer näher kamen, und war sicher, daß sie bald völlig vom Feuer eingeschlossen sein würde. Ihre einzige Rettung war ein Sprung in 55 Meter Tiefe. Er kletterte von dem Gerüstbaum zurück, rannte quer über die Plattform und rief den Männern zu: „Es gibt noch einen Ausweg! Es gibt noch eine Rettung! Folgt mir! Wir können von dem Gerüstbaum springen! Wir können es schaffen!" Aber die Männer waren entschlossen, sich nicht von der Stelle zu rühren, bis ein Hubschrauber zu ihrer Rettung kommen würde. Seine Worte verhallten in der Dunkelheit. Allein lief er wieder zurück zu dem Gerüstbaum, atmete den beißenden Rauch ein, verbrannte sich auf dem Weg das Gesicht, hangelte einen Moment lang über der bewegten See und ließ sich dann fallen. Er überlebte.

Noch weitere Arbeiter kamen mit dem Leben davon. Die Taucher, die unter Wasser die Bohreinfassungen kontrollierten, sprangen im Gegensatz zu den Küchenhilfen vom Hubschrauberdeck. Zwei Techniker, die die Ventile repariert hatten und direkt in der Gasdruckerhöhungsanlage arbeiteten, waren bei der ersten Explosion vom Druck aus der Nähe des Feuers weggeschleudert worden und fanden sich zwar mit Blessuren, aber lebend auf einem Deck nur noch 12 Meter über dem Wasser wieder. Andere, die das Glück hatten, auf einem tiefer gelegenen Deck gearbeitet zu haben, kletterten an zusammengeknoteten Seilen hinunter ins Wasser. Ein Mechaniker, der am nördlichen Ende der Bohrinsel im Einsatz gewesen war, hatte keine Zeit mehr, über die Absperrungen der Plattform zu klettern, also sprang er mitten durch die Gitterstreben. Glücklicherweise blieb er nirgendwo hängen und fand sich lebend im Wasser wieder. Seine Gedanken galten in diesem Moment einzig seiner Frau und seinen Kindern.

Die Männer, die sich ins Wasser hatten retten können, wären ganz sicher in der kalten See gestorben, wenn sich die „Piper Alpha" zu dem Zeitpunkt der Katastrophe allein in diesem Teil der Nordsee befunden hätte. Schon bald flogen die Wrackteile nur so umher und drohten die Schwimmer zu erschlagen oder zu verletzen. Zudem wurde das Wasser um die Bohrinsel herum ständig heißer und begann an einigen Stellen zu kochen. Dort, wo brennendes Öl von der Plattform herunterfloß, bildeten sich Feuer auf der Meeresoberfläche. Die Überlebenden mußten untertauchen, um nicht verbrüht zu werden. Erschwerend kam hinzu, daß man sich vom Moment der ersten Explosion an an Bord der Plattform nur noch mittels Gesten verständigen konnte. Selbst Schreien und laute Rufe vermochten diesen höllischen Feuersturm nicht zu durchdringen.

Aber die *Silver Pit* und die *Sandhaven*, zwei ehemalige Fischkutter, die zu Arbeitsschiffen umgebaut worden waren, hielten sich zur Unglückszeit in ein paar Meilen Entfernung von „Piper Alpha" auf. Sie sollten Unterwasserarbeiten an „Piper Alpha" unterstützen. Die Mannschaften der Kutter hatten die erste Explosion gehört, die Flammen gesehen und innerhalb weniger Minuten schnelle, aufblasbare Rettungsboote zu Wasser gelassen. Diese näherten sich nun der brennenden Bohrinsel, und die Besatzung begann, Überlebende aus den kalten Fluten zu ziehen. Von den Booten wurden auch Notrufe gesendet, worauf Rettungshubschrauber von den nördlichen schottischen Küstenstädten Kinloss und Lossiemouth zusammengezogen wurden. Die Helikopter waren binnen einer Minute nach Eingang der Meldung startklar, und obwohl sie fast 130 Kilometer entfernt waren, konnten sie die Flammen über „Piper Alpha" bereits ausmachen.

Außerdem befand sich ein gewaltiges Mehrfunktions- und Versorgungsschiff, die *Tharos*, in nur ein paar hundert Metern Entfernung. Die *Tharos* war eigentlich ein riesiger Lastkahn, wurde ebenfalls für Unterwasserarbeiten eingesetzt und sah mit all ihren Kränen, Gerüstbäumen, Stahlverkleidungen und Türmen, ihren Treppen und einem Hubschrauberlandedeck wie ein aus allen Nähten platzendes Industriegebiet aus.

Dahinter verbarg sich ein gut konstruiertes und hochentwickeltes Wasserfahrzeug, das dreihundert Menschen Platz bot. Die *Tharos* konnte mit einer Pumpenkapazität von 150 000 Litern pro Minute auf siebzig Meter Weite zur Brandbekämpfung eingesetzt werden. Sie verfügte über ein voll eingerichtetes Krankenhaus mit 88 Betten und Behandlungsmöglichkeiten für Patienten mit Schock, Unterkühlung oder Verbrennungen. Sie besaß eine Reparaturwerkstatt, Kompressions- und Dekompressionskammern für Taucher, ferngesteuerte Unterseeboote, ausgerüstet mit Videokameras für die Unterwasserüberwachung. Vier 2800 PS starke, computergesteuerte Stabilisatoren, je zwei in einem Rumpf, sorgten für einen Balanceausgleich bei schwerer See. Das Schiff ließ sich durch variablen Ballast in den Rümpfen teilweise absenken oder anheben, und die hydraulische Anlegebrücke ermöglichte das sichere Andocken an jede Bohrinsel in der Nordsee. Kurz gesagt, sie konnte jede nur erdenkliche Aufgabe erfüllen, die bei der Versorgung und Unterstützung einer Bohrinsel entstand. Aber trotz aller technischer Finessen war sie nicht in der Lage, dicht genug an „Piper Alpha" heranzukommen, um den dort verbleibenden Männern helfen zu können.

Als die Bohrinsel von der ersten Explosion erschüttert wurde, gab man auf der *Tharos* sofort Alarm und setzte sich in Richtung der Unglücksstelle in Bewegung. Aber weder sie noch die Helikopter, noch die anderen Versorgungsschiffe waren in der Lage, mehr zu tun, als die Überlebenden aus dem Wasser zu ziehen. Sie alle versuchten, näher an „Piper Alpha" heranzukommen und dann an Bord zu gehen, aber bereits zwanzig Minuten nach dem Losbrechen dieses schrillen Heulens war die Stahlkonstruktion ganz einfach zu heiß dazu.

Stellen Sie sich jetzt nur einmal einen Moment lang vor, Sie befänden sich in der Kanzel des Auslegekrans der *Tharos*, beinahe auf der gleichen Höhe wie die Einheiten mit den Unterkünften auf der „Piper Alpha". In dieser Kanzel arbeitet ein Mann, ein Kranführer. Sein Aussichtspunkt erlaubt ihm einen vollständigen Überblick über das Geschehen im Wasser und an Bord der Bohrplattform. Was er hier sieht, wird er sein Leben lang nicht mehr vergessen. Auf dem Hubschrauberdeck stehen ein paar Männer, es sind die Helfer aus der Küche, aber der Kranführer kommt nicht nah genug an sie heran. Wenn er sie erreichen könnte, würde er sie von der Plattform heben, aber es gibt für ihn keine Möglichkeit, dies zu schaffen, denn die *Tharos* setzt mit langsamer Fahrt zurück. Weg von der „Piper Alpha", weg von den Männern auf dem Hubschrauberdeck, die jetzt in Flammen stehen. Die *Tharos* pumpt unaufhörlich Wasser auf die Ölplattform, aber selbst 150 000 Liter pro Minute sind angesichts dieser Feuersbrunst nur ein Tropfen auf den heißen Stein. Der Kranführer sieht, wie die Männer jetzt schreien, er kann sie nicht hören — der Lärm der lodernden Gasflammen macht dies unmöglich —, aber er sieht ihre schmerzverzerrten Münder. Es kommt ihm vor, als würde er einem Ertrinkenden die Hand entgegenstrecken und müßte doch hilflos zuschauen, wie dieser untergeht, weil er die rettende Hand nicht erreichen kann.

Sein Blick wandert nun zu den tosenden Wellen unter ihm, wo er einige Männer auf die *Tharos* zuschwimmen sieht. Andere klammern sich an Wrackteilen fest. Wieder andere versuchen, Leinen zu erreichen, die von den Rettungshubschraubern herabgelassen werden. Einige haben sich in Rettungsboote in Sicherheit bringen können, andere treiben noch unter der Bohrinsel in der kochenden See. In einem Rettungsboot sitzen neun Männer, drei Retter und sechs Gerettete. Der Kranführer sieht, wie das Boot noch dichter an die Plattform heranfährt, mitten in das Wasser, das von brennendem Öl bedeckt ist. Die Rettungsmannschaft zieht noch weitere Männer aus dem Wasser. Doch dann erfolgt eine erneute Explosion, noch heftiger als die erste. Die ganze Plattform bebt, und das Rettungsboot darunter, die Küchenarbeiter und das Hubschrauberdeck verschwinden. Zurück bleibt einzig eine Feuerwand, die vom Meeresspiegel bis zur Spitze der Bohrinsel reicht. Das riesige Stahlgerüst knickt auf einer Seite ein, die ganze Plattform senkt sich um fast 45 Grad, und die Module mit den Sozialräumen und Quartieren, in denen sich noch über einhundert schreiende Männer befinden, reißen sich aus ihrer Verankerung, rutschen an den Stahlrahmen entlang und stürzen in die Wellen. Ob die Männer ertrunken oder schon vorher verbrannt sind, weiß später niemand mehr zu sagen.

Die *Tharos* stößt noch weiter zurück, fort von der unglaublichen Hitze, desgleichen ziehen sich die Hubschrauber und die Versorgungsschiffe zurück. Weitere Rettungsmaßnahmen sind nicht mehr möglich. Der Kranführer starrt entsetzt auf die „Piper Alpha". Durch den Flammenvorhang kann er eben noch erkennen, daß fast die ganze Bohrplattform verschwunden ist. Ihm ist klar, daß auf der Bohrinsel oder im brennenden Wasser darunter niemand mehr am Leben sein kann.

Kapitel 2

Houston, 1988

Es war gegen achtzehn Uhr am Abend des 6. Juli, und Red Adair lief seit gut einer Stunde, seit er aus dem Büro nach Hause gekommen war, wie ein Tiger im Käfig durch seine Wohnung. Die Wohnung war sehr geräumig, über siebenhundert Quadratmeter groß, und hatte drei Schlafzimmer mit eigenen Bädern, ein riesiges Wohnzimmer auf versetzten Ebenen, ein Schwimmbad mit Bar, einen Fitneßraum und eine große Terrasse, die den Blick auf einen mit Bäumen gesäumten See freigab. Adair war allein in der Wohnung, jedoch reichte seine Anwesenheit aus, um den Raum zu füllen. Er lief — ziemlich schnell für seine 73 Jahre — von Raum zu Raum. Er verhielt sich wie ein Preisboxer vor dem Kampf.

Mit einem kühlen Bier in der Hand ging er in sein Arbeitszimmer, setzte sich an seinen Schreibtisch und starrte auf den Mantelhaken, an dem ein roter Feuerwehrhelm hing. Dann wanderte sein Blick zur Wand, zu den Dutzenden von Auszeichnungen, Diplomen, Ehrenurkunden und zu den Medaillen im Regal. Red Adair war Ehrenmitglied in zahlreichen öffentlichen Organisationen sowie privaten Vereinen und hatte eine Vielzahl von Dank- und Empfehlungsschreiben von Gemeinden, Regierungen und Staatsoberhäuptern erhalten. All das war ihm verliehen worden, weil er auf der ganzen Welt Öl- und Gasquellenbrände gelöscht, unzählige Menschenleben gerettet und Verluste in Millionenhöhe verhindert hatte. Er nahm einen Schluck Bier und brummte vor sich hin. Es war nicht so, daß er diese Anerkennung seiner Leistungen nicht schätzte, aber das lag alles schon weit zurück. Adair liebte die Vergangenheit, seine Erinnerungen und erzählte gern Geschichten aus seinem Leben, aber er war ein Mensch, der in der Gegenwart lebte. Einer, der ständig eine Aufgabe brauchte und die Zukunft selbst gestalten wollte.

Der amerikanischen Ölindustrie ging es seit Mitte der achtziger Jahre infolge der anhaltenden Schwemme von fremdem Öl auf den Weltmarkt schlecht. Unabhängige Ölproduzenten waren über Nacht von der Bildfläche verschwunden, und selbst die großen Ölfirmen hatten die Erschließung neuer Ölquellen eingestellt. Dutzende von Bohrstellen entlang der Highways von Oklahoma, Texas und Louisiana waren versiegelt worden. In den Häfen von Brownsville bis Biloxi stapelte sich das Gerät für Bohrungen. In Texas hatten sogar einige Bohringenieure in Bars gejobbt. Häuser und Segelboote mußten zur Hälfte des Preises weiterverkauft werden, zu dem sie noch fünf Jahre zuvor gekauft worden waren. Viele, die auf den Ölfeldern gearbeitet hatten, waren nach Florida gezogen, um dort auf dem Bau Geld zu verdienen und abzuwarten, bis die Situation wieder besser wurde.

Red Adair hatte ebenfalls über Monate hin, genauer gesagt sogar über Jahre, wenig zu tun gehabt, und seine Stimmung war so schlecht wie der Zustand der Industrie, in deren Diensten er nun für fast ein halbes Jahrhundert stand. Natürlich hätte er einfach aufhören können, das Geld brauchte er bestimmt nicht. Jahrelang war Adair außerordentlich gut für seine Arbeit bezahlt worden, oft hatte ihm ein einziger Job mehrere hunderttausend Dollar eingebracht, in Einzelfällen hatte er auch schon mal über eine Million verdient. Während sich andere Unternehmer aus der Branche während des Ölbooms der siebziger Jahre in hochriskante Spekulationsgeschäfte eingelassen hatten, war er vorsichtig geblieben. Schon mehr als einmal hatte er erleben müssen, daß ein Vermögen ebenso schnell zerronnen wie gewonnen war. Diese Erfahrung wollte er bei dem Auf und Ab der Ölindustrie nicht noch einmal machen. Inzwischen war er mehrfacher Millionär. Wenn man ihn fragte, wie er sein Geld angelegt hatte, entgegnete er nur: „Ich habe ganz groß in Bargeld investiert!"

Er hätte die Füße hochlegen und sich ausruhen können. Er hätte Golf spielen, sich auf sein Boot zurückziehen oder mit seiner Frau Kemmie Lou fischen gehen können. Er hatte sich ein neues Boot zugelegt, ein fünfzehn Meter langes Schnellboot, Marke Scarab, angetrieben von drei Chevrolet-Motoren mit je 6,8 Litern Hubraum. Es war bestimmt nicht ganz das Boot, das sich ein Mann mit 73 Jahren normalerweise zulegt. Außer den speziellen Rennbooten gab es nur noch ein Boot, das seins einholen konnte, das Boot der amerikanischen Rauschgiftfahnder zur Verfolgung von Drogenhändlern. „Das ist eben der Grund, warum Mama und Daddy nicht miteinander angeln gehen können", pflegte Jimmy, Reds Sohn, zu sagen. „Mama geht aufs Wasser, um zu angeln, und Daddy ... nun ja, hast du jemals versucht, bei 110 Stundenkilometern zu angeln...?"

Vor zwei Jahren, als Red einen leichten Herzinfarkt gehabt hatte, hatte ihm sein Arzt empfohlen, sich zur Ruhe zu setzen. Doch als er Reds Gesichtsausdruck gesehen hatte, meinte er nur: „Nun, Sie sollten wenigstens versuchen, nicht mehr ganz so dicht an einen Ölquellenbrand heranzugehen." Adair hatte es damals niemandem erzählt, aber die Vorstellung, eines Tages aufhören zu müssen, deprimierte ihn genauso, wie es eine unheilbare Krankheit getan hätte. Seine Konkurrenten, die früher mal bei ihm gearbeitet hatten, verbreiteten damals sofort das Gerücht, Red habe sich tatsächlich zurückgezogen. „Red ist fertig", ging es wie ein Lauffeuer durch die Branche. „Er kann nicht mehr arbeiten, und seine Leute schaffen es ohne ihn nicht."

Das war alles erlogen, aber so ist das mit Gerüchten, vor allem wenn sie in eine Flaute bei der Ölbranche fallen. Wie sollte Red in so einer Zeit das Gegenteil beweisen? Harte Arbeit und die Herausforderung, eine brennende Bohrstelle zu bekämpfen, hatten ihm immer Erfüllung gebracht. Für ihn hatten immer Taten gezählt. Ausgerechnet jetzt wurde er zu einer Haltung gezwungen, die ihn schneller als alles andere zur Verzweiflung trieb: Er mußte geduldig darauf warten, daß sich die Verhältnisse änderten, anstatt die Verhältnisse zu ändern.

Im Büro führte er sich wie ein Wilder auf. Er brüllte die Sekretärinnen an, ging wütend auf seine Männer los und fand an allem etwas zu mäkeln. Da er aber eigentlich ein freundlicher und herzensguter Kerl war, tat es ihm später leid, wenn er jemandem weh getan hatte. Er schenkte ihm dann einen neuen Wagen oder eine Rolex-Uhr. Doch nach ein paar Tagen fing das Spiel von neuem an. Um ehrlich zu sein, Red Adair war überhaupt nicht der Typ für ein Büro, nicht einmal in seinen besten Tagen. Wirklich wohl fühlte er sich nur draußen, im Einsatz, inmitten von Lärm, Chaos und Gefahr, sei es im Dschungel von Sumatra, in den Bergen Kolumbiens oder in den Weiten von Texas. Wenn er sein Leben riskieren konnte, wenn fünfzig oder sechzig Männer bei einer wirklich gefährlichen Bohrlochexplosion auf seine Befehle warteten, dann war er in seinem Element.

Er nahm sein Bier, ging ins Wohnzimmer und setzte sich auf die Couch. Sein rotes Haar war von grauen Strähnen durchzogen und an den Seiten bereits ganz weiß. Die Hitze der brennenden Öl- und Gasquellen, die extremen klimatischen Verhältnisse, unter denen er gearbeitet hatte, hatten sein Gesicht zerfurcht. Als Folge des Umgangs mit ätzenden Gasen waren seine Augen ständig gerötet. In diesem Zimmer bewahrte er seine Souvenirs aus den exotischen Orten auf, an denen er gearbeitet hatte: Aus China stammten ein aus Teakholz geschnitzter runder Teetisch mit geschnitzten Hockern, die unter dem Tisch herauszuklappen waren, und ein großer rechteckiger Picknickkorb aus geflochtenem Bambusrohr; zwei Vögel in Cloisonné-Arbeit und zwei Buddha-Statuen kamen aus Nepal; ein Samowar aus poliertem Messing war aus dem Irak, und aus dem Iran hatte er ein Messingtablett von einem Meter Durchmesser mitgebracht. Als er zuletzt im Iran tätig gewesen war, hatte er das Land noch kurz vor dem Sturz des Schahs verlassen können. Der Geheimdienst CIA zeigte ihm später eine Fahndungsliste der Rebellen, worauf ganz oben gekritzelt stand: „Ölfeuerwehrmann aus Texas". Vermutlich hätte er als Geisel verschleppt werden sollen. Im Iran standen noch immer einige Ölquellen in Flammen, auch in diesem Moment, als er an seinem Bier nippte, aber die Agenten des US-Geheimdienstes hatten ihm geraten, Feuer Feuer sein zu lassen, zumindest für die nächste Zeit. Adair hatte in all den Jahren ein Dutzend Revolutionen an den verschiedensten Ecken der Welt miterlebt und nie einen einzigen Tag hinter Gittern verbracht, aber er nahm die Warnungen der Geheimdienstler ernst, obwohl er gerade jetzt gerne einen Auftrag ausgeführt hätte.

Er trottete in die Küche und nahm sich einen von Kemmies Thunfischaufläufen aus dem vom Boden bis zur Decke reichenden Kühlschrank. Daneben stand ein Gefrierschrank in gleicher Größe, der gefüllt war mit ähnlich leckeren Aufläufen, die Kemmie vorbereitet hatte, mit ihren ganz besonders guten Fleischkuchen und Frikadellen, mit Spaghetti und ihrem sagenhaften Kalbfleisch alla Parmigiana. Außerdem gab es noch ein halbes Dutzend ihrer hausgemachten Torten mit Walnüssen, Bananen und Schokolade. Ihre Kuchen waren selbst auf den Ölfeldern berühmt. Sie hatte Red diese Verpflegungsration bei ihrem letzten Besuch in Houston vor einigen Wochen mitgebracht.

Kemmie wohnte an einem See nordwestlich von Austin. Seit etwa zwanzig Jahren lebten sie nun so. Red hatte seine Wohnung in Houston, nicht weit von seinem Büro, in der Nähe von seinen Freunden aus alten Tagen und den Stätten seiner Kindheit. Er unterhielt noch eine weitere Wohnung an einem See östlich von Houston, Clear Lake, wo auch sein Boot vor Anker lag. Dort hatte er früher, als er noch aktiv an Bootsrennen teilnahm, mit seinen Freunden vom Rennzirkus oft ausgelassen gefeiert. Kemmie dagegen hatte ihr Heim im ruhigen und friedlichen Bergland von Texas. Sie konnte dort angeln, mit ihren Freunden Karten spielen und auch einmal unerkannt irgendwo einen Hamburger essen oder sich mit den Enkelkindern vergnügen.

Anfang der sechziger Jahre hatte Red ihr dort am See, der den kurzen Namen LBJ nach dem amerikanischen Präsidenten Lyndon B. Johnson trug, ein Blockhaus gekauft, wo sie ihre Wochenenden verbrachte. Allmählich blieb sie dort länger und länger, bis sie schließlich das Haus am See als ihr Zuhause betrachtete und Houston, wo sie bisher ihr ganzes Leben verbracht hatte, nur noch von Zeit zu Zeit einen Besuch abstattete. Red war so oft unterwegs, in Hochzeiten 200 Tage pro Jahr, daß sie ihn auch nicht öfter gesehen hätte, wenn sie in der Stadt gewohnt hätte.

Natürlich hatte es Gerede über ihr Arrangement gegeben. So erzählten die Leute, eine andere Frau hätte Kemmie vertrieben. Sie verbreiteten, daß sie Alkoholikerin sei, sich einer Entziehungskur unterziehen und nicht mehr zurückkommen werde. Es ging das Gerücht um, sie sei drogenabhängig und habe ihn verlassen. Weder Red noch Kemmie scherten sich um diese völlig aus der Luft gegriffenen Geschichten. In Wirklichkeit hatte sich Kemmie entschieden, nach 25 Jahren voller Hingabe an ihren Mann und ihre Kinder endlich so zu leben, wie es ihr gefiel. Sie wollte den Schlagzeilen in der Presse, dem Ruhm, den gesellschaftlichen Verpflichtungen, den ständigen Einladungen, bei denen die anderen Frauen gegenseitig ihren Schmuck und ihre Designergarderobe abschätzten, entgehen. Und sie wollte auch diesem hektischen Tempo entfliehen, das Red vorlegte, und dieser wie mit Elektrizität aufgeladenen Spannung, die ihn fortwährend umgab. Manche Leute begingen den Fehler zu glauben, Kemmies Abwesenheit von Houston bedeute auch, sie interessiere sich nicht mehr für das, was in Reds Firma geschah, oder ihr Einfluß schwinde. Einige mußten diesen Irrtum teuer bezahlen.

Jetzt zum Beispiel nahm Red den Hörer ab und wählte ihre Nummer, obwohl sie heute schon zweimal miteinander telefoniert hatten. „Na, was tust du gerade?" fragte er sie, als sie den

Hörer abnahm. „Ich lese ein Buch. Und du?" — „Ich esse gerade einen Thunfischauflauf." — „Ich wette, der ist gut." Kemmie wohnte mittlerweile in einer Eigentumswohnung in einer am See gelegenen Wohnanlage, da ihr das große Haus, das sie nach der Blockhütte bezogen hatte, um Platz für Verwandte und Freunde zu haben, zuviel Arbeit gemacht hatte. Im Moment saß sie in ihrem Übungszimmer und blickte auf den See und ihr kleines Fischerboot. Hinter der Anlegestelle zog ein Schnellboot mit einem Wasserskiläufer eine enge Schleife und schoß dann auf dem See davon. Eine dadurch aufschäumende Welle brach sich an der Molenwand und löste sich in kleine Wassertropfen auf, die blau und silbern glänzten. Plötzlich mußte sie an einen Angelausflug denken, den sie vor zwei Jahren mit Red unternommen hatte. Damals besaßen sie ein großes, hochseetüchtiges Boot von fast zwanzig Metern Länge und waren durch den Golf von Mexiko und die Florida-Straße nach Chub Cay gefahren. Red hatte sich nie viel aus Fischen gemacht, aber sie wußte, wenn er erst einmal beim Hochseefischen einen Schwertfisch am Haken hätte, würde er es schon toll finden. Er fing jedoch keinen Schwertfisch, sosehr sie auch darum betete, aber der Ausflug bereitete ihm dennoch viel Spaß. Er rief nicht einmal im Büro an, was ihm in all den Jahren, die er nun im Geschäft war, noch kein einziges Mal passiert war. Eines Nachmittags fing er einen großen Fächerfisch, und während er den sich windenden Fisch an Deck zog, klatschte das Wasser von seinen Schuppen auf den Boden, so wie jetzt die Bugwelle des Schnellboots an die Mole klatschte. Auch damals brach sich das Licht in den kleinen Tröpfchen. Red kämpfte und kämpfte mit dem riesigen Tier, doch bevor er es endlich an Deck hatte, schoß ein Hai aus dem Meer und schnappte ihm seine Beute bis auf den Kopf weg. Abends tranken sie unter dem Sternenhimmel der Bahamas Wein und hielten sich im Arm, wie sie es vor sechsundvierzig Jahren getan hatten, als er um ihre Hand angehalten hatte. Der Verlust des Fisches machte ihm nichts aus, und sie hatte gehofft, er würde eines Tages einsehen, daß er schon genügend Kämpfe gewonnen hätte und ein wenig Ruhe verdiente.

„Irgend etwas passiert schon sehr bald", sagte er zu ihr. „Ein ganz großer Job. Ich kann es in meinen Knochen spüren." — „Deine Knochen hatten doch immer recht", entgegnete sie, und das war kein Witz. Sein Instinkt für bevorstehende Aufträge war so ausgeprägt, daß sie manchmal glaubte, er hätte einen sechsten Sinn, der mit dem Erdinneren in Verbindung stünde und ausschlüge, wenn irgendwo in der Welt ein Bohrloch zu explodieren drohte. Früher, als sie noch jünger waren, hatte es manchmal monatelang keinen einzigen Auftrag gegeben. Sie hatte sich dann immer große Sorgen gemacht, während Red mit irgendeinem seiner Kumpel ausging. Eines Morgens hatte er sie dann stets mit den Worten begrüßt: „Ich spüre, daß ich einen Auftrag kriege. Ich hab's im Gefühl, Kemmie." Und so wie Wasser naß ist, hatte er jedesmal einen Auftrag bekommen, sogar meistens drei, vier auf einmal. „Tja", murmelte er, „dann esse ich wohl besser noch etwas Thunfisch. Und vielleicht fahr' ich am Wochenende mal rauf, dann treffen wir uns in ein paar Tagen." — „Das wäre schön", sagte sie nur. Aber es sollten zwei Monate vergehen, bevor sie sich schließlich wiedersahen.

Gerade hatte Red den Hörer aufgelegt, als das Telefon klingelte. „Hallo, Daddy, hast du den Fernseher eingeschaltet?" Seine Tochter Robyn war am anderen Ende. Sie war eine forsche Frau von 43 Jahren, die ihm vom Temperament her sehr ähnelte. Er hatte Robyn zur Vizepräsidentin seiner Firma gemacht. Sie rief von zu Hause an, ein paar Straßen von Reds Haus entfernt. „Nein, ich sehe nicht fern", antwortete er, „ich habe gerade mit deiner Mutter telefoniert und etwas von ihrem Auflauf gegessen." — „Schalt mal besser den Fernseher ein, Daddy", forderte sie ihn auf. „Ich habe gerade in den Nachrichten einen Bericht über eine Explosion auf einer Bohrinsel von Occidental Petroleum gesehen."

Dr. Armand Hammer, der neunzigjährige Aufsichtsratsvorsitzende der Gesellschaft Occidental Petroleum, saß im Arbeitszimmer seines Hauses in Westwood, Kalifornien. Die Nachricht von der Explosion hatte er bereits vor einigen Stunden erhalten, aber er war noch immer wie gelähmt. Als das Unglück bekannt wurde, machte sich Leon Daniels, der zuständige Direktor für alle Bohrungen der Gesellschaft, im firmeneigenen Flugzeug sofort auf den Weg nach Aberdeen in Schottland. Erst nach Daniels Bericht würde Hammer das ganze Ausmaß der Katastrophe kennen, aber er wußte schon jetzt, daß der Verlust an Menschenleben hoch war. Die völlige Zerstörung der Bohrinsel hätte er noch hingenommen, auch wenn dies keine erfreuliche Nachricht gewesen wäre. Das gehörte zum Risiko, das eine Ölfirma tragen mußte, und überhaupt, das Gerät war ja versichert. Doch daß so viele Menschen ums Leben gekommen waren, empfand Hammer, ein Chirurg und Humanist, der zugleich auch der Gründer einer größeren Ölgesellschaft war, als niederschmetternd. Ersten Berichten war zu entnehmen, daß 66 Überlebende aus der Nordsee gerettet worden waren. Das bedeutete 166 Tote. Er klammerte sich an die winzige Hoffnung, daß vielleicht doch noch mehr Männer im Meer treibend gefunden werden könnten, aber er wußte auch, daß sich alle Rettungsmannschaften wegen des gefährlichen Feuers zurückgezogen hatten. Ging man von der Zahl der Menschenleben aus, so war die Explosion auf „Piper Alpha“ bei weitem das schlimmste Unglück, das sich bisher weltweit auf einer Bohrstelle ereignet hatte.

Es müßte etwas unternommen werden, damit ein solches Unglück sich nicht wiederholen kann, damit die Arbeiter auf den Ölfeldern besser geschützt sind, dachte er bei sich, als das Telefon klingelte. „Dr. Hammer, hier ist Red Adair“, sagte die Stimme in der Leitung. Obwohl die zwei Männer sich seit Jahren kannten und sich gegenseitig als Freunde ansahen, bestand Red noch immer aus tief empfundenem Respekt für die Verdienste des Älteren darauf, diesen mit Nachnamen und Titel anzureden. Der Respekt beruhte allerdings auf Gegenseitigkeit. Seit Jahrzehnten kannte der Ölmagnat Reds Leistungen bei der Bekämpfung von Öl- und Gasquellenbränden, er wußte um seinen Einfallsreichtum und seine Gabe, jeden Job erfolgreich zu beenden. „Sie brauchen sich niemals Gedanken darum zu machen, ob Red weiß, was er tut. Und das kann man ja wirklich nicht von vielen Männern behaupten", pflegte Hammer zu sagen. „Er ist ein Mann, der sein Handwerk absolut versteht." In den späten siebziger Jahren hatte Hammer sich selbst von Adairs Erfindergeist überzeugen können, als dieser für die Occidental Petroleum das Multifunktionsschiff *Tharos* entwickelte. Im Jahr 1982 geriet die erste größere Bohrung vor der Küste Indiens, Bomba High, in Brand. Premierministerin Indira Gandhi fragte damals Hammer, wen er empfehlen könne, das Feuer unter Kontrolle zu bringen, und er antwortete ihr, dafür gäbe es nur einen Mann: seinen Freund Red Adair.

Als er nun Reds Stimme nach mehr als einem Jahr wieder am Telefon vernahm, fühlte Armand Hammer sich erleichtert. Reds gedehnter Texas-Dialekt vermittelte Sicherheit und hatte irgend etwas Beruhigendes an sich. „Red, wie geht es Ihnen?" fragte der Überraschte. „Nun, mir geht's gut, Dr. Hammer", antwortete Red, „aber ich habe gerade im Fernsehen die Nachrichten über ‚Piper Alpha' gesehen, und ich wollte Ihnen nur sagen, daß Sie auf mich zählen können, wenn ich Ihnen irgendwie behilflich sein kann, Dr. Hammer." — „Danke, Red! Ich kann Ihnen gar nicht sagen, wie sehr ich es schätze, daß Sie mich angerufen haben", entgegnete Hammer, „wirklich, vielen Dank! Es ist ein furchtbarer Alptraum für mich, Red. Wissen Sie von all den Toten? Haben die Nachrichten das schon gebracht?" Red bemerkte, daß Hammer seit ihrem letzten Telefonat langsamer sprach, sich aber noch genauso präzise wie früher ausdrückte. „Nein, mein Gott", antwortete Adair. „Wie schlimm ist es? Wie viele Männer sind ums Leben gekommen?" — „Wir wissen es noch nicht genau, wahrscheinlich sehr viele. Mehr als hundert bestimmt, vielleicht sogar mehr als hundertfünfzig", sagte Hammer betroffen. „Leon Daniels ist gerade auf dem Wege nach Aberdeen. Bevor sein Bericht eintrifft, weiß ich nicht einmal, ob von ‚Piper Alpha' noch etwas übrig ist, woran Sie arbeiten können. Und wenn von der Bohrplattform noch etwas steht, dann ist es besser, Sie fliegen so schnell wie möglich rüber." — „Sobald ich den Hörer aufgelegt habe, Dr. Hammer, werden meine Männer und ich alle Vorbereitungen treffen." — „Sehr gut", entgegnete Hammer. „Ich werde meinen Leuten in Bakersfield Bescheid geben und rufe Sie zurück, sobald ich etwas von Daniels gehört habe. Und, danke, Red! Vielen Dank!" — „Wir werden unser Bestes geben, Dr. Hammer, das wissen Sie", versicherte Adair. „Wenn ich auch sonst nichts mehr weiß, Red, das weiß ich genau."

Nordatlantik, 7. Juli 1988

Vor Red Adair tauchten wieder einmal Feuer und Rauch auf, dieses Mal auf der Leinwand in einem Düsenjet der British Airways. Er hatte den Nachtflug nach London gebucht. Eine Luftaufnahme der zerstörten Bohrinsel war zu sehen, aufgenommen von einem Hubschrauber der BBC, der in sicherer Entfernung das Wrack umkreiste. Aber selbst aus dieser Distanz konnte Adair erkennen, daß der größte Teil der Bohrinsel verschwunden war. Zunächst hatte Leon Daniels daran gezweifelt, daß nach den vielen Explosionen überhaupt etwas stehen geblieben war, doch als am Morgen des 7. Juli noch immer ein Teil der Plattform aus dem Wasser ragte, entschloß man sich, Red Adair anzurufen. Dieser machte sich sogleich auf den Weg.

Seit die Presse erfahren hatte, daß er den „Piper-Alpha"-Job bekommen hatte, wimmelte es überall nur so von Reportern. Sie interviewten ihn in seiner Wohnung, während er die Koffer packte. Auf dem Weg zum Flughafen fuhren sie hinter ihm und seinen Männern her, und sie folgten ihnen vom Parkplatz zum Flugsteig. An Bord erkannte er keinen Journalisten, aber er war sicher, daß sie bei der Landung in London in Scharen auftauchen würden.

Die Augen der ganzen Welt sind auf uns gerichtet, dachte er. Die ganze Welt schaut zu, ob wir es schaffen werden. Er ließ sich in den bequemen Ledersitz zurückfallen, von unterschiedlichsten Gefühlen übermannt. Er war schon öfter an der Nordsee gewesen und fühlte sich den freundlichen, hart arbeitenden Menschen in diesem Teil der Welt sehr verbunden. Seine eigenen Vorfahren hatten in der Nähe gelebt, und so betrachtete er dieses Völkchen fast als seine Landsleute. Er empfand tiefes Mitgefühl für die Familien der Getöteten. Aber er spürte auch eine Art Erregung, fast ein Gefühl von Vorfreude, weil ihm die ganze Welt zusah, weil die Fernsehstationen, die Tageszeitungen und Illustrierten die Katastrophen-Story von der „Piper Alpha" in allen Einzelheiten bringen würden. Bereits jetzt sagte man überall, dies sei das schlimmste Unglück in der Geschichte der Öl- und Gasförderung, und nun sollte jedermann sehen, daß Red Adair und seine Männer in der Lage wären, den Job erfolgreich zu erledigen.

Er blickte hinüber zu den zwei Männern, die auf der anderen Seite des Ganges saßen. Brian Krause war mit 32 Jahren der jüngste der vier erfahrenen Feuerwehrleute aus seinem Team. Krause war ein schlanker, gutaussehender Mann, der genau wußte, was er wollte. Wenn er nicht gerade im Einsatz auf einem Ölfeld war, machte er sich irgendwo in der Firma nützlich, für einen Mann wie ihn gab es immer etwas zu tun. Was ihm vielleicht an Erfahrung mangelte, glich er durch Intelligenz und Einsatzbereitschaft aus. Red mußte Krause nur einmal erklären, was er in einer bestimmten Situation zu tun hatte, dann saß es. Darüber hinaus waren Krauses Reflexe blitzschnell, er war flink auf seinen Füßen und verstand es, sich bei Bedarf sicher in die engsten Zwischenräume zu zwängen. Red wußte Brian gern bei seinen Einsätzen neben sich. Etwas an ihm, vielleicht sein Enthusiasmus bei der Arbeit, erinnerte Red an sich selbst in jüngeren Jahren.

Auf dem Fensterplatz neben Krause schlief Raymond Henry. Er war 43 Jahre alt, mit 1,87 Meter und 127 Kilogramm ein bulliger und muskulöser Typ. An seinem kräftigen Arm sah die goldene Rolex-Uhr wie ein zierliches Amulett aus. Er wirkte mit seinem dunklen Haar, dem dicken Schnurrbart, den wulstigen Augenlidern, Cowboy-Stiefeln aus Straußenleder und einer mit Diamanten besetzten Gürtelschnalle wie eine Mischung aus einem mexikanischen Pistolenhelden und einem Grizzlybären. So liebenswürdig und freundlich er mit seinen Freunden umging, so furchtlos war er bei der Arbeit oder im Streit. Ihn brachte so schnell nichts aus der Fassung, was ihm bei den Saudis den Spitznamen „Der Mann ohne Nerven" eingetragen hatte. Seine Familie lebte nur einen Block von dem Haus entfernt, in dem Red und Kemmie mit ihren Kindern gewohnt hatten. So war Raymond, einer von Jimmy Adairs besten Freunden, beinahe in Reds Familie aufgewachsen. Mit zwölf Jahren hatte er angefangen, Botengänge für Red zu erledigen, nach der Schulzeit trat er dann in die Firma ein, Raymond war ganz besonders erfahren im Umgang mit Bohrungen unter Wasser, denn er hatte beinahe 25 Jahre lang auf Bohrinseln in fast jedem Winkel der Erde gearbeitet.

Jawohl, sinnierte Red, wir werden es ihnen schon zeigen. Kein Zweifel. Eine Hand berührte ihn ganz leicht an der Schulter, und er zuckte zusammen. Es war eine der Stewardessen, eine attraktive junge Frau mit dunklen, ernsten Augen. Sie hatte zugehört, als sich Red und seine Männer den Nachrichtenausschnitt auf der Leinwand angeschaut und diskutiert hatten, was sie wohl auf der brennenden Bohrinsel erwarten würde. Obwohl Leon Daniels Red bereits berichtet hatte, daß ein Teil der Plattform stehen geblieben war, hatte man von den Luftaufnahmen der BBC erkennen können, daß die Reste von „Piper Alpha" in einem bedenklichen Winkel abgeknickt waren. Dadurch würde das Betreten der Bohrinsel sehr schwierig werden. Red wußte auch, daß auf den Decks überall Wrackteile von den zerstörten Anlagen, den Aufbauten und von der Bohrausrüstung verstreut und die Decks selbst von heißem Öl bedeckt waren.

„Ich sag' dir eins", meinte er zu Raymond, „die Arbeit auf dieser Bohrstelle wird ein Tanz auf einem Vulkan. Und wenn dann diese ewigen Nordseestürme einsetzen, hm, das wird lustig. Vergiß nicht, von diesem Job hängt alles ab."

Red hatte noch keine Ahnung, wie viele Bohrlöcher von „Piper Alpha" in Flammen standen und ob die Trümmerhaufen es überhaupt möglich machten, bis an die Bohrlöcher heranzukommen, um die Brände zu löschen und die Ausbruchsstelle abzudichten. Wenn das nicht ginge, müßte er eine Entlastungsbohrung vornehmen. Ein Bohrschiff müßte in diesem Fall eine Bohrung in ein paar hundert Meter Entfernung von „Piper Alpha" in einem solchen Winkel unter dem Meeresboden setzen, daß dadurch die bestehende Bohrung P1, eines der Hauptbohrlöcher von „Piper Alpha", entlastet würde. Diese Ersatzbohrung würde das Öl und das Gas von der zerstörten Plattform ableiten, und die brennenden Bohrlöcher auf dem Wrack könnten unter Kontrolle gebracht werden. Aber dieses zweite Vorgehen würde Monate dauern, Millionen Dollar verschlingen, und währenddessen würden einige Millionen Barrel Öl in die Nordsee fließen und eine verheerende Umweltverschmutzung verursachen.

Die Stewardeß setzte sich nun schräg gegenüber von Red auf die Armlehne eines leeren Sitzes. „Mister Adair", fing sie an, „darf ich Ihnen eine Frage stellen?" — „Aber sicher, Mädchen, fragen Sie nur, was Sie wollen. In London hätte ich nachher keine Zeit mehr dafür, dann müßte ich Ihnen nämlich sagen, daß ich einiges in der Nordsee zu erledigen habe." — „Nun ja", entgegnete sie lächelnd, „das habe ich eigentlich nicht gemeint. Ich habe das Feuer in den Nachrichten gesehen, das Feuer, das Sie löschen wollen, und ich wollte Sie fragen, haben Sie niemals Angst?" Red schluckte einmal, schürzte seine Lippen ein wenig und starrte auf die Leinwand, die jetzt leer war. „Nein", antwortete er leise. „Angst habe ich keine, ich bin nur sehr vorsichtig."

Red arbeitete jetzt seit 48 Jahren auf den Ölfeldern. Zunächst hatte er Ausrüstungen geschleppt und Reparaturen an Bohrtürmen vorgenommen. Dann hatte er Bohrlöcher, aus denen unkontrolliert Gas oder Öl strömte, abgedichtet, bevor sie Feuer fangen konnten, oder Brände gelöscht. Er, Red, wußte, was Angst bedeutet und welche Folgen sie haben konnte. Arbeiter, die in panischer Angst vor einem Blow-out flohen, hatten ihn schon regelrecht umgerannt und niedergetrampelt. Er hatte unzählige Männer gesehen, rauhe Kerle, verdiente Ölfeldarbeiter, die beim Anblick eines Bohrlochbrandes zu Stein erstarrt waren und nicht einmal mehr atmen konnten. Er hatte auch andere erlebt, die, anstatt sich in Sicherheit zu bringen, in Panik genau in die Flammen hineingelaufen waren. Doch in der ganzen Zeit hatte Red Adair selbst niemals Angst gehabt.

Die Leute fragten ihn ständig danach. „Hatten Sie bei dem Einsatz denn gar keine Angst, Red?" hieß es immer wieder, wenn er gerade mit Erfolg eine Feuersbrunst gelöscht hatte, die tonnenschwere Maschinen in spaghettidünne Stahlteilchen verwandelt hatte. Oder er hatte eine Quelle abgedichtet, aus der giftige Gase strömten. Bevor er angefangen hatte, war diesen Gasen bereits die Hälfte der Arbeiter zum Opfer gefallen, die versucht hatten, den Ausbruch unter Kontrolle zu bringen. „Äh, nein", pflegte er dann zu antworten. „Und warum nicht?" lautete die unvermeidliche nächste Frage. Vielleicht hofften die Fragesteller, das Geheimnis zu lüften, wie Adair in extremsten Situationen seine Kaltblütigkeit bewahren konnte. Für ihn machten die Fragen keinen Sinn. Ihm kam es vor, als würde man einen Weltklasse-Fußballspieler fragen, warum er keine Angst hätte, ein Tor zu schießen, oder einen Neurochirurgen, warum er so verwegen sei, im Gehirn eines lebenden Menschen zu operieren.

Tatsächlich war es Adair peinlich, über seine Tapferkeit zu

sprechen, und er wechselte, so schnell er konnte, das Thema. Vielleicht würde er etwas von einer neuen Sicherheitseinrichtung erzählen, die er für Bohreinfassungen entwickelt hatte, oder darüber lachen, wie betrunken einmal alle Mann nach einem erfolgreichen Löscheinsatz gewesen waren. Freunde, die ihn besser kannten, wußten, daß Red in solchen Situationen fast immer von sich in der zweiten Person erzählte, als ob der Mann, der es wagte, dem Teufel geradewegs in die Augen zu schauen, ein anderer wäre als derjenige, der in diesem Moment mit ihnen in der Bar saß, ein Bier nach dem anderen trank und seine Witze riß.

„Du darfst keine Angst vor deinem Job haben", fuhr er dann fort. „Du mußt deinen Beruf achten und lieben. Du kennst deine Geräte und Maschinen, deine Mitarbeiter und darfst niemand anderem vertrauen als dir selbst." Red spielte sich nicht auf, denn was er sagte, entsprach ganz der Wahrheit. Er war selbst ein paarmal in Schwierigkeiten geraten, weil er sich auf jemand anderen verlassen hatte: Er war verletzt worden, als er sich vom Geschehen abgewandt und ein anderer dann einen Fehler begangen hatte. Red hatte schnell aus solchen Erfahrungen gelernt und begann früh, jeder noch so winzigen Kleinigkeit seine ganze Aufmerksamkeit zu widmen, er überließ nichts dem Schicksal, soweit es in seiner Macht stand. Er versicherte sich immer, daß ihm ein Fluchtweg offenblieb, sein „Hintertürchen", wie er es nannte. „Du gehst niemals an so eine Sache heran, ohne dir genau angesehen zu haben, wie du dich im Notfall aus dem Staube machen kannst. Und dann kümmere dich um deine Arbeit, versuch, sie gut zu bewältigen, und mach dir keine Gedanken." Er gab nicht an mit seiner Tapferkeit, seinem einsamen Kampf gegen eine der schrecklichsten Naturkatastrophen. Wer wäre überhaupt in der Lage gewesen, diese Ruhe und Gelassenheit zu verstehen, die Red in solchen Situationen an den Tag legte, in denen andere derart panische Angst durchlebten, daß sie später noch davon träumten und dann schweißgebadet nachts aufwachten?

„Hätte ich Ihnen die Frage besser nicht gestellt?" meinte die Stewardeß auf einmal. „Ich wollte Sie wirklich nicht belästigen ... Sie sahen so besorgt aus. Das macht das Feuer, nicht?" — „Es sieht ziemlich schlimm aus", antwortete Red. „Das ist einer der schlimmsten Brände. Und bevor ich ihn nicht selbst gesehen habe, weiß ich nicht einmal, was wir dagegen tun können." — „Nun, dann viel Glück, Mister Adair!" sagte sie noch. „Danke, mein Kind! Das werden wir bitter nötig haben." Er schloß seine Augen und erinnerte sich an einen früheren Transatlantikflug. Vor 27 Jahren war er auf dem Weg zu einem anderen Einsatz gewesen. Auch damals hatte die ganze Welt zugeschaut. Dieser Job hatte sein Leben verändert und ihm weit über die Ölfelder hinaus Ruhm eingebracht. Eingelullt von dem leisen Summen der Triebwerke, fühlte er sich in die Vergangenheit zurückversetzt, bis er förmlich das glühende Metall des zerstörten Bohrturms riechen und die unglaubliche Hitze an Gesicht und Nacken spüren konnte. Damals hatten auch alle Furcht, dachte er. Man konnte es fühlen.

KAPITEL 3

Algerien, 1961

Als der Wagen, ein Citroën DS 19, bis auf 450 Meter an das brennende Bohrloch herangefahren war, wurde der Lärm so stark, daß der Karosserieboden wie eine Baßgitarre brummte. Die Motorhaube tanzte auf und ab und schien sich aus den Scharnieren zu lösen. Der Flußsand drückte auf die Windschutzscheibe und drohte sie herauszubrechen. Selbst bei geschlossenen Wagenfenstern hätte man sich nur noch schreiend verständigen können, aber in diesem Moment sagte keiner der Insassen ein Wort.

Vor ihnen ragten die verbogenen Reste eines Bohrturmes aus dem Sand, hier und da bereits von den Dünen bedeckt. Unter großer Hitze grotesk verformt, erinnerten sie entfernt an das Wrack eines Raumfahrzeugs auf dem Mond. Zwischen den Trümmern schoß eine 250 Meter hohe Feuersäule aus dem Boden. Dort befand sich das Bohrloch. Das Feuer war so stark, daß sich an der Spitze der Feuersäule ein eigenes Wetter bildete. Heiße Winde tobten mit Sturmstärke und peitschten Sand und Felsbrocken heulend durch die Wüste. Eine Ladung dieser Felsstücke und vielleicht auch Metallteile von dem Wrack hatten einen Versorgungslastwagen von anderthalb Tonnen Gewicht mit voller Breitseite erwischt. Das Dach des Fahrzeugs war zerfetzt, die Fahrertür hing nur noch an den Resten eines Scharnieres. Es sah aus, als sei eine Mörsergranate eingeschlagen. Der Citroën fuhr an dem Laster vorbei und blieb dann in einer Senke stehen. Kein Zweifel: Die Männer im Wagen um Red Adair hatten Angst.

Im Fond des Citroëns saßen zwei französische Wissenschaftler, Experten auf dem Gebiet der Öl- und Erdgasgewinnung. Am Steuer war der Direktor der Nordafrika-Abteilung von Phillips Petroleum. Seine Gesellschaft trug zusammen mit der französischen Regierung die Verantwortung für dieses Ölprojekt, das nun für sie zum Alptraum geworden war. Als das „Feuerzeug des Teufels" sollte dieser Bohrlochbrand traurige Berühmtheit erlangen. Die drei Männer waren Veteranen auf den Ölfeldern. Sie hatten schon überall in Algerien gearbeitet, seitdem dort 1956 Öl- und Gasvorräte entdeckt worden waren. Zuerst in Edscheleh, in der Nähe der libyschen Grenze, danach 25 Kilometer weiter westlich bei Tigenturin und schließlich 125 Kilometer nördlich bei Hassi Messaud, einem riesigen Erdölvorkommen, verborgen unter dem Sand der Sahara im Gebiet des Östlichen Großen Erg, wo sich auch das größte natürliche Gasvorkommen der Erde befand.

Alle drei hatten sie schon Blow-outs (unkontrolliertes Ausströmen von Öl oder Gas) miterlebt. Sie hatten mit angesehen, wie massive Druckventile zerbarsten, wie plötzlich Bohrgestänge auseinanderbrachen und wie sich riesige Fontänen von Erdöl und Erdgas in die Luft ergossen. Sie hatten auch schon Blow-outs beobachtet, die anschließend Feuer gefangen hatten, wenn auch aus großer Entfernung. Aber sie hatten noch nie eine so furchtbare, so unkontrollierbare Bohrlochexplosion wie diese gesehen. Die Bohrung lag in einem Gasfeld ein paar Meilen südlich von Hassi Messaud, ganz in der Nähe eines entlegenen Wüstenfleckens mit dem Namen Gassi Touil. Das brennende Bohrloch war das zweite, das man hier in Betrieb genommen hatte, deshalb trug es kurz die Bezeichnung GT-2. Der Citroën bewegte sich im Schrittempo weiter auf den Brand zu. Die Druckwellen brachten das Fahrzeug zum Schlingern und Schaukeln. Zuerst nur leicht, doch schon bald so stark, daß das hydropneumatische Federungssystem in Mitleidenschaft gezogen wurde. Der Mann am Steuer bremste abrupt und blickte beunruhigt zu Red, der neben ihm saß. Red

Adair konnte die Angst der Männer um ihn herum förmlich spüren, als sei sie selbst ein Wesen, das mit ihnen im Wagen säße.

Doch auch hier, im östlichen Kernland von Algerien, so wie überall sonst auf der Welt, wo er schon gearbeitet hatte, kümmerte er sich einfach nicht um die Mauer der Angst, die ihn umgab. Statt dessen konzentrierte er sich ganz auf die ungeheure Flammensäule, die von 15 Millionen Kubikmetern Gas pro Tag genährt wurde. Ein Feuer, das so heiß war, daß es den umliegenden Wüstensand zu Glas schmelzen ließ, und das so hell leuchtete, daß es der amerikanische Astronaut John Glenn, der zwei Monate später die Erde umkreiste, aus einer Entfernung von 200 Meilen im Weltraum sehen konnte.

„Näher ran!" brüllte Red Adair und deutete mit dem Zeigefinger auf das Inferno. Ganz so, als wollte er die Angel nach einer Forelle auswerfen. „Mein Gott, Red!" schrie der Mann am Steuer, wobei er krampfhaft das Lenkrad festhielt, das jetzt im Takt mit den Bodenplatten vibrierte. „Wir sehen den verfluchten Brand von hier aus doch gut genug!" — „Ich will noch näher ran", brüllte Red zurück, „ich will wissen, womit ich es zu tun habe!" Noch einmal streckte er den Zeigefinger aus und verharrte so, während er sich dem Fahrer zuwandte und ihm direkt ins Gesicht sah.

Red Adair ist ein ziemlich kleiner Mann, er mißt 1,68 Meter, aber das fällt erst auf, wenn er neben jemandem steht, der viel größer ist als er. Er wirkt im allgemeinen kräftig und muskulös. Als junger Mann war Adair ein guter Baseballspieler gewesen und hatte auch als Schwimmer an zahlreichen Wettkämpfen teilgenommen. Mit einem Gewicht von nur 63 Kilogramm spielte er während seiner Schulzeit in der Footballmannschaft von Houston auf der Position des Halfback. Mit seiner Schnelligkeit und seinem ausgeprägten Gleichgewichtssinn gelang es ihm meistens, achtzig und mehr Kilogramm schweren Sturmspielern auszuweichen oder sie zuweilen umzustoßen, ohne daß er zu Boden gegangen wäre. Als er zum ersten Mal das „Feuerzeug des Teufels" erblickte, war er 46 Jahre alt, um die Hüften hatte er beträchtlich an Gewicht zugenommen, und auch sein Gesicht war fülliger als in den Tagen seiner aktiven Sportlerzeit. Aber er besaß noch immer die Kaltblütigkeit und das Selbstbewußtsein eines Spitzensportlers, selbst als er nun in der sengendheißen Wüste in diesem schlingernden Fahrzeug saß. Noch zwei Stunden zuvor, als er von Algier nach Süden fuhr, waren sie mit dem Citroën durch Hassi Messaud gekommen, einen Ort, in dem sich während der Nordafrika-Offensive im Zweiten Weltkrieg amerikanische und britische Soldaten mit französischen Truppen verbanden, um gegen die Deutschen zu kämpfen. Red Adair war sich der Bedeutung des Ortes voll bewußt. „Ein Job wie dieser, der Kampf gegen ein Feuer, hat ein bißchen etwas von einer Invasion", stellte er mehr als einmal fest. „Du entwirfst einen Schlachtplan, sammelst deine Leute um dich, nimmst deine Ausrüstung, und dann greifst du an. Du hast dann nur noch einen einzigen Gedanken: alles zu tun, um zu gewinnen."

Red Adair blickte den Mann von Phillips Petroleum, der gerade den Citroën zum Stehen gebracht hatte, nur stumm an. Reds Augen übten eine magische Kraft auf ihn aus und verbreiteten in dem schaukelnden Wagen inmitten dieser verfluchten brennenden Wüste eine Welle des Vertrauens. Ein Vertrauen, das dem Direktor von Phillips Petroleum noch nie begegnet war. Langsam legte er den ersten Gang ein, und das Fahrzeug fuhr dichter an das Bohrloch heran. Die beiden Wissenschaftler auf der Rückbank gestikulierten wild, während sie laut und heftig aufeinander einredeten. Adair konnte nichts von alldem hören, er hätte auch gar nicht verstehen können, was sie sagten. Nur als er sich einmal zu ihnen umdrehte, konnte er sehen, daß sie schweißgebadet waren. Wäre es nicht Red gewesen, mit dem sie in einem Wagen saßen, so hätten sie vielleicht schon längst ihr Heil in der Flucht gesucht und wären entlang der Schotterpiste weggerannt.

Ihre Angst war eigentlich verständlich. Sie waren an jenem

3. November in Gassi Touil dabeigewesen, als GT-2 in Betrieb genommen wurde. Dabei war der Druck so hoch gewesen, daß das Gas sämtliche Sicherheitseinrichtungen am Bohrkopf durchschlug und eine dreißig Zentimeter dicke Gassäule in die Luft schoß. Zweieinhalb Tage lang versuchte die französische Bohrmannschaft alles, um die Bohrung wieder unter Kontrolle zu bringen. Am Morgen des 6. November gab es plötzlich eine Erschütterung und einen Knall, als wenn zwei Düsenjets gleichzeitig nebeneinander starteten. Bohrstangen von zwölf Zentimetern Durchmesser und einem Gesamtgewicht von 25 Tonnen wurden in die Luft geschleudert und schlugen dann, Geschossen gleich, in meterlangen Abschnitten im Wüstenboden ein. Wer gerade in der Nähe des Bohrlochs beschäftigt war, ob Arbeiter oder Ingenieur, rannte nur noch um sein Leben. Keine Stunde später ging ein Notruf zunächst zum Sitz von Phillips Petroleum nach Bartlesville, Oklahoma, und von dort nach Houston, ein Notruf, der bereits damals weltbekannt war: „Schicken Sie uns Red Adair, und zwar so schnell wie möglich!"

Es war immer dringend, das war ganz normal. Wenn irgend jemand Red Adair brauchte, dann immer sofort oder noch schneller. Und was noch viel schlimmer war — Öl- oder Gasbohrungen schienen in Gruppen von drei oder noch mehr zur gleichen Zeit zu explodieren. Als gäbe es so eine Art teuflische Verschwörung der unterirdischen Erdölvorkommen, die nur im Sinn hatten, Red Adair zum Wahnsinn zu treiben. Red konnte einen Monat lang im Büro am Telefon sitzen, und es gab keinen Laut von sich. Zu solchen Zeiten kämpfte er sich dann durch Berge von Papier auf dem Schreibtisch, grunzte seinen Mitarbeitern unverständliche Anweisungen zu und durchmaß das Büro wie ein Panther seinen Käfig. Er konnte mehr Hektik und Streß verbreiten als ein wildgewordener Hornissenschwarm. Schließlich, kurz bevor alle an der Schwelle zum Selbstmord standen, pflegte Red zu verschwinden. Er ging an Bord seines Schiffes oder mit ein paar Freunden einen trinken, vielleicht fand er auch irgendwo etwas zu tun und arbeitete an einem der entlegensten Orte der Welt. „Wenn jemand anruft, sag ihnen nicht, daß ich nicht in der Stadt bin", pflegte er bei einer solchen Gelegenheit zu Joy Hamilton, seiner Sekretärin, beim Weggehen zu sagen. „Klar, was aber", fragte sie dann, „wenn Sie in Südamerika oder sonstwo sind?" — „Zum Teufel, Südamerika ist doch keine Entfernung", entgegnete er grinsend. „Sag ihnen einfach, daß ich sofort wieder da bin, und ruf mich an. Den Rest mach' ich schon." Und in dem Moment, da er das Büro verlassen hatte, hörte das Telefon nicht mehr auf zu klingeln. Neun verschiedene Ölgesellschaften würden ihn zur gleichen Zeit dringendst sprechen wollen. Die Männer von den Ölfirmen würden alle am Rande einer Panik stehen, Joy und die anderen Mitarbeiter von Red in Hektik ausbrechen und Red . . . Red wäre eben einfach nicht da.

Als die Meldung aus Nordafrika im Büro von Red Adairs Firma in Houston eintraf, war Red gerade auf dem Weg zu einem Job. Er saß in einem kleinen zweimotorigen Flugzeug neben dem Piloten, der ihn zu einem Bohrstellenbrand in der Nähe von Fort Stockton im Westen von Texas flog. Der Pilot war der Chef einer freien Ölgesellschaft und hatte die Maschine eigens für den Flug gemietet. Adair hielt ein Stück Papier auf dem Schoß, auf dem er einen kompletten Bohrturm mit Ventilen und Verrohrung skizziert hatte. Die Rohre überlappten sich, ihr Durchmesser wurde nach unten hin geringer, und sie erinnerten an ein riesiges Teleskop. Basierend auf den Angaben, die ihm der Leiter der Bohrung gegeben hatte, berechnete Red den ungefähren Druck, von dem er ausgehen mußte, wenn er das Feuer gelöscht hatte und das ölspuckende Bohrloch abdichten konnte. Sein Gesicht zeigte keine Spuren von Müdigkeit, obwohl er erst vor zwei Tagen von einem Einsatz in Brasilien zurückgekommen war, übrigens dem zweiten in den Urwäldern am Amazonas innerhalb von acht Wochen. Auch in Fort Stockton war er vor wenigen Wochen schon mal gewesen. Damals hatte man ihn gerufen, um einen Blow-out unter Kontrolle zu bringen, der fünf Männer getötet und 72 weitere verletzt hatte.

Während sie sich Fort Stockton näherten, meldete sich der Kontrollturm des kleinen Flugplatzes, den sie gerade hinter sich gelassen hatten. „Hallo, Red, hier ist der Flugplatz von Andrau", sagte die Stimme, „ich habe hier Joy am Telefon. Die Leute von Phillips haben aus Oklahoma angerufen, ein Bohrloch in Nordafrika ist ausgebrochen. Joy will wissen, was sie tun soll."

Joy Hamilton war eine große, hübsche Frau, damals Mitte Zwanzig. Sie stammte aus Henderson, Texas, und war ein richtiges Mädchen vom Lande. Als sie zum ersten Mal Vorbereitungen für eine Auslandsreise für Red Adair und seine Leute treffen mußte, wußte sie nicht einmal, was ein Visum ist. Aber sie war intelligent und lernte schnell. 1961, zwei Jahre nachdem sie angefangen hatte, für Red zu arbeiten, hatte sie Kontakte zu Kneipenwirten, Kellnerinnen, Hotelbesitzern, Polizisten, Tankwarten, Offizieren von Küstenwacht und Armee, politischen und militärischen Stellen aus vielen Ländern geknüpft. Dieses Netzwerk nutzte sie immer, wenn es darum ging, Red und seine Männer irgendwo aufzuspüren und ihnen lebenswichtige Informationen zukommen zu lassen. Erst vor kurzem war es ihr gelungen, einen von Reds Feuerwehrmännern in einem Pariser Bordell ausfindig zu machen. Und dabei spricht sie nicht ein Wort Französisch. „Wie, zum Teufel, hast du mich hier gefunden, Joy?" fragte der Ertappte entsetzt. „Nun, Schätzchen, ich wußte doch, wie hart du gearbeitet hast, und da habe ich einfach die Vermittlung gebeten, mich mit dem besten Freudenhaus in Paris zu verbinden."

„Andrau Tower, hier ist Red Adair. Dieser Vogel ist von einer anderen Ölgesellschaft gechartert, und ich glaube kaum, daß es denen gefallen würde, wenn ich damit nach Nordafrika fliege, um den Job für Phillips zu erledigen", scherzte Red. „Sagen Sie Joy, daß ich weiter nach Fort Stockton fliege und daß Boots und Coots sich für den Einsatz in Nordafrika fertigmachen sollen. Sie sollen alles über das Bohrloch in Erfahrung bringen. Sagen Sie ihr, daß ich heute abend mit den Jungs telefoniere, um alles Weitere zu regeln."

Am nächsten Morgen flogen Reds beste Männer, Asgar Hansen, genannt Boots, und Edward Matthews mit dem Spitznamen Coots, zunächst nach Paris und von dort weiter nach Algerien. Inzwischen gelang es Red, in Fort Stockton den Bohrlochbrand mit einigen kontrollierten Explosionen zu löschen und das Bohrloch zu verschließen, indem er ein besonders starkes Absperrventil direkt am Bohrlochkopf anbrachte. Alles verlief nach Plan, es gab keine unvorhergesehenen Zwischenfälle, und Red konnte die Arbeit nach anderthalb Tagen erfolgreich beenden. Er war schon wieder in seinem Büro in Houston, als ihn, drei Tage nach ihrem Abflug, ein Telegramm der beiden Mitarbeiter aus Nordafrika erreichte.

„Es ist eine einfache Arbeit, bei der wir mit der Pumptechnik arbeiten können", hieß es. „Wir brauchen drei Tage für die Montage. Es ist kein Problem." Sie mußten an das, was von der Bohreinfassung von GT-2 übriggeblieben war, umfangreiche Ventil- und Absperrsysteme montieren. Diese wurden über extra dafür verlegte Röhren an die riesigen Dieselpumpen angeschlossen, mit denen die Spülflüssigkeit, manchmal auch Bohrschlamm genannt, an die Sohle der Bohrung gepumpt wird. Boots und Coots waren bestens von Red ausgebildet worden, und wahrscheinlich wären sie trotz der Hitze, des ohrenbetäubenden Lärms und des Flugsands in der Lage gewesen, das Problem zu lösen. Unter normalen Umständen. Aber GT-2 war keine gewöhnliche Ölquelle und sollte Red Adairs Männern bald mehr Nervenkitzel bereiten, als ihnen eigentlich lieb war.

Es gab genügend Bohrflüssigkeit auf GT-2, die speziell angerührt in Fässern gelagert wurde, ganz wie auf jeder anderen Bohrstelle auch. Die Spülflüssigkeit erfüllt drei wichtige Funktionen: Sie kühlt den Bohrkopf und transportiert das Bohrklein, den Abrieb von der Bohrerspitze und andere Verunreinigungen, nach oben. Dort wird sie von Schlämmen, Sand und Gasen gereinigt. Dieser Vorgang ist nicht ungefährlich. Nach dem Reinigungsprozeß muß die Bohrflüssigkeit die gleichen Eigenschaften haben wie zuvor, sie gelangt dann wieder in den

Kühlkreislauf. Darüber hinaus muß der Fluß der Spülung konstant sein, denn ihre dritte Funktion besteht darin, mit ihrem Eigengewicht einen Gegendruck zum petrostatischen Druck des Gases oder Öles zu erzeugen. Wird dieser Fluß unterbrochen, zum Beispiel durch mangelnde Zirkulation, trennen die Bohrmannschaft an der Erdoberfläche nur noch einige Absperrventile von den Massen von Gas oder Öl, die mit einem Druck von 350, 500 oder 700 Kilopond pro Quadratzentimeter nach oben streben. Theoretisch sind diese Sicherheitsventile in der Lage, dem Druck standzuhalten und einen Ausbruch zu verhindern, sie müssen nur schnell genug geschlossen werden. Bei den heutigen modernen Bohrstellen ist das meist der Fall, aber früher kam es häufiger vor, daß jemand, der die Ventile hätte schließen sollen, gerade ein Nickerchen machte. Manchmal passiert es aber auch, daß der Druck für die Sicherheitsvorrichtungen einfach zu hoch ist. Das war bei GT-2 der Fall. Dann kommt es zu einer Katastrophe, und das Telefon in Red Adairs Büro läutet Sturm.

Ölbohrungen verlaufen heute nach genauen Berechnungen. Die Ölgesellschaften holen sich Experten, die den Druck des Erdöls oder Erdgases genauestens überwachen. Mit hochentwickelten technischen Geräten sind sie in der Lage, den jeweiligen Druck vorauszuberechnen, auf den man beim Bohren in größeren Tiefen stoßen wird. Diese Informationen werden an einen Spezialisten für die Spülflüssigkeit weitergegeben, der dementsprechend die Zusammensetzung der Spülung ändert und ständig die Bestandteile des zurückfließenden Gemischs überwacht. Eine Spülflüssigkeit, mit der heute häufig gearbeitet wird, ist eine Mischung aus Baryt, Lehm, Wasser und chemischen Zusätzen. Das Gewicht dieser zähen Flüssigkeit kann durch die Zugabe kleinerer oder größerer Mengen Baryt genauestens beeinflußt werden. Baryt ist ein natürlich vorkommender Schwerspat mit einem spezifischen Gewicht von 4,2 Gramm pro Kubikzentimeter. Es ist also über viermal so schwer wie Wasser. Man gibt das Gewicht von Bohrflüssigkeit immer bezogen auf eine Gallone an, das sind etwa vier Liter. So gilt eine Emulsion von vier bis fünf Kilogramm als leicht, während acht bis zehn Kilo pro Gallone eine schwere Spülflüssigkeit darstellen. Red Adair und seine Leute mußten schon einmal eine Tonemulsion von fast zwölf Kilo Gewicht einsetzen, um eine Ölbohrung wieder unter Kontrolle zu bringen.

Schwere Spülflüssigkeit, die größere Mengen von Baryt enthält, ist erheblich teurer als leichte, und so versucht jede Ölgesellschaft natürlich, eine Spülung einzusetzen, die so leicht wie möglich ist. Schon manches Mal hat diese falsch verstandene Sparsamkeit die Ölfirmen später Millionen Dollar und sogar Menschenleben gekostet. Selbst nach einem Blow-out würden viele Bohrmeister noch mit Red Adair über das Gewicht der Bohrflüssigkeit streiten, denn außer den höheren Kosten befürchtet jede Ölfirma auch weitere Schäden für das gesamte Ölfeld. Schwere zähflüssige Spülflüssigkeit kann die ölführenden Gesteinsschichten oder die tieferen Erdformationen schädigen und damit den Öl- oder Gasfluß zum Versiegen bringen. Keiner weiß besser Bescheid über Bohrflüssigkeit als Red. „Ich war damals da drüben in Louisiana, vielleicht vor fünfzehn oder zwanzig Jahren, dort in den Sümpfen in einer Bucht am Golf von Mexiko. Übrigens sind dort die Salzwassermoskitos so groß, daß du eine Bluttransfusion brauchst, wenn dich mehr als einer sticht. Es war im Juli oder August, so genau weiß ich das nicht mehr. Egal, es war jedenfalls heißer als in der Hölle, und wir mußten diese Schutzanzüge tragen, damit uns die Mücken nicht bei lebendigem Leibe auffraßen. Das war ein Ölquellenbrand, ein Feuer, so heiß, daß du dein Mittagessen in die Hand nehmen konntest, zum Bohrloch spaziert bist, und auf dem Rückweg war das Essen dann gar. Es war wirklich so heiß." Red arbeitete damals jeden Tag bis zu sechzehn Stunden, fünf Tage lang, dann war das Feuer gelöscht. Er pumpte gerade Spülflüssigkeit in das Bohrloch, als der verantwortliche Bohrleiter von der Ölgesellschaft mit einem jungen Ingenieur auf ihn zukam. „Der Leiter sagte zu mir: ‚Red, wir haben gehört, daß

Sie Schlamm von acht Kilo ins Loch pumpen wollen, warum?' Ich sagte darauf: ‚Ich will acht Kilo schweren Schlamm runterpumpen, weil ich den brauche, um die verfluchte Quelle unter Kontrolle zu bringen.' Darauf sagte dieser junge Ingenieur: ‚Wir wollen nicht, daß Sie eine so schwere Flüssigkeit benutzen. Nach unseren Berechnungen reicht ein Gewicht von sechs Kilo völlig aus.' Er hielt mir vor, daß der Achtkiloschlamm die Erdformationen schädigen könnte und damit die Möglichkeiten, die Quelle wieder aufzuschließen, zunichte gemacht würden. Ich habe versucht, ihm zu erklären, daß die schwere Flüssigkeit überhaupt nichts zerstören würde, aber dieser junge Schnösel wollte sich nichts von mir sagen lassen. Ich habe mich dann an den Bohrmeister gewandt und ihm gesagt: ‚In Ordnung, Mann, ich pumpe Ihnen auch sechs Kilo schweren Schlamm runter, aber vergessen Sie eins nicht: Wenn noch einmal etwas passiert, müssen Sie mich auch noch einmal bezahlen.' Er fragte erstaunt: ‚Wieso?' — ‚Ganz einfach, weil Sie wollen, daß ich anderen Schlamm nehmen soll, als ich für richtig halte. Gibt es später neue Probleme, ist das ein neuer Job, klar?' Wir haben dann das leichtere Zeug ins Bohrloch gepumpt, ganz wie sie es wollten, und es war auch kurze Zeit in Ordnung. Aber ich hatte noch nicht einmal die halbe Strecke nach Houston zurückgelegt, als es wieder losging. Ich drehte um, und die mußten mich noch einmal für den Job bezahlen. Als ich dann wieder an der Bohrstelle arbeitete, kam dieser junge Ingenieur zu mir und sagte: ‚Red, wir haben das doch alles durch und durch gerechnet, und wir waren ganz sicher, daß sechs Kilo ausreichen würden. Woher wußten Sie, daß es nicht klappen würde?' Ich entgegnete ihm: ‚Mein Junge, ich habe es gefühlt!' Darauf er: ‚Was heißt das, gefühlt?' — ‚Wenn Sie erst einmal zwanzig, dreißig Jahre auf den Ölfeldern zugebracht und ganz dicht bei den Bohrlöchern bis zum Hals im Schlamm gestanden haben, dort wo einem das Feuer die Haut im Nacken verbrennt, dann wissen Sie, was ich meine.'"

Am Morgen des 12. November 1961 versuchte niemand, mit Boots und Coots über das Gewicht der Bohrflüssigkeit zu streiten. Sie alle waren bereit, die zähe Masse hinunter an die Sohle der Bohrung zu pumpen, und ein paar Männer auf der Bohrstelle fragten sich sogar, ob es überhaupt eine Flüssigkeit gab, die schwer genug war, um diesem Druck entgegenzuwirken. Einem so gigantischen Gasdruck, der derart starke Vibrationen verursachte, daß die Menschen noch in acht Kilometer Entfernung die Schwingungen des Erdbodens durch die Sohlen ihrer Schuhe wahrnehmen konnten. Seit Tagesanbruch waren Boots und Coots damit beschäftigt, die letzten noch fehlenden Röhren miteinander zu verbinden. Sie wollten fertig werden, bevor es zu heiß zum Arbeiten geworden war. Wieder und wieder überprüften sie in dem Durcheinander die Verbindungen zwischen den einzelnen Röhren und folgten dabei penibel den Anweisungen, die Red ihnen bei jedem Einsatz aufs neue eingebleut hatte.

Boots Hansen war acht und Coots Matthews zehn Jahre jünger als Red, beide stammten aus Houston, und Red hatte sie Mitte der fünfziger Jahre eingestellt. Das sowie ihre Vorliebe für guten Whiskey und eine schöne Frau waren aber auch schon ihre einzigen Gemeinsamkeiten.

Boots war nur wenig größer als Red, er war etwas untersetzt und hatte einen hervorstehenden Unterkiefer, der ihm ein streitbares Äußeres verlieh. Allerdings konnte sich niemand daran erinnern, ihn jemals kämpfen gesehen zu haben. Und er dachte sich auch nichts dabei, wenn er ständig fluchte und die ihm zum Teil völlig unbekannten Arbeiter auf den Bohrstellen mit einer Tirade von Schimpfwörtern bedachte. Wie damals in Hackberry, Louisiana, als Red Adair gerade mit seinem Pritschenwagen auf das Gelände einer brennenden Ölquelle fuhr. Er konnte hören, wie Boots herumschrie: „Du Arschloch, du blöde Sau, wertloses Miststück!" Die Kanonade richtete sich gegen einen Mann, der sich an einem festgefahrenen Caterpillar-Bulldozer zu schaffen machte. Der Fahrer des Raupenfahrzeugs war ein kleiner, drahtiger Kerl mit langen Koteletten, ein Cajun, Nachfahre französischer Einwanderer in Louisiana, der in den Sümpfen lebte. Aber obwohl er arm und ein einfacher Mann war, hatte er seinen Stolz und wollte sich von niemandem auf diese Weise beschimpfen lassen.

Er sprang so schnell mit einem Schraubenschlüssel von einem halben Meter Länge von dem Bulldozer herab, daß Boots Hansen nicht einmal die Zeit blieb, sich zu räuspern und den Staub aus dem Mund auszuspucken. Und wäre Red Adair nicht schnell auf den Beinen und flink mit der Zunge gewesen, er hätte sicherlich das schwere Werkzeug auf Boots' Kopf hinabsausen lassen. „Laß ihn!" brüllte Red dem wütenden Mann zu und ging dazwischen. „Er meint es nicht so." — „Was er nicht so meint, kann ihn sein Leben kosten", erwiderte der Mann, aber sein Zorn hatte sich schon sichtlich gelegt. Red stand jetzt zwischen den beiden Männern und blickte den Bulldozerfahrer an. „Setz dich in meinen Wagen!" befahl er Boots, ohne sich zu ihm umzudrehen. „Mach dir nichts aus ihm", sagte er zu dem anderen, „du bist ein guter Mann. Steig jetzt auf deinen Caterpillar und schlepp den Schrott dahinten von der Bohrung fort!" Adair zeigte auf einen Haufen von Metallteilen, der etwa fünfzig Meter entfernt lag. „Wenn Sie nicht dazwischengegangen wären, hätte ich diesem Kerl das Fell über die Ohren gezogen", brummte der Arbeiter. „Ich weiß", nickte Red und klopfte ihm auf den Rücken. Gleichzeitig beschloß er, diesem Mann am nächsten Zahltag einen kleinen Zuschuß in die Lohntüte zu legen.

Coots Matthews war ein völlig anderer Mensch. Er war groß und schlank, ein gemütlicher Cowboy-Typ, der Pferde und Golfspielen liebte, der gerne zuhörte und nur das Allernötigste sprach. Boots konnte manchmal sehr impulsiv reagieren und darauf bestehen, daß die Männer taten, was er sagte, wenn Red nicht dabei war. Coots dagegen ging immer sehr methodisch vor und hielt sich ständig vor Augen, was Red ihm beigebracht hatte. Wenn er einen Einsatz leitete, war er offen für die Ideen anderer und profitierte so von den Ratschlägen erfahrener Männer von den Ölfeldern, nahm aber auch dankbar jeden guten Plan eines Neulings an. Er sprach bedächtig, und die Leute hörten ihm gerne zu. Außerdem war er jemand, der seine Überzeugung notfalls mit den Fäusten unterstützen würde. Man hätte in gern zur Seite, wenn man in einer dunklen Gasse plötzlich einer Gruppe Angreifer mit Messern gegenüberstünde.

Zwei Jahre vor dem Einsatz am „Feuerzeug des Teufels“ war er mit Red in einem bekannten Nachtlokal in Houston gewesen. Ein reicher Ölmagnat, ein Spekulant, der schon vier- oder fünfmal ein Vermögen gemacht und wieder verloren hatte und dabei völlig rücksichtslos vorging, saß mit seiner Frau am Nachbartisch. Mit von der Partie waren noch sein Leibwächter und dessen Freundin. Red erzählte Coots gerade einen Witz, als er sah, daß der Ölmagnat heftig mit den Fäusten auf seine Frau einschlug. Die Frau warf die Arme hoch, um sich zu schützen, und schrie auf, als ihr Mann zu einem weiteren Schlag ausholte. Red sprang von seinem Stuhl auf, ergriff den Arm des Wütenden und schlug ihm mitten ins Gesicht. Red wandte dem Leibwächter, einem Schrank von einem Mann, den Rücken zu. Der war aufgesprungen, um seinem Chef zu helfen, wobei er einen Totschläger in der Hand hatte. Er wollte gerade auf Red einschlagen, als Coots ihn mit einem einzigen Fausthieb zu Boden streckte. Der Spekulant sah seinen Begleiter flach ausgestreckt auf dem Teppich liegen und herrschte Red an: „Lassen Sie's gut sein, Red! Das geht Sie überhaupt nichts an.“ Darauf erwiderte ihm Red nur, es ginge ihn sehr wohl etwas an, wenn man in seiner Gegenwart eine Dame schlage. Er ging zurück zu seinem Tisch und bestellte noch zwei Drinks, während der Ölmagnat seinen Leibwächter aus der Bar schleifte.

Hansen dagegen war genau wie Red ein Bootsfanatiker, und deswegen verbrachten diese beiden auch die meiste freie Zeit zusammen, wogegen Coots eher ein Einzelgänger war. Diese Freundschaft zwischen Boots Hansen und Red war für Kemmie unverständlich. Reds Frau, eine treue und fürsorgliche Frau, sah in Boots einen Störenfried und gemeinen Menschen. Sie warnte Red vor ihm, doch ohne Erfolg.

Boots Hansen und Coots Matthews hatten zunächst Gerätschaften für die Einsätze zusammengetragen sowie die Ausrüstungen in der Werkstatt gereinigt und vorbereitet. Schließlich begleiteten sie Red auch auf die Ölfelder. Trotz ihrer Unzulänglichkeiten spürte Red instinktiv, daß beide diese seltene Verwegenheit besaßen, die für die Arbeiter an Öl- und Erdgasfeuern vonnöten ist. Keiner der beiden, glaubte er, würde ihn enttäuschen, und sie enttäuschten ihn tatsächlich nicht. Gegen Ende 1961 waren beide gut genug ausgebildet, um auch ohne Reds direkte Überwachung einen Blow-out unter Kontrolle zu bekommen. Es war in der Firma üblich, möglichst jeden Abend miteinander zu telefonieren, um zu besprechen, was den Tag über bei dem Einsatz passiert war. Von Gassi Touil aus konnte man nicht telefonieren. Doch selbst wenn es möglich gewesen wäre, hätte das, was in Algerien passierte, nicht verhindert werden können.

Adairs Männer waren soweit, daß sie mit dem Hineinpumpen der Bohrflüssigkeit in das Bohrloch beginnen wollten. Noch einmal überprüften sie direkt an der Bohrstelle alle Rohrleitungen und Verbindungsstücke. Sie waren gerade zu den Pumpfahrzeugen zurückgekehrt, die etwa neunzig Meter vom Loch entfernt standen, als plötzlich eine Sturmböe mit der Geschwindigkeit eines Tornados Sand vom Wüstenboden aufwirbelte und gegen die metallischen Gerätschaften in der Nähe der Bohrstelle schleuderte. Dies war bereits einige hundert Male passiert, seitdem GT-2 außer Kontrolle geraten war, doch es war niemals gefährlich gewesen. Aber dieses Mal sprühten ganz in der Nähe des Gasstroms elektrische Funken. Mit einem gleißend hellen Blitz und einem grollenden Donnerschlag explodierte das Gas, und das „Feuerzeug des Teufels" schoß wie eine Rakete in den Himmel. Boots und Coots duckten sich hinter einem gewellten stählernen Schutzschild, den Adair speziell als Sicherheitsvorkehrung für ein derart schreckliches Ereignis entwickelt hatte. Sie starrten einander nur noch stumm und entsetzt an, als der Rauch des Feuers, vermischt mit aufgewirbeltem Sand, die Sonne verdunkelte und Stahlteile durch die Luft flogen. Hätten sie eine Minute länger an der Bohrstelle gestanden, wären sie von der größten und gewaltigsten Feuersbrunst bei lebendigem Leibe verbrannt worden, die je in der Geschichte der Erdöl- und Erdgasgewinnung verzeichnet worden ist.

KAPITEL 4

Houston, 1961

„Die Quelle brennt", sagte der Mann am Telefon. „Ist jemand verletzt worden?" fragte Red Adair. „Nein, es gab keine Verletzten", erwiderte er. Der Name des Mannes war Belknap, und er rief Adair aus seinem Büro bei Phillips Petroleum in Bartlesville, Oklahoma, an. „Sie sollten jetzt selbst rüberfliegen, Red", sagte Belknap. „Außer Ihnen gibt es niemanden, der damit fertig werden könnte." — „Ja", meinte Red, „ich mache mich so bald wie möglich auf den Weg. Aber sind Sie sicher, daß wirklich niemand verletzt wurde?" — „Ganz sicher", bestätigte der Mann aus Oklahoma. „Alles ist verwüstet, aber niemand verletzt, zumindest bis jetzt nicht."

Die Neuigkeiten über GT-2 verwunderten ihn eigentlich nicht. Wie immer, wenn seine Leute ohne ihn im Einsatz waren, machte er sich Sorgen um sie, obwohl er wußte, daß Boots und Coots erfahren und gut ausgebildet waren. Er war wie ein Vater, der wußte, daß sein Sohn ein guter Fahrer war, und doch jedesmal Angst hatte, wenn sich der Sohn den Wagen zu einer nächtlichen Spritztour auslieh. Aber seit Red in der Nacht zuvor von der Bohrstelle geträumt hatte, hatte sich seine Besorgnis verstärkt. Er war plötzlich aus dem Schlaf aufgeschreckt und hatte die Quelle in Flammen gesehen. Es war gegen vier Uhr morgens gewesen, als er das Licht einschaltete und zu Papier und Bleistift griff, die er immer auf dem Nachttisch bereitliegen hatte. Mehr als eine Stunde machte er sich Notizen, zeichnete Diagramme von Ventilen, Verbindungsstücken und Rohrlängen und überlegte sich, wie man das Bohrloch unter

Kontrolle bringen könnte. Er versuchte danach, wieder einzuschlafen, wälzte sich aber nur noch in den Kissen herum und entschloß sich schließlich, um halb sechs aufzustehen. Nach dem Frühsport duschte er, frühstückte und erwartete eigentlich jeden Moment einen Anruf wegen GT-2.

Nachdem er das Telefonat mit Belknap beendet hatte, sprach er mit Joy und ließ sie einen Flug nach Paris buchen, wo er zunächst mit Vertretern der französischen Regierung und den Verantwortlichen von Phillips Petroleum zusammentreffen wollte, bevor er nach Nordafrika weiterflog.

Algerien, 1961

Am 16. November 1961 traf Red in Paris die Vertreter der französischen Regierung und die Leute von Phillips Petroleum. Die Franzosen sprachen in sehr düsterem Ton, ihre Blässe kontrastierte scharf mit Red Adairs sonnenverbrannter Haut. Ihm war klar, daß die Männer unter ziemlich starker nervlicher Belastung standen, deswegen achtete er ganz besonders aufmerksam darauf, was sie sagten und wie sie sprachen, wie sie zueinander standen und wie sie in ihren Sesseln saßen. Um die Eruption in Gassi Touil in den Griff zu bekommen, brauchte er ihre volle Unterstützung, und er wollte wissen, mit wem er es dort zu tun bekam. Innerhalb weniger Minuten hatte er genau erkannt, daß die Männer völlig ratlos waren und keine Ahnung hatten, was sie tun sollten.

Der Preis für zehn Kubikmeter Gas betrug zu dieser Zeit etwa einen Dollar. Der Bohrlochbrand verschlang pro Tag zirka fünfzehn Millionen Kubikmeter Gas, das bedeutete, daß täglich über anderthalb Millionen Dollar in Flammen aufgingen. Aber die Franzosen hatten im Moment noch ganz andere Probleme als Verluste durch eine brennende Gasquelle. Der blutige alge-

rische Unabhängigkeitskrieg, der Mitte der fünfziger Jahre ausgebrochen war, befand sich in seiner Schlußphase. Die Friedensverhandlungen in Évian-les-Bains sollten die Feindseligkeiten beenden und dem Land die Unabhängigkeit bringen. Aber das Land wurde noch immer von Bombenexplosionen, Entführungen und terroristischen Anschlägen erschüttert. Wie immer in solchen Situationen waren Öl- und Gaseinrichtungen, wie Bohrstellen und Pipelines, besonders empfindliche Ziele von Anschlägen. GT-2, von der Presse bereits als das „Feuerzeug des Teufels" tituliert, bot somit ein besonders interessantes Angriffsziel für publizitätshungrige Guerillakämpfer.

„Natürlich werden wir alles tun, was in unserer Macht steht, um Sie und Ihre Männer zu schützen, Mister Adair", sagte ein höherer französischer Beamter. „Aber bedenken Sie, daß die Verhältnisse in Algerien im Augenblick ... nun sagen wir, sehr stürmisch sind. Es kann ziemlich gefährlich werden, auch für einen Mann wie Sie."

Adair lächelte den Franzosen an und kratzte sich verlegen am Kopf. Er hatte es sich bisher immer zur Regel gemacht, soviel wie möglich über die Sitten und Gebräuche eines jeden Landes zu erfahren, in dem er arbeitete, damit er sich einfügen konnte und niemanden verletzte. Aus dem Studium der Geschichte wußte er, daß die Vergangenheit Algeriens sehr bewegt gewesen war. Seit Jahrhunderten hatten nacheinander die Phönizier, die Römer, die Vandalen und die Byzantiner versucht, den wilden, kriegerischen Berberstämmen das Land zu entreißen. Im siebten Jahrhundert siegte das Schwert des Islams über die Berber, die zum mohammedanischen Glauben übertreten mußten und in die Bergregionen Nordafrikas zurückgedrängt wurden, wo sie noch heute leben. Die arabischen Eroberer siedelten sich entlang der fruchtbaren Küste, im Tell-Atlas und in der Ebene im Süden an.

In den folgenden Jahrhunderten entwickelte sich die festungsähnlich angelegte Stadt Algier zu einem Hafen für Piraten, die Handelsschiffe im südlichen Mittelmeer plünderten.

Im Landesinneren suchten mehr und mehr Galgenvögel und Spitzbuben aus fast allen europäischen Ländern Unterschlupf und nahmen Einheimischen mit Gewalt das Land. Schließlich erlangten die Franzosen Mitte des neunzehnten Jahrhunderts die Kontrolle über Algerien, und Tausende von französischen Kolonisten siedelten sich im Laufe der Jahrzehnte dort an. Die Siedler erhielten finanzielle Unterstützung von der französischen Regierung und brachten es zu großen und reichen Farmen. Die Moslems lebten ärmlich und sehr einfach, 90 Prozent von ihnen waren Analphabeten. Zwischen ihnen und den Europäern stand eine Mauer gegenseitigen Mißtrauens. Kurz nach dem Zweiten Weltkrieg begann der politische und militärische Widerstand gegen die Franzosen.

Im November 1957, eineinhalb Jahre nachdem man in Algerien auf Ölvorkommen gestoßen war, wurde eine Gruppe von Ölprospektoren und ihre Militäreskorte in der Nähe der Stadt Timimun von Rebellen aufgebracht und überfallen. Sechzehn Männer kamen dabei ums Leben. Französische Fallschirmspringer wurden daraufhin eingeflogen und vierzig oder fünfzig Aufständische in den folgenden Wochen getötet. Am 10. Dezember 1957 erklärte Paris die „Sahara-Front" der Nationalen Befreiungsarmee, FLN, für aufgelöst. Die Erklärung hinderte die Freiheitskämpfer jedoch nicht daran, weiterhin Gleisanlagen zwischen den Bohrstellen und der Küste in die Luft zu sprengen und die Außenposten der blühenden Ölindustrie in der algerischen Wüste zu terrorisieren.

Was als nächstes in Algerien geschah, bestätigte nur Red Adairs zynische Sichtweise auf Politik, egal welcher Couleur. Er hatte sich ständig freundlich und neutral gegenüber allen politischen Richtungen verhalten, im Innersten traute er jedoch keiner. Im Mai 1958 kam General Charles de Gaulle wieder an die Macht. Achtzig Prozent der französischen Wähler stimmten für seine neue Verfassung — das war das Ende der Vierten und der Beginn der Fünften Republik in Frankreich. Die in Algerien lebenden Franzosen, die keinen unerheblichen Anteil am Sieg de Gaulles hatten, erwarteten von ihm eine Unterstützung ihrer Position. Sie wollten weiterhin zu Frankreich gehören und wandten sich strikt gegen eine Unabhängigkeit Algeriens. De Gaulle wußte um die Zwecklosigkeit dieses Unterfangens, da die französische Minderheit zahlenmäßig weit unterlegen und die französische Armee kriegsmüde war. Er tat also genau das Entgegengesetzte von dem, was man von ihm erwartet hatte, und leitete bereits kurz nach seinem Amtsantritt eine Politik ein, die letztlich zur Aufgabe der französischen Vorherrschaft führte. 1961 gründeten Militärs und nationalistische Algerienfranzosen eine geheime Armeeorganisation, die OAS, und begannen mit eigenen Terroraktionen. Sie schossen in wütender Rache um sich, verübten Bomben- und Brandanschläge. Allein im Mai 1961 explodierten 222 von der OAS gezündete Plastikbomben. Eine Reihe von Schulen ging in Flammen auf, Farmen im ganzen Land wurden in Brand gesteckt. Es gelang der Geheimorganisation auch, den Polizeichef von Algier zu ermorden. Auf den Ölfeldern hörte der Terror der Befreiungsbewegung FLN auf und wurde durch den der OAS ersetzt. Das Ergebnis war das gleiche, nur schossen jetzt französische Soldaten nicht mehr auf Araber und Berber, sondern zumeist auf andere Franzosen.

„Meine Herren", entgegnete Red Adair den Verantwortlichen in Paris, „es scheint mir, daß in Algerien zur Zeit verschiedene Gruppen mit unterschiedlichen Auffassungen durchs Land ziehen und sich gegenseitig abknallen. So ähnlich war es früher auch in Texas. Nun, Texas' Abspaltung von Mexiko ist eine Sache, aber ich bin nicht gewillt, in diesem Konflikt Stellung zu beziehen, weil ich verdammt genug damit zu tun haben werde, den Kampf gegen den Quellenbrand zu gewinnen. Es wäre nur beruhigend zu wissen, daß man dort drüben nicht plötzlich morgens von einer Bombe unter seinem Bett geweckt wird."

„Mister Adair", sagte der höhere Beamte, „GT-2 ist von französischen Soldaten abgeriegelt. Wir haben Kontrollstellen an den Ein- und Ausgängen eingerichtet, an denen jeder, der hinein- oder herauskommt, und alles, was derjenige mitführt, strengstens überprüft wird. Sie werden also so sicher sein, wie man es in diesen Tagen nur sein kann."

„Nun, das will ich hoffen", wandte Red ein. „Diese Revolutionen haben die Unart an sich, daß immer Unschuldige zwischen die Fronten geraten."

Fünf Tage später lag Adair in einem Hotelbett in Algier und hörte vereinzelt Explosionen aus allen Teilen der Stadt. Er hatte Boots und Coots zurück in die Staaten geschickt, damit sie die Ausrüstung vervollständigten, die nötig war, um den Brand zu bekämpfen. Am nächsten Tag wollte er die fünfhundert Kilometer lange Strecke nach Gassi Touil zurücklegen. „Wer auch immer dich dorthin fährt, sag ihm, er soll nicht anhalten, wenn er etwas auf der Straße liegen sieht", hatte Coots ihm geraten. „Diese Bastarde erschießen irgend jemanden und werfen die Leiche dann auf die Straße. Wenn du anhältst, bist du als nächster dran ..." — „Natürlich können sie dich auch zur Hölle schicken, wenn du nicht anhältst", setzte Boots hinzu.

Am nächsten Morgen fuhr Red mit den französischen Spezialisten und dem Mann von der Ölgesellschaft bei wolkenlosem Mittelmeerhimmel im Citroën gen Süden. Der Wagen war sandfarben und trug keinerlei Zeichen der Regierung oder der Ölfirma. Die Straßen in Algier waren ruhig, kein Lüftchen wehte, nur der Geruch von schwelenden Häuserbränden lag in der Luft. Auf ihrem Weg durchquerten sie die fruchtbare Region des Tell-Atlas, wo das Wetter sehr an das südliche Kalifornien erinnerte, fuhren über die trockenen Hochplateaus und über die noch trockeneren Berge des Sahara-Atlas-Gebirges. Dann tauchten sie in die Sahara mit ihren riesigen, wandernden Sanddünen ein, die die Landschaft selbst in unmittelbarer Nähe der Hauptverkehrsstraßen von einem auf den anderen Tag verändern konnten. In dieser Gegend bewegten sich ohne Furcht nur noch die kamelreitenden Berber, die jahrtausendelang die Karawanenrouten kontrolliert hatten. Für jeden anderen konnte eine solche Exkursion ohne klar gekennzeichnete

Wegmarkierungen, ohne ausreichenden Wasservorrat und ohne Zwei-Kanal-Funkgerät gefährlich oder gar tödlich enden. Hier, im Osten Algeriens, stieg die Quecksilbersäule selbst im Winter leicht auf über vierzig Grad Celsius, obwohl nachts die Temperaturen bei der klaren trockenen Luft rasch sehr tief absanken.

Der Citroën legte die Strecke bis Gassi Touil ohne Zwischenfälle zurück und hielt nur einmal an einem Kontrollpunkt der französischen Armee an, wo sich auch ein Lager befand. Es war etwa zwölf Kilometer von GT-2 entfernt und lag genau an dem Ort, wo General Dwight D. Eisenhower während des Nordafrika-Feldzuges im Zweiten Weltkrieg mit den übrigen alliierten Streitkräften zusammengetroffen war. Der Platz erschien Red geeignet als eigene Ausgangsbasis für seinen Einsatz. Der Aufenthalt im Lager war nur kurz, da Red darauf erpicht war, die brennende Quelle GT-2 so schnell wie möglich von nahem zu sehen.

In 150 Metern Entfernung von den lodernden Flammen begann der Lack des Citroëns Blasen zu werfen wie ein Topf Haferschleim auf dem Ofen. Die Reifen fingen Feuer. „Mein Gott, Red, wir werden bei lebendigem Leibe verbrennen, wenn wir noch näher heranfahren!" schrie der Mann von Phillips Petroleum. Adair hob die Hand, und der Wagen hielt an. Red verschränkte die kräftigen Arme vor dem Bauch und spitzte die Lippen. Einen Moment lang blieb er bewegungslos sitzen und studierte die Flammen, die sich vor ihnen auftürmten. Das Feuer erschien so gewaltig, daß man denken konnte, es entspränge direkt in der Hölle und wolle den Himmel verbrennen. Reds Muskeln spannten sich leicht an, als er prüfend auf das Feuer blickte und versuchte, sich die genauen Ausmaße dieses Infernos vorzustellen. Alle Gedanken an Bombenanschläge von Terroristen, Heckenschützen und nächtliche Brandstiftung waren verflogen, als er jetzt seinen ganz persönlichen Gegner abschätzte. Dann zeigte er mit dem Daumen über seine Schultern, um dem Fahrer zu bedeuten, zurückzufahren. „Werden

Sie es schaffen?" fragte der Mann am Steuer, als er den Motor auf Touren brachte, um die qualmenden und klappernden Überreste des Wagens von der Bohrstelle wegzufahren. „Können Sie das Feuer löschen?" schrie er noch einmal. „Ich werde es schaffen!" brüllte Adair zurück. „Mit diesem Geschöpf der Hölle werde ich schon fertig!"

Als der Citroën ein Stück zurückgesetzt hatte, sprang Adair aus dem Wagen und ging allein noch einmal zur Brandstelle zurück, so dicht, daß seine Schuhsohlen schmolzen und die Aufschläge seiner Hosen qualmten. Er stand inmitten von Schutt, Schrott und Verwüstung, aber vor seinem inneren Auge nahm bereits ein Schlachtplan Gestalt an. Er sah schon die strategischen Punkte vor sich, von denen aus er das Feuer bekämpfen konnte, er hatte bereits die Standorte für die Wasserwerfer festgelegt. Die Zufahrtswege für die Raupenfahrzeuge, die Lage der Rohrleitungen, alles war bereits minuziös auf dem Plan in seinem Kopf eingezeichnet. Dann kehrte er zum Wagen zurück, setzte sich auf die jetzt blanke Motorhaube des Citroëns und grinste die Männer im Innern durch die gesprungene Windschutzscheibe an. „Was, zum Teufel, ist denn daran bloß komisch?" rief der Fahrer durchs Fenster. „Heute ist Erntedankfest", entgegnete Adair, „und jedesmal, wenn irgendein Feiertag ist, muß ich wohl immer an so einem gottverlassenen Ort sein, anstatt zu Hause in Houston. Aber ich bin trotzdem dankbar, weil ich schon einen ganzen Tag in Algerien bin und man noch nicht auf mich geschossen hat."

Adair sagte den französischen Wissenschaftlern, daß sie in Gassi Touil zuallererst einmal Wasser brauchten. Aber nicht, um das Feuer zu löschen, das wollte Red mit eigens dafür entwickeltem Sprengstoff besorgen, sondern, um den Wüstensand ringsherum abzukühlen und für Adair und seine Männer eine ständige Befeuchtung sicherzustellen, wenn sie zum entscheidenden Schlag gegen den Brand ausholen würden. Daß es in der direkten Umgebung von Gassi Touil kein Wasser gab, betrachtete Red nur als ein kleines Problem. Während seiner langen Berufsjahre hatte er des öfteren gegen Schwierigkeiten anzukämpfen, die andere als unüberwindbare Hindernisse ansahen. Er selbst ging damit um, wie er beim amerikanischen Football-Spiel mit seinen 65 Kilo Gewicht beim Angriff mit zweihundert Pfund schweren Verteidigern der Gegenmannschaft umgegangen war. Wenn er sie nicht überrennen konnte, mußte er sie mit Tricks überwinden. Außerdem hatte Red, der selbst klein an Wuchs war, gelernt, in größeren Kategorien zu denken.

Als er neunzehn Jahre alt war, hatte er eine Hebelvorrichtung entwickelt, die es ihm ermöglichte, schneller und mehr Kohle von den Güterzügen zu entladen als seine Kollegen, die wesentlich größer und kräftiger waren als er. Die Vorrichtung bestand aus Holzresten und hatte ihn nichts gekostet. Als er mit brennenden Ölquellen in der Nordsee konfrontiert wurde, entwickelte er 45 Jahre später die *Tharos*, die über hundert Millionen Dollar kostete. Aber das war für ihn nur ein bloßes Detail, das ihn auch nicht länger zögern ließ als damals, als er die Hebelvorrichtung umsonst gebaut hatte. Er betrachtete nur einfach all die Risikofaktoren — Menschen, Wetter, Feuer — wie Hürden in einem Rennen, das er gewinnen wollte. Entweder sprang er über sie, oder er riß sie um. „Niemals in meinem Leben habe ich mich bei einem Einsatz um die Kosten oder die Ausmaße von irgend etwas gekümmert", erläuterte er. „Ich habe ständig nur an den Job gedacht und daran, daß ich ihn bewältigen würde."

In Gassi Touil leitete Red eine ausgedehnte Suche nach Wasser ein, die schließlich acht Kilometer von der Ölquelle entfernt tief unter der Wüste Grundwasser zutage förderte. An der Stelle wurden Brunnen gegraben, und man pumpte das Wasser durch überirdische Rohrleitungen in drei riesige Becken. Diese Reservoire waren mit Polyäthylenfolie ausgekleidet, damit das Wasser nicht im Wüstensand versickerte, sie waren drei Meter tief und hatten die Größe von Fußballfeldern. Besonders leistungsfähige Pumpen, speziell von Red entwickelt, wie fast alles auf dieser Einsatzstelle, wurden herangekarrt. Diese Pumpen waren in der Lage, 150 000 Liter Wasser pro Minute 100 bis 130 Meter weit zu spritzen. Es dauerte über einen Monat, bis die Vorbereitungen abgeschlossen waren.

Mehrere Tage verbrachte Adair damit, das Gelände genau kennenzulernen, und beschäftigte sich mit Vermessungsarbeiten, Berechnungen und Aufzeichnungen. Er arbeitete Tag und Nacht, entweder draußen im heißen Sand oder an einem einfachen Holztisch in einer Unterkunftsbaracke im Lager von Gassi Touil. Er bestellte acht brandneue Bulldozer vom Typ Caterpillar D-8, Tonnen von Rohrleitungen verschieden starker Durchmesser und große Mengen Stahlblech. Aus den Blechplatten sollten Hitzeschilde gefertigt werden, die es Adair und seiner Stoßtruppe ermöglichten, sich dem Feuer zu nähern. Er bestellte Pumpen in Großbritannien und der Bundesrepublik, Schweißgerät und Absperrvorrichtungen für Bohrungen in den USA und neunhundert Kilogramm Nitroglyzerin in fester Form in Frankreich. Der gefährliche Sprengstoff wurde von einer Spezialeinheit der französischen Armee unter dem Schutz von schwerer Artillerie geliefert und im Lager rund um die Uhr bewacht. Saboteure hatten bereits zwei andere unbewachte Ölquellen in der Wüste in die Luft gesprengt, und es sollten noch einige weitere dazukommen, bevor Adair seinen Auftrag in Nordafrika beendet hatte. Selbst Red mußte über die kleinste Menge Sprengstoff, die er für seine Sprengladungen verwendete, Rechenschaft ablegen.

Monate würden vergehen, bis alle Ausrüstungsteile nach Gassi Touil geliefert und zusammengebaut sein würden und bis Adair dann endlich gegen das „Feuerzeug des Teufels" vorgehen könnte. Währenddessen warteten andere Einsätze auf ihn, aber bevor er Algerien verließ, rief er noch einmal eine Versammlung aller ein, die an dem GT-2-Einsatz beteiligt waren.

Es war spätnachts. Draußen wehte ein kalter Wind, und das Feuer der brennenden Bohrstelle in zwölf Kilometer Entfernung erleuchtete den Himmel, während die Druckwellen von dem Brand den Holzboden in dem Versammlungsraum im

Camp erschütterten und die Lichter flackern ließen. Adair sah die Männer vor sich prüfend an. Es handelte sich um eine bunt zusammengewürfelte Truppe: französische Soldaten und Ingenieure; medizinisches Personal; Deutsche, ehemalige Angehörige von Rommels Nordafrika-Armee, die nach dem Ende des Krieges in die Wüste geflohen waren und hier jetzt Kräne und Bulldozer bedienen würden; algerische Araber und Berber, die als Schweißer, Mechaniker, Maschinisten und Bohrspezialisten arbeiteten. Jeder Gruppe hatte Red, sorgfältig durchdacht, wichtige Einzelaufgaben zugeteilt, ganz wie in einem Orchester, damit alle Männer voneinander abhängig waren.

„Leute", fing Adair an, „wir haben hier eine wichtige Aufgabe zu erfüllen, und ich möchte, daß euch allen klar ist, daß wir es nur schaffen können, wenn wir alle zusammenarbeiten. Morgen früh reise ich nach Bolivien, wo ich mich um einen anderen Brand kümmern muß. Aber die Geräte und das Material, das ihr hier braucht, sind auf dem Weg hierher, und ich zweifle nicht daran, daß ihr genau wißt, was damit zu tun ist, wenn alles angekommen ist. Ich möchte euch um eins bitten, was mir Sorgen macht: Vergeßt eure Differenzen, laßt nichts zwischen euch treten. Unsere gemeinsame Aufgabe ist es, dieses teuflische Feuer zu löschen und dann die Bohrung abzudichten." Er legte eine Pause ein, dann drehte er sich um und riß eine der Türen der Baracke auf. Der Wind trug den ohrenbetäubenden Lärm der brennenden Quelle in den Raum. „Hört ihr den Bastard?" fragte er, den Rücken seinen Leuten zugewandt. „Seht ihn euch gut an!" Er drehte sich wieder um und beobachtete die Männer, die ihm stumm ins Gesicht sahen. „Werden wir es schaffen?" fragte er jetzt herausfordernd. Jeder in seiner Sprache und dennoch unisono antworteten sie jetzt schreiend ein vielstimmiges: „Ja!" Später sollte sich zeigen, daß Adair mit diesen Männern keinerlei Probleme hatte.

In Reds Leben, das über Monate hinweg recht gemächlich verlaufen war, überstürzten sich nun wieder die Ereignisse. Kaum hatte er das Feuer in Bolivien gelöscht, wurde er zu einem anderen Einsatz nach Nigeria gerufen, wo er dann wieder einmal einen Silvesterabend fern von zu Hause verbringen mußte.

Von Nigeria flog er zurück nach Paris, um dort an einer weiteren Sitzung mit den Vertretern von Phillips Petroleum und der französischen Regierung teilzunehmen. Dort erfuhr er, daß die Montagearbeiten in Gassi Touil planmäßig vonstatten gingen, daß aber trotz der intensiven Sicherheitskontrollen Sprengstoff aus dem Lager verschwunden war. „Wir können nur hoffen", sagte ein französischer Beamter, „daß nach all dem, was Ihre Männer dort unten bereits geleistet haben, nicht plötzlich die Terroristen alles in die Luft sprengen oder sie den Sprengstoff benutzen, um eine andere Quelle zu zerstören. Aber seien Sie sicher, Mister Adair, daß wir alles nur Erdenkliche tun, um denjenigen zu finden, der Ihr Nitroglyzerin stiehlt." — „Gut", brummte Red. Er wäre gerne nach Algerien zurückgeflogen, um zu versuchen, den Dieb selbst zu ermitteln, aber er mußte zunächst noch nach Houston, um ein paar von den Wasserpumpen abzuholen, die er nach seinen Plänen speziell für GT-2 hatte bauen lassen.

Und es gab noch einen Grund, warum er nach Hause fliegen wollte: Seine Tochter Robyn sollte etwa Mitte Februar 1962 ihr erstes Kind bekommen. Als Kind war Robyn — oder Bobbie, wie beide Eltern sie nannten — ein ruhiges und schüchternes Mädchen gewesen. Aber als Teenager war sie gern ausgegangen und hatte einen großen Freundeskreis aufgebaut. Wie ihre Eltern hatte sie einen scharfen Verstand, und obwohl Red noch immer der Ansicht war, daß Frauen zu Hause bleiben, kochen, saubermachen und sich um die Kinder kümmern sollten und dabei immer gut aussehen müßten, wollte er doch, daß sie eine gute Schulausbildung erhielt und zum College ging. Als sie ihm dann verkündete, daß sie von der Schule abgehen würde, um zu heiraten, war Red sehr betroffen. Er und Kemmie hielten den Mann, den Robyn heiraten wollte, einen sehr intelligenten Installateur namens Gene Moore, für zu jung. Außerdem sah Red Bobbie immer noch als sein kleines Mädchen an. Trotzdem tat er nichts, um die Verbindung zu verhindern, weil er insgeheim glaubte, daß die Ehe niemals halten würde. Lieber wollte er seine Tochter unterstützen, als sie sich zu entfremden. Mit achtzehn Jahren würde sie nun Mutter werden, und Red wollte sehr gerne an ihrer Seite sein.

Hin- und hergerissen zwischen der Liebe zu seiner Familie und der Hingabe an seine Arbeit blieb er, solange es ging, in Houston. Aber am 17. Januar sagte er Robyn dann, daß er wieder abreisen müsse. „Ich muß gehen, Bobbie. Ich muß nachsehen, wie sie mit den Arbeiten vorankommen. Ich bin schon viel zu lange fort." — „Daddy, bitte, geh nicht", flehte sie ihn an. „Das Baby kommt schon bald, ich weiß es." Ihre Stimme klang gepreßt, weil sie insgeheim genau wußte, daß Red seine Entscheidung schon getroffen hatte. Er würde gehen. Natürlich liebte er seine Tochter, seinen Sohn und seine Frau, aber er war in seiner Jugend so arm gewesen, er hatte so hart kämpfen müssen, daß seine Arbeit jetzt sogar Vorrang vor der Familie hatte. „Bobbie, schau mal", versuchte er zu erklären, „das Baby kommt noch nicht so schnell. Ich wette mit dir um hundert Dollar, nein fünfhundert Dollar, daß ich zurück bin, bevor das Kind da ist . . ."

Red verlor die Wette. Am 21. Januar, als er gerade in der glühenden Wüstensonne stand und eine Ladung von Hochdruck-Rohren überprüfte, reichte ein Offizier der französischen Armee ihm ein Telegramm. Er las: „Herzlichen Glückwunsch! Jetzt bist Du Opa, Dein Enkelsohn Paul Wayne wurde am 20. Januar geboren. Mutter und Kind sind wohlauf."

Die Titelseiten der Tageszeitungen in Houston brachten ein Bild von Robyn und ihrem Baby. Darunter stand in einer kleinen Notiz, daß der Großvater des Kleinen gerade im Einsatz war, um den größten Bohrlochbrand der Welt zu löschen. Landesweite Nachrichtendienste griffen die Geschichte auf, und auf einmal kamen Anrufe von weiteren Zeitungen aus dem ganzen Land und selbst aus dem Ausland. Die Familie merkte plötzlich, daß das „Feuerzeug des Teufels" ihr Leben für immer verändern sollte. Adair war erst seit zweieinhalb Jahren selbständig und hatte sich bereits einen guten Namen in der Ölbranche gemacht, viel Anerkennung für seine Arbeit erworben und auch gutes Geld verdient. Aber über die Ölfachwelt hinaus oder gar international war er nicht bekannt. Nun war die Zeit wohl reif, um einen Mann wie ihn ins Scheinwerferlicht zu rücken.

In den Vereinigten Staaten herrschte Krisenstimmung. Die Amerikaner hatten sich noch nicht von dem Schlag erholt, daß die Invasion in der Schweinebucht auf Kuba im April 1961 gescheitert und das Treffen zwischen Präsident John F. Kennedy und dem sowjetischen Führer Nikita S. Chruschtschow, das zwei Monate später in Wien stattfand, erfolglos verlaufen war. Es sollte noch bis zur Kuba-Krise im Herbst 1962 dauern, bis Kennedy seine Glaubwürdigkeit wiederherstellen konnte. In Europa sah es nicht viel besser aus. Die DDR baute im August 1961 die Mauer, um den Strom von Flüchtlingen nach dem freien Westen einzudämmen. Noch Anfang August 1961 waren täglich bis zu sechstausend Menschen nach West-Berlin geflohen. In Algerien hatte die OAS ihre Terrormaßnahmen verstärkt und in einer Politik der verbrannten Erde zahlreiche öffentliche Gebäude in Schutt und Asche gelegt sowie verschiedene Angriffe mit Panzerfäusten gegen Polizeieinheiten geführt. So wollte sie Präsident de Gaulles Pläne durchkreuzen, Algerien die Unabhängigkeit zu gewähren.

Und inmitten all dieser internationalen Spannungen und Feindschaften gab es einen Mann wie Red Adair, einen, den die gesamte freie Welt, vielleicht sogar die ganze Welt brauchte: einen einsamen Streiter, einen unerschrockenen Texaner, einen Cowboy, der sein Geld auf den Ölfeldern verdiente, der keine politische Vergangenheit hatte und der keine Reden hielt. Ein Mann, der seinen persönlichen Kampf mit dem Teufel austrug, bewaffnet allein mit einem Hochdruckschlauch und einer Tonne Dynamit. Egal auf welcher Seite des Eisernen Vorhangs man stand, einen Kerl wie Red Adair mußte man ganz einfach bewundern. „Mama, das ist ja hier plötzlich wie in einem Irrenhaus", sagte Robyn in diesen Tagen entsetzt zu ihrer Mutter. „Bobbie, das war schon immer ein Irrenhaus, nur schauen jetzt auf einmal alle Leute zu."

Für Red blieb keine Zeit, die Geburt seines ersten Enkelkindes gebührend zu feiern, denn dem ersten Telegramm folgte ein zweites von der Sun-Oil-Gesellschaft. Er sollte für sie einen Brand in Fort Saint John in Kanada löschen. Nachdem er dort bei minus vierzig Grad Celsius gearbeitet hatte, flog er nach Texas, wo es zwei weitere Bohrlochbrände unter Kontrolle zu bringen gab. Die nächsten Einsatzstationen in diesem Monat hießen Michigan, Texas, Louisiana und wieder Texas.

Am 20. Februar 1962, während Adair seine Ausrüstung für einen weiteren Einsatz in El Campo, Texas, vorbereitete, umkreiste John Glenn als erster amerikanischer Astronaut die Erde. Ein paar Tage nach seiner Rückkehr zur Erde klingelte das Telefon in Reds Firma. „Red, hier ist John Glenn, ich wollte Ihnen nur sagen, daß ich Ihre brennende Bohrstelle in Nordafrika bis weit ins All sehen konnte. Das muß ein Mordsfeuer sein." — „Das ist es, John", entgegnete Red. „Aber ich sage Ihnen, wenn wir nur halb so gut sind wie Sie mit Ihrem Flug, dann kriegen wir das Ding schon klein." — „Oh, sehr freundlich", gab Glenn zurück, „aber ich für meinen Teil fliege lieber wieder ins All, als den Kampf gegen einen Bohrlochbrand aufzunehmen, Red, das können Sie mir glauben."

„Ich wette mit Ihnen um eine Kiste Cognac, daß dieser Bürgermeister derjenige ist, der den Sprengstoff stiehlt", bedeutete Red dem Obersten. „Der Bürgermeister von Hassi Larrocque? Aber Monsieur Adair, er ist ein angesehener Mann", setzte der Oberst dagegen. „Er ist uns gegenüber immer sehr kooperativ gewesen." Es war jetzt Mitte April 1962, und Red war nach Nordafrika zurückgekehrt. Er saß in einer der Baracken, die im Lager der französischen Armee in Gassi Touil als Offiziersmesse diente, und sprach mit dem für die Bohrstelle GT-2 Verantwortlichen dieser Militäreinheit. Hassi Larrocque war eine Kleinstadt unweit des Ölfeldes, und der Bürgermeister war der höchste politische Beamte des Ortes. „Er mag angesehen sein", entgegnete Red dem Offizier, „aber ich halte ihn für einen falschen Hund. Er kommt und geht, wann er will. Und das von Anfang an. Ich sage Ihnen, er ist es. Vielleicht ist gerade seine Kooperationsbereitschaft das Problem. Ich meine, was will er machen, wenn Ihre Leute sich aus Algerien zurückziehen? Vielleicht hat er Angst, daß die neuen Machthaber ihn ganz einfach als Kollaborateur aufhängen. Vielleicht verkauft er das Zeug ja auch nur und will damit ein paar Extra-Kohlen verdienen. Aber er sieht mich immer so komisch an, er sieht Sie übrigens auch sehr eigenartig an. Ist Ihnen das noch nicht aufgefallen?" – „Monsieur Adair, ich werde Ihre Wette nicht annehmen, denn um ganz ehrlich zu sein, habe ich mich auch schon ein wenig über diesen Mann gewundert. Wir werden ihn ganz besonders im Auge behalten." – „Tun Sie das", sagte Red, der jetzt sicher war, daß der Oberst den Bürgermeister auch schon länger in Verdacht hatte. Ansonsten hätte dieser umsichtige Offizier niemals einen anderen so offen eines Verbrechens bezichtigt.

Inzwischen war die Zahl der Arbeiter auf dem Bohrcamp von dreißig auf die Stärke einer kleinen Stadt von dreihundert Einwohnern angestiegen. Adair wollte das Problem des Nitroglycerin-Diebstahls schnell lösen, denn trotz der ständigen Überwachung durch die französischen Truppen war es infolge der angestiegenen Mitarbeiterzahl und des Durcheinanders der letzten Vorbereitungen für den endgültigen Schlag gegen das Feuer leicht für Saboteure, unbemerkt auf das Gelände zu gelangen. Wie immer war Red hauptsächlich um das Leben der Männer besorgt, die für ihn arbeiteten, und wollte nicht, daß das Blut von Unschuldigen vergossen wurde.

Das Lager erinnerte in keinster Weise mehr an den verlassenen Vorposten, den Adair hier vor fünf Monaten vorgefunden hatte. In der Nähe der inzwischen vergrößerten Baracken arbeiteten Mechaniker an den mehr als einem Dutzend Dieselgeneratoren, die das Camp mit Strom versorgten. Schweißer setzten Stück für Stück der Rohrleitung zusammen und beendeten die Arbeit an dem zwanzig Meter langen Stahlmast, der vorne an einen der Bulldozer montiert worden war. Über jedem der Raupenfahrzeuge war eine Blechverkleidung angebracht, die an eine waagerechte Rüstung erinnerte und den Fahrer und die übrigen Insassen vor der Hitze schützte, wenn sie dem Feuer zu Leibe rückten.

Die drei Reservoire waren mittlerweile gefüllt. Zunächst war das Wasser in den Becken brackig gewesen, aber die heiße Wüstensonne hatte sie in klare Seen verwandelt. Daneben befanden sich riesige Pumpen, die das Wasser unter starkem Druck durch zehndreiviertel Zoll starke Rohre zur Bohrstelle pumpen sollte. Algerische Bohrmannschaften arbeiteten darüber hinaus rund um die Uhr an drei Entlastungsbohrungen. Sie sollten im schrägen Winkel von verschiedenen Ausgangspunkten auf die Hauptbohrung von GT-2 stoßen. Wenn Red erst einmal das Feuer gelöscht und die Hauptbohrung abgedichtet hätte, würde durch die Entlastungsbohrungen Bohrflüssigkeit hinabgepumpt werden, um ein hydrostatisches Gleichgewicht zu erzeugen, das den Gasfluß unterbrechen sollte.

„Mal abgesehen von dem verschwundenen Sprengstoff sieht es gar nicht so schlecht aus", meinte Red. Es war spätnachts, als der Oberst die behelfsmäßige Offiziersmesse verließ. Red nippte an einem Bier und studierte den Entwurf des von ihm entwickelten wassergekühlten Stahlhakens, der an der Spitze des zwanzig Meter langen Stahlmasten an dem Caterpillar angebracht war. Mit diesem Haken sollte der zerstörte Bohrturm von der Bohreinfassung abgerissen und weggeschleppt werden. Bevor Red den Versuch unternahm, das Feuer mittels Sprengladungen zu löschen, sollte der Bereich um das Bohrloch frei von Schrott sein. Dafür gab es zwei gute Gründe: Einerseits war die Gefahr gering, daß sich Red oder einer seiner Männer darin verfangen könnte oder daß die Zündleitungen zu den Sprengladungen sich verhedderten. Andererseits würde sich jedes Metallteil, jedes Stück Schrott im Umkreis der Bohrung im Augenblick der Sprengung in gefährliche Granatsplitter verwandeln.

„Doch, es sieht ganz gut aus", fügte er hinzu. „Morgen früh fangen wir an, den Bohrturm wegzureißen." An seinem Tisch saßen nun Boots, Coots und Charlie Tolar. Tolar spielte in der Mannschaft der Houston Oilers in der amerikanischen Football-Liga und hatte Red, der ihn über seine Mannschaft kannte, lange bearbeitet, er möge ihn doch als Aushilfsarbeiter in der spielfreien Zeit einstellen. Schließlich hatte Red zugestimmt. Tolar war erst vor zwei Tagen nach Nordafrika geflogen und hatte in seinem Hotel in Algier infolge der andauernden Schießereien eine schlaflose Nacht verbracht. In Gassi Touil angekommen, händigte Red ihm einen dieser legendären roten Overalls seiner Mannschaft aus und sagte ihm, er solle sich bereithalten, um gleich mit ihm zu der Bohrung zu fahren und sich einen Eindruck von der Lage zu verschaffen.

„Was, du willst, daß ich in die Nähe dieses Teufelsdings gehe?" rief er. Red und er waren bereits seit einiger Zeit gut befreundet, und Charlie glaubte, Red hätte ihn endlich eingestellt, weil sie beide aus dem gleichen Holz geschnitzt waren: kleinwüchsig, stämmig und nicht so einfach zu Fall zu bringen. Aber bis zu diesem Augenblick hatte er keine Ahnung gehabt, wie ernst dieser Einsatz werden würde. Bei einem Footballspiel im Ballbesitz von einem Stürmer angegriffen zu werden war eines, aber nähere Bekanntschaft mit dem Teufel zu machen, der in Gestalt einer derartigen Feuersbrunst daherkam, war etwas völlig anderes. Er sah Red ins Gesicht und wußte, daß dieser keine Witze machte. „Hier", sagte Adair zu ihm, „nimm dieses Blech. Es schützt vor der Hitze." Tolar nahm den rechteckigen Hitzeschild, der etwa einen Meter lang war und an einer Seite einen Griff hatte, und ging. Zum Teufel, dachte er bei sich. Red geht schließlich selbst so dicht an das Feuer heran und will bestimmt noch ein bißchen länger leben, da kann ich ihn wohl begleiten. Er ist bisher immer noch heil davongekommen.

Ein paar hundert Meter vom Feuer entfernt begannen Tolars Stiefel zu qualmen, und sein Gesicht fühlte sich an, als ob es mitten in eine heiße Bratpfanne gepreßt würde. Vor ihm ging Red immer noch so, als liefe er ruhig am Strand entlang. Ihre Ohren waren mit Wattebällchen verschlossen, die vorher in Vaseline getaucht worden waren, und sie konnten sich nur mit Handzeichen verständigen. Das gehörte zu Reds Standard-Sicherheitsmaßnahmen, wenn in der Nähe von brennenden Bohrlöchern gearbeitet wurde. Red hatte festgestellt, daß die vaselinegetränkten Wattepfropfen dichter abschlossen als die herkömmlichen Ohrstöpsel aus Kunststoff. Tolar kam es jedoch so vor, als würde der Lärm direkt durch Mund und Nase eindringen. Seine Zähne klapperten derart, daß er befürchtete, sie würden alle ausfallen, und auch seine Fingernägel schienen sich aus den Nagelbetten zu lösen. Lärmfolter, dachte er, du liest in keinem Agentenroman darüber. Falls ich jemals einen schreiben sollte, kommt Lärmfolter bestimmt vor. Adair blieb stehen, drehte sich zu Charlie um und lächelte, dann bewegte er sich rückwärts auf die Wasserbecken zu.

Red hatte überprüfen wollen, wo und in welcher Lage sich die Teile des zerstörten Bohrturms genau befanden, verfolgte aber gleichzeitig auch die Absicht, Charlies Mut auf die Probe zu stellen. Red wußte jetzt, daß er Charlie vertrauen konnte, daß er seine Anweisungen ausführen würde, wenn die Zeit zum Sturm auf das Feuer gekommen war. Er würde Tolar, der sehr stark war und schnell rennen konnte, dazu einsetzen, Coots Matthews beim Legen der Zündschnüre zu helfen, die von einem Schaltkasten in einem der Unterstände zu den Sprengladungen führen würden. „Du hast dich tapfer gehalten, Charlie", sagte Red später. „Nimm dir noch ein Bier." Tolars Hände zitterten noch immer unkontrolliert, und er fuhr mit der Zunge im Mund herum, um festzustellen, ob auch wirklich alle Zähne vorhanden waren. Er schüttete das Bier hinunter. Tolar kannte Reds Arbeitseinstellung bereits von zwei kleineren Aufträgen. Red saß sehr gerne mit seinen Männern zusammen, trank ein Bier nach dem anderen, unterhielt sich lange mit ihnen, scherzte mit den Kellnerinnen, war dann aber der erste, der morgens noch vor Sonnenaufgang gestiefelt und gespornt die Arbeit aufnahm. Es war selbstverständlich, daß die anderen ebenfalls fertig zu sein hatten, wenn er einsatzbereit war. „Ich gehe zu Bett", sagte Tolar deshalb.

Es gab keine Probleme, als sie den Bohrturm aus dem Bereich der Bohreinfassung entfernten. Während das Raupenfahrzeug, das mit dem Stahlmast und dem Haken ausgerüstet war, die einzelnen Teile des Gerüstes wegriß, verspritzten die übrigen Bulldozer aus dicken Schläuchen, die wie Kanonenrohre über die Hitzeschilde der Fahrzeuge hervorragten, ständig Ströme von Wasser über die Menschen und Maschinen. Sie waren nur bis auf dreißig Meter Entfernung an die Bohrstelle herangekommen, und die Verständigung erfolgte nur durch Handzeichen. Die Fahrer der Bulldozer saßen deshalb mit dem Rücken zum Feuer und bewegten sich nur rückwärts, während sie von Lotsen, die das Geschehen direkt vor sich beobachteten, eingewiesen wurden. Die Überschwemmung aus den Wasserschläuchen war so mächtig, daß Red in fünfzehn Metern Entfernung von der Brandstelle plötzlich fror. Als er noch dichter an die riesige Flamme heranging, wurde das Kältegefühl immer intensiver, ausgelöst durch die Verbindung von Verdunstungskälte und dem starken Luftzug durch das Feuer.

Durchnäßt und zitternd kauerte Red in der Nähe des außer Kontrolle geratenen Bohrlochs, wo die Flammen hoch in den Himmel loderten. Seine Augen tränten, seine Nase tropfte, und aufgrund des durchdringenden Lärms um ihn herum vibrierten seine Eingeweide wie der Resonanzkörper einer Baßgeige. Aber noch immer war er völlig ruhig. Er wußte genau, wo er die Sprengladungen anbringen und wie er sie anordnen müßte, damit sich ihre Sprengkraft exakt oberhalb des Bohrlochs entladen würde. Die Sprengung würde das Feuer ersticken. Er sah auch schon vor sich, wohin er den mächtigen Strahl der Wasserwerfer dirigieren mußte. Durch den starken Wasserdruck würde die Flamme in die Höhe gedrückt und vom Bohrloch ferngehalten, wo er die Sprengladungen dann direkt am Fuße des Feuers anbringen würde. Das war ein brenzliger Augenblick. Die Sprengladung müßte so ummantelt sein, daß sie sich in der großen Hitze nicht selbst entzünden könnte. Sollte dies geschehen, würden Red und seine Truppe in tausend Stücke gerissen. Aber er war zuversichtlich, daß er es schaffte.

Er hatte den Angriff auf das Feuer sorgfältig geplant, seinen Leuten ihre Aufgaben zugeteilt, seine Mannschaft gut ausgerüstet und das Einsatzgebiet freigemacht. Nun mußte er sich in Geduld fassen, denn neben all den anderen Faktoren spielte das richtige Timing eine wesentliche Rolle bei diesem Einsatz. Wenn er das Feuer gelöscht hatte — und es gab für ihn nicht den geringsten Zweifel, daß er es schaffen würde —, kam ein kritischer Moment. Bevor dann die Gasquelle abgedichtet war, würde aus der Bohrstelle eine riesige Menge unkontrollierbaren und gefährlichen Gases entweichen. Wenn der Wind falsch stünde, könnte sich das Gas über die ganze Gegend ausbreiten, sogar das zwölf Kilometer entfernt liegende Lager erreichen und das dreihundert Mann starke Team ernsthaft gefährden. Das mußte Red auf alle Fälle verhindern. Wer Red nur vom Hörensagen kannte, mochte ihn vielleicht für einen Draufgänger halten, doch wer mit ihm zusammenarbeitete, wußte es besser: Red war äußerst vorsichtig und setzte niemals das Leben seiner Männer aufs Spiel. Red würde also warten, bis der Wind richtig stand, bevor er das „Feuerzeug des Teufels" zum Erlöschen brachte. Als er jetzt in der Nähe der Flammenwand kniete, sah er den weiteren Einsatz klar und deutlich vor sich.

So war es schon immer gewesen, ob er nun knietief im Rohöl auf einer Bohrstelle in Texas stand, die jeden Moment in die Luft fliegen konnte, oder ob ihn eine Wolke giftigen Schwefelwasserstoffgases bei einem Einsatz bei minus vierzig Grad Celsius in Kanada umgab. Auch in solchen Momenten, wenn andere Männer, die sonst hart wie Stahl waren, wachsweich wurden, blieb Red Adair unerschütterlich und gelassen. Er ging mit Bohrlochexplosionen und -bränden um, als wären sie die natürlichsten Dinge der Welt, ja als wäre er gar für diese Aufgabe geboren.

„Es wollten schon eine Menge Leute mit mir bis dicht an so ein brennendes Bohrloch gehen, und dann konnten sie den Lärm und die Hitze nicht aushalten. Oft genug bin ich mit zehn Mann losgegangen, und wenn ich mich dann kurz darauf umschaute, waren fünf übriggeblieben. Ich ging wieder etwas weiter, und plötzlich war vielleicht nur noch einer bei mir. Und viele Male war schließlich keiner mehr da. Ich hab' dann zu mir gesagt: ‚Nun gut, dann bin ich halt allein, was soll's? Ich muß nach vorn und nachsehen, was los ist.' Es hat mir nichts ausgemacht. Irgendwie hat es mir Spaß gemacht. Ich stand allein gegen die Naturgewalten. Allein gegen das Unbekannte. Du schaust dich um, und alle anderen sind weit entfernt. Du bist der Einzelkämpfer. Und du gehst weiter und weiter. Also bin ich weitergegangen, ich wußte nicht, was mich am Bohrloch erwarten würde, denn das weiß man nie, bevor man dort ist. Und ich habe zu mir gesagt: ‚Ich werde es schaffen. Was es auch ist, ich kriege es klein. Ich werde gewinnen.' Aber es ist ein einsamer Marsch, Junge, das kannst du mir glauben."(Red Adair)

Adair bekam plötzlich starke Kopfschmerzen, hervorgerufen von der Arbeit mit Nitroglyzerin. Er hatte ohne Unterbrechung zehn Stunden Sprengladungen gebastelt. Wie ein Bäcker den Teig, so hatte er den Sprengstoff zu brotlaibähnlichen Stücken geknetet. Im Augenblick fühlte er sich, als sei eine Ladung in seinem Kopf explodiert. „Man kann nichts dagegen tun", sagte er zu Charlie Tolar, der aufmerksam neben ihm saß. „Aspirin nützt nichts, und ich habe wirklich schon alle verdammten Mittel ausprobiert, die der Menschheit bekannt sind. Ich habe mir die Stirn mit Eisstückchen eingerieben, ich habe Rosinen und Meerrettichblätter versucht. Ich habe sogar schon Whiskey zum Einreiben genommen, viel zu schade für so einen guten Schluck. Nicht ein einziges Mittel hilft. Wenn du das Nitro erst einmal an den Händen hast, kannst du sicher sein, daß du es dir früher oder später an die Stirn reibst. Und, Junge, du hast ja keine Ahnung, was Kopfschmerzen bedeuten, wenn du noch keine Nitro-Kopfschmerzen gehabt hast. Mein einziger Trost ist, daß dieser elende Bürgermeister jetzt noch mehr Kopfschmerzen hat."

Adair hatte recht, was den Bürgermeister anging. Der so angesehene Politiker war zwei Tage zuvor erwischt worden, wie er versuchte, zwei Stücke Nitroglyzerin in seinen Hosentaschen aus dem Lager zu schmuggeln. In langwierigen Verhören hatte er endlich gestanden, Mitglied einer Gruppe von Aufständischen zu sein, die verschiedene Terroranschläge auf dem Land verübt hätten. Eine Kommandoeinheit der Armee hatte ihn abgeführt, und Adair sah ihn nie wieder.

Trotz der quälenden Kopfschmerzen arbeitete Red die ganze Nacht hindurch, weil der Wind plötzlich abflaute. Das Wetter war jetzt ideal für seinen Schlag gegen das Feuer. Er versammelte seine Männer um sich und informierte sie, daß er in wenigen Stunden mit dem Vorstoß auf das Bohrloch beginnen würde. Jeder wurde noch einmal daran erinnert, was seine Aufgabe war und daß er nur auf die Handzeichen von Red oder seinen beiden Vertretern Boots und Coots zu achten hätte.

Um drei Uhr früh setzte sich die Mannschaft, die die Wasserwerfer bediente, in dem unheimlichen Licht der turmhohen Flammen in Marsch und fing an, die Umgebung um das Bohrloch mit Wasser zu berieseln. Sechs Stunden lang kühlten sie den Wüstensand, während sich der Wind in dieser Zeit völlig legte. Red war mit dem Formen der Sprengladungen fertig geworden und packte die insgesamt 340 Kilogramm Nitroglyzerin in ein Faß. Dieses Faß stellte er in ein speziell dafür angefertigtes größeres Faß, das fast doppelt so groß wie die üblichen Zweihundertliterfässer war, die er sonst für einen solchen Job verwendete. Als nächstes verteilte er nichtexplosive Chemikalien um sämtliche Ladungen, um so zu verhindern, daß sich am Boden, ausgelöst von der Explosion, kleinere Feuer bildeten, die den Gasstrom wieder entzünden könnten.

Am Morgen, es war noch immer windstill, befestigte Red den Sprengstoff an dem wassergekühlten Haken an der Spitze des zwanzig Meter langen Stahlmastes an dem Raupenfahrzeug. Er sprang ins Führerhaus des Bulldozers und fuhr, dirigiert von Boots, direkt auf das Bohrloch zu. Er war jetzt der Frontmann, die Speerspitze des Angriffs, den er so generalstabsmäßig vorbereitet hatte. Aufgrund der Druck- und Schallwellen der Feuerstöße aus dem Erdinneren kochte und bebte der Caterpillar wie ein wütender Stier, und der stählerne Ausleger an seiner Spitze tanzte auf und ab. An ihm hing der Sprengstoff, der durch die große Hitze schlimmstenfalls auch ohne einen elektrischen Zündimpuls jederzeit losgehen konnte. Es war genug, um ein fünfzehnstöckiges Hochhaus in Schutt und Asche zu legen. In der Zwischenzeit rollten Coots und Charlie Tolar die elektrischen Zündleitungen aus und überprüften, ob keine gebrochen oder verknotet war. Das allerletzte, was Red jetzt noch hätte brauchen können, war ein unterbrochenes Kabel zwischen der Sprengkapsel und der Zündtrommel. Wenn er diesen Bolzen herunterdrückte, wollte er Ergebnisse sehen.

Von der Führerkabine des Bulldozers aus bugsierte Red den Stahlmast so dicht an die Basis der Flamme heran, wie es nur möglich war. Dann sprang er heraus, rannte, dicht am Boden geduckt, vorwärts und schoß unter dem Feuer hindurch, um Boots, der nun in das Raupenfahrzeug geklettert war, zu bedeuten, den Mast ein wenig abzusenken. Nun zog er das Faß mit dem Sprengstoff vom Haken und brachte es genau in die gewünschte Position. Er holte noch einmal tief Luft, blinzelte durch den Vorhang der aus einem Dutzend Hochdruckschläuchen niedergehenden Wassermassen und sprintete schneller, als ihn selbst Charlie Tolar je in einem Footballspiel gesehen hatte, die hundert Meter bis zu dem Unterstand zurück. Als Coots und Tolar ihn kommen sahen, gingen sie sofort in Deckung, denn sie sahen seinen Augen an, daß er sich sofort auf den Zünder stürzen würde. Mit ausgestreckten Händen ergriff er den Zündmechanismus. Ohne einen Moment zu zögern, drückte er den Zündhebel mit voller Wucht herunter, als wollte er ihn in den Wüstensand rammen. Doch die Sprengladung explodierte nicht! Red sah auf: Der Bulldozer stand noch an seinem Platz, und die Flamme darüber loderte und dröhnte so mächtig wie vorher, als wollte sie sich über ihn lustig machen. „Zur Hölle mit dir!" rief er und drückte den Bolzen noch einmal herunter. Dieses Mal funktionierte es, die Sprengladung explodierte mit solcher Gewalt, daß der schwere Bulldozer einen Meter in die Höhe geschleudert wurde. Durch eine enorme Wolke von Staub, vermischt mit Gesteinsbrocken, Metallsplittern und Schlauchfetzen, die wie bei einem Mörserangriff durch die Luft wirbelten, konnten sie erkennen, daß das Feuer erstickt war. Das „Feuerzeug des Teufels", das ein halbes Jahr lang die Wüste erleuchtet hatte, brannte nicht mehr. Es war Samstag, der 28. Mai 1962, kurz vor Mittag.

Red starrte dorthin, wo noch kurz zuvor die Flamme gelodert hatte, und lächelte, aber noch gab es keinen Grund zu triumphieren. Der Lärm des ausströmenden Gases war noch immer ohrenbetäubend. Und bevor die Quelle nicht mit neuen Sicherheits-Absperrventilen abgedichtet war, stellte GT-2 eine ständige Gefahr dar. In Bruchteilen einer Sekunde konnte sich der Gasstrom wieder in ein neuerliches „Riesenfeuerzeug" verwandeln. Red schickte alle Männer schnellstens an die Arbeit. Mit einer wassergekühlten Baggerschaufel, die an dem Ausleger eines weiteren Bulldozers befestigt war, ließ er einen sechs Meter tiefen Graben von 25 Meter Durchmesser ziehen. Die Einfassung der Quelle mußte unterhalb der Stelle, wo sie ursprünglich undicht geworden war, abgetragen werden, und um ausreichend Platz für die Arbeiten zu haben, war dieser breite Graben nötig. Acht Stunden lang wurde gegraben, und jede einzelne Schaufel wurde von Momenten ängstlicher Spannung begleitet, weil jede Baggerschaufel beim Graben im Sand Reibungshitze erzeugte. Dann wurden zwei riesige Winden in Stellung gebracht und zwischen ihnen 2500 Meter Stahlseil mit einer Geschwindigkeit von neunzig Metern pro Minute hin und her bewegt. Mit dieser Technik gelang es Adair, die alte Bohreinfassung abzusägen, das Kabel hatte sich allmählich durch das Metall der Einfassung gefressen, ohne einen einzigen Funken zu schlagen.

Nachdem das Rohr abgesägt war, arbeiteten Red und seine Leute wie wild neben dem strömenden Gas daran, das neue Rohrstück anzusetzen, an dessen Ende Druckventile und die Sechszollabflußstutzen angebracht waren. Durch diese Stutzen und die daran anschließenden Rohre sollte der Gasstrom von der Bohrstelle in die Wüste weggeleitet werden, wo er sicher abgefackelt werden konnte, bis die Bohrflüssigkeit ins Bohrloch gepumpt worden war. Der Druck des ausströmenden Gases war in der Nähe der Männer so stark, daß jeder, der in den Strom hineingeriete, davon zerrissen worden wäre. Red warnte Tolar eindringlich, bevor sie mit dem letzten Teil der Operation begannen: „Was auch immer du tust, Charlie, laß deinen Kopf unterhalb dieses Strahls! Glaub mir, das Ding ist unglaublich gewaltig, und du mußt dich konzentrieren, mit dem Kopf unten zu bleiben, selbst wenn dir von dem Lärm schwindelig wird!"

Tolar duckte sich eine ganze Weile sehr vorsichtig, er war völlig in seine Arbeit vertieft und vom Lärm des Gasstrahls wie betäubt. Plötzlich merkte er, daß sein Fuß eingeschlafen war, und er richtete sich ein wenig auf. Ein wenig zu hoch, denn sofort wurde ihm der Schutzhelm vom Kopf gerissen und etliche Meter hoch in die Luft geschleudert, Red sah ihn nur an. Keiner der beiden konnte ein Wort sagen, weil der Lärm zu groß war. Aber abends, als sie gemeinsam das erfolgreiche Abdichten der Gasquelle feierten, lächelte Red und beugte sich näher zu Charlie. „Ich hoffe, du hast dir das gut gemerkt. Das hätte auch dein Kopf sein können, wenn du ihn noch ein paar Zentimeter höher gehalten hättest."

Tolar hatte begriffen, wie nah er dem Tod gewesen war, aber in diesem Moment kümmerte ihn das nicht mehr. Seit fast zwei Stunden hatte er während des Festessens unaufhörlich Wein getrunken. „Red, seit Tagen will ich dich fragen, wo bloß diese ganzen blonden deutschen Kerle hier herkommen?" Red blickte vorsichtig durch den Raum, um festzustellen, wer von den mehreren Dutzend deutschstämmigen Arbeitern diese Bemerkung von Tolar gehört haben mochte. „Hör zu, als der Zweite Weltkrieg zu Ende ging", sagte er leise, „gab es hier etliche junge Nazis, die an Rommels Wüstenfeldzug teilgenommen hatten. Sie haben sich damals lieber in die Wüste geflüchtet, als in Gefangenschaft zu geraten. Die meisten von ihnen leben heute in Algier, aber einige sind noch immer hier draußen." — „Nazis, was?" murmelte Tolar und trank weiter.

Bei dem Festessen schlug mittlerweile die Stunde der Reden. Red sprach darüber, wie froh und dankbar er sei, daß die verschiedenen Gruppen und Nationalitäten bei diesem Einsatz so gut zusammengearbeitet hatten. Boots und Coots nahmen Reds Gedanken auf und lobten auch noch die gute Küche im Lager. Jetzt war die Reihe an Tolar, der recht unsicher aufstand, sein Weinglas hob und aus voller Lunge brüllte: „Heil Hitler!" Reds Unterkiefer fiel ein paar Zentimeter herab, seine Augen quollen förmlich aus dem Kopf. Etwa ein Drittel der Männer im Raum hatte Haltung angenommen. Es war absolut still. Red faßte Tolar am Kragen und zerrte ihn zurück auf seinen Stuhl. Das Gesicht des Obersten, der ihm am Tisch gegenübersaß, hatte eine blaurote Färbung angenommen. „Verflucht, Charlie", zischte Red, „willst du den Zweiten Weltkrieg noch einmal anfangen?" Aus den Augenwinkeln konnte er erkennen, wie aufgebracht Boots und Coots waren, aber sie sagten keinen Ton. Tolars Kopf lag jetzt auf dem Tisch, er murmelte unverständliches Zeug vor sich hin. Die Algerier und Franzosen musterten verstohlen die Deutschen, die stumm und betroffen auf den Boden schauten. Allmächtiger, dachte Red, nicht die Bohrlochexplosion bringt dich in wirkliche Schwierigkeiten, sondern die Menschen, mit denen du zu tun hast. Er sprang auf und sagte in seinem sympathischen Texas-Akzent: „Meine Herren, ich trinke auf alle schönen Frauen dieser Welt, auf die amerikanischen, auf die französischen und die deutschen, die leider heute abend alle nicht da sind ... aber ich glaube, wir alle wünschten, sie wären jetzt bei uns, zum Wohl!" – „Hört, hört!" rief der Oberst, die übrigen klatschten Beifall, und das Festessen ging ohne jeden weiteren Zwischenfall zu Ende.

Der Sieg über das „Feuerzeug des Teufels" brachte Red sehr schnell internationale Anerkennung. Einige Geologen, die Reds Vorgehensweise lobten, meinten, das Feuer hätte ohne ihn noch hundert Jahre weitergebrannt, bis eines Tages das größte Erdgasvorkommen der Erde erschöpft gewesen wäre. Die Zeitschrift *Life Magazine* hatte bereits in ihrer Ausgabe vom 11. Mai 1962 eine Geschichte über Red gebracht. Ein Foto sollte den Lesern verdeutlichen, wie lebensgefährlich der Einsatz gewesen war. Das Bild war kleiner als die anderen und in Schwarzweiß aufgenommen. Im Hintergrund des Fotos war, unscheinbar und klein gegenüber der Flammenwand, Red Adair zu sehen, halb von Rauch verdeckt. Im Vordergrund standen drei Krankenbahren aus Segeltuch in einer Reihe. Sie waren leer und zum Einsatz bereit.

Wie gewöhnlich hatte Red Adair keine Zeit, sich zurückzulehnen und sich in seinem Ruhm zu sonnen. Am Abend des folgenden Tages war Red bereits gegen 21.00 Uhr wieder in Houston. Er aß noch mit Kemmie zu Abend, erzählte ihr die Geschichte von Charlie Tolar und fiel dann todmüde ins Bett. Drei Stunden später wurde er vom Klingeln des Telefons geweckt, es war der Auftragsdienst. „Mister Adair", sagte eine Frauenstimme, „entschuldigen Sie bitte die Störung. Auf einem Ölfeld von Texaco in El Campo ist eine Bohrung außer Kontrolle geraten. Ich habe denen gesagt, daß ich Ihren Leuten Bescheid gebe, aber die meinten, ich sollte Sie selbst anrufen... es tut mir leid." — „Ist schon okay, Schätzchen", antwortete Adair. „Ich bin schon auf dem Weg." Es war Sonntagmorgen, 5.30 Uhr. Die Straßen würden leer sein, und er könnte noch vor dem Frühstück in El Campo sein.

Nordatlantik, 1988

Er wachte wieder auf und sah dicken, dunklen Rauch vor sich aus der stürmischen See emporsteigen. Dort, wo die Wassermassen und der Qualm aufeinandertrafen, war eine Stichflamme zu sehen, dann verschwand die Flamme, erschien abermals und wurde größer. Das erste Bild verschwand, und jetzt konnte er Stahlträger sehen, oder waren es Rohre? Er war sich nicht ganz sicher. Er konzentrierte sich, dann wurden die Bilder klarer. Vor ihm tauchten tragende Stahlrohre aus dem Meer auf, dort, wo früher einmal eine Bohrplattform gestanden hatte, sämtlich abgebrochen und abgeknickt. Er atmete schwer und drehte den Kopf zur Seite. Auf der anderen Seite des Ganges schliefen, wie alle anderen Passagiere in der verdunkelten Kabine der ersten Klasse, seine Leute: Raymond Henry und Brian Krause. Die Stewardeß stand neben ihm und hielt eine Tasse dampfenden Kaffee in der Hand. „Es kam noch einmal", sagte sie und zeigte auf die flimmernde Leinwand. „Ich sollte Sie doch wecken!" — „Danke!" entgegnete Red, lehnte aber den angebotenen Kaffee mit einer abweisenden Handbewegung ab. Er setzte sich den Kopfhörer auf und hörte auf die Stimme des BBC-Nachrichtensprechers.

Armand Hammer habe eine Stellungnahme veröffentlicht, in der er den Familien der vermißten Arbeiter von „Piper Alpha" sein tiefempfundenes Mitgefühl ausspräche, berichtete der Reporter. Hammer sollte noch am selben Tag von Kalifornien nach

Schottland fliegen. Noch immer warteten Hunderte von Familien verzweifelt auf eine Nachricht über die Vermißten. Es sei auch noch immer nicht abzusehen, welchen Schaden das Ereignis angerichtet habe, aber man spreche von einigen hundert Millionen Dollar. Red Adair, der bekannte Ölfeuerwehrmann aus Texas, der auch das Mehrzwecklöschboot *Tharos* entwickelt habe, sei beauftragt worden, das Feuer zu löschen. Die Reste der zerstörten Bohrinsel würden noch immer in Flammen stehen und den Himmel kilometerweit mit furchterregendem Feuerschein erhellen.

Die Leinwand war jetzt leer. Er nahm den Kopfhörer ab und schloß seine Augen wieder. Wie oft hatte er schon solch ein unheimliches Lodern gesehen? Dreihundertmal? Fünfhundertmal? Tausendmal? Wann hatte es angefangen? Und wann hatte er zum ersten Mal in seinem Leben ein Ölfeuer am Himmel gesehen? Es kam ihm vor, als sei sein ganzes Leben mit diesen Dingen verbunden gewesen. Langsam tauchten halbvergessene Bilder vor ihm auf, aus einer Zeit vor all den Reisen ins Ausland, vor den Schlagzeilen der Tageszeitungen und Artikeln in den Illustrierten, vor den surrenden Fernsehkameras und vor den dringenden nächtlichen Anrufen von Männern, die er mit „Sir" ansprach. Er erinnerte sich noch genau daran, wie es war, als ihn noch niemand kannte und niemand außer ihm von seinen Fähigkeiten wußte. So jung er damals gewesen war, er war doch immer überzeugt, daß er einmal etwas Bedeutsames vollbringen würde, etwas Großes, daß er seine Umgebung hinter sich lassen würde, die kleinen unscheinbaren Häuser und die staubigen Straßen am Rande der Stadt.

KAPITEL 5

Einmal kamen diese jungen Burschen auf mich zu und sagten: ‚Wir wollen so sein wie Red.' Sie trugen diese vierhundert Dollar teuren Stiefel und hatten dicke Rolex-Uhren am Arm. Sie fuhren dicke Firmenwagen und hatten ein eigenes Spesenkonto. Aber alles, was sie sahen, war Reds Stadthaus, das Millionen gekostet hatte, sein Schnellboot für eine weitere Million, seinen Mercedes und meinen Rolls-Royce. Sie sahen nur, wie die Leute um ihn herumstanden, wenn er in einem Restaurant, auf dem Flughafen oder bei einem Fußballspiel auftauchte. Es war immer das gleiche, wohin er auch ging. Und dann fragten diese jungen Spunde: ‚Wie kann ich so werden wie Red?' Ich antwortete ihnen dann nur, daß sie niemals so sein könnten wie er. Niemals. Um so zu werden, hätten sie schon als Kind barfuß in den Straßen von Houston aufwachsen müssen.

Kemmie Adair

Houston, 1921

Red Adair wurde am 18. Juni 1915 in Houston geboren, einer Stadt, die sich gerade zum Angelpunkt der Ölindustrie im südlichen Texas entwickelte. Als er sechs Jahre alt war, hörte er zum ersten Mal von einem Ölquellenbrand. Es war an einem schwülen Sommerabend, und er stand auf einem von Unkraut überwucherten, unbebauten Grundstück in der Nähe von Ashmores Tankstelle, zwei Häuserblocks entfernt von der Kreuzung von Siebter- und Oxford-Street, wo er mit seiner Familie wohnte. Es war im Stadtteil Houston Heights, im Nordosten der Stadt. Er stand dort mit einer ganzen Gruppe von Jungen, die alle älter und größer waren als er. Er rannte hinter ihnen her, als sie an dem Haus der Familie vorbeigelaufen kamen. Sie riefen aufgeregt und zeigten zum Himmel, der sich im Osten der Stadt orange- und feuerrot verfärbt hatte.

Es war schon sehr spät, und Reds Schwestern, die Zwillinge Faye und May, die vor dem Haus saßen, hatten ihm verboten, noch einmal rauszugehen. Sie waren acht Jahre alt und glaubten, es wäre ihre Aufgabe, auf ihn aufzupassen, obwohl sie sich meistens sehr anstrengten, um mit ihm und seinem Temperament mitzuhalten. Faye sagte: „Booger Red, Karottenkopf, Daddy wird dich schlagen, wenn du nicht ins Bett gehst." Sie sagte immer Booger Red zu ihm, ein Name, den ihm sein Vater gegeben hatte, aber es machte ihm nichts aus. In der ganzen Familie war Faye die einzige, die ihm ähnlich war — aktiv, ruhelos, immer zu Abenteuern und dummen Streichen aufgelegt. Sie sah ihm sogar ähnlich, nur hatte sie keine roten Haare. „Ihr würdet ja auch mitkommen, wenn ihr Jungens wärt!" rief er ihnen zu. Und er hatte recht.

May war wesentlich ruhiger und passiver, so wie auch ihre ältere Schwester Dorothy, die sechzehn Jahre alt war, und die Brüder Charlie, zwölf, und George, achtzehn Jahre alt. Zwei weitere Brüder wurden später noch geboren, Bob und David, aber keiner von ihnen hatte Reds forsche und kämpferische Natur. May rief ihn bei seinem richtigen Namen, Paul, manchmal benutzte sie sogar den vollen Namen, Paul Neal. „Das klingt erwachsener", erklärte sie. Red hatte auch dagegen nichts einzuwenden. Er liebte die Zwillinge von ganzem Herzen, und die drei gingen überall zusammen hin. Er wurde nur ein einziges Mal wütend, als sie eine Wiese, auf der ein Bulle weidete, überqueren mußten, um zu einer Freiluftkinoveranstaltung im Park zu kommen. „Ihr werdet mir diesen alten Lumpen nicht über den Kopf ziehen", sagte Red. „Doch das müssen wir, Booger Red, sonst sieht der Bulle deine roten Haare und kriegt uns", entgegnete ihm Faye. „Und es ist auch kein Lumpen, es ist ein Schal." — „Ich hasse rote Haare!" sagte Red trotzig. „Und ich habe auch keine Angst vor Bullen." Aber dann ließ er doch sein rotes Haar verhüllen, denn sie waren ja schließlich seine Schwestern, und er wollte doch, daß sie glücklich waren.

Von dem freien Grundstück aus hatten die Jungen eine bessere Sicht auf den Himmel und standen minutenlang still, während sie die rote Glut betrachteten. Von Zeit zu Zeit loderten die Flammen hoch empor, und weiße Funken sprühten. „Was ist das?" fragte Red. „Wovon ist der Himmel so hell?" So wie er unruhig auf den Ballen hin und her wippte, den Unterkiefer weit nach vorn streckte und seine kleinen Fäuste in der Tasche seiner Latzhose ballte, konnte man ihm jetzt schon ansehen, daß er unerschrocken war und ungeduldig darauf brannte, etwas tun zu können. „Das ist eine brennende Ölquelle", antwortete ihm ein älterer Junge. „Mein Vater sagt, es gibt nichts Heißeres und Gefährlicheres als einen Ölquellenbrand." Sie waren alle wieder still. Alle hatten sie schon von dem schwarzen Gold gehört, das im östlichen Texas außerhalb der Stadt aus dem Boden geholt wurde. Sie kannten die Geschichten von den Männern, die durch das Öl über Nacht reich geworden waren, aber bis auf den älteren Jungen war es für sie das erste Mal, daß sie einen Bohrlochbrand sahen, wenn auch nur aus der Ferne.

„Was tun die Leute dagegen?" fragte Red den Älteren. „Mein Vater sagt, daß sie es manchmal einfach brennen lassen", antwortete dieser. „Oder sie versuchen auch, es zu löschen. Der alte Ashmore von der Tankstelle, der hat versucht, es zu löschen, aber er hat's nicht geschafft. All diese komischen Apparate sind eigentlich dafür, aber für dieses Feuer hat er nix; 's ist viel zu groß." Der Junge zeigte über die Straße zu Ashmores Tankstelle, wo sie durch die Dunkelheit die schemenhaften Formen von eigenartigen und monströsen Karren mit großen Eisenrädern erkennen konnten, auf denen aufgerollte Schläuche lagen. Auf einem Lastwagen war etwas montiert, das wie ein großer Käfig aussah. Red hatte sich immer gewundert, wozu all die Geräte bei Ashmore gut wären, und einmal hatte er seinen Bruder George gefragt, als sie mit dem Laster, den

George für eine Speditionsfirma fuhr, tanken waren. „Das ist nur ein Haufen Schrott", hatte George geantwortet, Red aber fand all die Maschinen interessant und wundersam wie die Ausrüstung einer besiegten Armee.

„Mein Vater hatte einen Freund, der einmal versucht hat, einen Ölquellenbrand zu löschen", sagte ein anderer Junge. „Wie hat er das gemacht?" fragte Red interessiert. „Was hat er dafür gebraucht?" Er war jetzt aufgeregt und sprang zwischen den anderen Kindern herum, besessen von der Idee, daß Ashmores Schrott vielleicht doch einen geheimnisvollen, segensreichen Zweck hätte. „Er hat's nicht geschafft", antwortete der Junge, „ist dabei verbrannt. Mein Papa sagt, du kannst viel Geld machen, wenn du Ölbrände löschst. Aber keiner von denen, die das tun, ist bisher eines natürlichen Todes gestorben."

Red starrte nach Osten in den Himmel und versuchte sich vorzustellen, was das für Männer waren, die den Mut hatten, ein so mächtiges Feuer zu bekämpfen, das den Himmel erhellte und nachts rot glühen ließ. Sie müssen sehr tapfer sein, dachte er sich, wie die alten Krieger, von denen ihm Faye und May Geschichten erzählt hatten. Man müßte große Maschinen entwickeln, um ihnen bei der Arbeit zu helfen. „Ich wette, daß ich es eines Tages schaffen könnte", sagte er. „Ich würde einen riesigen Lastwagen bauen, so groß wie ein Haus, mit einer Tonne voll Wasser darin. Man müßte dann mit dem Wagen nur bis direkt über das Feuer fahren und das ganze Wasser über das Feuer schütten. Ich könnte das, wenn ich groß bin." — „Sicher könntest du. Und wenn ein Schwein Flügel hätte, könnte es fliegen", machte sich ein anderer Junge über ihn lustig.

„Wo bist du gewesen, Booger Red?" fragte seine Schwester Dorothy, als Red nach Hause kam. Sie saß in einem Schaukelstuhl in der Wohnstube und nähte im spärlichen Licht einer kleinen Tischlampe. „Ich war drüben auf der Wiese bei Ashmores Tankstelle, um ein Feuer anzugucken, einen Ölquellenbrand", sagte er leise. Ängstlich sah er sich im Zimmer um, aber im Haus war alles ruhig. Es war bereits das vierte Haus, das sie in den letzten sechs Monaten in verschiedenen Vierteln von Houston Heights bewohnten. Sie waren klein, aus Holz gebaut und ähnelten sich alle, so daß Red sich schon einen Tag nach dem Einzug im Dunkeln bestens darin zurechtfand.

Reds Eltern, Charlie Adair und seine Frau Mary, waren kurz nach der Jahrhundertwende von Missouri nach Texas gezogen. Damals war der wirtschaftliche Aufschwung in vollem Gange, und Houston wandelte sich von einer ländlichen Kleinstadt zu einem Industriezentrum. Seit man in der Nähe der Stadt Öl gefunden hatte, breiteten sich Industrieansiedlungen aus und wurden Fabriken gebaut. Siebzehn verschiedene Eisenbahnlinien kreuzten sich in Houston, und ein Schiffskanal, der die Stadt zum Hafen machen würde, war im Bau. Charlie Adair hatte seinerzeit eine Schmiede aufgemacht und stellte Blattfedern für Eisenbahnwaggons und später auch für Automobile her. Er war ein guter Schmied, ein gewissenhafter und ehrlicher Handwerker, der seine Bücher peinlich genau in einer wunderschönen, geschwungenen Handschrift führte. Aber er war ein lausiger Geschäftsmann, und seine Buchhaltung quoll über von ausstehenden Forderungen. So hart er auch arbeitete, niemals hatte er genug Geld, um der ganzen Familie ausreichende Mahlzeiten, neue Kleidung oder ein gemütliches Heim zu bieten. So zahlte er die Miete immer nur für einen Monat, wartete, bis der Vermieter an die Tür klopfte, und zog dann wieder in ein neues Haus. Im Grunde seines Herzens war er sehr gutmütig, aber die Lebensumstände hatten ihn mürrisch und hart gemacht. Er schimpfte viel, und man ging ihm besser aus dem Weg. Wenn die Kinder nicht das taten, was Charlie sagte, machten sie Bekanntschaft mit seinem schweren, breiten Ledergürtel. Red wartete geradezu darauf, daß sein Vater erscheinen und es die Schläge geben würde, die ihm seine Schwestern schon angedroht hatten.

„Wo ist Daddy?“ fragte er Dorothy. „Er ist nicht da“, antwortete sie. „Er mußte wegfahren. Er bringt Mama ins Krankenhaus.“ Red sah sie stumm an, sein Mund war nur noch eine dünne Linie. Er trug kein Hemd unter der Latzhose, seine mit Sommersprossen übersäten Arme und Schultern waren dreckverschmiert, und auf seinen dunkelroten Locken lag feiner Staub. „Was ist mit Mama?" fragte er. „Und was wird aus uns?" Er hatte die Tracht Prügel völlig vergessen, er ging durch das Zimmer und blieb direkt vor dem Schaukelstuhl stehen. Wenn sie jetzt nach vorne wippte, berührten sich ihre Knie. „Sie hat Tuberkulose, Booger Red", erläuterte Dorothy. „Der Arzt hat ihr das gesagt. Sie muß jetzt an einem ganz besonderen Ort bleiben, damit sie wieder gesund wird. Ich weiß auch nicht, was geschehen wird. Daddy wird es schon wissen. Warum gehst du nicht ins Bett?" Ihre Knie berührten sich noch immer, und Dorothy hatte seine Arme in ihre Hände genommen. „Junge, du mußt jetzt ganz stark sein."

„Kümmerst du dich wieder um uns?" fragte er sie. Er war daran gewöhnt, daß seine Mutter krank war. Es kam ihm so vor, als habe sie ständig mit dieser oder jener Krankheit im Bett gelegen und als hielte Dorothy schon seit ewigen Zeiten das Haus in Ordnung. Tatsächlich nannten die Zwillinge und Red ihre ältere Schwester auch Mama Dot, und May und Faye bezeichneten Mary Adair nicht als ihre Mutter, sondern die „schöne Frau im Bett".

Dorothy seufzte. Sie war ein zierliches Mädchen mit leuchtenden Augen und einem wunderschönen Lächeln. Seit ihrem neunten Lebensjahr hatte sie sich um den Haushalt gekümmert. Aber zu diesem Zeitpunkt arbeiteten die älteren Adairkinder schon. Selbst Red stand seit gut einem Jahr schon morgens vor Sonnenaufgang auf und lief die zehn Häuserblocks weit zur Schmiede seines Vater. Dort mußte er im Schmiedeofen Feuer machen. Ging das Feuer wieder aus, bekam er Schläge. „Daddy sagt, ich kann nicht für alles sorgen", erklärte Dorothy ihm. „Ich kann mich nicht um May und Faye und um dich kümmern." — „Und was hat er vor?" wollte Red wissen. „Du und die Zwillinge, ihr werdet für eine kurze Zeit an einem wirklich netten Ort untergebracht, bis es Mama wieder bessergeht. Es ist das ‚Faith Home' unten in der Stadt in der Nähe der großen Häuser. Dort gibt es sehr viele Kinder, und das Heim wird von der Kirche geleitet." Er zog seine Arme weg und ging einen Schritt zurück. Dorothy konnte unter dem Schmutz in seinem Gesicht sehen, daß die Mundwinkel ganz weiß geworden waren. „Ich geh' jetzt ins Bett." — „Vergiß nicht, dir das Gesicht zu waschen!" rief sie ihm nach.

Am nächsten Morgen regnete es ununterbrochen, und Red konnte von dem Ölfeuer nur den dicken schwarzen Rauch in den Himmel aufsteigen sehen. Sie fuhren in dem Lastwagen von George, und jeder hielt ein Bündel mit persönlichen Dingen in der Hand. Sie fuhren in Richtung Innenstadt, wo das Faith-Home-Waisenhaus lag, und überquerten auf ihrem Weg dorthin die Congress Street. „Die Straße ist überflutet", rief Red plötzlich, „die Straße ist überflutet!" Er preßte seine Nase an die Scheibe der Fahrerkabine und hopste auf seinem Sitz auf und ab. Er sah, wie ein großer Teil der Holzwürfel, die man zum Pflastern der Main Street und anderer Straßen in der Innenstadt benutzt hatte, von den Wassermassen herausgerissen worden waren und jetzt in Fluten weggeschwemmt wurden. „Sieh doch, George", sagte Red. „Ich sehe es", antwortete sein Bruder. „Das ist verflucht gefährlich." — „Ich könnte das Pflaster befestigen, damit es nicht wegschwimmt, ja das könnte ich!" rief Red. „Das könntest du nicht, Paul Neal!" warf May ein. „Könnte ich doch!" — „Und wie willst du das anstellen?" fragte May jetzt. „Glaubst du nicht, daß die Straßenbauer schon längst etwas getan hätten, wenn es eine Möglichkeit gäbe?" — „Vielleicht habe ich ja eine Idee, die sie nicht haben", antwortete Red. „Ich würde die Straße anketten." — „Paul Neal, man kann eine Straße nicht anketten." — „Sag bloß nicht ‚man kann nicht' zu ihm", schaltete sich Faye ein, „er ist sonst imstande, durch ganz Houston zu laufen, stiehlt überall Ketten und probiert es aus." — „Hier ist es", sagte George endlich. Sie waren an einem dreistöckigen großen Ziegelgebäude angekommen. „Das ist das Heim, das

Faith Home, dort werdet ihr bleiben, und ich möchte, daß ihr euch anständig benehmt."

Bereits als Kind zeigte Red keine Spur von Angst. Angst und Furcht waren Gefühle, die er einfach nicht wahrhaben wollte. Er war vielleicht verwirrt und auch ein wenig einsam, weil Jungen und Mädchen in verschiedenen Schlafsälen untergebracht waren und er von seinen Schwestern getrennt wurde. „Wo sind sie", fragte er Miss Holt und Miss Little mehrfach. Die beiden freundlichen älteren Damen leiteten das Heim. „Wo haben Sie Faye und May hingebracht?" — „Es geht ihnen gut", sagte Miss Holt zu ihm. „Mach dir keine Sorgen. Beruhige dich ein wenig, und alles wird schon werden. Du wirst hier viele Freunde finden", fügte Miss Little hinzu. „Meine Schwestern brauchen mich aber doch", sagte er und dachte dabei, meine Mutter braucht mich auch, und ich weiß auch nicht, wo sie ist. Von dieser Zeit an bestand Red Adair darauf, daß alle Menschen, die ihm nahestanden — seine Frau, seine Kinder, seine Leute —, ihn ständig wissen ließen, wo sie sich aufhielten, ganz egal, wo er gerade war. Niemals mehr wollte er das Gefühl haben, von jemandem verlassen worden zu sein.

In der ersten Nacht, als die Lichter im Schlafsaal ausgingen, kletterte er aus seinem Bett und machte sich auf die Suche nach seinen Schwestern. Er wanderte durch die Flure, bis er endlich Licht sah. Er ging durch eine hölzerne Schwingtür und fand sich in der Küche wieder. In dem Raum mit einem kleinen, runden Fenster saß ein Mann mit fast schwarzer Hautfarbe und den kräftigsten Armen, die er je gesehen hatte. Der Mann las Zeitung und nippte an einer Tasse dampfenden Kaffees. „Hey", sagte er, „ich bin Malone, ich bin hier der Koch. Und wer bist du?" — „Mein richtiger Name ist Paul, aber alle nennen mich Red", antwortete er. „Ich suche meine Schwestern." — „Hier sind sie nicht", meinte Malone. „Haste Hunger?" Red nickte.

Er war immer hungrig, meistens, weil er nicht genug zu essen bekam. Bisher hatte er es nie zugeben wollen, denn dazu war er zu stolz. Manches Mal hatte er in den letzten Monaten mit knurrendem Magen in der Einfahrt zum Haus seines Freundes Bill Schultz gestanden. Während er darauf wartete, daß Bill zum Spielen aus dem Haus kam, rief Bills Vater heraus: „Hey, Red, komm rein und frühstücke mit uns!" — „Nee", lautete seine Antwort, „hab' keinen Hunger. Hab' gerade gegessen." Die Wahrheit war, daß Red mehr als einmal zwei Tage lang keinen Bissen im Magen gehabt hatte. Jetzt war das etwas anderes. Jetzt war er nicht zu Hause, und niemand würde erfahren, daß es bei ihnen kein Stück Brot im Küchenschrank gab. „Ich mach' dir 'n Sandwich", sagte Malone. „Und nimm dir 'n Glas Milch. Magste das?" Red nickte wieder. „Bist der erste, der nachts hier reinspaziert ist. Du bist okay. Ganz schön mutiger kleiner Kerl, was? Sucht seine Schwestern. Willst sie wohl beschützen, was?" Red nickte zum dritten Mal. „Tja, Red, glaube, wir können Freunde werden. Wenn du mal in der Klemme bist oder so richtig Hunger hast, dann kommste einfach zum alten Malone. Abgemacht?" — „Ist prima", erwiderte Red. „Du bist auch okay."

Der kleine rothaarige Junge sah nach einer leichten Beute aus. Er stand allein im Flur im Erdgeschoß der Schule und hielt die Tüte mit seinem Frühstück fest umklammert. Er wirkte verloren, als ob er nicht wüßte, wohin er gehen noch wen er möglicherweise nach dem Weg fragen sollte. Die zwei anderen Jungen waren älter und ein ganzes Stück größer als er. Sie stellten sich ihm in den Weg. Sie waren zähe Burschen aus der Innenstadt, und sie wollten seine Frühstückstüte. Trotz ihrer acht Jahre waren sie bereits alte Hasen im täglichen Kampf auf der Straße. An den kurzen Hosen und seinem Hemd erkannten sie, daß der Rothaarige aus dem Kinderheim kam, alle Kinder von dort trugen diese Uniform. Sie wußten auch, daß es sein erster Tag in der Fannin-Schule war, denn sie hatten ihn hier noch nie zuvor gesehen. Die beiden Älteren wußten allerdings nicht, daß Red Adair, der kleine Rothaarige vor ihnen, in der Tüte ein ganz besonderes Frühstück hatte. Sein Freund Malone, der

Koch, hatte es ihm extra für seinen ersten Schultag zubereitet, und Red würde es um keinen Preis hergeben. Außerdem wußten die beiden nicht, daß der kleine Junge vor ihnen jetzt nicht etwa aus Angst zitterte, sondern vor Wut.

„Gib uns die Tüte", forderte einer der beiden. „Gib uns die Tüte, und es passiert dir nichts." — „Wenn ihr mich darum gebeten hättet, hätte ich euch etwas abgegeben", sagte Red schließlich. „Aber jetzt müßt ihr mich schon töten, wenn ihr die Tüte haben wollt." Die großen Jungen wichen überrascht zurück, es lag etwas in seinen Augen, was ihnen Unbehagen bereitete. So klein er auch aussah, schien er sich doch nicht so einfach unterkriegen zu lassen. Aber die Größeren mußten an ihren Ruf denken, also griffen sie ihn doch an und hieben mit ihren Fäusten auf ihn ein. Red wehrte sich, so gut er nur konnte, er trat, biß und schlug nach den Angreifern, die es auf sein Schulfrühstück abgesehen hatten. Der Flur hallte wider von Keuchen, Flüchen und Schlägen; die Körper, die sich über den Boden wälzten, stießen immer wieder gegen die Stahlschränke auf beiden Seiten des Ganges. Schließlich kam ein Lehrer, durch den Lärm aufmerksam geworden, hinzu und ging zwischen die Kontrahenten. Als alles überstanden war, war Red blutverschmiert, und seine neuen Kleider waren zerrissen. Die beiden anderen sahen auch nicht besser aus, aber er hatte sein Frühstück noch.

Es wäre zu schön gewesen, wenn der erste Kampf bereits das Ende von Reds Problemen an der Fannin-Schule bedeutet hätte, aber das wirkliche Leben ist meist nicht so einfach. Der Kampf im Flur sollte erst der Anfang sein, denn die beiden großen Jungen hatten Freunde. Es gab eine ganze Bande von Raufbolden, die die Kinder aus dem Heim verspotteten und ihnen auf dem Weg zwischen Waisenhaus und Schule auflauerten. Reds Schulweg wurde so zu einem täglichen Spießrutenlaufen. Größere und ältere Burschen versteckten sich hinter Bäumen und Zäunen, stürzten sich auf ihn und verpaßten ihm Prügel. Was nützte ihm da seine furchtlose Natur, wenn er nicht wußte, wie er sich richtig verteidigen sollte? So kam er Tag für Tag mit zerrissenen Hosen und Hemden, zerkratztem Gesicht und blauen Flecken von der Schule ins Heim zurück.

Eines Tages traf er wieder einmal mit blutender Nase im Heim ein, als ihn Miss Holt in ihr Büro rief. Miss Little war auch dort, und Red erwartete, bestraft zu werden, weil er schon wieder eine Heimuniform ruiniert hatte.

Statt dessen legte Miss Holt tröstend ihrem Arm um seine Schultern und sagte: „Paul, so geht es nicht weiter. Es ist an der Zeit, daß Miss Little und ich dir beibringen, wie man sich richtig verteidigt."

Red war sprachlos. Wie wollten diese beiden netten älteren Damen in ihren langen Ordenstrachten und mit ihren unförmigen Schuhen ihm beibringen, wie man kämpfen sollte? „Gehen wir", sagte Miss Holt. Dann gingen sie und Miss Little mit ihm zu einem kleinen Raum hinter der Küche, wo sie ihre Schuhe auszogen. Es gab dort zwei Paar Boxhandschuhe, eins für ihn und eins für Miss Holt. „Miss Little ist Schiedsrichterin", sagte Miss Holt, „und sie wird mir helfen, dir wichtige Tips zu geben. Wir zeigen dir jetzt mal, wie man die Fäuste richtig gebraucht."

Red Adair war ein idealer Schüler, denn neben seiner natürlichen sportlichen Begabung war er ständig geradezu fanatisch bestrebt, das Bestmögliche zu geben. Er lernte, wie man einen Schwinger landet, wie man einen linken und rechten Haken setzt, und er lernte, einen Angriff mit eigener Deckung sicher abzuwehren. Nach einem Monat versetzte er allen Jungen, die versuchten, ihn als ihren Punchingball zu benutzen, ordentlich Hiebe, egal wie alt oder kräftig sie auch waren.

„Ich will dir mal erzählen, warum die beiden Ladies dir das Boxen beigebracht haben", sagte Malone eines Abends zu ihm, als sie zusammen in der Küche saßen. Der Koch war selbst vor langen Jahren Boxer in Kansas City gewesen, hatte sich aber zunächst geweigert, dem Jungen das Boxen beizubringen, weil er glaubte, das sei nicht seine Aufgabe. Später dann hatte Malone den Lektionen von Miss Holt und Miss Little noch die Feinarbeit hinzugefügt und Red mit seinen Geschichten von den Kämpfen und Rangeleien hinter den Kulissen des Boxgeschäfts in Atem gehalten. Red war nun schon fast zwei Jahre im Faith-Home-Waisenhaus, bald würde er acht Jahre alt werden. In einer Woche sollte seine Mutter aus dem Sanatorium in San Angelo heimkommen, und dann kehrten er und seine Zwillingsschwestern wieder nach Houston Heights zurück. „Weißte, Red, die beiden Ladies waren es ganz einfach leid, daß du ständig mit zerrissenen Hosen und Hemden nach Hause gekommen bist. Und sie hatten auch Angst, daß du mal richtig verletzt werden könntest. Miss Holt und Miss Little sind sehr clever, und sie haben gemerkt, daß du niemals vor den anderen Jungen weglaufen würdest. Ganz egal, was sie getan oder gesagt hätten, du bist nicht der Typ zum Weglaufen. Deswegen hatten sie keine andere Wahl. Und du bist gut, Junge, du könntest mich bestimmt auch schlagen." — „Ich wette, daß ich dich schlagen könnte", sagte Red. Malone lächelte, seine zwei Goldzähne waren jetzt zu sehen, und auf einem blitzte ein kleiner Diamant. „Das mag ich so an dir, Red", sagte er. „Es gibt nichts und niemanden in der Welt, mit dem du nicht fertig zu werden glaubst. Du wirst bestimmt mal 'n ganz großes Tier, und wenn du es eines Tages geschafft hast, dann vergiß nicht, wer dir nachts immer die Sandwiches gemacht hat." — „Das vergesse ich bestimmt nicht", versprach ihm Red.

„Red war ein lustiger Kerl. Ein bißchen verrückt vielleicht, ganz anders als die anderen, aber immer lustig. Ich weiß, daß das, was damals mit uns geschehen ist, ihn sehr bedrückt hat, aber er hat es niemals gezeigt. Ganz egal, wie schlecht unsere damalige Lage auch war, er hat es immer wieder geschafft, daß es uns ein wenig besserging. Ich erinnere mich noch daran, wie er eines Tages einen Esel mit nach Hause brachte. Er war damals nicht älter als neun oder zehn Jahre. Er hatte einen Vierteldollar dafür bezahlt, und Daddy war sehr wütend auf ihn. Er brüllte:

‚Wir haben kaum genug zu essen auf dem Tisch für die ganze Familie, wie, zum Teufel, sollen wir da einen Esel durchfüttern? Sieh zu, wie du das verfluchte Vieh loswirst.' Du konntest richtig sehen, wie es in Red arbeitete. Er wollte den Esel unbedingt behalten, dann antwortete er: ‚Daddy, weißt du, warum ich den Esel so billig bekommen habe? Weil nämlich niemand auf ihm reiten konnte. Weißt du, was ich tun werde? Ich lasse mir Geld von den Leuten geben, die es probieren, auf dem Esel zu reiten.' Und das tat er auch. Dabei hat er eine Stange Geld verdient. Die Leute kamen tatsächlich von überall her und wollten sehen, ob sie auf dem Esel reiten konnten. Als Red dann keinen Gefallen mehr daran fand, hat er den Esel für drei Dollar an einen anderen Jungen verkauft.

Den größten Teil des Geldes hat er unserer Mutter gegeben. Und meine Schwester May und mich hat er ins Kino und zum Eisessen eingeladen. Und Hamburger, Mrs. Benders Hamburger, hat er uns noch ausgegeben, die kosteten damals nur fünf Cents und die ganz großen zehn. Ich weiß noch, daß er auf unserem Heimweg in eine Rauferei geraten ist. Er war niemals böse, aber er mußte sich ständig raufen. Irgendein Bursche hatte etwas Freches zu mir oder May gesagt, und schon lagen Red und vier andere am Boden und schlugen sich. Sie lagen zu viert auf ihm, und May und ich haben dann angefangen, sie zu treten und wegzuzerren. Schließlich liefen sie fort. Red war schrecklich wütend. Er rief: ‚Warum habt ihr das getan?' — Und ich sagte: ‚Weil sie dich umgebracht hätten, Booger Red.' — ‚Was soll das denn heißen? Ich hätte die schon fertiggemacht. Ihr hättet mir nur noch etwas Zeit lassen müssen.'" (Faye Adair)

Houston, 1925

Red traf Stewart und Jimmy Wade zum ersten Mal eine Woche nachdem er den Koksofen in der Schmiede seines Vaters in Schutt und Asche gelegt hatte. Es war an einem Samstagmorgen im Oktober kurz nach Sonnenaufgang, als der Ofen losging. Noch drei Straßen weiter konnte man den Lärm hören, und die Verwüstung, die er anrichtete, war unbeschreiblich. „Es war ein Versuch, Daddy", sagte Red. „Ich wollte dir ein größeres und heißeres Feuer machen. Ich wollte dir doch nur helfen." Schon einen Tag, nachdem er aus dem Kinderheim nach Hause gekommen war, hatte er seine alten Pflichten wieder aufgenommen. Und nachdem er nun schon wieder zwei Jahre lang jeden Morgen vor Sonnenaufgang aufgestanden war und Feuer in der Schmiede gemacht hatte, war es ihm langweilig geworden. Darum hatte er das Feuer über Tage hinweg ständig etwas stärker geschürt, um festzustellen, wieviel der Ofen aushielte. Charlie Adair nahm seinen schweren Ledergürtel ab ... aber Red war schneller als sein Vater. Er rannte hinaus auf die Straße, ein paar Ecken weiter, wo die Güterzüge in einer Kurve das Tempo drosseln mußten. Hier sprang er auf die Ladefläche eines offenen Waggons und fuhr bis zum Güterbahnhof in der Stadt mit.

Im Jahr 1925 lebten etwa 140 000 Einwohner in Houston. Es gab 35 000 Automobile, sieben Ölraffinerien und eine Reihe von Firmen, die Bohrausrüstungen herstellten. Trotz allem besaß Houston noch immer den Charakter einer Kleinstadt. Obwohl der Buffalo-Bayou-Fluß von Houston bis zur Galveston Bay ausgebaggert worden war, um den Houston-Schiffskanal zu bauen, waren der Oberlauf des Bayou und des White-Oak-Bayou-Flusses, wo Red und seine Freunde schwimmen gingen, noch immer kristallklar und dicht bewachsen. Viele Straßen Houstons waren zu jener Zeit noch nicht gepflastert. Die Ampelanlagen in der Main Street wurden von Verkehrspolizisten gesteuert, die in der Mitte der Kreuzung von Capitol Avenue und Main Street in einem Turm saßen. Sooft er konnte, fuhr Red mit seinen Zwillingsschwestern oder mit Freunden in die Stadt. Manchmal sprangen sie auf einen Güterzug auf, häufig liefen sie auch die vier, fünf Kilometer an den Bahngleisen entlang. Zu ganz besonderen Gelegenheiten, wenn sie das Glück hatten, ein paar Cents zu besitzen, leisteten sie sich eine Fahrt mit der Straßenbahn.

An dem Samstag, als er den Ofen zerstört hatte, lief Red durch die Stadt und schaute den Verkehrspolizisten zu. Er betrachtete die elegant angezogenen Leute, die aus den Läden in der Main Street kamen, und fragte sich, ob sie wohl alle Ölbosse waren, Whiskey tranken und ob lauter Goldstücke in ihren Taschen klimperten. Er hatte eine Zehncentmünze in der Tasche, die er sich mit Holzhacken verdient hatte.

Am Nachmittag ging er den White Oak Drive hinauf und dann zurück nach Houston Heights. Fünf Cents gab er für einen Hamburger bei Mrs. Bender aus und spülte ihn mit Leitungswasser hinunter, um sich das restliche Geld fürs Kino aufzusparen. Die Stummfilme auf der Leinwand wurden von einem Klavierspieler begleitet. Nach der Vorstellung ging er nach Hause, versteckte sich aber bis nach zehn Uhr abends in einem Gebüsch. Als er wußte oder zu wissen glaubte, daß sein Vater schlafen würde, kletterte er durch das Schlafzimmerfenster ins Haus und kroch unter das Bettuch. Er teilte sich das Zimmer mit seinem Bruder Charlie und den Zwillingen.

Eine Stunde etwa hatte er geschlafen, als eine Ladung kalten Wassers auf ihn niederging, ein ganzer Eimer voll. Er war von Kopf bis Fuß durchnäßt und versuchte aufzustehen, aber es gelang ihm nicht, weil ihn sein Vater zuvor sorgfältig in das Laken eingewickelt hatte. Red lag jetzt zitternd und nur halbwach im Bett, und der schwere Ledergürtel ging immer und immer wieder auf ihn nieder. Es klang wie eine Bullenpeitsche, als das Leder auf das nasse Laken knallte. Dicke rote Striemen blieben auf der Haut zurück. „Du läufst vor deinem Vater nicht mehr weg", sagte Charlie Adair, als er endlich fertig war und aus dem Zimmer ging.

Die Striemen waren noch zu sehen, als Red eine Woche später mit seinem Bruder die Cortland Street in dem alten, offenen Wagen der Familie hinunterfuhr. Der Vater hatte den Wagen aus mehreren Schrottautos zusammengebaut. Als er an einer Kreuzung stoppte, wurden sie interessiert von zwei Jungen beobachtet, die hoch oben in einem Baum saßen, der in die Kreuzung hineinragte. Die beiden hießen Stewart und Jimmy Wade, sie hatten einen ausreichenden Vorrat an schweren stacheligen Früchten bei sich, die denen der Platanen ähnelten. Die Kinder in Houston Heights nannten diese Früchte Klettenkraut. Jimmy und Stewart hatten den offenen Wagen schon erwartet, die erste Dornenkugel verfehlte den Wagen noch, die zweite landete auf der Kühlerhaube, und die dritte erwischte Red bereits zwischen den Schulterblättern, direkt an einer der wunden Stellen. Er jaulte vor Schmerz auf, als ihn die vierte am Ohr traf, und sprang aus dem Wagen auf den Baum zu, noch bevor sein Bruder Charlie auf die Bremse treten konnte.

„Ihr Dreckskerle!" brüllte er. „Kommt von dem Baum runter, damit ich euch die Fresse polieren kann!" — „Sollen wir beide zugleich kommen, oder willst du einen nach dem anderen?" rief Jimmy Wade zurück. „Von mir aus zugleich", lautete die Antwort. „Dann verlier' ich nicht soviel Zeit." Jimmy kletterte als erster hinunter, aber auf halbem Weg nach unten schaute er sich Red genauer an und hielt inne. Er sah einen kleinen, rothaarigen, dünnen Burschen mit lauter Sommersprossen und dem entschlossensten Blick, der ihm je vorgekommen war. „Wart mal", sagte er, „von dir hab' ich schon gehört. Bist du nicht dieser Rothaarige, der Henry Marchese und Jim Cossassa verprügelt hat?" — „Das bin ich", entgegnete Red. „Und mit euch mache ich das gleiche."

Marchese und Cossassa waren die Anführer einer Bande von italienischen Jungen, die Reds Nachbarschaft im Stadtteil Heights terrorisiert hatten, als Red im Kinderheim gelebt hatte.

Die kleinen Italiener hatten den anderen Kindern der Gegend in der Nähe einer Futtermittelhandlung unweit der Harvard-Grundschule, die fast alle von ihnen besuchten, aufgelauert und sich regelmäßig mit ihnen geprügelt. Als er wieder nach Hause gekommen war, bereitete Red Adair den täglichen Raufereien ein Ende und schloß Frieden zwischen den verfeindeten Gruppen. Später entwickelte sich sogar eine langjährige Freundschaft zwischen Marchese und ihm.

„Ich will mich nicht mit dir schlagen", sagte Jimmy Wade. „Es tut mir leid, daß ich dich mit Klettenkraut beworfen habe. Laß uns Freunde sein." In der Zwischenzeit hatte Charlie Adair den Wagen am Straßenrand abgestellt. „Verprügelst du die beiden nun, Red?" rief er. Charlie war selbst nicht im mindesten rauflustig, aber es machte ihm großen Spaß, seinen Bruder anzustacheln. Manchmal fing er sogar einen Streit extra für seinen jüngeren Bruder an. Red warf einen Blick hinüber zu Charlie. Dann sah er hinauf in den Baum. „Ich habe schon viele Freunde", sagte er zu Jimmy, aber seine Wut war verraucht. Die beiden Jungen, die über ihm in den Zweigen hockten, gefielen ihm. Sie trugen beide ausgebleichte Jeans und Western-Hemden. Stewart, der ältere, hatte einen Hut mit breiter Krempe und einer Feder im Hutband.

„Seid ihr Cowboys, oder was?" fragte Red. „Wir werden mal Cowboys", sagte Jimmy. „Und wir reiten Rodeo. Wenn du willst, zeigen wir dir, wo es wilde Pferde zum Reiten gibt." — „Was, zum Teufel, ist denn nun los?" brüllte Charlie. „Zeigst du's ihnen jetzt oder nicht?" — „Die beiden wissen, wo es wilde Pferde gibt", erklärte Red. „Und wo?" fragte Charlie jetzt. „Draußen, noch hinter Eureka Yards", antwortete Stewart. „Hinter der Kreuzung Magnum Avenue und 18. Straße." — „So weit fahr' ich aber nicht raus", sagte Charlie. „Ich muß den Wagen zurückbringen. Wenn du unbedingt Pferde fangen willst, nur zu! Ich fahre nach Hause."

Red und die Brüder Wade gingen zu Fuß zur Ecke Harvard und 7. Straße, wo die Güterzüge am Hang langsamer wurden, und warteten dort auf einen Zug. Einen Moment lang zögerte

Red und dachte an seine Fahrt von letzter Woche und was danach geschehen war. Er langte über seine Schulter und kratzte sich an einem der mittlerweile verschorften Striemen. „Stimmt was nicht?" fragte Jimmy. „Verdammt, ich hab' dich doch wohl nicht mit dem Klettenkraut verletzt?" — „Es ist nichts", erwiderte Red und dachte: Heute ist es ja wohl etwas anderes als letzte Woche. Ich hab' meine Sachen erledigt und renne auch nicht vor ihm weg.

Sie fuhren mit dem Zug nach Nordwesten zur Stadt hinaus, nach Eureka Yards, wo das offene Land begann. Der Tag war kühl und klar, und als sie etwa zweihundert Meter von den Gleisen entfernt auf den Weiden standen, die in der Ferne von Eichen und Pinien gesäumt wurden, hörten sie nur noch das Rauschen des Windes. Ein Falke stieg von einem Pinienwäldchen zu ihrer Rechten in die Luft auf, stürzte sich auf ein Beutetier und entschwand dann ihren Blicken. „Das bringt Glück", sagte Stewart. „Die Indianer glauben das. Die Feder an meinem Hut ist von einem Falken." — „Vielleicht liegt es daran, daß ich euch nicht verprügelt habe", meinte Red.

Er war noch nie hier draußen gewesen und fühlte sich ganz beschwingt, obwohl sein Herz laut pochte und ihm ganz weich in den Knien war. Die gedrungenen Häuser, die Schmiede und die Harvard-Grundschule schienen so weit entfernt zu sein wie der Mond. Eigentlich ging er gern zur Schule und war ein guter Schüler, vor allem in Mathematik und den naturwissenschaftlichen Fächern. Allerdings verstörte es ihn immer, wenn er vor der ganzen Klasse sprechen sollte. Außerdem nahm er jede sportliche Betätigung wahr, die an der Schule angeboten wurde. Hier draußen aber schien es überhaupt keine Zwänge zu geben. Hier war der Ort, wo man ungestört all das tun konnte, was man nur wollte. „Los jetzt", sagte Red zu seinen neuen Freunden. „Wir rennen jetzt um die Wette zu dem Wald auf der anderen Seite des Hügels." — „Das ist 'ne ganz schöne Strecke", meinte Jimmy Wade. „Ich wette, das sind fast zwei Kilometer." — „Na und?" entgegnete Red.

Im Verlauf des Tages sahen sie auch Wildpferde, eine Herde einer kleineren Mustangart, die man damals noch häufig in den Weiden im Osten von Texas antraf. Es gelang ihnen, zwei einzufangen, aber Red schaffte es nicht, auf ihnen zu reiten. Er rutschte immer wieder von dem Rücken der Tiere herunter. Schließlich zog er sein Hemd aus und versuchte, es als Zügel zu benutzen, indem er es den Tieren um den Hals band und an beiden Enden festhielt. „Mein Gott, Red", mokierte sich Jimmy, „was bist du denn für ein Cowboy? Willst du auf den Pferden reiten oder sie erdrosseln?" — „Ich werde mal ein Cowboy mit einem Pferd mit richtigen Zügeln und einem Sattel sein", erwiderte er. „Meinst du, Red? Dafür mußt du aber erst einmal mit diesen Burschen fertig werden. Und die haben nun mal keinen Sattel", meinte Jimmy. „Und dann kannst du dir das andere später erarbeiten." — „Und ich habe gedacht, das machte man genau andersherum", sagte Red noch.

„Jimmy und Stewart Wade wurden richtig gute Freunde von mir. Zusammen mit Bill Schultz waren sie meine besten Freunde. Als wir ein wenig älter waren, gingen wir öfter hinaus zu den Wildpferden. Wir fingen welche ein und verkauften sie dann für einen Dollar das Stück. Damit haben wir 'ne Menge Geld verdient, damals. Wir ritten sie zu und haben auch einige für uns selbst behalten. Die Pferde stellten wir dann bei den Eltern von Bill unter, weil sie mehr Platz hatten als die übrigen von uns. Wir sind sogar mit den Pferden später zur Schule geritten, zur Hogg-Mittelschule, und haben sie draußen angebunden. Eines Tages rissen sich die Pferde los und verwüsteten die ganzen Blumenbeete vor der Schule, die gerade frisch angepflanzt worden waren. Junge, Junge, hat das einen Ärger gegeben. So viel zu den Pferden.

Die Brüder Wade sind tatsächlich Cowboys geworden. Sie waren auch wirklich gut beim Rodeo-Reiten. Immer wieder haben sie versucht, auch mich dafür zu gewinnen, aber ich hatte kein Interesse daran. Ich bin immer gerne mit ihnen raus in die Prärie gegangen, aber für das Rodeo hatte ich nichts übrig. Football, Baseball und Schwimmen, das hat mir Spaß gemacht. Ich erinnere mich noch an ein Rodeo, bei dem ein Bulle von neunhundert Kilo auf Stewarts Bein stürzte und es gebrochen war. Sie mußten ihm seinen funkelnagelneuen Cowboystiefel aufschneiden, um das Bein freizubekommen. Der Beinbruch war ihm egal, aber um den Stiefel tat es ihm sehr leid. Mann, er war schon ein bißchen verrückt. Und kurz darauf kam diese Scheiße mit Stewarts Daddy. Ich weiß es noch genau, weil sein Bein zu der Zeit noch nicht ganz verheilt war." (Red Adair)

Houston, 1928

Der alte Wade war ein Schwarzbrenner. Er brannte den klaren Schnaps, ein Teufelszeug, in einer Destille, die versteckt in einem Waldstück am Flußufer lag. Die Leute sagten, es sei das beste Zeug, das man zwischen San Antonio und der Grenze zu Louisiana bekommen könnte. Wade hätte ein reicher Mann sein können, wenn er nicht ständig betrunken gewesen wäre. Er gab sich große Mühe, aber er konnte einfach nicht die Finger von seinem eigenen Gebräu lassen. Meistens war er zu besoffen, um seinen Schnaps selbst auszuliefern. „Jungs", sagte er eines Tages zu Red und Stewart, „ich hab' einen Auftrag für euch. Ich möchte, daß ihr meinen Wagen nehmt und diese adressierten Pakete hier ausliefert. Wenn ihr so ein Paket abgegeben habt, bekommt ihr jedesmal einen verschlossenen Umschlag. Ihr bringt mir die Umschläge zurück und öffnet mir bloß keinen. Habt ihr verstanden? Und macht auch ja keins der Pakete auf."

Der alte Wade war 1,88 Meter groß und hatte eine Stimme wie ein Donnerwetter. Red und Stewart hatten ihn verstanden. „Wenn ihr eure Sache gut macht, zahle ich jedem von euch einen Vierteldollar", versprach er ihnen. Ein Vierteldollar war für Red akzeptabel, denn an drei von vier Tagen bekam er immer noch nicht genug zu essen. Daß sie beide erst dreizehn waren, spielte keine Rolle für sie. Bereits seit einem Jahr fuhren die beiden Auto, und draußen auf dem Land, wo sie hinwollten, fragte sowieso niemand danach, ob sie schon sechzehn wären und einen Führerschein hätten.

Oft waren die Pakete schwer, aber das machte Red nichts aus. Ein Vierteldollar mehr in der Woche, neben dem Geld, das er durch das Ausliefern im Drugstore verdiente, brachte der Familie wieder etwas mehr zu essen auf den Tisch. Er fühlte sich dadurch wichtig und erwachsen. Zwei Monate später, als sie wieder einmal Pakete für Stewarts Vater auslieferten, stellten sie auf dem Rückweg fest, daß einer der Umschläge, die zwischen ihnen auf dem Sitz des Wagens lagen, nicht verschlossen war. Der Umschlag war voller Geldscheine. „Heiliger Strohsack", stieß Stewart hervor, „schau dir mal all die Scheinchen an! Der Alte merkt doch bestimmt nicht, wenn etwas davon fehlt." — „Vielleicht nicht", fügte Red hinzu, „wenn wir nur ein paar nehmen." — „Was sollen wir damit machen?" fragte Stewart. „Was sollen wir uns kaufen?" — „Was zu essen", erwiderte Red. „Jede Menge zum Essen."

Sie fuhren an Mrs. Benders Hamburger-Stand vorbei zu einem vornehmeren Imbiß an der 19. Straße. Dort stopften sie sich den Bauch voll mit Hamburgern, bis sie nicht einmal mehr Luft holen konnten. Dann fuhren sie eine Stunde durch die Gegend und machten an einem anderen Drugstore halt, der für seine reichhaltigen Milchmixgetränke bekannt war. Jeder bestellte sich drei. Dann verschlossen sie den Umschlag und brachten den Wagen und den Rest von Mister Wades Geld zurück zur Cortland Street. Red ging von dort nach Hause, wo ihm erst einmal gehörig schlecht wurde.

Am nächsten Morgen hatte Red Sozialkundeunterricht in der Hogg-Mittelschule; er saß in der ersten Reihe, weil sein Name mit A anfing. Plötzlich flog die Klassentür auf, und der alte

Wade kam hereingestürzt, mit Dreitagebart und blutunterlaufenen Augen. Da Stewart Wade hinten in der Klasse saß — sein Name fing ja mit W an —, erspähte der alte Wade Red zuerst. „Paul!" brüllte er mit seiner donnernden Stimme. Das war alles, was Red hörte. Er sprang von seinem Sitz auf und rief: „Stewart, wir machen lieber die Mücke!" Kopfüber hechtete er aus dem offenen Fenster der im ersten Stock gelegenen Klasse, machte eine halbe Drehung in der Luft und kam mit den Füßen zuerst auf. Er landete in demselben Blumenbeet, das ein Jahr vorher ihre Mustangs abgefressen hatten. Stewart kam einen Moment nach ihm zwischen Blumen und Sträuchern an.

Die waghalsige Flucht war jedoch sinnlos, denn am selben Abend noch erwischte Stewarts Vater die beiden Jungen. Damals war von antiautoritärer Erziehung noch nicht die Rede, und dementsprechend heftig verdrosch der Alte die beiden. Aber die Freunde sollten sich noch dafür rächen. Am darauffolgenden Samstag stahlen sie Mister Wades Auto.

„Wohin sollen wir fahren?" fragte Stewart, nachdem sie den Wagen leise aus der Garage auf die Straße geschoben hatten. „Nach Woodland Heights", entgegnete Red. Er kannte dort zwei sehr hübsche und willige Mädchen, die sicher gerne mit ihnen eine Spritztour machen würden. Normalerweise, das heißt zu Fuß, war ein Ausflug nach Woodlands Heights, einer sehr wohlhabenden Gegend, nicht ganz ungefährlich für Burschen von Houston Heights. Die jungen Männer von Woodland Heights sahen es nämlich nicht gerne, wenn ihre Mädchen mit Jungen von außerhalb ausgingen. Wer es versuchte, lernte ihre Fäuste kennen. Aber an diesem Samstag hatten Red und Stewart einen Wagen, und der Weg war gefahrlos.

Die Mädchen aus Woodland Heights liebten den Ford vom alten Wade, und sie liebten auch seinen Selbstgebrannten, von dem sich eine Flasche unter dem Fahrersitz fand. Der Abend verlief sogar besser, als Red und Stewart gedacht hatten. Zumindest verlief der Abend gut, bis sie die Mädchen wieder nach Hause gebracht hatten. Auf dem Rückweg in die Cortland

Street unterlief Stewart in letzter Minute noch ein Fehler. Als er den Wagen in die Garage fuhr, verwechselte er das Brems- mit dem Gaspedal, und der Wagen schoß durch die hölzerne Rückwand.

„Mach dir keine Sorgen", sagte Red, „es ist Samstagabend, und dein alter Herr wird so betrunken sein, daß wir deiner Mutter erzählen können, er hätte das gemacht. Er wird die Sache niemals erfahren. Jetzt geh ins Bett, und ich komme morgen früh vorbei und helfe dir, deine Mutter zu überzeugen."

„Verdammt, ich erinnere mich beim besten Willen nicht daran", sagte Wade zu seiner Frau. Er schüttelte den Kopf und blickte hilflos auf die zersplitterten Überreste der Garagenrückwand und auf seinen Wagen, der im Schlamm der dahinter liegenden Gasse steckte. „Aber ich bin wohl so betrunken gewesen, daß mir das passiert sein muß." — „Wir haben es gehört, Mrs. Wade", sagte Red. „Wir saßen auf der Veranda, und es hörte sich an, als ob eine Bombe explodiert wäre. Wir dachten, vielleicht hätte ein Komet eingeschlagen. Es war schaurig, kann ich Ihnen sagen. Wir sind dann nach hinten gelaufen, aber wir haben in der Dunkelheit nichts sehen können."

„Ihr Jungs helft Mister Wade jetzt, den Wagen aus dem Schlamm zu ziehen", sagte Mrs. Wade und ging wütend ins Haus. Damit war die Geschichte zu Ende, so wie Red sich das vorgestellt hatte. Aber damals gingen seine Pläne ja meistens auf, wenn er alles genau durchorganisieren konnte und selbst unter Kontrolle hatte. Aber es gab auch Vorgänge, auf die er keinen Einfluß hatte, und einige Ereignisse, die anders verliefen, als er es wollte, haben Red sein Leben lang stark geprägt.

Houston, 1929

Red schwebte auf Wolken. Er hatte die Mittelschule im Juni mit ausgezeichneten Noten beendet, er war einer der besten Schwimmer, Baseball- und Footballspieler der ganzen Stadt. Seine Footballmannschaft, in der er auf der Position des Halfback gespielt hatte, war so gut, daß sie sogar das Team der John-H.-Reagan-Oberschule geschlagen hatte. Pop Adams, der Trainer der Oberschulmannschaft, konnte es kaum erwarten, bis er Red endlich in seinem Team hatte. Adams war auch Schwimmlehrer und verbrachte den ganzen Sommer viel Zeit mit Red, um seine Leistungen und seine Technik zu verbessern. „Wenn du so weitermachst, kannst du es schaffen, zu den Olympischen Spielen zu kommen, Red", sagte er ihm mehr als einmal. „Und du weißt, ich meine es ernst."

Red gab viel auf das, was sein Vorbild Pop Adams ihm sagte. Neben seinem Aushilfsjob in einem Drugstore, für den er bestellte Medikamente ausfuhr, reinigte er das Schwimmbecken in der Schwimmanlage von Houston Heights. Dafür durfte er kostenlos schwimmen, und folglich trainierte er täglich, wobei er jedesmal drei- bis viertausend Meter schwamm. Er hatte auch in einer Gruppe von älteren Jungen mit dem Boxen angefangen. Geboxt wurde in einem privaten Boxklub, dessen Trainer ebenfalls Pop Adams war. Aber er nahm sich auch noch Zeit fürs Vergnügen. In einem grellen, buntgestreiften Badeanzug unterhielt er die Mädchen der Umgebung mit Kunststückchen im Turmspringen. Mindestens drei Mädchen hielten sich für seine feste Freundin. Unter ihnen war Rosemary Cole, die als das hübscheste Mädchen in ganz Houston Heights galt.

Im Herbst begann der Unterricht an der Reagan-Oberschule, und Red stieg in der dortigen Footballmannschaft wieder als Halfback ein. Mit seinen vierzehn Jahren hatte er jetzt schon seine volle Größe von 1,68 Meter bei knapp 61 Kilogramm Gewicht erreicht. Er war nicht der allerschnellste Spieler, aber er war sehr flink und hatte schon damals diese unglaubliche Balance, die es ihm ermöglichte, alle potentiellen Angreifer im Spiel zu überrennen und dabei selbst auf den Beinen zu bleiben, um noch ein paar Meter extra bei der Wertung gutzumachen.

Eines Abends nach einem Spiel, bei dem Red drei Touchdowns erzielt hatte, nahm ihn sein Trainer zur Seite. „Ich weiß, daß du gerade erst bei uns angefangen hast, Red", sagte er zu ihm, „aber hast du dir schon einmal Gedanken darüber gemacht, was du nach der Oberschule machen möchtest?" Ohne zu zögern, antwortete Red: „Ich möchte weiter zum College gehen und Football spielen. Und später möchte ich ein Sportlehrer wie Sie werden." — „Nun ja, Red", entgegnete Adams, „wenn du so weitermachst wie bisher und weiter gute Noten bekommst, dann kann ich dir versprechen, daß du ein Stipendium für das College bekommst. Ich werde mich persönlich dafür einsetzen."

Nachdem die Footballsaison vorbei war, nahm Red seinen Job im Drugstore wieder auf. Neben seinem Schulbesuch arbeitete er dort vierzig Stunden pro Woche. Irgendwie nahm er sich auch noch die Zeit, in Pop Adams' Schwimmteam mitzumachen, aber die häuslichen Verhältnisse wurden immer schlechter, und er wußte noch nicht, wie lange er das Schwimmen beibehalten konnte. Die Weltwirtschaftskrise hatte sich noch nicht im ganzen Lande ausgewirkt, aber für die Familie Adair standen die Zeichen schlecht, denn der Vater mußte verzweifelt um das Überleben seiner kleinen Schmiede kämpfen.

An einem kalten Dezemberabend fand ein Schwimmwettbewerb statt, an dem Red teilnahm. Seine Füße waren im letzten Monat um eine Schuhgröße gewachsen, aber es war kein Geld da, um ihm neue Schuhe zu kaufen. Deswegen trug er schon lange ein Paar abgelegte seines Vaters. Er hatte sie auch auf dem Weg zu dem Wettkampf an, für den Red seit Wochen hart trainiert hatte. An diesem Abend zog er seine Arme und Beine mit einer unglaublichen Kraft in einem gleichmäßigen Rhythmus durch das Wasser, wie er es noch nie zuvor an sich erlebt hatte. Er hatte schon je zwei verschieden lange Strecken Brust und Rücken, einen Wettbewerb Schmetterling und einen mit freigestellter Lageneinteilung gewonnen, als seine Lieblingsstrecke über hundert Meter Freistil anstand.

Vom Startschuß an spürte er, daß er besonders gut in Form war. An der 50-Meter-Wendemarke konnte er Pop Adams schreien hören, obwohl er die Worte nur ahnen konnte. „Du liegst jetzt vor Weissmullers Weltrekord!" brüllte die Stimme. „Laß nicht nach! Gib nicht auf!" Red lag noch immer vor der Weltbestzeit, als ihn zehn Meter vor dem Ziel die Kräfte verließen. Er gewann das Rennen, verfehlte aber die Marke von Johnny Weissmuller um eine halbe Sekunde.

„Es war mein Fehler", sagte Adams später. „Ich hätte dich nicht in alle Rennen schicken sollen. Ich habe dich ja richtig ausgepumpt. Es tut mir leid, Red, du wärst berühmt geworden." — „Es war nicht Ihr Fehler, Trainer", entgegnete Red. „Ich war schuld. Ich hätte vor dem Wettkampf etwas mehr essen sollen." Er erzählte seinem Trainer aber nicht, daß er den ganzen Tag nur eine Schüssel mit Haferflocken und eine Scheibe Weißbrot gegessen hatte.

Nach dem Rennen wartete Red so lange am Schwimmbecken, bis alle anderen gegangen waren. Er konnte die Schuhe seines Vaters, die ihm ohnehin zu eng waren, nicht mehr anziehen, weil seine Füße nach der langen Zeit im Wasser ganz aufgequollen waren. Am frühen Abend ging er dann im Schutz der Dunkelheit barfuß mit den Schuhen und den sieben gewonnenen Siegesabzeichen in den Händen nach Hause.

Es war eine Woche später, als Faye Adair ihren jüngeren Bruder zum ersten Mal in ihrem Leben weinen sah. Er saß hinter dem Haus auf dem Boden, auf dem schmalen Grasstreifen, der hinter allen Häusern in ihrer Straße verlief. Sie sah ihn durch das Fenster. Sein Kopf war auf die Hände gestützt, was eine derart ungewöhnliche Haltung für ihn war, daß sie glaubte, er wäre verletzt. Sie ging auf ihn zu und rief seinen Namen, aber er antwortete nicht. Dann sah sie, wie Tränen über sein Gesicht liefen. „Was hast du, Booger Red?" fragte sie. Noch immer rief sie ihn bei diesem Namen. „Was ist los?" Er sah zu ihr hoch, bewegte den Mund zum Sprechen, aber kein einziges Wort kam über seine Lippen. Sie legte ihm den Arm um die Schultern. Mein Gott, wie schmächtig er ist, wie kann er dabei nur so stark sein? wunderte sie sich still. Endlich fing er an zu sprechen: „Ich muß von der Schule abgehen. Daddy hat die Schmiede verloren, und ich muß jetzt voll mitarbeiten. Jetzt werde ich kein Stipendium bekommen und kann nicht zum College gehen", schluchzte er. „Du kannst schon noch studieren", entgegnete Faye. „Es wird alles besser, du wirst sehen." — „Arbeit macht mir ja nichts aus, das weißt du doch, Faye. Ich habe immer gearbeitet", erklärte er, „aber wenn ich nicht mehr zur Schule gehen kann, wie soll dann etwas aus mir werden? Wie soll ich je das werden können, was ich gerne möchte?" — „Booger Red, Schule hin oder her", versuchte ihn Faye zu trösten. „Einen Menschen wie dich kann man nicht davon abhalten, das zu tun, was er wirklich will. Nichts und niemand kann das!"

Kapitel 6

Sehen Sie mal, als ich endlich den Job auf den Ölfeldern bekommen hatte, konnte ich nicht mehr einfach so rumsitzen und darauf warten, daß es etwas für mich zu tun gab oder daß die Leute auf mich zukamen. Ich war immer auf den Beinen und habe irgend etwas gefunden, was ich erledigen konnte, denn in der Werkstatt bei der Bahngesellschaft habe ich viel zu lange gewartet. Davon hatte ich endgültig genug. Und ich habe mich auf den Bohrstellen nicht ausgeruht und nichts als selbstverständlich hingenommen. Bevor ich nämlich den Job bei der Eisenbahn hatte, arbeitete ich für diesen Drugstore. Ich glaubte, die Stelle sicher zu haben, und da kommt dieser andere Bursche mit einem besseren Fahrrad und schnappt mir den Job weg. Da hab' ich mir geschworen, daß mir so etwas nicht noch einmal passieren soll.

Red Adair

Houston, 1932

Red folgte dicht hinter Bill Williamson, der längs der Pipeline durch das Buschwerk von Zypressen und Zwergeichen über die kleinen Hügel lief. Die Rohrleitung lag südlich von Baytown, etwa dort, wo der Cedar-Bayou-Fluß in die Galveston Bay mündete. Auf den Ölfeldern wurde Williamsons Tätigkeit „Schweine jagen" genannt. Das „Schwein" war eine mechanische Einrichtung mit Klingen oder Bürsten, die zum Reinigen von Pipelines diente. Das Gerät fuhr unter Druck durch die Rohre, kratzte die Wandungen ab und befreite sie so von sämtlichen Ablagerungen. Gleichzeitig spürte es Verstopfungen auf, und wenn es eine gefunden hatte, blieb es stehen. Der „Jäger" konnte es außerhalb der Rohrleitung an dem Brummen und Stampfen hören, wenn das „Schwein" auf eine Verschlußstelle gestoßen war. Mit seinem Zweikanalfunkgerät informierte Williamson dann einen Mann an der Pumpstelle der Rohrleitung, der den Druck in den Röhren so weit erhöhte, bis das Reinigungsgerät sich wieder freigelaufen hatte und die „Jagd" fortgesetzt werden konnte. Es kam Adair so vor, als hätte Williamson den schönsten Beruf auf Erden, den man sich vorstellen konnte. Er arbeitete auf den Ölfeldern, wo Red Abenteuer und Romantik gleichermaßen spüren konnte.

Um sie herum standen überall Bohrtürme, manche noch mit den alten Holzaufbauten, andere schon in moderner Stahlkonstruktion. Wohin sie der Pipeline auch folgten, überall trafen sie auf Bohreinrichtungen — zwischen den Bäumen, in grasbewachsenen Marschlandschaften, auf Sandböden oder im seichten Wasser der kleineren Ausläufer der Bucht, die mit dem Festland über hölzerne Stege verbunden war. Man sah auch Tiefpumpen, die eintönig brummten, während sie Öl nach oben förderten. Die langen, dicken Köpfe der Pumpen bewegten sich an den Pumpenschwengeln ständig im Takt auf und ab, so daß man den Eindruck hatte, eine Herde von äsenden prähistorischen Tieren vor sich zu haben. Hier und da sahen die beiden Ölbohrarbeiter auf Frachtkähnen im Wasser oder auf Tiefladern an Land inmitten ihrer umfangreichen Ausrüstungsgegenstände. Sie waren auf dem Weg, die Bohrtürme zu überprüfen und zu reinigen, oder sie sollten Rohrleitungen unter der Erde verlegen. Weiter im Hinterland konnte man in einiger Entfernung die turmhohen Gebäude, Tankanlagen und verwirrenden Rohrsysteme der Raffinerie von Standard Oil erkennen.

Bei dieser Raffinerie hatten sich Red und Williamson zwei Monate vorher kennengelernt, bei einer Reihe harter Zweikämpfe auf dem Footballplatz der Raffinerie. Red spielte in einer halbprofessionellen Mannschaft wieder einmal auf der Position des Halfback. Mit den Spielen, die an Wochenenden in und um Houston herum, in Galveston und Baytown stattfanden, verdiente er sich jeweils fünf Dollar extra. Williamson war Stürmer einer Gegenmannschaft. Er war zwanzig Zentimeter größer und fast dreißig Kilogramm schwerer als Red. In einem Meisterschaftsspiel im Dreistädteturnier, bei dem dem Sieger der Mannschaft eine Prämie von drei Dollar je Spieler winkte, gelang es Williamson, hintereinander drei Pässe direkt vor Reds Augen anzunehmen und zu sichern. Reds Trainer wurde blaß vor Wut.

„Verdammt, Red", sagte er zu ihm, „wenn du dir von dem noch einmal einen Ball wegnehmen läßt, werde ich dir dein Gehalt kürzen. Selbst wenn wir gewinnen sollten, behalte ich deine Prämie ein." Zu dieser Zeit verfügte Red als einziger in der Familie über ein regelmäßiges Einkommen. Sechs Tage lang arbeitete er jeweils elf Stunden täglich im Drugstore. Dabei verdiente er zwölf Dollar die Woche plus Trinkgelder, die mal mehr, mal weniger großzügig ausfielen. Genausogut hätte ihm sein Trainer androhen können, ihm einen Finger abzuschneiden. Das nächste Mal, als Williamson einen Ball zugespielt bekam, stürzte sich Red mit voller Wucht auf ihn, schlug ihm die Kanten seiner beiden Hände so in den Nacken, daß er strauchelte. Das nächste Mal schlug er ihm mit der Faust den Ball weg und stieß ihm den Ellbogen in die Rippen. Beim dritten Mal griff er so hart an, daß seinem Gegenüber beim Sturz auf den Boden der Helm wegflog und Williamson mit einer Gehirnerschütterung vom Platz gebracht werden mußte.

Reds Mannschaft gewann das Endspiel mit 14 zu 7, und nach dem Spiel ging Red zu Williamson und entschuldigte sich dafür, daß er so hart gespielt hatte. „Macht nichts", erwiderte der, „ist eben ein hartes Spiel." — „Ich wollte auch nur sagen, daß es nicht persönlich gemeint war", fügte Red hinzu. „Ich brauche das Geld, das ist alles." — „Für einen so kleinen Kerl haust du ja rein wie ein Bulle", sagte Williamson anerkennend. „Was, zum Teufel, arbeitest du, stemmst du Eisenbahnwaggons?" — „Ich arbeite in einem Drugstore", antwortete Red. „Und du?" —

„Ich jage Schweine" sagte Williamson. „Was, du wirst dafür bezahlt, Schweine zu jagen?" fragte Red erstaunt. „Das hört sich ja nicht schlecht an. Gibt's da auch noch andere Tiere, die man jagen kann?" — „Ich jage keine wirklichen Schweine", erläuterte Williamson jetzt, „man nennt das nur so. Ich arbeite mit einem Reinigungsgerät für Ölpipelines. Wenn du mal zu mir kommst, zeige ich dir das."

Es dauerte zwei Monate, bis Red einmal einen Tag im Drugstore freinehmen konnte. Zwei Tage nachdem er die Schule verlassen mußte, hatte er dort angefangen zu arbeiten. Wie in einem typischen amerikanischen Drugstore gab es neben der Drogerieabteilung alle Medikamente wie in einer Apotheke, ein großes Sortiment von allen möglichen Artikeln des täglichen Bedarfs und einen Imbiß mit Eistheke. Reds Aufgabe war es, den Laden sauberzumachen, Bestellungen anzunehmen, zu servieren und den Kunden ihre verschriebenen Medikamente nach Hause zu bringen. Sein Fahrrad war ein rostiges altes Gerät, das er für einen Dollar von einem einäugigen alten Mann gekauft hatte. Der Einäugige saß gewöhnlich mit versteinertem Gesicht auf der Veranda seines Hauses, das in der Nähe von Reds Elternhaus lag. Die kleinen Kinder der Gegend fürchteten sich vor ihm und erzählten sich, er sei der Teufel. Als Red den Job angenommen hatte, sagte der Ladeninhaber zu ihm, daß er unbedingt ein Fahrrad brauche. „Jawohl, Sir, morgen früh habe ich ein Fahrrad", antwortete er nur. Schon seit über einem Jahr lehnte ein altes Rad an der Hauswand des alten Mannes, und Red hatte bereits daran gedacht, es einfach zu stehlen. Aber als er daran vorbeikam, war der Alte zu Hause und saß wie gewöhnlich auf der Veranda.

Red holte tief Luft und sagte zu ihm: „Ich biete Ihnen fünfzig Cents für Ihr Fahrrad." Niemand hatte den alten Mann bisher je sprechen hören. „Gib mir einen Dollar, und dann stimmt's", antwortete er mit einer Stimme, die dem Quaken eines Ochsenfrosches überraschend ähnlich war. „Aber", fügte er noch hinzu, „du kannst es in Raten von je zehn Cents pro Woche bezahlen."

Das Vorderteil des Rades war völlig verrostet, so daß der Lenker sich kaum noch bewegen ließ. Die Felgen waren so verbogen, daß die Reifen immer wieder heruntersprangen. Und egal, wie oft Red auch die Kette anzog, sie sprang beim Fahren ständig ab. Trotzdem ging es in Houston Heights mit dem Rad schneller als zu Fuß, und eine Zeitlang schien bei der Arbeit alles in Ordnung zu sein. Der Drogist hatte nicht einmal etwas dagegen, daß sich Red gelegentlich selbst ein Eis nahm, es durfte nur niemand im Laden sein. Eines Tages aber, als Red die Kette zum fünften Mal abgesprungen war, kam er ölverschmiert eine halbe Stunde zu spät im Drugstore an. An der Theke lehnte ein großer, schlanker, schwarzer Bursche, der etwa ein Jahr älter als er selbst sein mochte.

„Ich wasche mich kurz, bevor ich die anderen Bestellungen ausfahre", sagte Red dem Inhaber. „Das wird nicht mehr nötig sein, Red", antwortete er ihm, „Mitchell fährt in Zukunft die Bestellungen aus. Er hat ein nagelneues Rad, und damit geht es viel schneller für uns." — „Und was mache ich?" fragte Red. „Tut mir wirklich leid, Red", sagte der Drogist, „aber ich habe im Laden für dich nichts mehr zu tun."

Red starrte ihn unbewegt an. Er war wütend, verletzt und betroffen, aber er zeigte es nicht. Er drehte sich um, verließ den Laden, und wer gesehen hätte, wie er sein Fahrrad die Yale Street hinunterschob, hätte gedacht, er sei ein ganz gewöhnlicher, unbekümmerter Jugendlicher mit Sommersprossen im Gesicht, vielleicht ein wenig ärmlich, aber ganz zufrieden. Das dachten auch alle seine Freunde. Auch seine Familie dachte das. Nur ganz selten, eigentlich fast nie, zeigte er seine wahren Gefühle. Aber das Gefühl des Verlassenseins im Waisenhaus, die Schmerzen von den Schlägen seines Vaters und der zerstörte Traum vom College-Studium hatten tiefe Narben hinterlassen. Von dem Moment an, als er alt genug war zu sprechen, hatte man ihm beigebracht, daß die Lebensaufgabe eines Mannes wäre, zu arbeiten, zu arbeiten und noch mal zu arbeiten. Arbeit bot die einzige Hoffnung, die es in diesem gnadenlosen Leben gab. Um einen Schutzwall gegen körperliche und seelische Verletzbarkeit um sich herum aufzubauen, hatte Red noch eine ganz persönliche Philosophie entwickelt. Nimm nichts als selbstverständlich hin. Halte dir immer einen Fluchtweg frei, ein Hintertürchen offen. Und traue niemandem außer dir selbst.

Er überquerte den White Oak Bayou, ließ sein Fahrrad in einer Gruppe blühender Magnoliensträucher zurück und lief neben den Gleisen der Southern-Pacific-Bahngesellschaft nach Osten. Er dachte daran, wann er wieder etwas zu essen bekommen und wie schwer es sein würde, eine neue Stelle zu finden. Er dachte an seine Mutter, die schon wieder krank war. Er sprach mit niemandem darüber, aber er fragte sich öfters, ob seine Mutter ihr Unwohlsein nicht übertrieb oder ob sie ihre Krankheiten als Ausflüchte benutzte, um sich selbst die Wahrheit über die schmerzliche Armut ihrer Familie zu ersparen. Sie schien immer krank zu werden, wenn jemand Geburtstag hatte, ein Verwandter Hochzeit feierte oder ein anderer in der Familie auch krank war. Es schmerzte ihn, so zu denken, aber es entsprach der Wahrheit.

Er war fast bis in die Innenstadt gegangen, wo Busse, Trambahnen, Laster und Personenwagen die Straßen verstopften. Jetzt lebten bereits etwa 300 000 Menschen in Houston, der bevölkerungsreichsten Stadt in Texas. In der Statistik der gesamten USA rangierte sie an 26. Stelle. Houston hatte sich zu einem wichtigen Umschlagplatz für Baumwolle, Holz und Öl entwickelt und bebte Tag und Nacht vor Geschäftigkeit. Aber Red fühlte sich vom Glanz und Leben der Stadt völlig ausgesperrt.

Er drehte sich um und ging, ja rannte den Weg zurück. „Ich finde eine neue Arbeit", sagte er sich selbst, „noch an diesem Tag, und wenn ich an jeder Tür eines jeden Drugstores in ganz Houston Heights klopfen muß." Irgendwie würde er das Fahrrad schon reparieren, dachte er, und niemals mehr würde er sich in Selbstsicherheit wiegen. „Ich hätte es kommen sehen müssen", sagte er laut vor sich hin, „meine Augen waren offen, aber ich habe wohl wegschauen wollen."

Red lief stundenlang durch Houston Heights, aber an diesem Tag fand er keinen neuen Job. Als er endlich im Dunkeln nach Hause kam, stand sein Vater vor dem Haus und sortierte Metallschrott, den er aus seiner alten Schmiede hatte retten können. Seitdem er seine Werkstatt verloren hatte, war es ihm nicht gelungen, eine feste Anstellung zu finden, und mittlerweile waren die Reste dessen, was sich aus der alten Schmiede noch verkaufen ließ, nur noch ein Haufen Schrott. „Wo bist du gewesen?" fragte er Red. „Ich habe Arbeit gesucht", lautete die Antwort. Red war jetzt ebenso stark wie sein Vater, er fürchtete sich nicht mehr vor dessen körperlichen Kräften, aber die Verachtung seines Vaters konnte er nicht ertragen. „Ich habe meine Stelle im Drugstore verloren", fügte er hinzu. „Was meinst du damit, du hast deine Stelle verloren?" fragte Charlie Adair nach. „Was, zum Teufel, hast du angestellt?" — „Es war nicht mein Fehler", rechtfertigte sich Red. „Dieser schwarze Bursche hatte ein besseres Fahrrad." — „Du hast deinen Job an einen verdammten Nigger verloren?" fragte sein Vater und spuckte auf den Boden. „Es war auch nicht seine Schuld. Er hatte einfach ein besseres Fahrrad als ich. Das ist alles." — „Ganz sicher?" fragte Charlie noch, drehte sich um und verschwand im Haus.

Es dauerte mehr als eine Woche, bis Red wieder eine Arbeit in einem Drugstore fand, aber während dieser Zeit organisierte er genügend Ersatzteile, um sein Fahrrad in Ordnung zu bringen. Nebenher verdiente er sich noch zehn Dollar bei fahrenden Schaustellern, die aus New Orleans kamen und sich auf einem freien Platz am White Oak Drive niedergelassen hatten. Fahrende Jahrmärkte waren in jener Zeit in den ländlichen Gegenden Amerikas sehr beliebt und bildeten einen wichtigen Teil ihrer Unterhaltungsmöglichkeiten. Die Schausteller in Heights boten die üblichen Attraktionen und Glücksspiele: Ringewerfen, eine Art von Kegelspiel, ein unglaublich schweres Pfeilwurfspiel. Überall gab es Plüschtiere zu gewinnen. Auf einer Bühne stellten traurig aussehende Menschen mit körperlichen Verwachsungen ihre Absonderlichkeiten zur Schau, und ein kleines wieselflinkes Männchen mit einem Mund wie eine Eidechse präsentierte eine Schlangenausstellung. Aber eine Attraktion fesselte die jungen Männer aus der Gegend am meisten: In der hintersten Ecke des Jahrmarktes war ein Boxring aufgebaut. Dem Herausforderer, dem es gelänge, einen tätowierten, großmäuligen Boxer, auf dessen Rücken ein Segelschiff prangte, in einem Kampf über zwei Minuten k. o. zu schlagen, winkten zehn Dollar. Wenn der fahrende Boxer seinen Herausforderer in weniger als zwei Minuten zu Boden schickte, wäre der Kampf beendet. Der angebliche Seemann stolzierte im Ring herum, ließ seine Muskeln spielen und forderte die Männer im Publikum heraus. „Ein Dollar von euch gegen zehn Dollar von mir. Das sagt doch schon alles, denn kein einziger von euch kann einen echten Seebären auf die Bretter schicken!" brüllte er. Auf seiner Brust waren zwei Papageien zu sehen, und an einem Oberarm zeigte sich ein nur halbbekleideter Frauenkörper. „Ihr seid nichts als eine Bande von Feiglingen!" schrie er in die Menge. „Ihr habt alle keinen Mut!"

Seine Herausforderer gingen einer nach dem anderen in weniger als einer Minute zu Boden, und der großsprecherische Kämpfer fauchte die Zuschauer höhnisch an, bespritzte die Menge nach jedem Sieg mit seinem Schweiß, wenn er mit stolzgeschwellter Brust durch den Ring sprang. Red, der mit seinen Freunden, Jimmy und Stewart Wade, den Kämpfen zugeschaut hatte, bemerkte, daß alle Kämpfe nach einem Schema abliefen. Das Großmaul versuchte, seine Gegner ganz schnell an das eine Ende des Rings zu manövrieren, das an die Zeltwand anstieß. In die Ecke gedrängt, schubste und stieß er den anderen, während er ihn mit einer schnellen Folge von Schlägen eindeckte. Plötzlich stolperte der Gegner, und der Jahrmarktsboxer verpaßte ihm den letzten entscheidenden Schlag, der ihn zu Boden schickte.

„Sie fallen alle nach vorne", stellte Red fest. „Was meinste damit?" fragte Stewart. „Kommt", flüsterte Red den beiden zu und ging, dicht gefolgt von ihnen, außen um das Zelt herum, dorthin, wo auf der Innenseite der Boxring aufgebaut sein mußte. An dieser Stelle stand dichtes Buschwerk, und Red bückte sich, kletterte zwischen den Büschen hindurch und gelangte an die untere Ecke des Zeltes. Dort entdeckte er eine schmale Klappe in dem Zeltstoff, nicht größer als dreißig mal dreißig Zentimeter. Er gab den Wades ein Zeichen, sich still zu verhalten, und hob vorsichtig die Stoffklappe an. Sie gab den Blick frei auf einen schmalen Durchgang zwischen der Außenwand des Zeltes und der Wand hinter dem Boxring. In dem Gang, direkt hinter dem Boxring, stand ein Mann mit einem hölzernen Knüppel. „Wißt ihr, was dieser Seemann macht?" erzählte er später den beiden Freunden. „Er drängt sie mit dem Rücken zur Wand in die Ecke, veranstaltet ein großes Geschrei, und der zweite Mann haut ihnen mit dem Knüppel eins über den Schädel. Alles, was sie dann merken, ist, daß sie auf dem Boden liegen. Sie können gar nicht wissen, wer ihnen einen Schlag verpaßt hat. Leiht mir doch mal einen Dollar. Dem Maulhelden werd' ich's zeigen."

„Seht mal an!" brüllte der Schaukämpfer. „Die Männer sind fertig, jetzt kommen die Knaben dran. Das soll mir recht sein. Ein Dollar is'n Dollar, obwohl dieses Kind wirklich ein wenig schmächtig ist." Er ging sofort dicht an Red heran, schnitt ihm den Weg ab und versuchte, ihn ebenfalls in die Ecke zu drängen. Aber er war an große und schwerfällige Gegner gewöhnt und hatte nicht mit Reds Schnelligkeit gerechnet. Adair tauchte unter den Schlägen des anderen hindurch und stieß ihm die Fäuste zweimal in die Nierengegend. Dann drehte er sich blitzschnell um, senkte den Kopf, rammte den Schauboxer mit voller Wucht und drückte ihn gegen die Zeltwand. Der völlig verdutzte Schauboxer trat noch zwei Schritte zurück, verkrampfte seine Fäuste, als Red erneut angriff, und wollte zu seinem Sonntagsschlag ausholen, als plötzlich ein Schlag zu hören war, der an den Aufprall einer reifen Tomate auf Beton erinnerte. Das

Großmaul stolperte, stöhnte auf, seine Augen traten hervor, und als er vorwärts taumelte, setzte Red ihm mit aller Kraft einen Haken unter das Kinn. Die Menge tobte, als seine Knie abknickten und der Maulheld auf den staubigen Boden des Rings niederging.

„Es kam mir so eigenartig vor, daß alle immer nur nach vorne fielen, also auf den Kerl zu, anstatt von ihm weg. Wenn er ihnen den Schlag verpaßt hätte, hätten sie nach hinten fallen müssen", erklärte Red den Wade-Brüdern mit vollem Munde. Er war gerade dabei, einen Hamburger von Mrs. Bender herunterzuschlucken.

Die ganze Woche nach seiner Entlassung hatte er kaum etwas gegessen, weil er sich schämte. Er glaubte, es stünde ihm jetzt nicht mehr zu, sich an dem ohnehin mageren Tisch der Familie zu bedienen. Deshalb war dies bereits der sechste Hamburger, den er nach dem Kampf innerhalb von einer Stunde verschlungen hatte.

„Hast du einen neuen Job?" fragte Jimmy Wade auf einmal. Die meisten Familien, die in Houston Heights lebten, waren arm, doch den Adairs ging es noch schlechter als den anderen. Jimmy ging noch zur Schule, seine Kleidung war makellos, und er hatte immer genug zu essen.

Er wußte, wie stolz Red war, und hatte bisher nie von dem Job im Drugstore gesprochen, um seinen Freund nicht zu verletzen. Jetzt aber, nach dem Sieg im Boxkampf, erschien ihm der Zeitpunkt günstig zu sein. „Ich hab' noch keinen", antwortete Red. „Aber ich kriege einen. Ich kriege sogar noch heute einen Job, ich hab's im Gefühl."

Red bekam tatsächlich am selben Tag eine neue Stelle, doch dort blieb er nur einen Monat, weil er einen anderen Job fand, wo er fünfzig Cents mehr in der Woche bekam. Als er Bill Williamson bei der Arbeit besuchte, hatte er schon in sechs verschiedenen Läden gearbeitet. Als er später eine völlig andere Arbeit aufnahm, hatte er in fast allen Drugstores im Nordwesten von Houston gearbeitet, und nach seiner dritten Anstellung brauchte er sich um neue Arbeit nicht mehr selbst zu kümmern. Er hatte sich einen so guten Ruf erworben, daß die Inhaber der Läden jetzt bei ihm anfragten, ob er nicht für sie arbeiten wollte.

Eine Woche vor seinem Besuch bei Bill Williamson machte sich Red spätnachts mit einem Zwanzigliterkanister auf den Weg. Er ging im Dunkeln von einer Tankstelle zur andern, um das Restbenzin, das noch in den Schlauchleitungen war, in seinen Kanister zu füllen. Seine Freunde Bill Schultz und Stewart Wade halfen ihm dabei, und am Wochenende hatten sie dann genug Benzin zusammen, um die Fahrt nach Bayton anzutreten. In dem alten Wagen der Wades holperten sie über die Schlaglöcher der ausgewaschenen Straßen, die Houston mit Bayton verbanden. Oft steckten sie bis zu den Achsen mit dem Fahrzeug in dem ziegelroten schweren Schlamm, der einen Zug zum Stehen bringen konnte, und brauchten drei Stunden für die siebzig Kilometer weite Strecke. Als sie endlich ankamen, waren Schultz und Wade schrecklich müde und hungrig und wollten etwas essen, aber Red war viel zu aufgeregt, um Hunger zu haben. „Geht ihr allein essen", sagte er ihnen.

„Nun, was meinst du?" fragte ihn Bill Williamson. Red und er standen knöcheltief und schlammverschmiert im Brackwasser, fünfzehn Meter von einer quietschenden Tiefpumpe entfernt. Um sie herum schwärmten Mücken, ihre Arme waren von Dornensträuchern zerkratzt, und wahrscheinlich gab es Schlangen in diesem Sumpf. „Es ist großartig", antwortete ihm Red. „Wie kommt man zu einem Job auf den Ölfeldern?" — „Oh, das ist nicht einfach", entgegnete Williamson. „Wenn du da nicht irgend jemanden kennst, ist es sogar fast unmöglich." — „Ich kenne doch dich", meinte Red. „Ich wollte, ich könnte dir helfen", wandte Williamson ein, „ich würde es tun, wenn ich es könnte, denn einer, der so Football spielt wie du, der schafft es hier draußen. Und ich weiß ja, daß du dir für die Arbeit den Arsch aufreißt. Aber ich habe nicht die Möglichkeit, dir zu helfen. Ich bin erst zweiundzwanzig und habe auf diese Stelle gewartet, seit ich neunzehn war. Ich hatte die Hoffnung schon aufgegeben, obwohl mein Onkel sogar bei der Raffinerie Deep Water arbeitet. Aber wenn ich einmal etwas hören sollte, so verspreche ich dir, ein gutes Wort für dich einzulegen. Erhoff dir aber nicht zuviel davon."

Was Williamson sagte, entsprach voll und ganz der Wahrheit. Zwei Jahre zuvor war auf der Daisy-Bradford-Farm in Overton, einer Kleinstadt unweit von Tyler, Öl gefunden worden. Columbus Marion Joiner, genannt Dad Joiner, war dort auf eins der ergiebigsten Ölvorkommen ganz Nordamerikas gestoßen, das später als das Große Ost-Texas Ölfeld bekannt wurde.

In manchen Gebieten dieses Ölvorkommens standen die Bohrtürme so dicht nebeneinander, daß man einen ganzen Tag lang von einer Plattform zur anderen laufen konnte, ohne dabei auch nur einmal den Boden berühren zu müssen. Die Besitzer des Farm- und Weidelandes, unter dem das Öl verborgen war, wurden alle im Handumdrehen Millionäre. Viele Menschen unterschiedlichster Herkunft setzten ihre sämtlichen Ersparnisse auf die freien Ölsucher. Einige wurden reich dabei, viele verloren alles. Kleine Dörfchen im Osten von Texas, von denen noch nie zuvor jemand gehört hatte, entwickelten sich über Nacht zu boomenden Zentren der Ölsucher; für kurze Zeit wurden so seltsame Namen wie Petrolia, Electra, Ranger, Desdemona und Burkburnett weltberühmt. Spekulanten und Träumer, von ihrem Glück überzeugt, zogen in Scharen in den Osten von Texas, wo sich Glücksspieler, Prostituierte, Mörder und Diebe unter die Ölmänner, die „Roughnecks" genannten Bohrstellenarbeiter, die Driller (Bohrmeister) und Geologen mischten. Das Leben war wild, hektisch, gesetzlos und unkontrollierbar. Eines Abends wurde ein Mann vor ein Schnellgericht gestellt, weil er seinen Geschäftspartner umgebracht hatte. Er wurde zu einhundert Dollar Geldstrafe verurteilt und mußte die Stadt am nächsten Tag noch vor Sonnenaufgang verlassen.

Dann verlangsamte sich der Boom, weil der amerikanische

Ölmarkt plötzlich mit billigerem Öl aus dem Ausland überflutet wurde, das internationale Konzerne auf den Markt warfen. Der Preis für ein Barrel Rohöl aus Texas fiel auf fünfzig Cents, später sogar auf fünfundzwanzig. Als der Preis schließlich auf zehn Cents pro Barrel gesunken war, erließ die Texas Railroad Commission, die texanische Aufsichtsbehörde für das Eisenbahnwesen, die gleichzeitig auch für die Kontrolle der Öl- und Gasindustrie zuständig war, strenge Auflagen. Auf dem Höhepunkt der Wirtschaftskrise war es den Ölproduzenten nur noch erlaubt, an acht Tagen im Monat Erdöl zu fördern. Die Arbeit ging weiter, aber eine Anstellung auf den Ölfeldern zu finden glich zu jener Zeit der sprichwörtlichen Suche nach einer Stecknadel im Heuhaufen.

Red hörte Williamson aufmerksam zu, sagte aber nichts. Er sah hinüber zu einer Gruppe von Arbeitern, die an einem Bohrturm beschäftigt waren und Pumpengestänge aus dem Boden zogen. Das stählerne Pumpengestänge diente als mechanische Verbindung zwischen dem Pumpkopf der Bohrung an der Oberfläche und der Tiefpumpe unter der Erde. Wenn eine Bohrung tiefer und tiefer ging, wurde das Gestänge immer länger und länger. Von Zeit zu Zeit mußten die Einzelteile des Gestänges aus dem Bohrloch entfernt und von Sand und anderem Schmutz gereinigt werden, damit das Gestänge nicht plötzlich blockieren oder sich überhitzen konnte.

Red beobachtete die Männer bei ihrer Arbeit. Er empfand dieselben Gefühle wie damals, als er zum ersten Mal mit Jimmy und Stewart Wade bei den Wildpferden in der Prärie gewesen war. Dort hatte es ihm das weite, offene und unbewohnte Land angetan. Hier waren es die Arbeiter, die Maschinen, der Lärm und die Geschäftigkeit; aber beide Orte verkörperten für ihn eine grenzenlose und uneingeschränkte Freiheit. Am liebsten wäre er in die Luft gesprungen und gerannt, aber er blieb im brackigen Wasser stehen und fragte sich nur, ob seine Lage sich jemals verbessern ober ob er für den Rest seines Lebens von einem Drugstore zum andern wechseln würde. In diesem Moment hätte er es sich wohl nicht träumen lassen, daß 35 Jahre später John Wayne nur ein paar Meter von der Stelle entfernt, an der er jetzt stand, eine Szene aus seinem, Red Adairs, Leben spielen, seinen Kampf gegen eine brennende Ölquelle darstellen würde.

Einen Monat später, an einem Sonntagnachmittag Ende September, kam der alte Orton, ein langjähriger Bekannter von Reds Vater, um mit Red zu sprechen. Einige von Reds Freunden hatten Houston Heights verlassen, um zum College zu gehen. Die Wade-Brüder waren jedes Wochenende unterwegs zu einem Rodeo. Der alte Orton arbeitete bei der Southern-Pacific-Bahngesellschaft und kannte Charlie Adair noch aus den Tagen, als er Blattfedern für die Eisenbahnen schmiedete. „Red", sagte er, „was hältst du von einem Job bei der Eisenbahn? Du könntest Schienen verlegen." Gerade am Abend zuvor hatte sich Red endgültig entschlossen, kein Profiboxer zu werden, nachdem er gegen einen Mann, den er schon zweimal k. o. geschlagen hatte, nur einen halbherzigen Sieg erfochten hatte.

Red kratzte sich am Kinn und blickte starr auf den Fußboden. „Was bringt der Job ein?" fragte er endlich. „Dreißig Cents die Stunde bei sechzig Stunden in der Woche", antwortete der alte Orton. Das waren wöchentlich drei Dollar mehr, als er im Drugstore verdiente. Dann fragte er noch: „Wann fange ich an?"

Drei Monate lang arbeitete Red mit einem Gleisbautrupp, der neue Schienen westlich von Houston verlegte. Dann wurde er in die zentrale Gleis- und Reparaturwerkstatt der Southern Pacific in der Center Street versetzt. Sein neuer Arbeitsplatz lag jetzt auf halber Strecke zwischen dem Haus der Familie und der Innenstadt von Houston. Er mußte Güterwagen und Kohlegondeln entladen, reinigte Lokomotiven und andere Maschinen oder ging auch wieder mit auf die Strecke.

Im Anfang unterliefen ihm einige Fehler. Als der Vorarbeiter der Werkstatt, Mister Miller, den Männern versprach, er würde demjenigen, der seine Maschine als erster saubergemacht hätte, eine halbe Stunde Arbeit extra bezahlen, überlegte Red sich, das das Schrubben mit einer Bürste wohl nicht zum Ziel führen würde. Er hängte die Maschine ganz einfach an einen Flaschenzug und ließ sie in ein Faß mit Ätznatron hinab. In der Zwischenzeit erledigte er eine andere Aufgabe, während seine Kollegen sich abmühten und schwitzten. „Wo ist deine Maschine?" fragte Miller, als er Red beim Ausfegen eines Kohlenkastens sah. „Oh, die ist schon sauber", sagte Red stolz. „Und wo ist sie?" fragte Miller noch einmal. „Da drüben in dem Faß", antwortete Red. „Na, dann wollen wir doch mal sehen", sagte Miller. Red begann die Kette des Flaschenzuges anzuziehen und bemerkte, daß das Gegengewicht sehr gering war. Er blickte über den Rand des Fasses, und Miller sah ihm dabei über die Schulter. „Weg. Die Maschine ist einfach weg, Mister Miller", sagte Red. „Sie ist nicht mehr da. Irgend jemand muß sie weggenommen haben, als ich nicht hingesehen habe. Sonst hätte ich ganz bestimmt die halbe Stunde Extralohn bekommen." — „Das Ätznatron hat deine Maschine weggenommen, mein Junge", stellte Miller fest. „Es hat sie bis auf den letzten Rest aufgelöst. Und du hast Glück gehabt, daß du nicht zu deiner Maschine in das Faß gestiegen bist, sonst wäre von dir auch nichts mehr übrig. Ich weiß ja, daß du sehr tüchtig bist, aber in Zukunft benutzt du zum Reinigen eine Bürste wie alle anderen."

Kurze Zeit nach der Panne mit dem Ätznatron wurde Red zusammen mit einem Mann namens Bill Ludke eingeteilt, offene Güterwagen und Kohlengondeln zu rangieren und zu entladen. Ludke war polnischer Herkunft, ein Riese von 1,93 Meter und mehr als einhundert Kilogramm Gewicht. Zunächst brachte sich Red fast um bei dem Versuch, mit der Kraft seines Kollegen mitzuhalten. Aber es war vergeblich, es gab für ihn keine Chance, den Polen an Muskelkraft zu übertreffen. Jede Nacht schmerzte sein Rücken, und seine Beine und Schultern brannten wie Feuer. Eines Tages, als Red die Strecke von zu Hause zur Arbeit im Dauerlauf zurücklegte, kam ihm die Idee. Abends wartete er in der Werkstatt, bis alle anderen heimgegangen waren. Dann fertigte er aus schwerem Stahlrohr einen etwa 45 Zentimeter langen Hebelarm an, der als Verlängerung auf alle Griffe an den offenen Güterwagen, Kohlengondeln und Schubkarren in der Werkstatt paßte. Von nun an konnte er mit seiner mechanischen Hebelvorrichtung größere Lasten heben als sein wesentlich kräftigerer Kollege.

Als er sah, wie gut der Hebel funktionierte, machte er sich Gedanken, wie er sich sämtliche Tätigkeiten durch einfache technische Verbesserungen erleichtern könnte. Er blieb abends länger auf dem Bauhof und bohrte zum Beispiel Löcher in die Holzklötze, die er gewöhnlich benutzte, um die Türen der Güterwaggons offenzuhalten. Die Klötze wurden zu diesem Zweck an die Türen genagelt, und mit Hilfe seiner Bohrungen konnte er diese Tätigkeit jetzt schneller und leichter verrichten. Er schmierte auch alle Nägel, die er verwendete, mit Fett ein und ölte jeden Abend seine Schaufel, damit das Schippen beim Entladen der Kohlengondeln leichter von der Hand ging. Inzwischen hatte Red die zusätzliche Aufgabe übernommen, morgens eine halbe Stunde früher mit dem Dienst zu beginnen, um die Kohlenkästen zu beladen. Daneben arbeitete er samstag einen halben Tag und machte die ganze Werkstatt sauber. Von Montag bis Freitag arbeitete er jetzt täglich von halb sieben bis achtzehn Uhr, und samstags von sieben bis dreizehn Uhr. Dabei kam er auf 63 1/2 Wochenstunden und trug alle vierzehn Tage eine Lohntüte mit 38,10 Dollar nach Hause.

Der Winter war gekommen, der kalte Nordwestwind fegte von den Hochflächen oberhalb von Amarillo herunter und fuhr Red unter seiner alten, zerschlissenen Wolljacke durch alle Knochen. Sein Mittagessen war in einer Papiertüte an seinem Gürtel verstaut. Seit er die Stellung im Drugstore aufgegeben hatte, war sein Gesicht von Wind und Wetter gegerbt, seine Schultern waren breiter geworden, seine Hände breit und schwielig, seine Augen funkelten wie die einer Katze. Aber er war noch dünner geworden. Mittags setzte er sich für gewöhnlich zu den anderen um den kleinen Ofen in der Werkstatt, wo sich die Arbeiter die Hände wärmten und ihre Sandwiches rösteten. Red packte dann seine zwei Scheiben Brot aus der Tüte und tat so, als hätte er auch ein Sandwich, aber meistens war nichts zwischen den zwei trockenen Scheiben. Er trank Wasser dazu, unterhielt sich und machte seine Späße mit den Kollegen. Manchmal boten sie ihm einen Apfel oder eine Scheibe Frühstücksfleisch an, und er war einfach zu hungrig, um aus Stolz abzulehnen. Manchmal ging er auch dazu über, sich Haferflocken mitzubringen, die er dann auf dem Feuer mit Wasser zu einem sättigenden Brei kochte. Er hatte herausgefunden, daß der Haferbrei ihm mehr Energie gab und bis zum Abend vorhielt, so daß er durcharbeiten konnte, ohne ständig ans Essen denken zu müssen.

Während die Männer in ihrer Wellblechbaracke am Ende des Bauhofs Mittagspause machten, konnten sie die knarrenden Zahnräder und die ächzenden Metallplatten der Drehscheibe in dem angrenzenden Lokschuppen hören. In die Geräuschkulisse mischte sich das Puffen von austretendem Dampf, das Kreischen von Stahlrädern auf Stahlgleisen, die Rufe der Bremser und Lokführer, wenn die Lokomotiven zum Stehen kamen, gedreht wurden und dann wieder in einer anderen Richtung anfuhren. Es war die große Zeit der Eisenbahnen im Südosten von Texas, wo sechs wichtige Verbindungen von unterschiedlichen Gesellschaften zusammenliefen: Southern Pacific; Missouri Pacific; Missouri, Kansas & Texas; Santa Fé; Burlington und Rock Island. Sie alle trafen sich in der Umgebung von Houston. Die Southern Pacific hatte eben erst ein vierstöckiges Depot unweit der Zentralwerkstatt errichtet, in der Red beschäftigt war. Andere Gesellschaften unterhielten ebenfalls Betriebshöfe und Reparaturwerkstätten in der näheren Umgebung.

Sehr wahrscheinlich fuhren alle Lokomotiven und Waggons, die hier ankamen und abfuhren, auch auf Stahlrädern, die in Houston von der Gesellschaft Dickson Car Wheel hergestellt worden waren. Wenn Red sich so umschaute, dann gab es für ihn keinen Grund anzunehmen, daß er nicht den Rest seines Lebens bei der Eisenbahn verbringen sollte.

Direkt auf der anderen Straßenseite der Center Street, gegenüber den Eisenbahnwerkstätten, lag ein großes zweistöckiges Gebäude in Holzbauweise. Es gehörte einer Frau namens Small, die über ein Dutzend Zimmer an alleinstehende Männer vermietete, die bei der Eisenbahn arbeiteten. Einer ihrer Mieter war Spot Gaines, der den Spitznamen Spot wegen einer schneeweißen Strähne in seinem sonst kohlschwarzen Haar trug. Spot teilte sich sein Zimmer am Ende des Flurs im ersten Stock mit einem Bahnarbeiter, der nach Oklahoma zurückversetzt wurde. „Red, mein Mitmieter ist ausgezogen", sagte er eines Tages beim Essen. „Warum ziehst du nicht bei mir ein?" Spot Gaines war ein paar Jahre älter als Red, er war die rechte Hand des Vorarbeiters, verdiente 49 Cents in der Stunde und war in der Werkstatt sehr angesehen. Red fühlte sich durch das Angebot sehr geschmeichelt. Er war es leid, zu Hause zu wohnen. „Was kostet das Zimmer?" — „In der Woche 3,50 Dollar", antwortete Spot, „das macht für jeden 1,75 Dollar. Du kannst gegenüber in Howards Café essen. Für fünfzehn Cents pro Mahlzeit, und sie geben dir Kredit, du zahlst alles auf einmal am Zahltag. Das Essen ist gut, Red, und reichlich. Zum Frühstück kriegst du so viel, daß du dir noch was einpacken kannst für mittags. Dann kriegst du endlich mal was auf die Rippen." Red überschlug die Kosten kurz im Kopf. Er könnte das Zimmer mit Spot Gaines teilen, in Howards Café essen gehen und immer noch jede Woche ein paar Dollar nach Hause schicken. „Gerne", sagte er, „kann ich morgen schon einziehen?"

Ein Gruppenfoto, aufgenommen am 13. Juli 1936, zeigt die 49 Männer, die in der Werkstatt der Southern Pacific arbeiteten. Kein einziger hatte Übergewicht. Einige trugen Latzhosen, Jeans oder dunkle Arbeitshosen. Bis auf zwei haben sie alle leichte helle Arbeitshemden an, die Ärmel hochgekrempelt oder abgeschnitten, die zwei anderen, der Vormann und Buchhalter, tragen weiße Hemden und Krawatten. Ob sie nun sauber oder rußbeschmiert sind, ob sie lächeln oder düster blicken, sie haben irgend etwas Gleichförmiges in ihrer Haltung und ihrem Aussehen. Es ist fast uniform, wie sie den Kopf, die Arme und die Schultern halten; alle zeigen den gleichen Gesichtsausdruck, als hätten sie sich mit ihrer Situation abgefunden, wirken gesetzt und mit diesem Ort tief verwurzelt.

Und dann ist da Red Adair. Er sitzt auf dem Bild in der Mitte der vordersten Reihe, nein, besser gesagt, er kauert auf dem Boden, als wolle er jeden Moment aufspringen. Sein Hemd ist bis zum Bauchnabel hin aufgeknöpft, und er macht den Anschein eines Footballspielers, der jeden Moment auf das Feld geschickt werden könnte; seine Bizepsmuskeln sind angespannt, sein Kinn ragt spitz nach vorne, die Schultern sind zusammengezogen, die Fäuste geballt, den rechten Arm stützt er auf sein Knie. Er scheint ein wenig zu lächeln, ein herausforderndes, selbstbewußtes, ja beinahe angriffslustiges Lächeln, als wolle er sagen: „Paßt bloß auf, ich zeig's euch allen."

Das war genau das Bild, das Red seiner Umgebung von sich vermitteln wollte; das war es, was sie alle von ihm denken sollten. Tatsächlich ging es ihm jetzt in vielerlei Hinsicht besser als je zuvor. Sein Vater hatte eine Stelle als Busfahrer, und nur seine beiden jüngeren Brüder Bob und David lebten noch zu Hause. Die entspannte finanzielle Situation bedeutete, daß Red etwas mehr Geld für sich ausgeben konnte. Er besaß jetzt einen Wagen, einen Chevrolet, Baujahr 1927, den er für elf Dollar gekauft hatte. An den Wochenenden fuhr er damit, oft von seinen Freunden begleitet, nach Galveston zum Schwimmen und zu Strandfesten. Football hatte er aufgegeben, dafür machte er jetzt im Sommer in zwei Softballmannschaften mit, im Winter spielte er Basketball und boxte auch wieder. Aber sein Job brachte ihm nichts Neues mehr.

„Um den Betriebshof der Bahngesellschaft war dieser hohe Zaun aus Maschendraht, und manches Mal habe ich da gestanden, durch die Maschen geschaut und gedacht: Die ganze Welt liegt hinter diesem Zaun. Und auf der anderen Seite gibt es tausenderlei Dinge zu sehen und zu erleben. Ob ich jemals etwas anderes sehen werde? Ob ich jemals etwas anderes erleben werde? Dann sah ich mich wieder auf dem Werkstattgelände um. Ich wußte genau, was ich den ganzen Tag über tun würde. Es gab keinerlei Überraschungen, keine Herausforderungen mehr für mich, und die Situation fing an, mich zu zermürben. Damit ich hier weiterkomme, muß schon einer weggehen oder sterben, dachte ich mir. Aber von denen geht so schnell keiner fort, jedenfalls nicht in diesen Zeiten. Die sind doch alle glücklich und bleiben ihr Leben lang hier. Und sie sind auch alle zu gesund, um schon zu sterben. Und selbst wenn einer wegginge oder stürbe, was würde das für mich ändern? In der Stunde 49 Cents statt 30? Das Tor im Maschendrahtzaun würde immer noch jeden Morgen krachend hinter mir zufallen. Es war sogar so schlimm, daß ich nachts im Traum das Tor hinter mir zufallen hörte."

(Red Adair)

Aber er ließ sich niemals hängen. Täglich kam er mit einem Lächeln zur Arbeit, scherzte und grölte mit seinen Kollegen, schwitzte den ganzen Tag vor sich hin. Abends ging er Ballspielen, ein Bier trinken oder stellte mit seinen Freunden den jungen Mädchen nach. Als er schon fünf Jahre bei der Southern Pacific arbeitete, traf er eines Tages eine junge Frau, die ganz anders als all die anderen war, völlig verschieden von den Mädchen, die er bisher in seinem Leben getroffen hatte. Sie hieß Kemmie Lou Wheeler, und Red verliebte sich sofort in sie.

KAPITEL SIEBEN

Meine Freundin Alice Rogers hatte mir schon viel von ihm erzählt. Sie hörte gar nicht mehr auf, von diesem Burschen zu schwärmen, dessen Name Red Adair war. Als ich ihn dann zum ersten Mal sah, dachte ich erst: Was ist denn an dem bloß dran? Was findet sie an dem toll? Er ist ziemlich klein. Aber vom ersten Moment an konnte man etwas Besonderes spüren, da war etwas wie Elektrizität, als ob sämtliche Energie der Welt sich in diesem einen Menschen vereinen würde. Er erzählte mir, daß er es im Leben zu etwas bringen würde; und ich glaubte ihm sofort. So war er eben.

Kemmie Adair

Houston, 1939

Als sie sich zum ersten Mal trafen, haute es Kemmie um, im wahrsten Sinne des Wortes. Red hatte sich mit Alice Rogers verabredet, und Kemmie wurde von einem Freund von Red begleitet, dessen Namen sie schon nach einer Woche vergessen hatte. Red war mit Alice schon öfter bei Softballspielen gewesen und hatte sie für einen Sonntag zum Schwimmen am Strand von Galveston eingeladen. Alice war einverstanden, wollte aber ihre Freundin Kemmie Lou mitnehmen und bat Red, noch einen Freund mitzubringen. Sie fuhren in Reds Wagen, Alice saß vorne neben ihm und redete wie ein Wasserfall. Aber Red konnte an nichts anderes mehr denken als an das Mädchen auf dem Rücksitz mit den großen leuchtenden Augen, dem langen blonden Haar, das im Fahrtwind wie gesponnenes Gold flatterte. Sie sang während der Fahrt vor sich hin, zu leise, als daß

Red die Worte verstehen konnte, aber sie besaß die schönste Stimme, die er je gehört hatte.

Sie fuhren nach Süden über den neuerbauten Damm zwischen dem texanischen Festland und der Insel Galveston. Trotz der wirtschaftlichen Depression war der Touristenstrom nach Galveston in der Mitte der dreißiger Jahre so angestiegen, daß der alte Damm nicht mehr ausreichte und ein zweiter, parallel dazu, gebaut werden mußte. Die Reifen des alten Chevys summten, als sie über die mit Teersplitt bedeckte Straße rollten, und das gleißende Sonnenlicht blitzte auf der verchromten Kühlerverkleidung. Auf halbem Weg schlug ihnen die salzige Brise des Golfes von Mexiko entgegen und kühlte die mittsommerliche Hitze ein wenig ab. Wie immer schlug Reds Herz höher, als er ans Meer kam.

Zu dieser Zeit reizte Galveston Red ganz besonders, es lockte ihn mit dem Versprechen von Freiheit und Abenteuer. Es war wild und exotisch, ein Ort, an dem Red den Zwängen der eingezäunten Bahnwerkstatt entfliehen konnte. Sooft es nur ging, fuhr er mit seinen Freunden oder auch allein hierher und ging im Hafen spazieren, wo sich Baumwollballen, Fässer mit Schwefel und Kornsäcke auftürmten. Er mischte sich unter die Seeleute aus Europa, Afrika und dem Orient oder unter die Hafenarbeiter, die zum Teil von den Westindischen Inseln stammten, Ohrringe trugen und sich in einem rhythmischen Singsang unterhielten, der an Wind und Wellen erinnerte.

Es gab eine Stelle am Strand, die er besonders liebte, denn dort war der Sand immer sauber und weich. Von dort schwamm er gewöhnlich mit gleichmäßigen, kräftigen Zügen durch die sanft wogenden Wellen zu einer fast zwei Kilometer entfernten Landzunge. Von dieser Stelle aus hatte er einen guten Blick auf das Hafenbecken, wo die Schornsteine der verrußten Frachtschiffe, der rostigen Öltanker und schnittigen Passagierdampfer in die Höhe ragten. Schiffe aus hundert verschiedenen Häfen lagen in den Docks von Galveston vor Anker. Er konnte die hohen Getreidesilos sehen, die die Skyline der

Stadt ausmachten, und hinter einem schmalen Kanal die Trockendocks und Schiffswerften erkennen, die sich entlang einer Sandbank erstreckten, die Pelican Pit genannt wurde. Später schwamm er dann zurück zum Strand, legte sich erschöpft in die Sonne und träumte davon, auf einem der Schiffe in ein fernes Land zu fahren, ganz egal wohin.

Red, sein Freund, Kemmie und Alice blieben an diesem Sonntag im Juni stundenlang im Wasser. Nach dem Schwimmen spielten sie Pferd und Reiter. Dabei standen die jungen Männer bis zur Hüfte im Wasser, die Mädchen saßen auf ihren Schultern, und die Gespanne mußten sich gegenseitig anrempeln. Kemmie saß auf Reds Schulter, und als sie ins Wasser fiel, stieß sie mit dem Kopf gegen einen Felsen. Sie war nur etwa eine Minute lang bewußtlos, aber Red, der zunächst geglaubt hatte, sie sei tot, kam es wie eine Ewigkeit vor. Er kniete neben ihr, verfluchte seinen Leichtsinn und blickte verzweifelt zum Himmel. Als sie wieder zu sich kam, war er außer sich vor Freude, trug sie über den Strand und über den Deich zu einem kleinen Café. Dort bestellte er ihr eine Cola und ließ sich ein Geschirrtuch geben, das er mit Eiswürfeln füllte, um ihre walnußgroße Beule am Hinterkopf zu kühlen. Er entschuldigte sich tausendmal, sie lachte nur und meinte, er sollte sich keine Sorgen machen, sie wäre schon in Ordnung. Sie lächelte ihm zu, schob mit einer Hand das lange blonde Haar aus dem Gesicht und berührte zärtlich seinen Arm. In diesem Moment hatte er das Gefühl, als schwebe er im siebten Himmel.

„Kommt", sagte Red, „laßt uns tanzen gehen!" Alice Rogers und Reds Freund schauten Kemmie an. „Ich komme mit", sagte sie, „ich fühle mich großartig." Sie zogen sich in den Toiletten des Cafés um und stellten dabei fest, daß eine von Kemmies neuen weißen Sandalen verlorengegangen war. „Vielleicht liegt sie irgendwo am Strand", meinte Red und machte sich auf die Suche. Aber sie blieb verschwunden, die Flut hatte sie wahrscheinlich in den Golf geschwemmt. „Das macht doch nichts, dann tanze ich eben barfuß", sagte Kemmie und rannte vorneweg. Der Wind vom Meer preßte ihr geblümtes Sommerkleid gegen ihren Körper und zerzauste ihr Haar. Sie war siebzehn Jahre alt und hatte noch nie zuvor jemanden wie Red getroffen. Er schien ein so glücklicher Bursche zu sein, voller Energie, voller Leben. Er war so selbstsicher, aber auf eine sympathische, angenehme Art. Sie hatte das Gefühl, er würde alles in Ordnung bringen, egal, was auch immer ihr passieren würde. Red war damals gerade vierundzwanzig geworden.

Am Tanzpavillon angekommen, bat Red Kemmie um einen Tanz, und sie war einverstanden. Die Musikgruppe spielte eine Instrumentalversion von George Gershwins Lied „I've Got A Crush On You", was übersetzt soviel heißt wie: „Ich bin total in dich verknallt", und Kemmie sang beim Tanzen den Text des Liedes leise mit. Red wunderte sich, daß sie den Text kannte, und bemerkte, daß sie eine wunderschöne Stimme hatte. Kemmie dachte gar nicht mehr daran, wie klein er von Statur war, sondern wunderte sich nur noch über die Kraft seiner Arme. Er bat um den nächsten Tanz und dann um einen dritten, und plötzlich fiel ihr auf, daß er nur mit ihr tanzte. Sie hatte ein schlechtes Gewissen, weil Alice Roger sicher wütend war, und als Red ein viertes Mal mit ihr tanzen wollte, lehnte sie ab. Sie sagte, sie sei müde und wollte sich lieber hinsetzen. In Wirklichkeit hatte sie sich noch niemals weniger müde gefühlt als in diesem Moment.

Bevor sie von der Tanzfläche gingen, fragte Red sie noch, ob sie ihn am folgenden Abend zu einem Softballspiel begleiten wollte. Gerne hätte sie ja gesagt, aber statt dessen meinte sie, sie würde es sich noch überlegen. Sie glaubte, erst Alice fragen zu müssen, ob sie etwas dagegen hätte. Wenn es Alice nicht recht wäre, würde sie nicht mitgehen. Inzwischen war Alice bereits so wütend auf Red, daß sie zu Kemmie sagte, es mache ihr überhaupt nichts aus. „Geh ruhig mit ihm", brummte sie. „Ich gehe überhaupt nicht mehr mit diesem Kerl aus."

Also ging Kemmie am Montagabend mit Red zu dem Spiel und am Dienstag zu einem anderen. Am Mittwochabend machten die beiden einen langen Spaziergang, und am Freitag besuchten sie ein kostenloses Konzert im Park. Anschließend lud Red sie in Howards Café gegenüber seiner Arbeitsstätte ein. Das Lokal war vollgestopft mit lärmenden Eisenbahnern in Latzhosen, die nach Kohlenstaub und Schmieröl rochen. Rauch vom Grill hing wie eine dicke, schwarze Wolke unter der Decke, und jedesmal, wenn ein Zug vorbeifuhr, bebten die Wände, und die Tellerstapel klirrten. „Na, wie findest du das?" fragte Red. „Alles ist so aufregend", sagte Kemmie, „und das sind die besten Hamburger, die ich je gegessen habe."

Sie waren beide pleite. Red hatte seine letzten 37 Cents für Benzin ausgegeben. Sie verließen das Café, Red startete den Wagen, doch mit einem sirrenden Geräusch riß der Gaszug. „Das ist mir schon mal passiert", lächelte er und langte unter den Fahrersitz. Er zog ein dickes Gummiband hervor, sprang raus und kroch unter das Fahrzeug. Nach ein paar Minuten stieg er wieder ein. „Es hält jetzt, so eben", sagte er, „aber mit dem Wagen schaffen wir es nicht mehr bis zu dir. Wir fahren jetzt rüber zu meinen Eltern, und dort borge ich mir den Pritschenwagen von meinem Vater."

Kemmie Wheeler lebte seit ihrer Kindheit im Osten von Houston in einer Gegend, in der die Mittelklasse zu Hause war. In der Nachbarschaft standen saubere Einfamilienhäuser mit großzügigen, sorgfältig gepflegten Rasenflächen, die sauberen Straßen waren von hohen, schattigen Bäumen gesäumt. Ihre Eltern waren gebildet und arbeiteten beide als Lehrer. Das Haus war vollgestopft mit Büchern. Während der Zeit der Weltwirtschaftskrise hatte sich ihr Vater auch als Immobilienmakler betätigt, um über die Runden zu kommen. Er liebte Musik und ermunterte seine Tochter, ihr musikalisches Talent zu entwickeln. Sie nahm Gesangsunterricht und sang im Kirchen- und Schulchor. Sie war vorher noch nie in Houston Heights gewesen, und als sie an Reds Elternhaus ankamen, ging er hinein und ließ sie auf der Treppe zurück. Plötzlich hatte sie das Gefühl, in einem völlig fremden Land ausgesetzt worden zu sein.

Hinter ihrem Rücken konnte sie Reds Vater im Haus brüllen und schimpfen hören. Als Red mit den Schlüsseln herauskam, hatte sie die Arme um die Knie geschlungen und schaukelte auf der Treppenstufe hin und her. „Laß uns gehen", sagte er und eilte vom Haus zu dem Lastwagen, der im Hof geparkt war. „Wir bringen dich jetzt lieber heim." Als sie im Wagen saßen, redete er ununterbrochen über seinen Wagen, über den Pritschenwagen, über die Eisenbahner in Howards Café, über alles mögliche, nur nicht über das, was in Reds Elternhaus vorgefallen war. Sie war in diesem Moment zu aufgeregt, um zu bemerken, daß er dieses Thema unbedingt zu vermeiden trachtete. Erst Jahre später ging es ihr auf, als sie einmal an diesen Abend zurückdachte.

„Ich hatte solche Angst", sagte sie zu ihm. „Dein Vater ... er ist so wütend auf dich." — „Ach, mach dir nichts draus, er meint's gar nicht so", erwiderte Red. „Das ist halt seine Art. Houston Heights ist gar nicht so schlimm, weißt du. Die Menschen sind anders als dort, wo du herkommst, aber es sind anständige Leute. Du brauchst keine Angst zu haben." Es lag etwas so Bestimmtes in seiner Stimme, als könne er die Zukunft klar voraussehen. Sie lehnte sich zu ihm hinüber und gab ihm einen schnellen Kuß. „Es wird alles gut", sagte sie und lief vom Auto zum Haus.

Es war das Haus, in dem Kemmie zur Welt gekommen war und in dem ihre Eltern sie aufgezogen hatten, aber ihre Eltern lebten nicht mehr dort. Ein Jahr zuvor, als Kemmie sechzehn Jahre alt war, war ihre Mutter gestorben. Ihr Vater hatte noch sechs Monate nach dem Tode seiner Frau in diesem Haus gelebt, doch von Woche zu Woche wurde es ihm unerträglicher, bis er es schließlich nervlich nicht mehr aushielt. Eines Tages im Frühjahr 1939 teilte er Kemmie, ihren zwei Brüdern und ihrer Schwester mit, daß er zurück nach Alabama ginge, wo er zuvor gelebt hatte und wo ein Teil seiner Verwandtschaft immer noch wohnte.

An dem Abend, als er die Stadt verließ, versammelte er seine

Familie im Eßzimmer um sich, um die persönlichen Angelegenheiten zu regeln. Kemmies ältester Bruder, der 22jährige Lionel, hatte einen Job bei der Firma Tubescope, die Bohrausrüstungen herstellte. Bill, ihr anderer Bruder, war zwanzig Jahre alt und arbeitete für einen Jagdausstatter, der Entenfallen baute, und Jonilee, ihre 19jährige Schwester, war Buchhalterin bei den Elektrizitätswerken. Kemmie hatte gerade die Schule abgeschlossen und arbeitete noch nicht. „Warum hältst du das Haus nicht in Ordnung und kochst für uns?" schlug Lionel vor. „Wir legen alle zusammen und bezahlen dir ein Gehalt."

Sie bekam nicht viel Geld, gerade mal ein, zwei Dollar in der Woche, denn ihre Geschwister verdienten nicht sehr viel. Außerdem mußten sie noch einen Renovierungskredit in Höhe von zweitausend Dollar in monatlichen Raten zurückzahlen, den ihr Vater noch kurz vor dem Tod der Mutter aufgenommen hatte. Aber Kemmie war trotzdem zufrieden. Sie wußte, daß sie gebraucht wurde, wenn sie sich um ihre Geschwister kümmerte, und sie fühlte sich auch geborgen, obwohl ihre Eltern nun nicht mehr da waren.

Doch dieses Arrangement hielt nicht lange. Die Geschwister kamen mit den Zahlungen für den Kredit in Verzug, und die Bank, bei der sie die Hypothek aufgenommen hatten, leitete die Zwangsversteigerung ein. Die Wheelers verloren ihr Haus.

Kemmie nahm eine Stellung in einem Kino als Süßwarenverkäuferin für zwölf Dollar in der Woche an und zog in das Haus von Merle Wellburn. Die Frau war Alkoholikerin, aber sie kümmerte sich um Kemmie wie um ihre eigene Tochter. Jeden Abend ließ sie einen Topf auf dem Herd stehen, damit Kemmie etwas Warmes zu essen hatte, wenn sie nach Hause kam.

Schon zwei Wochen nachdem die beiden sich kennengelernt hatten, beschlossen Kemmie und Red, sich nicht mehr mit anderen zu verabreden. Um Kemmie zu beeindrucken, tauschte Red seinen alten Wagen gegen einen Pontiac, Baujahr 1936, ein. Es war eine wunderschöne dunkelgrüne Limousine, deren braune Sitze so weich und komfortabel wie die Plüschsitze in

Kemmies Filmtheater waren. Leider kam Red mit den Zahlungen nicht nach und mußte den Wagen bereits nach zwei Monaten wieder abgeben. Wenn Kemmie und Red jetzt einmal eine Spritztour unternehmen wollten, waren sie auf den Wagen eines Freundes oder auf den alten Lastwagen seines Vaters angewiesen.

Eines Abends, sie waren wieder einmal mit einem geliehenen Wagen unterwegs, mußten sie an einem Bahnübergang die Durchfahrt eines Zuges abwarten. Red drehte sich unvermittelt zu Kemmie und sagte: „Ich glaube, es wird Zeit, daß ich dir mal etwas aus Metall schenke." Obwohl er nicht mehr dazu sagte und sie den Ausdruck etwas merkwürdig fand, wußte sie sofort, was er damit meinte. Am nächsten Abend schenkte er ihr einen Ring. Er war aus Gold, mit einem kleinen Diamanten besetzt, und hatte 62,50 Dollar in Levitts Juwelierladen gekostet. Red hatte fünf Dollar angezahlt und mußte den Rest in Raten von wöchentlich 2,50 Dollar abbezahlen. „Oh, ist der schön", freute sie sich. Und sie freute sich wirklich, obwohl sie insgeheim etwas beunruhigt war, wenn sie daran dachte, was mit dem Pontiac passiert war.

Nachdem sie darüber nachgedacht hatte, meinte sie am folgenden Abend zu Red, es sei vielleicht doch besser, sich nicht zu verloben. Vielleicht sollten sie doch mit anderen ausgehen und sich nur am Wochenende sehen. Red hatte den ganzen Tag in der Werkstatt gearbeitet und war dann quer durch die Stadt zum Haus von Mrs. Wellburn gelaufen, um Kemmie abends zu sehen. Und das genau machte einen Teil ihrer Probleme aus. Seitdem er seinen Wagen los war, machte er das jeden Abend, zurück lief er entweder auch wieder zu Fuß oder fuhr als Anhalter. Spätnachts kam er dann in seiner Unterkunft an, und am nächsten Morgen mußte er wieder pünktlich zur Arbeit. Diese Unannehmlichkeiten mögen Red nichts ausgemacht haben, aber Kemmie litt darunter. Und außerdem wußte sie auch nicht, ob sie überhaupt heiraten wollte. „So können wir nicht weitermachen, Red", sagte sie zu ihm. „So geht es einfach nicht."

Diese Wendung gefiel Red überhaupt nicht, denn er sah den Verlust des Wagens und die daraus folgenden Probleme nur als vorübergehend an. Es gab eben ein paar Hürden mehr, die man vor ihm hingestellt hatte; und er war gewillt, weiterhin ohne viel Schlaf auszukommen, um Zeit mit seinem Mädchen zu verbringen. Er war bereits fest entschlossen, Kemmie zu heiraten. „Sieh mal, Kemmie", redete er auf sie ein, „es liegt doch nur am Auto. Es gibt so viele Autos. Warte nur ab. Eines Tages haben wir beide unser eigenes Auto. Und irgendwann haben wir auch ein eigenes Haus."

Aber der Konflikt ging tiefer. Sie kannte ihn zu der Zeit schon etwas besser und fragte sich, ob sie überhaupt zusammenpaßten, wo sie doch so verschieden waren. Er war ein extrovertierter und überschwenglicher Charakter, ein Hansdampf in allen Gassen. Sie war naiv, wohlbehütet und las lieber ein gutes Buch, als eine Party zu veranstalten. Aber sie war erst siebzehn Jahre alt und liebte ihn sehr. Als er erzählte und erzählte und vor ihren Augen in leuchtenden Farben ein Bild von ihrer gemeinsamen Zukunft malte, vergingen ihre Bedenken. „Wenn unser einziges Problem darin besteht, wie wir so oft wie möglich zusammensein können, dann gibt es nur eins: Wir heiraten", sagte er schließlich. „Wann?" fragte sie nur. „Also, von mir aus sofort."

„Am Sonntag, den 3. Dezember 1939 lieh sich Red den Pritschenwagen seines Vaters und holte mich, meine Freundin Olive Evans und ihren Freund ab. Wir fuhren zunächst aufs Land nach Richmond-Rosenberg, wo wir heirateten. Aber zuallererst haben wir uns eine kleine Wohnung in Houston Heights in der Columbia Street gemietet, unweit von der Reagan-Mittelschule. Ich habe mir damals von Olive ein gelbes Nachthemd für meine Hochzeitsnacht ausgeliehen, zur Hochzeit trug ich auch eins von ihren Kleidern. Es war ein schwarz bedrucktes Baumwollkleid, und Red hatte seine Freizeithose und ein Sporthemd angezogen. Nach der Trauung fuhren wir zurück zu Harolds Café und haben Hamburger als Hochzeitsmahl gegessen. Nachdem wir nämlich die vorgeschriebene Blutuntersuchung und die Heiratsurkunde bezahlt hatten, blieben uns gerade noch zwei Dollar übrig, und in dem Café konnte Red ja anschreiben lassen. Nach dem Essen gab mir Red einen Vierteldollar, um ‚Punchboard' zu spielen. Zu der Zeit gab es diese Art Lotteriespiele überall in den Bars und Cafés. Das war so ein Brett voll mit Nummern, die man umwerfen mußte. Man zahlte 25 Cents, suchte sich eine Nummer aus, die man treffen wollte, und wenn man Glück hatte, steckte dahinter ein Preis. Ich war eine Kanone in diesem Spiel, ich habe es irgendwie gefühlt, hinter welcher Zahl ein Preis steckte. Also hab' ich gespielt, und ich habe ein Pfund Pralinen gewonnen, die wir dann als Nachtisch zu unserem Festschmaus gegessen haben."

(Kemmie Adair)

Kapitel 8

Houston, 1940

Es war ein sengendheißer Julitag, als Red seinen Job in der Eisenbahnwerkstatt an den Nagel hängte. Nach der Arbeit ging er zu den Kollegen, um sich zu verabschieden. Sie wünschten ihm viel Glück und klopften ihm anerkennend auf die Schulter. Als er dann ging, konnten sie es gar nicht glauben und schüttelten den Kopf. Sie alle sprachen davon, irgendwann auf dem Eisenbahnbetriebshof zu kündigen und sich nach etwas Besserem umzuschauen, aber sie machten es nie. Die Arbeit in der Werkstatt mochte nicht besonders gut sein, doch der Gedanke wegzugehen, bereitete ihnen viel zuviel Angst. Als er das Werkstattgelände verlassen wollte, kam F. J. Miller, der Vormann der Werkstatt, auf ihn zu und nahm ihn beiseite. „Red, du bist der beste Mann, den ich habe", sagte er, „und ich wünschte, ich könnte etwas tun, um dich zu halten. Aber ich weiß, daß es nicht geht. Verdammt noch mal, ich nehme es dir nicht übel, daß du gehst, und wenn du irgendwann einmal deine alte Stelle wiederhaben möchtest, dann komm zu mir, und du kannst wieder anfangen." — „Ich weiß das sehr zu schätzen, Mister Miller", entgegnete Red. „Aber ich werde es schon schaffen. Wenn ich zurückkomme, dann nur, um Sie zu besuchen."

Es war ein riskanter Entschluß. Reds Frau Kemmie war im sechsten Monat schwanger, und er hatte noch keine neue Arbeitsstelle. Dennoch wußte Red genau, daß er verrückt würde, wenn er noch einen Tag länger das Zuschlagen des schweren Eisentores hinter sich hörte und hinter dem Maschendrahtzaun eingesperrt wäre. Zwischen all den Männern mit hängenden Schultern und leerem Blick, wo ein Tag wie der andere war, gab es für ihn kein Weiterkommen mehr.

Kemmie hatte es so kommen sehen. Seit Monaten hatte Red ihr jeden Abend erzählt, was für eine Sackgasse die Werkstatt für ihn wäre und daß ihn das verrückt mache. Obwohl er fünfundzwanzig Jahre alt war und bereits seit sechs Jahren für die Bahngesellschaft arbeitete, verdiente er immer noch nur 38 Dollar in zwei Wochen, dasselbe wie 1934, als er dort angefangen hatte.

„Ich mußte dort einfach aufhören, Kemmie", erklärte er ihr an dem Abend, als er gekündigt hatte. „Mit diesem mageren Lohn kann ich keine Familie ernähren. Und es wäre nicht besser geworden. Wenn ich dabei geblieben wäre, hätte ich mir nicht einmal eine bessere Stelle suchen können." Sie hatten mittlerweile eine Wohnung im Osten von Houston, nachdem sie schon zweimal umgezogen waren, um Geld zu sparen. Im März hatten sie ein Zimmer ziemlich am Ende von Houston Heights für fünf Dollar in der Woche gemietet. Es lag direkt gegenüber einer lärmenden Kneipe.

Im April waren sie in eine kleine Wohnung in einem dreistöckigen Haus am Harrisburg Boulevard im Osten der Stadt gezogen. Dort zahlten sie fünf Dollar pro Woche für ein kleines Schlafzimmer, eine winzige Küche und ein Bad, das sie sich mit den übrigen Bewohnern des ersten Stocks teilten. Kemmie saß gerade in der Küche, als Red von der Arbeit heimkam und ihr von seinem Entschluß erzählte. Obwohl sie die ganze Zeit damit gerechnet hatte, war sie so entsetzt, daß ihr schwindelig wurde. Sie mußte sich am Tisch festhalten, um nicht umzufallen. „Woher sollen wir das Geld für das Kind nehmen?" fragte sie. „Wovon sollen wir uns etwas zu essen kaufen? Oh, Red, ich weiß ja, daß du es tun mußtest, aber ich habe solche Angst."

Er zog sie zu sich, legte den Arm um sie, und sie vergrub ihren Kopf in seiner Schulter. „Mach dir keine Sorgen", sagte Red. „Du brauchst dir um gar nichts Sorgen zu machen. Es wird alles wunderbar. Ich weiß es ganz genau. Ich habe nicht den geringsten Zweifel." Sie hielt die Augen geschlossen und hörte nur auf seine tiefe, tröstlich klingende Stimme. Allmählich wurde sie ruhiger, fühlte sich wieder sicher und glaubte daran, was er ihr sagte.

Genauso hatte sie sich gefühlt, als sie ihm vor fünf Monaten ängstlich mitgeteilt hatte, daß sie schwanger war. Sie hatte sich so sehr davor gefürchtet, er könne wütend werden, daß sie es vierzehn Tage lang für sich behalten hatte. Als sie endlich den Mut gefunden hatte, es ihm zu sagen, hatte er ganz begeistert reagiert. „Mann, das ist ja wunderbar!" rief er. „Das ist ja eine schöne Neuigkeit. Mach dir keine Sorgen, wir werden genügend Geld haben, um die Rechnungen der Ärzte zu bezahlen. Alles wird gut werden. Und ich wette, daß es ein Junge wird."

Er war so fest davon überzeugt, es würde ein Junge, daß er allen Freunden, den Kollegen bei der Arbeit und auch seiner Familie bei einem gelegentlichen Besuch am Sonntag schon von seinem Sohn erzählte. „Mein Junge muß später einmal nicht von der Schule gehen so wie ich", sagte er einmal, als Kemmie und er bei seinen Eltern waren. „Mein Sohn wird eines Tages am College studieren können. Dafür werde ich schon sorgen, das könnt ihr mir glauben."

Und als er ihr jetzt wieder einmal sagte, sie solle sich keine Sorgen machen, lächelte Kemmie nur und nickte. Sie saß mit ihrem runden Bauch, Schweißperlen auf der Stirn, im Schlafzimmer in einem gemütlichen Armsessel, ihrem einzigen eigenen Möbelstück. Den Sessel hatte ihr ein ehemaliger Verehrer selbst geschreinert und geschenkt. Er hatte darauf bestanden, daß sie ihn behielt. Der Armsessel war wunderschön geschnitzt und hatte Füße, die wie Löwenkrallen aussahen. Er war so dick und weich gepolstert, daß sie sich wie auf einer Wolke fühlte.

„Ich werde mir Arbeit auf den Ölfeldern suchen, Kemmie", sagte Red. „Die brauchen nämlich bald mehr Arbeiter. Was hat der Kongreß in Washington letzten Monat noch beschlossen?

Drei Milliarden Dollar mehr für die Verteidigung? Und die Zeitungen schreiben, daß die bald noch viel mehr Geld dafür bewilligen werden. Ganz egal, was diese Leute sagen, die nur an Amerika denken, aber Präsident Roosevelt ist nicht der Typ, der diesen Hitler ganz Europa überrollen läßt, ohne etwas dagegen zu tun. Nein, bestimmt nicht."

Er durchmaß immer wieder das kleine Zimmer, rollte die Schultern und schlenkerte mit den Armen. Auf einmal blieb er vor ihr stehen und stützte die Arme in die Hüften. „Dieses Land rüstet zum Krieg, Kemmie, und dafür brauchen wir mehr Öl. Und, sieh mal, dafür können wir uns nicht auf das Öl aus anderen Ländern verlassen, sondern wir müssen wieder mehr eigenes Öl fördern. Das heißt, daß auf den Ölfeldern wieder mehr Arbeiter gebraucht werden."

Die Nachfrage nach heimischem Erdöl und Erdgas sollte in den USA tatsächlich stark ansteigen, aber erst nach Ablauf von sechs Monaten. Red Adairs Prophezeiung, die Ölindustrie in Texas würde wieder erstarken, traf also ein, allerdings erst später. Als er sich am Morgen nach seiner Kündigung aufmachte, um Arbeit auf den Ölfeldern zu suchen, fand er keine einzige Stelle. Ohne Erfolg bemühte er sich Woche um Woche, verließ die Wohnung noch vor Tagesanbruch, ging von Ölgesellschaft zu Ölgesellschaft und kam erst abends im Dunkeln nach Hause. Jeden Abend schmerzten ihm die Füße, und er war völlig erschöpft.

Bei jeder Firma in Houston hinterließ er Name und Adresse auf einer Warteliste, die stets so lang wie sein Arm war. Er versuchte es bei den Bohrfirmen, bei Herstellerbetrieben von Bohrflüssigkeit, bei Röhren- und Ventilfabriken sowie bei Spezialausrüstern für Meß- und Testsysteme in den Bohrlöchern. Einige machten ihm Hoffnungen, aber keine Firma hatte sofort eine Stelle für ihn. Sie erklärten ihm, es würde noch ein paar Monate, vielleicht ein halbes Jahr dauern, bis sie neue Leute einstellten. Aber so lange konnte Red nicht warten.

Es war bereits Ende August, und Red hatte noch immer keine

Arbeit. An diesem Tag war er fast zwanzig Kilometer gelaufen und hatte sich von 28 Ölgesellschaften eine Absage geholt. Die Sohlen seiner Schuhe waren völlig durchgelaufen. Er dachte daran, daß sie jetzt nur noch einen Apfel, ein paar Kekse und eine Dose Erbsen zu essen und fünfzehn Cents Bargeld hatten. Sie waren nicht mehr in der Lage, Lebensmittel einzukaufen oder die Miete für die Wohnung zu bezahlen. Im Laufe des Tages hatte er seine Eltern angerufen und gefragt, ob Kemmie und er eine Zeitlang bei ihnen wohnen könnten. Der Anruf bedeutete für ihn eine wahre Qual, mußte er doch zum ersten Mal in seinem Leben einen Fehler eingestehen. Seine Mutter sagte „Ja", aber er wußte, daß sie darüber nicht weniger unglücklich war als er selbst.

Es gab kein heißes Wasser, also badete Red kalt. Später saß er dann in frischer Kleidung, ohne ein Wort zu sagen, am Küchentisch und blickte dumpf vor sich hin. Auch Kemmie saß am Tisch und beobachtete, wie seine Stimmung zwischen Wut und Verzweiflung hin und her schwankte. Sie hatte ihn noch nie in einer solchen Verfassung gesehen. Schließlich stand er auf und ging zur Tür. „Ich komme etwas später zurück", sagte er, ohne sich noch einmal umzudrehen. Er hatte sich vorgenommen, nicht ohne die Taschen voller Geld wiederzukommen, ganz egal, woher er es nehmen sollte.

Stunden später hörte Kemmie, wie die Wohnungstür geöffnet und wieder geschlossen wurde, Red kam ins Schlafzimmer. Sie wartete darauf, daß er sich zu ihr ins Bett legte, aber als er nach ein paar Minuten noch immer nicht im Bett lag, machte sie das Licht an. Sie sah ihn im Sessel sitzen, und über sein Gesicht liefen Tränen. Sie stand langsam auf und kniete sich vor ihn hin. „Red", flüsterte sie, „was ist geschehen? Bitte, erzähl mir, was passiert ist."

Er war auf dem Harrisburg Boulevard in Richtung Innenstadt gegangen, die Fäuste tief in den Taschen vergraben, bis er zu einem Lokal kam, von dem er wußte, daß dort wohlhabendes Publikum verkehrte. Er ging hinein und setzte sich allein an einen kleinen Tisch in der hintersten Ecke der Kneipe. Von dort aus konnte er den ganzen Raum überblicken, ohne selbst aufzufallen. Für seine letzten fünfzehn Cents bestellte er ein Bier und betrachtete prüfend die Gäste, bis er gefunden hatte, wonach er suchte. Der Mann, den er ausgesucht hatte, war mindestens fünfzig Jahre alt, stark untersetzt und trank sehr viel. Er trug einen teuren Anzug und hatte ein Bündel Geldscheine bei sich, das dicker war als Reds Faust. Der Mann war allein gekommen und trank eineinhalb Stunden ununterbrochen, während Red an seinem Bier nuckelte. Dann stand der Dicke auf und ging zur Toilette. Auf dem Weg hielt er sich an den Tischen fest, um nicht umzufallen. Als Red das sah, verließ er langsam das Lokal, ging über die Straße und wartete im Schatten unter einer großen Eiche. Er lehnte dort fast unsichtbar an dem Stamm, bis der Betrunkene allein aus dem Lokal kam und auf den Bürgersteig torkelte. Er wurde nur von dem Lichtschein, der aus den Fenstern der Kneipe auf die Straße fiel, beleuchtet. Als der Dicke langsam die Straße entlang vom Licht ins Halbdunkel stolperte, blieb Red ihm auf den Fersen und verringerte allmählich den Abstand zwischen ihnen.

Kemmies Kopf lag auf Reds Knien. Red beugte sich dicht über sie, so daß sein Mund fast ihre Ohren berührte, und dennoch mußte sie sich anstrengen, um ihn zu verstehen. Sie streckte ihre Hand aus und fühlte sein tränenfeuchtes Gesicht, dann strich sie ihm zärtlich durchs Haar. „Ich konnte es nicht tun, Kemmie", flüsterte er. „Ich wollte ihn überfallen und ihm die Brieftasche wegnehmen. Ich hätte ihn niederschlagen und nach ein paar Sekunden verschwunden sein können, aber als ich ihn eingeholt hatte, konnte ich es einfach nicht tun. Wie konnte ich nur auf die Idee kommen, jemanden wegen Geld zu überfallen? Wie konnte ich das nur tun?" Das war alles, was er in diesem Moment sagte, und Kemmie gab keine Antwort. Über diesen Abend verloren sie ihr Leben lang kein einziges Wort mehr.

Am nächsten Tag zogen sie nachmittags zu Reds Eltern, wo

sie fast drei Monate bleiben sollten. Red nahm seine Arbeitssuche wieder auf und verließ morgens früh mit seinem Vater, der damals für die Universität von Houston arbeitete, das Haus. Jeden Abend kam Red mit leeren Händen heim und erzählte Kemmie, daß er jetzt ganz dicht daran wäre, eine Stelle in den Ölfeldern zu finden.

Tatsächlich kam Red seinem Ziel näher, als er gedacht hatte. Im September 1940 erließ der amerikanische Kongreß ein Gesetz, nach dem sich alle Männer im Alter zwischen 21 und 35 Jahren für einen einjährigen militärischen Grund- und Vorbereitungsdienst einschreiben lassen mußten. Die Vereinigten Staaten verstärkten ihre militärische Unterstützung für Großbritannien, das sich im Krieg mit Nazi-Deutschland befand, und viele junge Amerikaner fingen an, den Krieg als etwas Unausweichliches anzusehen.

Bill Wheeler, Kemmies Bruder, gehörte auch dazu. Er hatte sich überlegt, daß er lieber als Pilot bei der Luftwaffe denn als Infanteriesoldat dienen wollte, wenn die USA in den Krieg eintreten sollten. Genau wie Red hatte sich auch Bill um eine Anstellung in den Ölfeldern bemüht und seinen Namen ebenfalls mehrfach auf dieselben langen Wartelisten wie sein Schwager gesetzt. Um Geld zu sparen, wohnte er seit einiger Zeit bei seiner Schwester Jonilee und ihrem Mann.

Spätabends an einem Augusttag bekam Kemmie einen Anruf von Jonilee, die völlig aufgeregt war und so schnell sprach, daß Kemmie sie kaum verstand. „Also, Daddy hat jetzt endlich die Papiere für Bill unterschrieben und nach Alabama geschickt“, sprudelte sie hervor, „und Bill geht jetzt zur Luftwaffe und fängt schon nächste Woche mit der Grundausbildung an. Du wirst es nicht glauben, aber am selben Tag, als der Brief aus Alabama ankam, ruft die Firma Otis Pressure Control hier an. Sie hat eine Arbeit für Bill auf einem Ölfeld irgendwo in Süd-Texas, und er soll sich schon morgen im Büro von Otis in Houston vorstellen. Ich habe sofort zu Bill gesagt: ‚Ich rufe jetzt noch in dieser Minute Kemmie an, weil ich glaube, daß

Red dorthin gehen und an deiner Stelle den Job bekommen könnte."'

Otis Pressure Control war eine Spezialfirma, die Dienstleistungen für die Bohrfirmen erbrachte, und gehörte Herbert Otis. Er war Ingenieur und hatte technische Verfahren zur Wartung von Bohrausrüstungen und Spezialwerkzeugen entwickelt. Dabei war er darauf spezialisiert, die Wartung auch dann in kritischen Momenten durchzuführen, wenn die Arbeiten an der Bohrung in vollem Gange waren. Die Firma führte die Reinigung und Überprüfung der Ventilklappen und Absperrvorrichtungen durch. Sie entfernten und reinigten die Steigrohre, durch die Erdöl und Erdgas an die Oberfläche gebracht wurden. Sie brachten neue Rohrleitungen oder Meßsensoren in das Bohrloch ein, wobei sie ständig gegen den hohen Druck der Quelle arbeiten mußten. Otis und seine Leute genossen auf den Ölfeldern großes Ansehen, denn sie nahmen das Wort „Druckkontrolle" in dem Firmennamen Otis Pressure Control nicht auf die leichte Schulter. Sie alle wußten, daß die Hölle los wäre, wenn die Druckverhältnisse während ihrer Arbeit nicht stimmten.

Am Tag nach Jonilees Anruf stand Red am frühen Morgen im Hof von Otis Pressure Control und sprach mit dem Vorarbeiter, der für Neueinstellungen zuständig war. Hinter ihm hatte sich eine lange Schlange von Arbeitssuchenden gebildet, die schon den Häuserblock entlang und um die Ecke verlief. „Sie haben wegen Bill Wheeler, meinem Schwager angerufen", sagte Red, „aber der ist jetzt bei der Luftwaffe. Mein Name steht auch auf Ihrer Liste, und ich könnte den Job gut brauchen."

„Wir beschäftigen unsere Leute immer nur auf Zeit", sagte der Vorarbeiter. „Wir bezahlen Sie für den einzelnen Job." — „Das ist schon okay", antwortete Red. „Was es auch immer ist, ich nehme die Arbeit gerne an, und ich mache meine Sache bestimmt gut." — „Wir haben auf einem Ölfeld in der Nähe von Alice in Texas für zwei, na, vielleicht für drei Tage Arbeit", sagte der Ölmann, „es ist etwa achtzig Kilometer westlich von Corpus Christi, und Sie bleiben dort, bis die Arbeit getan ist. Rufen Sie doch gleich Ihre Frau an und sagen Sie ihr, daß Sie die nächsten paar Tage nicht nach Hause kommen." — „Ja, Sir", erwiderte Red. „Und danke, Sie werden es nicht bereuen, mich eingestellt zu haben."

Am späten Nachmittag hatte die Mannschaft von Otis ihre Arbeit beendet. Gesicht und Hände mit Dreck beschmiert, lehnten die Männer an den Fahrzeugen, die auf dem Ölfeld parkten. Die Männer waren kräftig gebaut und wirkten selbstbewußt, manche arbeiteten mit nacktem Oberkörper, einige trugen ausgebleichte Filzhüte, die Krempe tief über die Augen gezogen. Sie wollten in die benachbarte Stadt fahren, um sich mit ein paar Bieren den Staub aus der Kehle zu spülen, zu Abend zu essen und sich von einem Tag knochenharter Arbeit unter der Sonne von Texas auszuruhen, die noch im späten September erbarmungslos brannte.

Nachdem die anderen Männer weggefahren sind, packt Red sein Sandwich mit Hühnerfleisch aus, das er sich vom Mittagessen aufgespart hat, und trinkt dazu Wasser aus einem Wasserkühler, der sich in einem kleinen Verschlag auf dem Bohrdeck befindet. Dann holt er ein kleines Notizbuch und einen Bleistiftstummel aus seiner Hosentasche, geht um die Bohreinfassung herum und zeichnet auf, wo die Ventile direkt am Bohrloch unterhalb der Plattform angebracht sind und wo sich die Ventilklappen befinden. Danach legt er das Notizbuch weg, holt ein Stahlmaßband aus der Tasche und rechnet aus, wohin genau er am nächsten Morgen den Flaschenzug plazieren muß, damit er direkt über dem Bohrloch sitzt. Mit dem Flaschenzug wird die Mannschaft von Otis am nächsten Tag die Rohre in die Bohrstelle einbringen, und Reds Vorbereitungen beschleunigen die Arbeit, so daß wertvolle Zeit bei Tageslicht eingespart wird. Niemand hat Red aufgefordert, das zu erledigen, niemand wird am nächsten Morgen auch nur ein Wort über seine Vorbereitungen verlieren, aber alle, einschließlich des Vorarbeiters, werden dafür dankbar sein.

Red vergißt nicht so schnell, was hinter ihm liegt, und als er von einer Leiter am Bohrturm heruntersteigt, sieht er vor seinem geistigen Auge wieder ganz deutlich ein Bild vor sich: die lange Schlange von Arbeitssuchenden vor dem Büro der Firma Otis Pressure Control, an dem Tag, als man ihn eingestellt hat. All diese Männer wollen meinen Job, sagt er sich, aber keiner von ihnen wird ihn je bekommen.

Etwas später füllt er Petroleum von einem Faß in eine leere Dose und sucht sich ein paar saubere Lappen, um die Ausrüstung, die auf einem Pritschenwagen liegt, zu reinigen. Auch dazu hat ihn niemand aufgefordert. Von Zeit zu Zeit unterbricht er seine Arbeit, nimmt sich sein Notizbuch wieder hervor und schreibt ein paar Bemerkungen über das Ausrüstungsteil, das er gerade reinigt, hinein oder fertigt eine kleine Skizze davon an. Dies ist der Beginn eines langen, gut geplanten und gründlichen Lernprozesses, bei dem er sich im Selbststudium über Jahre hinweg umfassende Kenntnisse über sämtliche Ausrüstungsteile eines Bohrturms und einer Bohrstelle aneignet. Nach einiger Zeit wird er sogar anfangen, einzelne Teile zu verbessern.

Als Red die Dose mit dem Petroleum und die Lappen weglegt und sich die Hände in einem Eimer Wasser abwäscht, ist die Sonne noch nicht ganz untergegangen. Schnell geht er noch einmal zum Bohrturm zurück und klettert an dem Gerüst bis zur Spitze hoch, wo sich in fünfzig Meter Höhe um den Turmrollenblock eine kleine Plattform befindet. Mit aufgeknöpftem Hemd lehnt er sich an das Stahlgeländer und läßt sich vom Westwind, der durch das ausgetrocknete Tal des Rio Grande von Mexiko herüberbläst, seinen erhitzten Körper kühlen. In der Ferne kann er hier und dort einige Bohrtürme erkennen, die sich über das mit Büffelgras bewachsene Land erheben. Er sieht eine Rinderherde, die einem von Bäumen umgebenen Wasserloch zustrebt, einen Vogelschwarm, der sich auf die rotglühende untergehende Sonne zubewegt. Ansonsten umgibt ihn die leere, endlose Weite, die ihn erfrischt, mit neuer Energie auflädt und grenzenlose Erwartungen in ihm nährt.

Jetzt sitzt er in luftiger Höhe auf dem Boden der Plattform, läßt die Beine im Wind baumeln und denkt an seine Frau Kemmie, die im achten Monat schwanger ist. Er sieht ihr freudestrahlendes Gesicht, als er ihr den ersten Scheck über 38,50 Dollar gezeigt hat, den er für die Arbeit von zweieinhalb Tagen, für seinen ersten Job bei Otis, bekam. „Sieh mal, Kemmie", hat er zu ihr gesagt, „das ist genausoviel, wie ich vorher für einen halben Monat Arbeit in der Eisenbahnwerkstatt bekommen habe." Obwohl sie sich wehrte, ging er in die Stadt und kaufte ihr ein neues Paar Schuhe. „Keine Sorge, das ist doch erst der Anfang", meinte er. Jetzt hat er bereits seinen zweiten Job von Otis. Er ist schon vier Tage auf einem Ölfeld in der Nähe der Stadt Benavides, wird noch eineinhalb Wochen bleiben und für den Job zweihundert Dollar bekommen. Soviel hat er bei der Southern Pacific nicht einmal in zweieinhalb Monaten Arbeit verdient.

Es ist dunkel geworden. Red nimmt seine Jacke und holt eine Wolldecke hinter dem Fahrersitz des alten Lastwagens hervor, der dem Wächter auf der Bohrstelle gehört. Der Wachmann verbringt seine Nachtwache in einer kleinen Baracke, die die Ölgesellschaft in fünfzig Meter Entfernung von dem Bohrturm errichtet hat. Er bietet Red eine Tasse heißen Kaffee an. Aber er lehnt ab und sagt, daß er jetzt schlafen wolle. Red rollt sich auf der Ladefläche des Lasters in die Decke ein und legt seinen Kopf auf die zusammengerollte Jacke, die ihm als Kissen dient. Er dreht den Kopf ein wenig zur Seite und sieht jetzt die Silhouette des Bohrturms gegen den Himmel, an dem mehr Sterne stehen, als er je in seinem Leben gesehen hat. Er stellt sich vor, mit welchem Druck das Öl aus fast zwei Kilometer Tiefe an die Oberfläche schießt und mit welcher unglaublichen Wucht es gegen die Ventile drückt, die die Männer von Otis ein paar Stunden früher überprüft haben, aber er ist nicht im mindesten nervös. Er ist sogar ruhiger als je zuvor. Hier ist mein Platz, denkt er. Hier gehöre ich hin.

Kapitel 9

Wenn du dem Mann, der die Bohrung vornimmt, nicht genug zahlst, kann das auf lange Sicht sehr teuer werden, denn die Versicherung des Drillers stellt sich auf den Standpunkt, daß an der Bohreinfassung Absperrvorrichtungen angebracht sein müssen, ganz egal ob sie funktionieren oder nicht. Du mußt verdammt noch einmal zusehen, daß du die Systeme testest. Deswegen kommt es auch immer wieder zu Eruptionen. Du mußt halt ständig das Gewicht der Spülflüssigkeit überprüfen. Welche Temperatur hat sie, was ist darin enthalten? Die richtig alten Hasen unter den Drillern haben die Bohrflüssigkeit ständig kontrolliert. Die konnten dir durch Schmecken sagen, was drin ist. Aber heute macht das kein Bohrarbeiter mehr. Heute haben sie Leute, die das für sie erledigen. Heute heuern sie dafür Berater mit Computern an. Und dann wundern sie sich, daß sie Probleme kriegen.

Red Adair

Smackover, Arkansas, 1940

Ohne jede Vorwarnung schoß das Erdgas unkontrolliert aus dem Bohrloch. Die Gasquelle lag in der Wildnis im Süden des Bundesstaates Arkansas, in der Nähe der Stelle, wo der Smackover-Fluß in den Ouachita fließt. Es war ein klarer, kalter Dezembermorgen; wenige Sekunden zuvor hatte man nur die üblichen Geräusche, die die Arbeiten auf einem Bohrturm begleiten, wahrgenommen. Glieder einer Stahlkette klirrten gegen den Boden einer stählernen Plattform. Die Dieselgeneratoren, die den Strom lieferten, dröhnten regelmäßig. Ein Lastwagen, mit Kabelspulen beladen, kämpfte sich durch den knöcheltiefen Schlamm auf der erst vor kurzem planierten, kurvenreichen Fahrstraße. Von Zeit zu Zeit drehten die Räder im Matsch durch. Die Ölmänner riefen sich kurze, knappe Worte zu, die wie ein Stakkato klangen. Irgendwo in der Ferne bellte ein Hund in einem Gebüsch. Doch im nächsten Moment waren all diese Geräusche vergessen, verdrängt durch ein ohrenbetäubendes Donnern, das den Männern bis in die Eingeweide drang.

In den Ölcamps erzählt man sich viele sonderbare Geschichten über das Verhalten von Menschen, die den Ausbruch (Blow-out) einer Erdöl- oder Erdgasquelle miterlebt haben. Da gibt es zum Beispiel die Geschichte von dem Mann, der von der Bohrturmspitze auf einer schwimmenden Bohrplattform im Mississippidelta ins Wasser gesprungen ist. Dabei brach er sich beide Beine und das Schlüsselbein, aber er stand derart unter Spannung, daß er ein paar hundert Meter weit durch das Wasser schwamm und sich dann noch zehn Kilometer durch die Sümpfe zu seinem Haus schleppte. Als er zwei Tage später aufwachte, hatte er keine Ahnung, wo er war, noch wie er dorthin gekommen war. Ein anderer Ölbohrarbeiter rannte vor Angst einige hundert Meter in ein Dickicht aus Dornensträuchern, und als er stehenblieb, um Atem zu schöpfen, merkte er, daß er völlig eingeschlossen war. Die übrigen Arbeiter aus seiner Gruppe brauchten später zwei Stunden, um mit Kettensägen zu ihm vordringen und ihn befreien zu können.

Das Grollen des wild ausströmenden Gases hat auch schon dazu geführt, daß die Betroffenen die Kontrolle über ihre Gedärme verlieren, daß sie sich in Panik ihre Kleider vom Leib reißen, sich einen Berg hinunterstürzen oder kopflos in die Wüste rennen. Blow-outs können Männer in den Wahnsinn treiben. Man erzählt sich die Geschichte von einem Driller auf einem Ölfeld in der Nähe von Jal in New Mexico, der sich vor dem tosenden Lärm in seinen Kastenwagen flüchtete. Da er die Wagenschlüssel nicht finden konnte, schob er den Wagen. Als ihn die anderen Männer vor der Bohrstelle fanden, war er tot, verdurstet. Er saß in seinem Wagen, und irgendwie war es ihm gelungen, das Fahrzeug fünf Kilometer weit zu schieben.

Eulen, die in der Nähe von ausgebrochenen Gasquellen nisteten, haben bei vollem Tageslicht ihre Nester einfach im Stich gelassen, Bären sind aus dem gleichen Grund aus ihrem Winterschlaf aufgewacht, Fische sind plötzlich an Land gesprungen. Als im Norden der Insel Sumatra auf einer Bohrung der Shell-Ölgesellschaft ein Blow-out stattfand, machte die Intensität der Schallwellen einen Tiger völlig orientierungslos. Die Raubkatze verließ den Dschungel, brach in das Lager der Bohrarbeiter ein, verwüstete mehrere Zelte und stürzte sich dann in ein Wassersammelbecken, wo sie ständig im Kreis herumschwamm und eine ganze Nacht lang kreischte. Am nächsten Morgen kamen Jäger aus einem benachbarten Dorf und töteten das Tier, weil sie überzeugt waren, daß es von einem bösen Geist besessen sei.

Niemand kann im voraus wissen, wie er sich verhalten wird, wenn eine Bohrung außer Kontrolle gerät, so wie er auch nicht sagen kann, wie er sich bei einem Erdbeben oder einem Artillerie-Sperrfeuer verhalten wird. Der Lärm einer explodierenden Gasquelle ist so gewaltig, daß jeder, der sich in unmittelbarer Nähe befindet, völlig kopflos reagiert und nur seinen Reflexen gehorcht. Wenn eine Quelle unkontrolliert hochschießt, rennen alle Männer, die dort arbeiten, zunächst einmal so weit wie möglich weg, um sich schnellstens in Sicherheit zu bringen. Wenn sich jemand anders verhält, ist das äußerst bemerkenswert und bleibt in der Geschichte der Ölförderung unvergessen. Als an diesem kalten Dezembermorgen im Süden von Arkansas ein Mann, der zu Wartungsarbeiten mit der Mannschaft von Otis Pressure Control aus Houston gekommen war, einfach in der Nähe der Bohreinfassung etwa einen halben Meter neben dem Gasstrahl stehen blieb, wirkte das auf die anderen Männer wie ein Schock. Das Brüllen des austretenden Gases war so laut, daß sein Herz davon hätte aussetzen können, und der Gasstrahl war stark genug, ihn in tausend Stücke zu reißen, wenn er gestolpert wäre oder sich näher herangewagt hätte.

Später sagten natürlich einige Männer, die für die Bohrfirma arbeiteten, ihnen sei von Anfang an etwas Besonderes an dem kleinen rothaarigen Kerl aus Houston aufgefallen, aber die Leute kannten ihn kaum, weil es ja erst Reds dritter Job bei Otis war. Die Bohrmannschaft arbeitete für gewöhnlich auf der Bohrplattform des Bohrturms, und der kleine Rothaarige und die übrigen Männer von Otis führten ihre Wartungsarbeiten drei Meter unter der Plattform an den Ventilen im Untergeschoß aus, das auch Keller genannt wurde.

Die Männer konnten von Anfang an sehen, daß der Rotschopf flink auf den Beinen war und gut mit dem Schraubenschlüssel umzugehen wußte, doch das traf eigentlich auf sie alle zu. Aber sie erinnerten sich daran, daß er einmal bis um drei Uhr morgens aufgeblieben war, um jedes einzelne Ausrüstungsteil für die Bohrlochtestgeräte auf der Ladefläche eines Lasters zu reinigen. Das war schon ungewöhnlich, weil Überstunden nicht bezahlt wurden. Aber Red rühmte sich dessen nicht einmal und war auch um sieben Uhr früh wieder auf seinem Posten, wo er mit den anderen herumflachste. Deswegen kam auch niemand auf den Gedanken, er sei ein Angeber oder ein Kriecher, die anderen fanden sein Verhalten nicht einmal seltsam.

Als Red später auf den Ölfeldern bekannt war, übertrug sich sein Selbstvertrauen auf andere Männer. Sie blieben in der Nähe eines Blow-outs oder folgten ihm bis an das Feuer einer Ölquelle. Aber an diesem Tag stand er allein an der Unglücksstelle, im sogenannten Keller des Bohrturms, eingehüllt in eine Wolke von Erdgas und Petroleumdampf. Ein sich selbst überlassener, bebender, ächzender Bohrturm, den eine immer dicker werdende Wolke aus Gasen und Destillaten einhüllt, ist so ziemlich der explosivste Ort, den man sich auf der Erde vorstellen kann. Deshalb warfen die übrigen Arbeiter instinktiv im Moment des Blow-outs sofort alles hin und rannten um ihr Leben. Sie liefen in alle Richtungen, durch die Wälder und über die Wiesen, wie Tiere in wilder Panik. Sie beteten, daß sie eine möglichst große Entfernung zwischen sich und die Quelle legen konnten, um nicht bei lebendigem Leibe zu verbrennen, falls sich das ausströmende Gas entzündete.

Es kam Red so vor, als hätte sich die Erde neben ihm aufgetan und würde ihre Eingeweide ausspucken. Doch sein Instinkt drängte ihn dazu, nicht wegzulaufen, als er sich jetzt zum ersten Mal diesen ungeheuer mächtigen Naturgewalten ausgesetzt sah, obwohl die Bodenerschütterungen seinen Beinen einen grotesken Wackeltanz aufzwangen. Statt Angst zu empfinden, war er von der Neugier gepackt, herauszufinden, was passiert war. Statt von Panik erfüllt zu sein, spürte er das alles beherrschende Verlangen, das in Ordnung zu bringen, was die harte Arbeit einer ganzen Woche zunichte machen wollte. Er brauchte sich gar nicht zu zwingen, am Bohrloch stehen zu bleiben, er empfand den Ausbruch als einen Angriff gegen sich selbst. Es war so, als ob die Gasquelle ihm die Faust ins Gesicht schlug. Und er würde um nichts in der Welt davonlaufen, bevor er nicht herausgefunden hatte, woher der Lärm kam und wie er zumindest versuchen könnte, ihn abzustellen. Er sah sich genau um, und so unglaublich es klingt, er war in der Lage, durch den Schleier von Gas zu erkennen, daß sich ein Flansch, ein Verbindungsansatz an der Primär- oder Kreisring-Absperrvorrichtung, gelöst hatte.

Erdöl oder Erdgas wird durch ein Bohrloch gefördert, das von der Erdoberfläche bis tief in die Erdformationen eindringt. In diesem Bohrloch befinden sich verschiedene Rohre, das Standrohr, das Futterrohr und das eigentliche Förderrohr, die jeweils ineinander gesetzt sind. Tritt Gas unkontrolliert aus, kann es durch jede dieser Röhren entweichen. Die Funktion der Absperrvorrichtungen besteht nur darin, dem unkontrolliert austretenden Öl oder Gas gerade diese Wege aus der Erdformation an die Oberfläche abzuschneiden. Wenn die Absperrvorrichtungen (Blow-out-preventer) schließen — und heute funktionieren sie in den meisten Fällen —, kann der Druck durch Rohrsysteme abgeleitet werden, während gleichzeitig Spülflüssigkeit in die Tiefe gepumpt wird, um ein hydrostatisches Gleichgewicht herzustellen. In einem Bohrloch befinden sich meist mehrere Preventersysteme, der Kreisring- und der Bachen-Preventer, und es gibt auch Absperrbolzen, die die ganze Bohrstelle abdichten können.

Bei einem modernen Bohrturm werden die Ventile der Sicherheitssysteme hydraulisch betätigt. Von den Preventern verlaufen mehrere Rohrleitungen zu einem System von hydraulischen Akkumulatoren. Eine genau abgestimmte Flüssigkeit aus Öl und Wasser wird von den hydraulischen Akkumulatoren zu den Preventern gepumpt, um mit einem Druck von 210 Kilopond pro Quadratzentimeter die Ventile zu schließen. Heute befindet sich das hydraulische Akkumulatorensystem so weit wie möglich von der Bohrstelle entfernt, damit die Leute, die für das Schließen der Ventile im Preventersystem verantwortlich sind, bei einem Blow-out oder einem Quellenbrand nicht unmittelbar gefährdet sind und ihre Aufgabe noch erfüllen können. Aber im Jahr 1940, als Red anfing, auf den Ölfeldern zu arbeiten, wurden die Preventersysteme noch von Hand durch Drehen eines Speichenrades betätigt, das direkt an den Sicherheitseinrichtungen selbst befestigt war. Dieser Vorgang erforderte eine Menge Kraft und Geschicklichkeit.

Die einzelnen Preventersysteme verbindet ein Stahlflansch, der von faustgroßen Kontermuttern gehalten wird, die an Bolzen von der Dicke eines Besenstiels befestigt sind. Diese Verbindung ist sehr sicher, wenn die Muttern von Zeit zu Zeit nachgezogen werden. Bei der Gasquelle in Smackover war dies anscheinend bei dem Flansch unterhalb des Kreisring-Preventers eine Zeitlang versäumt worden, und infolge des ständigen Gasdrucks hatten sich einige Muttern auf den Bolzen gelöst. Der Flansch und der Preventer saßen direkt über den gelösten Kontermuttern, dazwischen klaffte ein sechs Zoll großer Spalt. Red konnte diesen Zwischenraum ausmachen, und er sah auch, daß es nicht mehr lange dauern würde, bis sich Kontermuttern, Flansch und Preventer unter dem starken Druck völlig lösen und wie ein Geschoß durch die Arbeitsplattform und den gesamten Bohrturm fliegen würden. Dabei käme es mit Sicherheit zu einer Explosion, die ihn augenblicklich zerreißen und den Bohrturm sowie einen Hektar Wald um die Bohrstelle herum verwüsten würde.

Die Muttern, der Flansch und das gesamte Sicherheitssystem klapperten wie wild, und Red wußte, daß ihm nur wenig Zeit zum Handeln blieb. Aber nachdem er das Problem erkannt hatte, überkam ihn eine seltsame Ruhe; der Lärm des ausströmenden Gases schien leiser geworden zu sein. So schnell er konnte, arbeitete er sich durch den knöcheltiefen Schlamm des Untergeschosses vor und rannte dann zum Wagen der Firma Otis. Da er zufällig am Abend zuvor sämtliche Werkzeuge auf dem Laster gereinigt hatte, wußte er genau, wo der passende Schraubenschlüssel lag. Seit diesem Tag begann Red seine Arbeit auf einem Bohrturm immer damit, sich genau zu vergewissern, wo er die Werkzeuge und Ausrüstungen fand, die er im Notfall benötigen würde.

Der Schraubenschlüssel war einen Meter lang und wog fünfeinhalb Kilogramm, an einem Ende war er offen und am anderen geschlossen. Red lief damit zum Bohrturm zurück, als sei er ein Buttermesser. Wieder an der Bohrstelle, fing er vorsichtig an, die Bolzen an dem Flansch zu befestigen, ohne dem Gasstrahl zu nahe zu kommen. Das war sehr schwierig, weil er in dem Dämmerlicht kaum etwas sehen konnte und alles, seine Hände eingeschlossen, unter den Druckwellen zitterte. Aber es war für ihn keine Frage, daß er es schaffen würde. Er würde gewinnen, er mußte gewinnen, denn schon bei dieser ersten Begegnung mit einem Blow-out sah er seinen Einsatz als einen Kampf gegen einen Gegner an, der niemals Gnade walten lassen würde. Es war ein Krieg mit einem Feind, den man nur einmal verlieren konnte.

Als er es geschafft hatte, war die plötzliche Stille überwältigend. Er stand völlig gebannt und hörte auf das Rauschen der Blätter, das Pfeifen des Windes, das Plätschern eines Flusses in der Ferne. Dann entdeckte er einen Regenwurm neben seinem Stiefel und vermeinte sogar zu hören, wie sich das Tier im Schlamm bewegte. Er mußte husten und ausspucken und war von dem eigenen Geräusch erschreckt. Dann verließ er den Bohrturm, ging zu dem Wasserkühler in der Baracke, nahm sich etwas zu trinken und wartete auf die Rückkehr der anderen Arbeiter.

Als die übrigen wieder zum Bohrturm zurückgekommen waren, sahen sie Red mit einer Mischung aus Ehrfurcht und Ungläubigkeit an. Keiner von ihnen hatte je erlebt, daß ein einfacher Bohrarbeiter neben einem Blow-out stehen geblieben war und die sprudelnde Quelle auch noch wieder unter Kontrolle gebracht hatte. In der kleinen Welt der Ölcamps, von Arkansas und Louisiana über Texas und Oklahoma bis New Mexico oder vielleicht sogar bis Kalifornien, hatte es sich rasch herumgesprochen, was Red getan hatte. An diesem Dezembermorgen im Jahre 1940 nahm die Legende von Red Adair ihren Anfang. Doch die Ironie des Schicksals wollte es, daß seine Tat an diesem Tag selbst nur einen Wutausbruch auslöste.

„Was, zum Teufel, ist in dich gefahren?" brüllte Red Lucas, der Vorarbeiter von Otis auf dem Ölfeld von Smackover, Red an, der gerade den schweren Schraubenschlüssel an seinen Platz zurücklegte. „Du bist wohl völlig übergeschnappt? Ich sollte dich auf der Stelle feuern! Du weißt wohl nicht, daß das nicht unsere Aufgabe ist?"

Red Lucas war ein „Oldtimer" auf den Ölfeldern, er war zäh wie Stiefelleder und hatte sich von ganz unten hochgearbeitet. Als junger Mann hatte er die Firmenlastwagen gewaschen und dafür gesorgt, daß sie voll betankt waren und den richtigen Reifendruck hatten. Schließlich hatte er eine recht verantwortungsvolle Position in der Firma Otis erreicht. Auf seinem Weg nach oben hatte er sich den Ruf erworben, streng für Disziplin und Ordnung zu sorgen und seine Leute mit eiserner Hand zu führen. Er hielt sich strikt an das Reglement, das für die Ölfelder galt. Sein Grundgesetz lautete etwa folgendermaßen: Ein Mann tut genau das, was ihm sein Vorgesetzter sagt, und hat ansonsten den Mund zu halten. Red Adair kannte die Regeln nur allzugut, obwohl er ein Neuling war. Aber er hatte sein Leben im Kampf gegen einen Blow-out eingesetzt — ohne Lebensversicherung und ohne Anspruch auf berufliche Unfallrente — und war daraus als Sieger hervorgegangen. So etwas hatten die übrigen einschließlich des Vorarbeiters noch nie getan. Weil er das wußte und weil er stolz auf seine Tat war, konnte er den Vorwurf nicht einfach ruhig hinnehmen.

„Nun, Mister Lucas, ich weiß nicht, wessen Job ich gemacht habe", fing er an, „aber außer mir war niemand da. Und, verdammt noch mal, irgend jemand mußte ja etwas dagegen tun. Um Ihnen die Wahrheit zu sagen, Sie sollten lieber denjenigen in den Arsch treten, der vergessen hat, die losen Bolzen an dem Flansch anzuziehen, als mich hier anzubrüllen."

Einen Moment lang starrte Red Lucas sein Gegenüber stumm an, während die anderen Männer ihre Arbeit unterbrachen und zu den zwei Kontrahenten herübersahen. Sie fragten sich, ob Lucas nach seinem Jagdgewehr greifen würde, das in seinem Wagen lag, um Adair an Ort und Stelle zu erschießen, oder ob er den aufsässigen jungen Mann nun davonjagen würde. „Mein Junge", sagte Lucas endlich, „du hast, verdammt noch mal, Mut, aber solange du für Otis arbeitest, hast du Ventile zu überprüfen und Rohre zu verlegen. Das, und nur das! Und wenn du wilde Ölquellen bekämpfen willst, dann geh und sprich mit Myron Kinley!"

In der Frühphase der Erdölförderung, zu Beginn dieses Jahrhunderts, bestanden die Bohrtürme noch aus Holz, und das Bohrgestänge wurde von Dampfmaschinen angetrieben. Sicherheitseinrichtungen gegen unkontrollierte Ausbrüche gab es praktisch überhaupt nicht. Das Öl sprudelte aus den Springquellen hervor, schoß meistens über den Bohrturm hinaus und wurde dann in großen Becken oder Gruben gesammelt. Wenn einer dieser Bohrtürme Feuer fing, was mit schöner Regelmäßigkeit passierte, brannte in der Regel alles bis auf den Boden ab. Manchmal versuchten die Bohrmannschaften, das Feuer mit dem Wasserdampf zu löschen, den die Dampfmaschinen lieferten; wenn es in der Nähe Wasser gab, gingen sie gegen den Brand so vor, wie man eine brennende Scheune löscht. Keine der angewandten Techniken war besonders erfolgreich.

Aus vielen Versuchen und den Erfahrungen, die aus Fehlern resultierten, entwickelte sich langsam eine Technologie der Quellenbrand-Kontrolle. Firmen wie die Cameron-Eisenwerke fingen an, Sicherheitsventile mit Absperrklappen herzustellen, die später zu den ausgefeilten Preventersystemen weiterentwickelt wurden. Die Bohrgesellschaften experimentierten mit Zusätzen zur Spülflüssigkeit, die das Gewicht der Tonemulsion senkten oder erhöhten. Die Driller setzten zum Teil in ihren Steigrohren Schwimmer ein, die es ermöglichten, die Spülflüssigkeit nach unten zu pumpen, aber durch den Schließmechanismus verhinderten, daß irgend etwas an die Oberfläche gelangen konnte. Aber noch immer gab es Blow-outs, und noch immer fingen die ausströmenden Gase Feuer, und alle Männer, die sich daran versuchten, Quellenbrände zu löschen oder Ausbrüche abzudichten, gaben bald wieder auf oder kamen dabei um. Alle bis auf zwei: H. L. Patton und Myron Kinley. Sie galten als die Experten auf dem Gebiet der Bohrlochausbrüche und Quellenbrände. Beide stammten aus Houston, und sie waren die einzigen Männer, die während der späten zwanziger und in den dreißiger Jahren Erfolg bei ihren Einsätzen aufwiesen.

Kinley und Patton schienen aus dem gleichen Holz geschnitzt zu sein. Sie waren beide groß, stark und ausgesprochen männlich, sie fürchteten sich vor nichts, aber sie haßten sich gegenseitig. Beide hatten unabhängig voneinander eine Löschtechnik entwickelt, bei der zunächst starke Wassermassen gegen den Bohrturm gerichtet wurden und dann der Quellenbrand mit Hilfe von Sprengladungen gelöscht wurde. Sie waren auch die ersten Öl-Feuerwehrmänner, die noch nach dem Löschen des Brandes an der Bohrstelle blieben, um auch den Blow-out durch Abdichten der Quelle unter Kontrolle zu bekommen.

Es gab jedoch auch Unterschiede zwischen ihnen. Während Kinley allein arbeitete und seine Helfer nur für den jeweiligen Einsatz anstellte, hatte Patton eine fest Mannschaft, die zu einem großen Teil aus Verwandten, Brüdern, Neffen, Schwägern bestand und die ihm von Einsatz zu Einsatz folgten. Etwa zehn Jahre lang lieferten sich Patton und Kinley ein Kopf-an-Kopf-Rennen, und jedem Bohrmeister wäre es schwergefallen, zu entscheiden, wer von den beiden der bessere war. Doch 1937 erlitt Patton bei dem Versuch, ein Bohrloch abzudichten, einen schweren Unfall und zog sich bald darauf aus dem Geschäft zurück.

Auch Myron Kinley mußte seine Niederlagen hinnehmen. Bei einem Quellenbrand im Norden Venezuelas, in der Nähe der Stadt Santa Rose, wollte er das Feuer mit Sprengladungen ersticken. Als er gerade Nitroglyzerin in fester Form in Container packte, zündete hinter ihm ein Schweißer seine Flamme — beide flogen in die Luft. Der Schweißer kam ums Leben, Kinley hatte mehr Glück und trug nur schwere Verletzungen davon. Seit der Zeit hinkte er. Die Männer auf den Ölfeldern nannten ihn „Board-leg", was soviel heißt wie Holzbein, aber sie hüteten sich, das in seiner Gegenwart zu sagen, denn nachdem sich Patton zurückgezogen hatte, war Kinley der einzige, der es wagte, bis dicht an eine brennende Ölquelle heranzugehen. Deshalb fürchteten die anderen Männer, egal wie stark sie waren, Myron Kinley und hielten lieber sicheren Abstand zu ihm.

Selbst Red Adair, der in seinem Leben noch vor niemandem die Flucht ergriffen hatte, fürchtete sich anfänglich ein wenig vor Myron Kinley. Sie begegneten einander zum ersten Mal im Frühjahr 1941 auf einem Ölfeld in Alice, Texas, drei Monate nach Reds Einsatz in Smackover. Red hatte in der Zwischenzeit seinen Ruf gefestigt, indem er erneut, allein auf sich gestellt, einen Blow-out zum Erlöschen gebracht hatte. Es passierte kurz nach Neujahr im texanischen Simonton westlich von Houston. Die Auftragslage bei Otis war nicht so gut, und deshalb hatte Red den Job übernommen, mit der Truppe von Pat Lorey Reinigungs- und Reparaturarbeiten durchzuführen. Als die Bohrung außer Kontrolle geriet, erwischte es wieder einmal sämtliche Kontrollventilsysteme, die einfach von der Bohreinfassung abgerissen wurden.

Als sich die übrigen Männer vom Bohrturm in Sicherheit brachten, blieb Red neben dem Gasstrahl stehen, schnappte sich einen Kettenstrang, wickelte ihn um die gekappten Sicherheitsventile, und irgendwie gelang es ihm endlich, die Kontrollsysteme wieder auf dem Bohrlochkopf zu befestigen und mit Bolzen zu fixieren. Im Gegensatz zu Red Lucas sagte Pat Corey nicht, dies sei nicht Reds Aufgabe, sondern steckte ihm am nächsten Zahltag eine Zulage von fünfzig Dollar in die Lohntüte.

Als die Ölquelle in Alice außer Kontrolle geriet, arbeitete Red wieder einmal mit einer Mannschaft von Otis. Da sich das ausströmende Öl entzündete und ein Quellenbrand entstand, wurde Myron Kinley beauftragt, das Feuer zu löschen. Als er auf dem Ölfeld ankam, stieg er aus seinem funkelnagelneuen Ford-Pritschenwagen, stapfte schwerfällig zu den Arbeitern, die sich in zweihundert Metern Entfernung von der Brandstelle zusammenkauerten, verzog die Lippen und knurrte nur: „Ich brauche jemanden, der mit mir an die Brandstelle herangeht, um herauszufinden, was los ist. Hat jemand von euch die Nerven dazu?" — „Ich gehe mit Ihnen", antwortete Adair. Kinley hatte Red in der Menge nicht gleich bemerkt, er drehte sich zu ihm um und musterte ihn kurz. Er hatte schon von diesem kleinen rothaarigen Kerl gehört, er wußte, was er für Otis in Arkansas und für Pat Corey in Simonton getan hatte, verlor darüber aber kein Wort.

„Mein Junge, hast du eine Ahnung, auf was du dich da einläßt?" fragte er statt dessen. „Ja, Sir, das weiß ich", antwortete

Red. „Ich habe das schon einmal erlebt, nur hat es dort nicht gebrannt. Jetzt kann ich wenigstens erfahren, woher das Feuer kommt." — „Mag sein", meinte Kinley, „aber weißt du auch, wie heiß das Feuer ist? Siehst du den Laster dahinten?" Mit seinem Schutzhelm zeigte er auf einen alten Sattelschlepper, der knapp fünfzehn Meter vor der Feuersäule entfernt stand. „Das Fahrzeug wird nichts als ein Klumpen geschmolzenen Stahls sein, bevor ich das Feuer gelöscht habe", erklärte er. „Der größte Teil des Bohrturms ist schon geschmolzen. So heiß ist das Feuer. Willst du immer noch mit mir da rangehen?" Red nickte. „Gut, dann laß uns keine Zeit verlieren", sagte Kinley. Sie benötigten zwei volle Tage, um das Feuer zu löschen und den Ausbruch abzudichten. Die einzigen Worte, die Red in dieser Zeit von Kinley hörte, waren kurze und präzise Anweisungen, die das „Holzbein" durch das Grollen des Quellenbrandes rief. Als sie ihre Arbeit erledigt hatten, saßen die beiden Männer auf einer leeren Kiste Dynamit und tranken Bier. Sie hatten in der Nacht vorher nicht geschlafen, ihre Augen waren vom Rauch und vom fehlenden Schlaf ganz rot, und Staub und Öl klebten an ihrem ganzen Körper. Kinley war 45, zwanzig Jahre älter als Red, war einen Kopf größer als Adair und brachte etwa 35 Kilo mehr auf die Waage. Er arbeitete seit 25 Jahren in den Ölfeldern und besaß eine dementsprechende Erfahrung, aber er wußte, daß sein junger Helfer ihm ebenbürtig war.

„Ich hab' schon von dir gehört", hob Kinley an. „Du bist doch der, der bei diesem Blow-out in Arkansas einfach stehen geblieben ist und der diesen Job für Pat Corey erledigt hat. Ich habe gehört, daß du nicht davonläufst, wenn eine Quelle außer Kontrolle gerät." — „Nein, Sir, bis jetzt noch nicht", sagte Red. „Nun, wenn du für mich arbeiten willst, dann muß das so bleiben. Wenn du doch einmal wegläufst, dann lauf gleich weiter und komm bloß nicht zurück!" Dann nahm Kinley eine Hundertdollarnote aus seiner Brieftasche und gab sie Red als Lohn für die zwei Tage Arbeit.

Zwar bot Kinley Red erst fünf Jahre später, 1946, eine Vollzeit-Anstellung an, aber bis dahin stellte er ihn, sooft es ging, bei seinen Einsätzen ein. Insgeheim glaubte er, in Red den Mann gefunden zu haben, auf den er zwanzig Jahre lang gewartet hatte, jemanden, der genug Verstand und Mut besaß, um zu lernen, was er von der Quellenbrand-Bekämpfung und der Abdichtung ausgebrochener Bohrungen wußte. Er hoffte sogar, daß Red noch weiterkommen könnte, aber nach außen blieb er so grimmig und jähzornig wie bei ihrer ersten Begegnung.

Bei einem Blow-out schossen mit dem Öl und Gas gewöhnlich auch Felsbrocken und Steine nach oben. Red nietete deshalb seinen normalen Schutzhelm, der auf den Ölfeldern vorgeschrieben war, auf einen Football-Helm, um sich beim Einsatz im Gefahrenbereich besser zu schützen. Wenn Kinley Red auf etwas aufmerksam machen oder ihm sein Mißfallen ausdrücken wollte, pflegte er mit einem schweren Schraubenschlüssel auf Reds hausgemachten Kopfschutz zu schlagen. „Ich schwöre dir, Kemmie", sagte Red einmal, als er nach Hause kam, „ich weiß nicht mehr, ob die Beulen in dem Helm von Felsbrocken oder von dem Schraubenschlüssel des Alten stammen." Aber trotz seines Schraubenschlüssels und seiner Abneigung, Red auch nur einmal zu loben, entwickelte sich eine starke Bindung zwischen den beiden. Und eines Tages, während eines Einsatzes, erkannte Myron Kinley, daß Red nicht nur ein talentierter und fleißiger Mann war, sondern auch die nötige Portion Glück hatte.

Edinburg, Texas, 1941

Es passierte eine Woche vor Weihnachten auf einem Gasfeld etwa vierzig Kilometer nördlich der mexikanischen Grenze. Einen Tag nachdem die Reparatur- und Reinigungs-Mannschaft von Otis ihre Arbeit an der Bohrstelle aufgenommen hatte, ließ sich in der Quelle ein Schlagen hören. Von Zeit zu

Zeit konnten die Männer deutlich spüren, wie der Bohrturm leicht zitterte und der Boden erbebte. Dann stellten sie für einen Moment ihre Arbeit ein und blickten sich ängstlich um, so wie man in einer dunklen Straße über die Schulter zurückschaut, wenn man sich verfolgt fühlt. Kurz darauf hörte das Schlagen auf, und sie gingen wieder an ihre Arbeit. Fünf Tage ging das so. Und obwohl es kühl war, stand den Männern der Schweiß auf der Stirn.

An der Oberfläche betrug der Gasdruck über 200 Kilopond pro Quadratzentimeter; da das Preventersystem für einen Druck von 350 Kilopond ausgelegt war, glaubte man, die Dinge unter Kontrolle zu haben, zumindest für den Augenblick. Am Heiligen Abend waren Red Adair und ein anderer Arbeiter namens Luke Long mit Arbeiten an den Preventersystemen beschäftigt. Sie öffneten sie vorsichtig von Hand, um den Druck der Quelle behutsam abzusenken, allerdings nicht zu sehr, damit die Spülflüssigkeit nicht unter die Gasmassen absackte, wodurch ein Blow-out entstehen könnte. Bei ihnen im sogenannten Keller unterhalb der Bohrplattform befand sich noch ein weiterer Mann von Otis, Moose McMullen.

Der Bohrturm in Edinburg gehörte einem Pionier der Ölindustrie, Paul Kyser, der die El-Paso-Erdgasgesellschaft, eine der größten Gasgesellschaften der Vereinigten Staaten, gegründet hatte. Kyser hatte an der Baylor Universität studiert und war in den Ölfeldern für seine Intelligenz und seine große Sorgfalt bekannt. Als seine Gasquelle in Edinburg anfing zu schlagen, hatte er sofort Myron Kinley gerufen, um für alle Fälle gerüstet zu sein. Zusammen mit dem Besitzer und dem Oberbohrmeister stand Kinley ungefähr fünfzehn Meter von dem Bohrturm entfernt und beobachtete die drei gebückten Männer, die sich im Untergeschoß an den Preventersystemen zu schaffen machten. Was er im nächsten Moment erleben sollte, vergaß Kinley sein Leben lang nicht mehr.

Beim Öffnen der Ventilklappen, den Backen des Preventers, hatten Red und Luke den Gasdruck etwas abgelassen, indem sie einen Teil des Gases durch spezielle Rohrleitungen vom Preventer in die freie Landschaft in der Nähe des Bohrturms entweichen ließen. Nachdem sie genügend Gas abgelassen hatten, kniete sich Red neben den unteren Preventer und drehte das Speichenrad, mit dem die Backen wieder geschlossen werden, zurück. Als er nach einem Schraubenschlüssel griff, um das Rad wieder in der geschlossenen Stellung zu fixieren, wurde der Druck plötzlich derartig stark, daß das Gas wie ein Torpedo aus dem Boden schoß und das gesamte Preventersystem aus der Gewindeverankerung am Bohrlochkopf herausriß.

Red spürte, wie er von einer Gassäule in die Höhe gehoben wurde, aus dem Keller heraus, am Flaschenzug und dem Schwenkarm vorbei mitten in das Gerüst des Bohrturms hinein. Mit seinen Armen hielt er den Preventer fest umschlungen. Erstaunlicherweise konnte er durch den Staubschleier, den die Gassäule verbreitete, erkennen, was das Gas alles mit sich nach oben riß: schwere Stahlventile, Teile der Bohreinfassung, Kettenstränge und Werkzeug, Holzbohlen und Balken von der Kellerauskleidung und auch die anderen Männer, die bei ihm gewesen waren. Wie in einem explodierenden Haus wirbelte alles durch die Luft, durchschlug die Bodenbretter der Arbeitsplattform und flog höher und höher. Red ließ den Preventer irgendwann los und trieb noch ein Stück weiter nach oben. Zwischendurch traf ihn eine Holzbohle und gab ihm nochmals Auftrieb. Er mußte so etwa 25 Meter hoch geflogen sein, wobei er seinen trudelnden Kollegen Luke Long einmal auf dem Weg nach oben und ein zweites Mal abwärts überholte. Glücklicherweise schlug er nicht ein einziges Mal gegen die Stahlträger des Bohrturms, und außer der Bohle traf ihn auch kein anderes herumfliegendes Wrackteil. Als er neben den Überresten des zerstörten Drehtisches aufgekommen war, hatte er noch immer den Schraubenschlüssel in der Hand. Behende sprang er die fünf Meter von der Plattform auf die Erde hinunter, sah Myron Kinley und die beiden Männer neben ihm an, wischte sich mit dem Ärmel über die Stirn und sagte: „Verdammte Scheiße, das war vielleicht ein heißer Flug."

Von den sechs Männern, die in die Luft geflogen waren, kamen zwei ums Leben. Luke brach sich das Rückgrat und einen Arm, Moose lag einen Monat lang mit inneren Verletzungen im Krankenhaus. Nur Red war in der Lage, am nächsten Tag zur Arbeit zu erscheinen. Kinley und er benötigten danach mehr als eine Woche, um die Quelle wieder unter Kontrolle zu bringen.

„Ich erinnere mich noch gut an den Tag, als Red in diesem Keller des Bohrturm in die Luft flog, weil Mister Kinley zu der Zeit sagte, daß er außer Red niemand mehr für sich arbeiten lassen wollte. Aber Kinley hatte noch nicht genug zu tun, um Red voll einzustellen. Ich erinnere mich auch daran, daß Red alles daran setzte, am Neujahrstag zu Hause zu sein, aber sie haben die Quelle nicht früh genug unter Kontrolle gebracht. Als er dann heimkam, war er ziemlich aufgewühlt, wegen der Männer, die ums Leben gekommen waren. ‚Das war wirklich eine gemeine Gasquelle', sagte er an dem Tag zu mir. Er schien die Gasquelle als ein lebendiges Wesen anzusehen. Und er hatte sich zum Ziel gesetzt, dieses Wesen zu vernichten. Red hatte sich verändert. Er war nicht mehr der gleiche wie zu der Zeit, als wir uns kennengelernt hatten. Er hatte immer hart gearbeitet, aber damals war er unbekümmert gewesen. Das änderte sich schlagartig, als er auf die Ölfelder kam. Vielleicht weil er endlich seine wahre Bestimmung gefunden hatte, aber er war plötzlich wie besessen. Denn von da bis heute, ganz egal, was er machte und wo er war, seine Gedanken waren immer auf den Ölfeldern. Und auch seine Seele. Eigentlich war er immer dort."

(Kemmie Adair)

Aber für die Veränderung in Reds Verhalten gab es noch einen anderen Grund. Am 6. Oktober 1940 hatte Kemmie ihr erstes Kind, einen Jungen, zur Welt gebracht, den sie James Paul nannten. Das Baby war mindestens einen Monat zu früh gekommen und litt an einem Membran-Syndrom, einer Funktionsstörung der Atmung, bei der die Lungen des Kindes nicht ordnungsgemäß arbeiteten.

Man findet diese Erkrankung sehr häufig bei Frühgeborenen. Heute setzt die Behandlung schon vor der Geburt des Kindes ein, indem man der Mutter entsprechende Medikamente zur Stärkung der Atmungsfunktionen des Kindes gibt. Während des Geburtsvorgangs kann das Kind beatmet werden und bekommt anschließend Medikamente in Sprayform, die etwaigen Infektionen, die mit Lungenerkrankungen oft einhergehen, entgegenwirken. Bei einer Schwangerschaft von dreißig oder zweiunddreißig Wochen, wie bei Jimmy Adair, liegen die Überlebenschancen bei der modernen medizinischen Versorgung von heute zwischen siebzig und achtzig Prozent. Im Jahr 1940 jedoch bestand die einzige Behandlungsmethode für diese Erkrankung darin, das Kind unter ein Sauerstoffzelt zu legen und zu beten.

Zu jener Zeit waren die Überlebenschancen gleich Null, und am Morgen nach Jimmys Geburt kam der Arzt auf Red zu und teilte ihm mit, er glaube nicht, daß sein Sohn überleben würde.

Doch auch Kemmie ging es sehr schlecht. Nach einer schweren Geburt, die einen Kaiserschnitt erforderlich machte, war sie so geschwächt, daß die Ärzte befürchteten, weder sie noch das Baby würden überleben.

Red blieb zwei Tage im Krankenhaus, schlief im Wartezimmer, trank schwarzen Kaffee und aß gelegentlich ein Sandwich, das ihm seine Schwestern oder seine Schwägerin Jonilee brachten. Nachts wachte er abwechselnd bei seiner Frau und bei seinem Sohn.

Am Abend des zweiten Tages schreckte er aus einem kurzen Nickerchen hoch. Irgend etwas stimmt nicht, spürte er und rannte durch die Schwingtüren zur Säuglingsstation. Bevor ihn jemand vom Pflegepersonal aufhalten konnte, hatte er sich schon seinen Weg zu dem kleinen Behandlungsraum gebahnt, wo sein Sohn in einem abgedunkelten Glaskasten lag. Der Arzt und die zwei Krankenschwestern drehten sich völlig überrascht von dem Baby weg, als Red in den Raum stürzte. „Es tut mir leid", sagte der Doktor. „Es ist hoffnungslos. Er ist tot."

Red trat zu ihnen, stützte sich auf die Seiten des Glaskastens und beugte sich über den winzigen Körper seines Sohnes. Jimmys Haut war ganz blau angelaufen, er fühlte sich kalt und feucht an, als Red ihn berührte. Aber als er das Baby genau beobachtete, konnte er noch Leben spüren. „Er ist nicht tot!" schrie er. „Ich weiß es. Ich kann es fühlen. Lassen Sie ihn nicht sterben! Bitte, lassen Sie ihn nicht sterben!"

Der Arzt war schon aus dem Zimmer gegangen, um den Totenschein auszufüllen, und eine der beiden Schwestern war ihm gefolgt, aber die zweite, die von Reds eindringlichem Flehen gerührt war, blieb und begann mit Wiederbelebungsversuchen. Sie beatmete das Baby von Mund zu Mund und massierte ihm sanft die zerbrechlich scheinende Brust, immer und immer wieder, bis plötzlich die Atmung wieder einsetzte. „Ich habe Ihnen doch gesagt, daß er lebt!" schrie Red den ungläubig aussehenden Arzt an, als dieser in den Behandlungsraum zurückkehrte. „Und jetzt bleiben Sie bei dem Jungen, denn er wird es schaffen!"

Jimmy überlebte, blieb aber, auch nachdem er nach Hause geholt werden konnte, kränklich und litt unter Atmungsproblemen und Magenbeschwerden. Die Arztrechnungen für ihn und Kemmie beliefen sich auf Hunderte von Dollars, weit mehr, als die Adairs bezahlen konnten. „Wir werden das schon bezahlen, mach dir keine Sorgen. Du mußt jetzt erst mal wieder gesund werden", sagte Red zu Kemmie. Aber als er und Jonilee zum Krankenhaus kamen, um Jimmy nach Hause zu holen, erwiderte ihm die Ordensschwester am Empfang, daß sie das Kind erst dann mitnehmen dürften, wenn alle offenen Rechnungen bezahlt wären.

Jonilee versuchte, sich mit der Nonne zu verständigen. „Wir sind ehrliche Leute", sagte sie, „und wir werden alle Rechnungen bezahlen. Aber sie müssen uns Jimmy mitgeben. Der Doktor hat gesagt, daß sie keinen Menschen als Pfand für unbezahlte Rechnungen behalten dürfen." Ihre Argumente fruchteten nicht. Die Ordensschwester saß ungerührt hinter ihrer Empfangstheke und schüttelte nur den Kopf.

„Jonilee, ich mache das schon", sagte Red schließlich. „Du gehst jetzt zur Säuglingsstation und holst Jimmy." Bevor sich die Nonne rühren konnte, war Jonilee schon weg. Sie holte Jimmy aus seinem Bettchen und kehrte im Nu zum Empfang zurück, wo Red auf sie wartete. Dann strebten die zwei der Ausgangstür zu, Jonilee hielt das Baby an sich gedrückt, Red ging schützend vor ihr her. Seine zusammengekniffenen Augen sollten jeden warnen, sich ihnen in den Weg zu stellen. Kurz bevor sie die Tür erreichten, drehte sich Red noch einmal zu der Nonne um, die noch immer auf ihrem Stuhl saß, und rief ihr wütend zu: „Ich wollte, Sie wären ein Mann, dann hätte ich mich wenigstens mit Ihnen schlagen können!"

Schon bald nach dem Zwischenfall auf der Bohrstelle in Smackover brachten ihm seine Fähigkeiten so viele Jobs ein, daß er alle ausstehenden Arzt- und Krankenhausrechnungen mit Leichtigkeit bezahlen konnte. Und seine Familie saß nie wieder ohne einen einzigen Penny in der Tasche da, denn ein Mann, der einer Firma Millionen einspart, wird überall gebraucht, insbesondere im hochriskanten Ölgeschäft. Für eine Ölgesellschaft ist ein solcher Mann ein wahrer Segen und rangiert in der Werteskala gleich hinter den unermeßlichen Bodenschätzen selbst.

Kapitel 10

USA, vierziger Jahre

Selbst mit der Anwendung modernster Technik, vibroseismischer Untersuchungen der verschiedenen Erdschichten, Laseraufnahmen vom Kontinentalsockel, Infrarotfotografie, ist die Suche nach Erdgas- und Erdölvorkommen immer noch ein Glücksspiel. Dennoch hat sich seit der Pionierzeit vieles verändert. Die erste erfolgreiche Ölbohrung in den Vereinigten Staaten, die der ehemalige Eisenbahnschaffner „Colonel" Edwin L. Drake im August 1859 vor den Toren von Titusville, Pennsylvania, vornahm, stieß bereits in 21,20 Meter Tiefe auf Öl. Heute steht der Tiefenrekord bei 9583,22 Meter. Die Bohrgesellschaft Loffland Brothers benötigte 1974 im Südwesten von Oklahoma 504 Tage, um so tief zu bohren, stieß dort allerdings weder auf Öl noch auf Gas, sondern auf flüssigen Schwefel, wofür sie nicht die geringste Verwendung hatte.

Als Red Adair in den Ölfeldern zu arbeiten begann, besaßen die größeren Ölfirmen wie Texaco, Mobil, Shell und Gulf ihre eigenen Bohrtürme und Ausrüstungen und beschäftigten auf ihren Ölfeldern ihre eigenen Mannschaften. Doch in jenen Tagen gab es auch noch viele Unabhängige — kleine Ölfirmen oder Einzelkämpfer, die alles für ihren Traum vom Öl taten. Einige hatten eigenen Grund und Boden oder pachteten Land mit erwiesenen Ölvorkommen. Andere, als „Wildcatter" bekannt, wollten in Gebieten bohren, in denen vorher noch kein Öl entdeckt worden war. Diese Unabhängigen waren lediglich die Betreiber des jeweiligen Ölfeldes, sie bohrten nicht selbst, sondern beauftragten Spezialfirmen damit, für sie die Bohrung in die Tiefe zu treiben, was zu einem Aufschwung der unabhängigen Bohrgesellschaften führte.

Beim Ölboom der fünfziger Jahre hatten die großen Firmen so viele Ölquellen zu erschließen, daß sie nicht genügend eigene Bohrmannschaften aufbieten konnten, um der Nachfrage nachzukommen. Sie mußten also auf den Einsatz freier Spezialisten zurückgreifen. Dann wurde in den Vereinigten Staaten ein Gesetz verabschiedet, das den großen Ölgesellschaften erhebliche steuerliche Abschreibungsmöglichkeiten eröffnete, wenn sie unabhängige Bohrfirmen damit beauftragten, für sie zu bohren. Daraufhin rechneten sich die Ölkonzerne aus, sie wären verrückt, weiterhin ihre eigenen Bohrtürme zu bauen, Bohrmeister, Driller und Mechaniker auf ihren Gehaltslisten zu führen, wenn sie statt dessen eine saftige Abschreibung in Anspruch nehmen könnten. So stießen fast alle Firmen im Laufe der folgenden Zeit ihre Bohrausrüstungen ab und kündigten ihren Mannschaften. Auf die freien Bohrgesellschaften brach ein unerhoffter Goldregen nieder, denn sie stellten den Ölmultis immer mehr für die Bohrungen in Rechnung. Es kam natürlich zu Auseinandersetzungen um die zu hohen Rechnungen, und einige Konzerne, wie Chevron, kauften sich erneut eigene Festland- und Off-shore-Bohrausrüstungen, um wieder selbst in das Bohrgeschäft einzusteigen. Dennoch werden heute rund 98 Prozent aller Bohrungen in den Vereinigten Staaten von unabhängigen Bohrfirmen ausgeführt.

Wenn der Betreiber eines Ölfeldes einen Auftrag erteilt, richtet er sich nicht nur nach dem günstigsten Angebot, sondern auch nach dem Ruf, den der Driller einer Bohrgesellschaft hat. Für die Dauer der Bohrung schickt die Betreibergesellschaft einen Verbindungsmann, den Company man, auf das Ölfeld, der für die Bohrstelle verantwortlich ist. Er steht auch über dem „Tool-pusher", dem Oberbohrmeister, dem Verantwortlichen der Bohrgesellschaft, der die Männer der Bohrgesellschaft, die auf dem Ölfeld arbeiten, überwacht. Außerdem sind an einer Bohrung noch verschiedene Vertragsfirmen beteiligt, die beispielsweise Material liefern oder Reinigungs- und Reparaturarbeiten vornehmen.

Die heutige Red Adair Company ist eine solche Servicefirma, die von dem Betreiber eines Ölfeldes, meistens einer Ölgesellschaft, beauftragt wird und auch ihr gegenüber verantwortlich ist. Aber wenn Red Adair auf ein Ölfeld kommt, wo die Situation bedrohlich ist und es um Leben oder Tod geht, übernimmt er ganz einfach die Kontrolle über den gesamten Einsatzort. Dennoch ist es schon vorgekommen, daß die verschiedenen „Gruppen" aus ihrem jeweils eigenen Interesse heraus versucht haben, auf Red einzuwirken.

Red will in erster Linie seinen Job erledigen, so schnell und so sicher wie möglich. Wenn es eben geht, versucht er, der Bohrgesellschaft die Ausrüstung zu erhalten und auch die das Öl enthaltenden Erdschichten so wenig wie möglich zu schädigen, damit der Betreiber nach seinem erfolgreichen Einsatz die Öl- oder Gasförderung wieder aufnehmen kann. Wenn aber der Quellenbrand so stark ist, daß Red den Bohrturm wegreißen und aus der Nähe der Bohrung wegschleppen lassen muß, um das Feuer bekämpfen zu können, muß die Versicherung für den zerstörten Bohrturm aufkommen, was sie verständlicherweise ungern tut.

Das letzte, woran die Verantwortlichen einer Bohrung in den frühen Tagen der Ölförderung dachten, war ein Blow-out oder ein Quellenbrand. Nachdem sie alle Vorarbeiten erledigt, den Keller ausgehoben und mit Brettern verschalt hatten, galt ihr Hauptaugenmerk der Verrohrung des Bohrlochs. Ein Rohrtreiber wurde in der Mitte des Kellers aufgestellt, durch den ein Standrohr von fünfzig oder mehr Zentimetern Durchmesser eingebracht und so tief in die Erde getrieben wurde, bis es auf Widerstand durch hartes Gestein stieß. Dies passierte gewöhnlich in einer Tiefe zwischen fünf und dreißig Metern. Dann wurde der Rohrtreiber entfernt und über dem Standrohr der Bohrturm errichtet. Nun konnten die eigentlichen Bohrarbeiten beginnen.

Ein Bohrturm besteht zunächst aus einer großen rechteckigen Stahlplattform, die viereinhalb bis sechs Meter über dem Untergeschoß auf einer Stützkonstruktion aus Stahlträgern steht. In der Mitte der Plattform wird direkt über dem zu bohrenden Loch ein Mast oder der eigentliche Bohrturm errichtet. Das Skelett des Bohrturms besteht aus langen, winkelförmigen Stahlträgern, die alle drei bis vier Meter durch Querverstrebungen miteinander verbunden sind.

In den frühen vierziger Jahren sollte Red noch einmal durch den Druck der Eruption einer Gasquelle in die Luft fliegen. In der Nähe von McAllen in Texas explodierte ein Rohr direkt an der Bohrlocheinfassung, und Red wurde in die Luft geschleudert. Dieses Mal gelang es Red irgendwie, sich an einem Querträger des Bohrturms etwa in knapp zwanzig Meter Höhe festzuklammern, wo er aushielt, bis alle umherfliegenden Wrackteile wieder zur Erde zurück gefallen waren. Dann kletterte er am Bohrturm hinab. Er hatte sich am Arm verletzt, aber nicht so ernsthaft, daß er nicht mehr arbeiten konnte.

Weitere Bestandteile des Bohrturms sind ein Flaschenzug und ein Drehzapfen, an dem das gesamte Bohrgestänge hängt. Das Bohrgestänge besteht aus mehreren miteinander verschraubten Einzelstücken, von denen das oberste als Mitnehmerstange, „Kelly", bezeichnet wird. Es füllt das gesamte Bohrloch aus, und an seiner Spitze auf der Sohle des Lochs sitzt der Bohrmeißel (Bohrkrone). Ist das Grundwasser erreicht, wird das Bohrgestänge herausgezogen und das Bohrloch mit Futterrohren (casings) ausgekleidet, die anschließend einzementiert und mit Preventersystemen versehen werden.

Das größte Problem einer Bohrung besteht darin, für ständigen Druckausgleich zu sorgen. Dabei spielt die Spülflüssigkeit eine wesentliche Rolle. Stößt der Driller beispielsweise auf eine Erdschicht, die einen geringeren Druck als die darüberliegenden Formationen aufweist, sackt die schwere Bohrspülung durch diese leichten Schichten ab und verursacht dadurch einen folgenschweren Druckabfall.

Das passiert leider immer wieder. Der Druck in der Bohrung erfordert bis in eine Tiefe von 4500 bis 6000 Metern eine Spülflüssigkeit mit einem Gewicht von viereinhalb, fünfeinhalb oder sechseinhalb Kilogramm pro Gallone. Es kann jedoch vorkommen, daß der Driller plötzlich eine Zone erwischt, in der ein niedrigerer Druck herrscht, ein Druck, der vielleicht nicht einmal ausreichen würde, um eine Wassersäule zur Erdoberfläche zu schicken. Diese Schicht vermag natürlich einer Bohrspülung, die auf einen viel stärkeren Druck ausgerichtet ist, nicht standzuhalten. Die schwerere Flüssigkeit sackt völlig ab und läßt nichts zurück, um ein Gegengewicht zu dem Druck in den höheren Schichten der Bohrung zu bilden. Wenn der Driller Glück hat, kann er frühzeitig die Preventersysteme schließen und dann von oben erneut Spülflüssigkeit hinunterpumpen, um die Situation unter Kontrolle zu bringen. Schafft er es nicht, ist ein Blow-out unvermeidlich. Dann wird Red Adair gerufen.

Reds Aufgabe besteht in so einem Fall darin, eine Brücke zwischen der Schicht mit dem geringeren und der anderen mit dem höheren Druck zu bauen, er muß sozusagen eine Verstopfung herbeiführen. Für diese Brücke lassen sich alle möglichen Materialien verwenden, es muß nur etwas sein, das die Schicht mit dem niedrigeren Druck abdichtet. Ist dies geschehen, kann wieder schwerere Bohrspülung in das Loch gepumpt werden. Die Abdichtung verhindert das erneute Absinken der Flüssigkeit, wodurch der höhere Druck in den höherliegenden Schichten wieder ausgeglichen werden kann.

Über die Jahre hinweg hatte Red schon die verschiedensten Dinge in außer Kontrolle geratene Bohrungen gepumpt, je nachdem, was er auf die schnelle zur Hand hatte; Lumpen, zermahlene Autoreifen von einer benachbarten Mülldeponie, Hühnerfedern oder Erdnußschalen von einer angrenzenden Farm. Er hat Wagenladungen von Strumpfhosen und Damenbinden verwendet sowie Tonnen von Golfbällen und Murmeln.

Wenn die Bohrung die erforderliche Tiefe erreicht hat oder bis dort vorgestoßen ist, wo Gas- oder Ölvorkommen geortet worden sind, ist die Bohrung abgeschlossen. Der letzte Schritt besteht darin, die in den Ölträger hineinragende Verrohrung zu perforieren, das heißt mit Löchern zu versehen. Das ist notwendig, damit das Gas oder Öl aus der Lagerstätte in das Rohr eindringen und darin an die Oberfläche aufsteigen kann. Es gibt mittlerweile die verschiedensten Sorten von Perforationskanonen, von denen die am weitesten entwickelten Geräte spezielle Kugeln durch sämtliche Schichten der Verrohrung und die Zementummantelung des Bohrlochs mit einer Geschwindigkeit von um die 45 000 Meter pro Sekunde schießen.

Unabhängig davon, welche Art von Kanone verwendet wird, das Prinzip ist immer das gleiche: Eine Ladung hochexplosiven Sprengstoffs befindet sich hinter einem oder mehreren Projektilen und wird auf die Höhe im Bohrloch herabgelassen, in der die Ortungsgeräte ein Öl- oder Gasvorkommen ausgemacht haben. Die Sprengladung wird über ein Zündkabel elektrisch von der Oberfläche aus gezündet, und die Projektile durchschlagen die Wände der Verrohrung. Öl oder Gas kann jetzt durch die Perforation eintreten, und die Ölfirma ist endlich am Ziel.

So funktioniert es heute. In vergangen Zeiten, als Red Adair auf den Ölfeldern im Süden und Südwesten der USA von Einsatz zu Einsatz zog, wurde diese Arbeit von sogenannten Shooters erledigt.

„Ich habe eine ganze Reihe dieser Shooters kennengelernt, und jeder war verrückter als der andere. Das war damals zu Beginn der vierziger Jahre, und ich war wirklich auf jeden Job angewiesen, den es in den Ölfeldern gab. Da habe ich selbst angefangen, Bohrlöcher zu perforieren. Ich fuhr also von Ölquelle zu Ölquelle, den Wagen oder die Ladefläche voller Nitroglyzerin. Wenn man dort ankam — wenn man ankam —, nahm man eine Flasche heraus, füllte sie mit etwas Nitro, ließ sie in das Bohrloch hinab und warf einen Stein darauf, bis sie explodierte und alles zerfetzte.

Sobald ich damit aufhören konnte, ließ ich die Finger von dem Job, denn in dieser Zeit konnte man die Straßen zu den Bohrstellen kaum Straßen nennen. Es war verflucht gefährlich, auf die Ölfelder zu kommen, denn Nitro ist so ziemlich das unberechenbarste Zeug, was es überhaupt gibt. Ich habe mal von einem Shooter gehört, der von Beaumont in Texas den ganzen Weg nach Mexiko gefahren ist. Auf den Hauptstraßen durfte man nicht mit Nitroglyzerin fahren, deswegen nahm er diese Schotterpisten. Auf der Strecke muß er wohl durch ein paar tausend Schlaglöcher gefahren sein, und nichts war passiert. Als er an der Quelle angekommen war, stieg er aus und schlug die Wagentür zu. Dabei explodierte das Nitroglyzerin und jagte ihn, den ganzen Wagen und den verdammten Bohrturm in die Luft. So oder ähnlich erging es vielen Shooters. Sie hatten ein verdammt kurzes Leben, und wenn sie starben, blieb nichts von ihnen übrig.

Es war ganz schön gefährlich in jenen Tagen, aber wenn man nur seine Augen offenhielt, konnte man vieles lernen. Ich war einmal dabei, wie ein Rohr, das wir ‚Lubricator' nennen, so eine Art Schleuse, oben auf ein Ventil am Bohrlochmund montiert wurde, um den Quellendruck abzudichten und die Kabel für die Ortungsgeräte in das Loch einzuführen. Ich habe gesehen, wie dieses Rohr in die Luft flog und drei Arbeiter tötete. Es war drüben in Louisiana. Die Männer führten die Kabel durch das Rohr ein und zogen sie wieder heraus, dann führten sie sie wieder ein und so fort, und an irgendeiner Stelle war das Rohr durch die ständige Reibung undicht geworden und dann... rumms! Der hohe Druck zerriß das Rohr in tausend Stücke, und es schoß heraus wie eine Granate. Von da an hielt ich in meinem kleinen Notizbuch genau fest, wie oft wir die Meßkabel schon durch einen Lubricator gezogen hatten, und ich stellte sicher, daß er in regelmäßigen Abständen ausgewechselt wurde.

Als ich später voll für Mister Kinley arbeitete, habe ich mir Notizen über sämtliche Ausrüstungsteile gemacht und dafür gesorgt, daß die Verschleißteile regelmäßig einer magnetischen Rißprüfung unterzogen wurden, um sicher sein zu können, daß sie keine winzigen Löcher oder Haarrisse aufwiesen, die man mit bloßem Auge nicht erkennen konnte. Die Männer auf den Bohrstellen haben mich oft damit aufgezogen und geflachst: ‚Na, was machst du da, Red? Schreibst du Liebesbriefe?' Und ich antwortete dann nur: ‚Junge, ich bin einmal auf einem Preventer 25 Meter hoch in die Luft geflogen, ich habe außerdem noch einen Flug in achtzehn Meter Höhe hinter mir, und ich habe gesehen, wie ein undichter Lubricator drei Männer getötet hat. Jetzt lachst du, aber es kann verdammt noch mal dein Arsch sein, den ich damit rette.'

Also, die Leute nennen mich ja waghalsig oder einen Draufgänger. Aber ein Draufgänger ist leichtsinnig, und das bin ich nicht. Ich weiß jedesmal ganz genau, wie gefährlich die Situation ist, in der ich mich befinde, und ich achte genau darauf, was ich tun kann und was nicht. Ich bin eigentlich ein Muster an Vorsicht." (Red Adair)

In den frühen vierziger Jahren schlug sich Red so durch und nahm jeden Job an, der ihm angeboten wurde, wenn er nicht gerade bei Otis Pressure Control oder Myron Kinley beschäftigt war. Er arbeitete bei Ortungs-, Reparatur- und Reinigungseinsätzen mit, egal, welches Service-Unternehmen ihn auch immer einstellte. Im Laufe der Zeit hatte er die verschiedensten Jobs für Pat Corey im Süden von Texas, für Schlumberger, Lane Wells, Cameron Iron Works und Otis auf dem großen Ölfeld in Ost-Texas erledigt. Er hatte überall gearbeitet, von Baytown, wo er vor Jahren einmal Bill Williamson bei der Arbeit zugesehen hatte, bis nach Madisonville, von Sour Lake bis in den Westen nach Louisiana. Oft schlief er einfach auf dem Boden oder auf der Bohrplattform oder auf einem Sperrholzbrett unter einem Lastwagen. Wenn es keine anderen Jobs für ihn gab, schlug er sich mit Reinigungsarbeiten für Haliburton durch, er wusch den Schlamm und das Öl von ihren Pumpenwagen ab, zerlegte

Rohrleitungen und Ausrüstungen, reinigte sie, und bevor er sie wieder zusammensetzte, fertigte er noch schnell Zeichnungen von allen Teilen an.

Er arbeitete auch auf den Goose-Creek-Ölfeldern, wo die Bohrtürme dicht an dicht standen, so weit das Auge reichte. Die Feuer vom Abfackeln des Erdölgases erhellten nachts meilenweit den Himmel, so daß man mit dem Wagen durch diese Gegend fahren konnte, ohne die Scheinwerfer einzuschalten. Es gab so viel Öl, daß es schon über die Straßen lief und die Abwasserkanäle verstopfte. Die Ölmänner lebten dort in einer Zeltstadt, gemeinsam mit Spekulanten, Spielern und Huren. Oft fiel es schwer, in dieser brodelnden Menge von Menschen, die im knöcheltiefen schwarzen Schlamm umherstapften, einen millionenschweren Wildcatter von einem völlig abgebrannten „Roughneck" zu unterscheiden, wie hier die Ölbohrarbeiter genannt wurden. Man sah dem Spekulanten das Geld allenfalls an seinem „Ten-gallon-hat", dem hohen texanischen Cowboyhut mit der breiten Krempe, und seiner Flasche Marken-Whiskey an. Der Roughneck trug eher eine Tweedmütze und konnte sich gerade ein Bier leisten. Red dichtete hier im Jahr 1942 eine Springquelle ab, die so stark und so weit sprudelte, daß die benachbarten Häuser wie von Schokoladenguß überzogen aussahen.

Dennoch gab es Zeiten, in denen Red weder Arbeit bei den Servicefirmen noch bei Myron Kinley bekam. An solchen Tagen fuhren Red und Kinley gewöhnlich in Kinleys altem Ford-Pritschenwagen, auf dem immer schwere Kabeltrommeln lagerten, oder auf dem noch älteren Lastwagen, der mit Absperrhähnen, Dichtungskappen, Zündschnüren und Nitroglyzerin in fester Form vollgepackt war, die Sage Road stadtauswärts. Heute steht dort am Ostrand von Houston ein riesiges Einkaufszentrum, aber damals war nur freies Land mit Wiesen und Wäldern. Vor den Toren der Stadt hoben die beiden Männer tiefe Löcher und Tunnel aus und führten Experimente mit ihren Sprengladungen durch. Sie versuchten, ihre Sprengkörper zu perfektionieren, mit denen sie die Endstücke der Steigrohre perforierten, mit deren Hilfe sie im Bohrloch gebrochene und verkantete Rohrlängen lockerten oder mit denen sie die Flammen eines Quellenbrandes erstickten. Sie testeten unterschiedliche Konzentrationen von Nitroglyzerin, sie probierten die Sprengwirkung mit unterschiedlichen Mantelverkleidungen und veränderten Zündmechanismen aus. Sie änderten sogar die Zusammensetzung der Sprengladung, indem sie das Nitroglyzerin von Hand formten, um die Richtung der Explosion zu bestimmen.

Ihre ersten Versuche waren noch ziemlich primitiv. Während Kinley, gestützt auf eine langstielige Schaufel, in eine sichere Entfernung humpelte, kletterte Red in das Loch, das er zuvor geschaufelt hatte. Dort richtete er eine Sprengladung auf den einen oder anderen Punkt, um festzustellen, ob es gelänge, eine Schraubverbindung zwischen zwei Rohrlängen direkt im Gewinde zu trennen. Zunächst flog regelmäßig das ganze Rohr in die Luft. Dann verwendete er kleinere Ladungen, die er an mehreren Stellen der Rohrwand plazierte. Er glaubte, daß die so zusammenwirkenden Kräfte aus verschiedenen Richtungen einen Dreheffekt erzeugen würden. Aber auch diese Methode funktionierte zunächst nicht. Red und Kinley verbrauchten nur jede Menge Nitroglyzerin und Rohre, ließen im wahrsten Sinne des Wortes einige Raketen steigen und jagten ein paar unglückliche Bäume in die Luft.

Aber Red hatte ein Händchen für Sprengstoffe. Kinley hatte das von Anfang an erkannt, obwohl er es niemals vor seinem Assistenten zugab. Statt dessen schüttelte er nur immer den Kopf und sagte etwa: „Was, zum Teufel, denkst du dir jetzt wohl als nächstes wieder aus?" oder: „Wenn du so weitermachst, wirst du uns beide noch in die Hölle schicken, Junge." Doch Red war solche Bemerkungen mittlerweile gewohnt, und er wußte auch, daß Kinley stolz auf ihn und seine technischen Verbesserungen war und hinter Reds Rücken mit seinem Assistenten angab. Deshalb fuhr Adair mit seinen Experimenten fort, und eines Tages im Frühling des Jahres 1943 gelang ihm schließlich die Richtungssprengung: Die Ladung explodierte, und als sich der Rauch verzog, hatte sich das Schraubgewinde einer Rohrverbindung ohne einen einzigen Stahlspan gelöst.

Red sollte diese Technik einige Jahre später noch weiter verfeinern, indem er geformte Sprengladungen entwickelte, die als „Adairs fliegende Untertassen" bekannt wurden und es ihm ermöglichten, Ladungen von enormer Sprengkraft mit chirurgischer Präzision einzusetzen. Einige Wochen nach dem erfolgreichen Experiment mit den Sprengkörpern in der Sage Road stellte ihn Otis Pressure Control auf Vollzeitbasis ein. Die Firma war sogar damit einverstanden, daß Red auch zukünftig mit Myron Kinley Blow-outs und Quellenbrände bekämpfte. Für weitere Experimente mit Sprengstoffen blieb den beiden allerdings keine freie Zeit mehr. Red sollte jedoch schon bald Erfahrung im Umgang mit anderen Sprengkörpern machen, als er gegen Ende des Zweiten Weltkriegs eingezogen wurde und in Japan diente.

Japan, 1. September 1945

Es war noch dunkel, als die Gruppe, das 139. Munitions-Räumkommando, auf den Berg stieg, der sich über dem Hafen von Tokio erhob, und bei Tagesanbruch hatte sie die Spitze erreicht. Die Gruppe bestand aus acht Mann und war im Augenblick der Artillerieeinheit der 8. Armee angeschlossen. Später würde sie mit der 11. Luftlandedivision und dann wieder mit einer anderen Einheit zusammenarbeiten. Aber diese Dinge waren nur für die offiziellen Militärakten bestimmt, tatsächlich arbeiteten die Männer selbständig und erhielten ihre Befehle nur vom G2, dem militärischen Nachrichtendienst. Es war eine Gruppe von wilden Burschen, eine Bande von Draufgängern, die ausgeschickt worden war, um in Japan auf dem Land Ausschau nach Blindgängern und gegebenenfalls nach japanischen Soldaten zu halten, die noch nichts von der Kapitulation ihres Landes vor zwei Wochen gehört hatten oder die sich nicht darum scherten.

Die Einheit gehörte ursprünglich zu den amerikanischen Invasionstruppen, die sich nördlich der Insel Okinawa befanden, als Anfang August die Atombomben auf Hiroshima und Nagasaki abgeworfen wurden. Sie war erst einen Tag zuvor, am Morgen des 31. August, in Japan gelandet und wurde sogleich von einem Offizier des G2 eingewiesen. „Männer, seht ihr das Schiff dahinten im Hafen liegen?" fragte der Major und zeigte mit einer ausladenden Armbewegung über das Wasser. „Das ist das Schlachtschiff *Missouri*. Morgen wird General MacArthur die japanische Kapitulationsurkunde aus der Hand der militärischen Führung entgegennehmen. Seht ihr auch den Berg da oben?" Mit dem anderen Arm deutete der Major in die entgegengesetzte Richtung. „Wir nehmen an, daß sich dort oben eine Gruppe von Japsen aufhält, die den Widerstand noch immer nicht aufgegeben haben und versuchen werden, den Ablauf auf der *Missouri* mit schwerer Artillerie zu stören. Ich brauche wohl nicht erst zu erklären, daß dies eine äußerst prekäre Situation heraufbeschwören würde. Ich will, daß ihr auf den Berg steigt und herausfindet, ob unsere Informationen zutreffen, und wenn das der Fall ist, solltet ihr die Lage unter Kontrolle bringen. Ihr habt keine Zeit zu verlieren."

Red Adair lag im hohen, nassen Gras hinter einem Felsvorsprung oben auf dem Berg oberhalb des Tokioter Hafenbeckens. Er war einer der Männer dieser Elitetruppe und wartete mit den anderen darauf, daß sich der Morgennebel auflöste, um auf einen Vorsprung vorrücken zu können, der dicht mit Sträuchern und Büschen bewachsen war. Sollten sich hier feindliche Geschütze befinden, wäre dieser Platz die geeignetste Stellung. Adair war damals dreißig Jahre alt und damit der älteste in der Einheit. Er war sogar älter als der einzige Offizier unter ihnen, ein 27jähriger Leutnant aus dem Mittleren Westen.

Während seiner Infanterieausbildung in Fort Hood in Texas Anfang 1945 hatte sich Red als Freiwilliger zu dem Munitions-Räumkommando gemeldet. Er war sich vollauf bewußt, daß es sich um ein gefährliches Kommando handelte, aber er war überzeugt, daß die Erfahrung, die er dabei im Umgang mit Sprengstoffen sammeln konnte, ihm bei seiner Rückkehr auf die Ölfelder von unschätzbarem Wert sein würde. Wegen seiner Sprengstoffkenntnisse und seiner Führungsqualitäten, die er schon als Infanterist an den Tag gelegt hatte, war er bei der Einheit mit offenen Armen aufgenommen worden. Da er sich immer für den Besten hielt, war Red auch jetzt davon überzeugt, der beste Bombenspezialist in der ganzen Armee zu sein.

Bereits kurz nach dem Bombenangriff der Japaner auf den Marinehafen Pearl Harbor hatte sich Red zur Armee gemeldet, aber bei der medizinischen Untersuchung stellte sich heraus, daß er einen Leistenbruch hatte, und er wurde abgelehnt. Er sagte den Ärzten, daß er keine Beschwerden hätte, sie entgegneten, es täte ihnen leid, aber er wäre untauglich für den Dienst in der Armee. Da er sich eine Operation nicht leisten konnte, ging er zurück auf die Ölfelder.

Monate verstrichen, ein Jahr, dann zwei, und Red wurde immer unzufriedener. Seine Heimat stand nicht nur im Krieg, sondern die Auswirkungen der Kampfhandlungen trafen auch ihn und seine Familie persönlich: Kemmies Bruder Bill war mit seinem Flugzeug über der Adria abgeschossen worden, ihr Bruder Lionel war als Marinesoldat im Pazifik eingesetzt, und Reds Bruder Bob hatte sich ebenfalls zur Marine gemeldet. Spot Gains, mit dem Red einst das Zimmer geteilt hatte und der auch später sein Freund geblieben war, war von einer deutschen Raketenbombe getötet worden. Und es verging keine Woche, in der nicht ein junger Mann aus dem Stadtteil Heights getötet oder schwer verwundet wurde.

„Kemmie, es ist mir egal, was sie gesagt haben“, meinte Red

eines Tages zu seiner Frau. „Ich gehe noch einmal zum Rekrutierungsbüro und lasse mich einschreiben." Dieses Mal erklärte ihm der Arzt, sein Zustand könne durch einen kleinen, einfachen Eingriff behoben werden. Red, der absolut davon überzeugt war, seinem Lande dienen zu müssen, ließ sich sofort operieren, und ein paar Monate später wurde er in die Armee aufgenommen.

Am 28. Juli 1944 hatte Kemmie ihr zweites Kind geboren, ein Mädchen, das sie Robyn nannte. Die Kleine bekam sofort den Spitznamen Bobbie Lou. Jetzt, da sie zwei Kinder zu ernähren hatte, fragte sich Kemmie, wie sie mit dem Armeesold in Höhe von 103 Dollar monatlich zurechtkommen sollte. Nach der Grundausbildung wurden Red und die anderen Männer des Bomben-Räumkommandos nach Oklahoma, nach Florida und später nach Fort Ord in Kalifornien geschickt, wo sie in einem Spezialtraining lernten, zur Entschärfung und kontrollierten Sprengung verschiedenste Geschützmunitionen unter den unterschiedlichen klimatischen Verhältnissen und geographischen Gegebenheiten kontrolliert zu zünden, aber auch zu entschärfen. Dann eines Abends, um Mitternacht, wurde die Einheit mit Ziel Pazifik eingeschifft.

„Diese Einheit, das sind alles nur Verrückte, sag' ich dir", erzählte Red seiner Frau am Telefon kurz vor der Abfahrt des Schiffes. „Aber wir passen gut aufeinander auf und lassen uns nicht so leicht unterkriegen, also, mach dir keine Sorgen, mir passiert schon nichts. Und sobald ich wieder zu Hause bin, mache ich das große Geld, du wirst schon sehen."

KAPITEL 11

Japan, 1945/1946

Der Nebel hing noch immer in dicken Wolken oberhalb der Bergspitze, die sich über den Tokioter Hafen erhob. Aber es war schon spät, deswegen gab der Leutnant das Zeichen zum Ausschwärmen und Vorrücken auf den Felsvorsprung. Die Männer duckten sich dicht am Boden, die Waffen schußbereit. Einoder zweimal hörten sie Geräusche im Dickicht, und der Leutnant befahl ihnen anzuhalten. Aber als sie einen flachen, offenen Einschnitt erreichten, von dem aus man den gesamten Hafen überblicken konnte, war niemand mehr da. Zurück blieben nur einige Fußabdrücke und zwei geladene Kanonen von 16 Zoll Durchmesser, deren Mündungen direkt auf die *Missouri* unter ihnen gerichtet waren. Der Leutnant schickte einige Männer aus, um die Flanken zu sichern, stellte an beiden Seiten der Kanonen einen Posten auf, und dann gingen Red und er daran, die Kanonen zu entladen. Danach setzte Red an den Verschlußblöcken der Kanonen je eine so geformte Ladung, daß die Sprengkraft voll auf die Mündungsrohre gerichtet war, brachte die Zünder an und rannte schleunigst zu den anderen in die sichere Deckung zurück. Einen Augenblick später hatte die Sprengladung beide Kanonenrohre völlig zerstört. Damit war der Sabotageakt an Bord der *Missouri* vereitelt.

„Der Krieg war vorbei, aber die Bomben waren noch da, überall lagen sie herum, amerikanische und japanische. Unsere Einheit hatte die Aufgabe, sie zu finden, zu entschärfen oder zu sprengen. Wir sind dabei auch in diese Höhlen in den Bergen gekommen, die die Japaner in Hunderten von Jahren ins Gebirge vorgetrieben haben, wirklich sehr schöne, große Höhlen, und dort lagerten dann Tausende von Tonnen Munition. Wir gingen später auch nach Hokkaido, wo in einer Nacht fünfhundert B-29-Bomber einen Einsatz geflogen hatten. Es sah dort schlimmer aus als in Hiroshima, kann ich Ihnen sagen. Hunderte von Blindgängern lagerten dort. Sie waren so hart aufgeprallt, daß ihre Zünder abgebrochen waren, also konnten sie nicht mehr explodieren. Wir konnten die Dinger mit einem Stethoskop abhören, um den Rest von den Zündern herauszuholen und auseinanderzunehmen. Solange wir daran arbeiteten, rief einer dem anderen, der im nächsten Bombenkrater hockte, zu, was er gerade machte. Wenn dann einer mit der Bombe in die Luft flog, wußte der andere wenigstens hinterher, was er besser lassen sollte.

Es war eine gefährliche Arbeit. Und Einheiten wie unsere hatten ständig große Verluste. Aber irgendwie hat es auch Spaß gemacht, und wir haben vielleicht gut gelebt, Mann. Wie auch immer, ich habe stets daran gedacht, daß ich wenigstens den Knall dieser verfluchten Bombe nicht höre, wenn ich selbst in die Luft flöge." (Red Adair)

Red war mittlerweile Feldwebel und befehligte das 139. Bomben-Räumkommando, das jetzt nur noch aus sechs Männern bestand, nachdem der Leutnant und ein weiterer Mann einen Tag nach dem Erntedankfest bei der Explosion einer Mörsergranate ums Leben gekommen waren. Wenn es überhaupt möglich war, führte sich die Einheit jetzt noch wilder auf als vor dem Tod der zwei Kameraden. Sie schienen alle zu fühlen, daß jeder Tag ihr letzter sein konnte. Red schrieb an Kemmie, es sei genauso wie bei der Bekämpfung von Bohrlochausbrüchen auf den Ölfeldern. Die Männer der Einheit trugen ohne Rücksicht auf Uniformzwang einfach die Kleidung, die ihnen gerade paßte, und weigerten sich, die Offiziere in militärischer Haltung zu grüßen. Wo immer sie auftauchten, schlugen sie einen

Mordskrach. Wenn es jedoch um ihre Arbeit ging, waren sie trotz allem ganz bei der Sache und so diszipliniert wie Mönche. Dafür sorgte Red schon.

Als sie einmal auf einen Torpedo stießen und Red den Blindgänger mit seinem Stethoskop abhörte, dachte einer der Männer, ein junger Kerl aus Michigan, es sei doch ganz lustig, wenn er mit dem Kolben seiner 45er Automatik an das Gehäuse des Torpedos klopfen würde. Ein anderer aus der Einheit, ein Kerl von 120 Kilogramm Gewicht, der früher in einer bekannten Mannschaft Football gespielt hatte, ging auf den Jungen los und wollte ihn totschlagen, aber Red hielt ihn zurück. „Ich wollte dir nur sagen, daß ich dir gerade das Leben gerettet habe, obwohl du es ja selbst aufs Spiel gesetzt hast", wandte er sich an den jungen Soldaten. „Aber wenn du so etwas noch einmal machst, halte ich niemanden davon ab, dich zu töten. Wir haben schon genug Leute verloren."

Red hatte während seines Aufenthalts in Japan viel gelernt. Entgegen bitterer Feindschaft, die er erwartet hatte, begegneten ihm die meisten Japaner, selbst die Militärpatrouillen, auf die er traf, mit Freundlichkeit. Red hatte sich schon früh klargemacht, daß dieses Land nicht ihm gehörte, auch wenn er ein Teil der Besatzungsmacht war, und deshalb die Einheimischen mit Respekt behandelt. Im Gegenzug gaben ihm die Japaner so manche wichtige Information, die sie anderen, weniger sympathischen Armeeangehörigen vorenthielten. Anfangs riet er seinen Kameraden noch, daß sie mit Freundlichkeit viel weiter kämen, später aber gab er es auf und nahm an, daß sie wohl zu verbohrt waren, um es verstehen zu können. Aber er vergaß diese Lektion nie und machte sich das Gelernte immer wieder zunutze, wenn er Jahre später irgendwo auf dem Erdball mit einer Ölquelle kämpfte.

Houston, 1946

Kemmie Lou besaß eine wunderschöne Stimme. Schon als kleines Mädchen hatte sie sowohl im Kirchen- als auch im Schulchor gesungen. Jeder, der sie hörte, hielt sie für sehr talentiert. Ihre Eltern waren begeistert und unterstützten ihre Begabung. Kemmie nahm auch Klavierunterricht und spielte sehr gut, aber ihre Liebe galt dem Gesang. Wer weiß, wie weit sie es eines Tages noch bringen wird? fragte sich ihre Gesangslehrerin. Eine Stimme wie ihre findet man nicht allzu häufig. Die Musik war Kemmies Leben, aber nachdem ihre Mutter gestorben und ihr Vater weggezogen war, verblaßte der Traum von einer Gesangskarriere. Sie sang oft für Red, ihre Familie, ihre Freunde und später für die Kinder.

Eines Tages im Jahr 1943, als Jimmy zwei Jahre alt war und Red für Otis arbeitete, traf Kemmie auf einer Party im Nachbarhaus zwei Frauen, die ebenfalls gut singen konnten. Red und Kemmie lebten zu der Zeit in einem kleinen Häuschen im Osten von Houston. Die beiden Frauen waren etwas älter als Kemmie, sie hießen Leatha Hoff und LaVelle Godby. Zusammen mit Kemmie trugen sie bei der Party kleinere Musikstücke vor, Filmmelodien, Nummern von Duke Ellington und sogar ein paar Country-and-Western-Songs, obwohl Kemmie so etwas sonst nicht sang. Als die Party um zwei Uhr morgens zu Ende ging, beschlossen die drei Frauen, sich wiederzusehen und gemeinsam zu singen. Schon bald übten sie regelmäßig miteinander.

Lange Zeit versuchten Leatha und LaVelle, die beide alleinstehend waren, Kemmie davon zu überzeugen, mit ihnen ein Trio zu gründen und professionelle Musik zu machen. Damals waren weibliche Trios, wie beispielsweise die Andrews Sisters, sehr beliebt. Alle, die Kemmie und ihre beiden Freundinnen singen hörten, sagten, daß sie mindestens ebensogut wären wie die Gruppen, die man tagtäglich im Radio hörte.

„Niemals", sagte Red nur, als Kemmie ihn fragte, ob sie mitmachen sollte. „Wenn ich zur Armee gehe, dann kannst du von mir aus mit ihnen singen, aber vorher nicht." — „Aber Red", erwiderte Kemmie, „was macht das für einen Unterschied, ob du in der Armee bist oder nicht? Das ist doch ganz egal." — „Für mich nicht", erklärte Red, ging aus dem Haus und beendete damit die Diskussion.

Vielleicht glaubte Red nicht wirklich daran, in die Armee aufgenommen zu werden, vielleicht dachte er aber auch, daß Kemmie nicht den Mut aufbringen würde, allein etwas zu unternehmen, wenn er nicht da war. Oder er meinte, wenn er es nicht mitbekäme, würde es ihm nichts ausmachen. Kemmie wunderte sich über sein Verhalten. Erst mit den Jahren erkannte sie, daß Red niemals vor einer Gefahr für Leib oder Leben davonlaufen würde, aber ständig jedem Konflikt in persönlichen Beziehungen auswich und so tat, als gäbe es ihn nicht. Was auch immer Red mit seinem Einwand gemeint haben mochte, Kemmie nahm ihn beim Wort. Als er zur Armee ging, gründete Kemmie sogleich mit Leatha und LaVelle ein Trio. Und die drei hatten sofort großen Erfolg.

Sie fanden eine Agentin, die auch in Houston lebte und sie im Rahmenprogramm von verschiedenen örtlichen Kongressen und bei Wohltätigkeitsveranstaltungen der jüdischen Gemeinde unterbrachte. Jeden Montagabend sangen sie in einer lokalen Rundfunkstation, und schließlich tourten sie durch ganz Texas. Sie traten vor Kriegsveteranen in Armeehospitälern auf, sie sangen in Unterhaltungsshows, die von der Firma Hughes Tool Company, einer Maschinen- und Werkzeugfabrik aus Houston, gesponsert wurden. Ihre Nummern bestanden hauptsächlich aus Titeln, die von den bekannten Unterhaltungsorchestern gespielt wurden, wie etwa *Moonglow, Mood Indigo* und *Whispering,* und aus zwei von Kemmies Lieblingsliedern, die sie solo auf der Bühne vortrug: *My Man* und *The Man I Love.* Die Soldaten und das Publikum in den Klubs, in denen sie auftraten, mochten das Trio. Die Rundfunkhörer schickten körbeweise Fanpost an ihren Sender.

Kemmie erzählte Red in einem Brief davon: „Du kannst Dir nicht vorstellen, wie sehr ich das Singen im Trio liebe. Es bedeutet mir so viel. Die Musik läßt mein Herz höher schlagen, und wenn ich singe, dann spüre ich, daß ich wirklich jemand bin. Es ist so, als ob Gott das zu meinem Lebenszweck bestimmt hat. Und wenn ich diese zwei Solos singe, dann denke ich nur an Dich."

Red war immer noch nicht einverstanden und teilte ihr das auch klipp und klar mit. Sie hatte den Eindruck, daß er gar nicht verstand, warum sie singen wollte. Da sie noch nie zuvor so viel Selbstbestätigung erfahren hatte, war sie fest entschlossen weiterzumachen. Eines Tages rief die Managerin das Trio zusammen. Es war kurz vor Reds Rückkehr aus Japan. Sie sagte zu ihnen: „Mädchen, paßt mal auf, wir haben endlich den Durchbruch geschafft, auf den wir schon lange warten. Ich habe für euch einen Sechswochenvertrag in einem Hotel in Mexiko City. Das ist es, das ist die ganz große Schau. Dort haben wir genau das richtige Publikum, und wenn ihr euch gut anstellt, und ich weiß, daß ihr das tut, dann garantiere ich euch, daß demnächst ein Plattenvertrag kommt."

Kemmie reiste nicht nach Mexiko City. Tagelang zerbrach sie sich wegen der Tournee den Kopf, lag wach im Bett und sah das Trio in ständig wechselnden wunderschönen Kostümen auf der Bühne. In ihren Träumen traten sie vor einem eleganten internationalen Publikum auf, reisten an die exotischsten Plätze der Erde, kamen zurück nach Texas und starteten eine erfolgreiche Schallplattenkarriere. Aber sie war nicht frei und ungebunden wie Leatha und LaVelle. Sie hatte zwei kleine Kinder und wußte, daß sie keine ruhige Minute haben würde, wenn sie ihre Kinder bei ihrer Schwester oder bei einer Freundin zurückließe. Außerdem kam Red schon bald zurück. In einer Woche wollten Jonilee und sie nach San Antonio fahren, um ihn abzuholen. Wie konnte sie da einfach für sechs Wochen mit dem Trio fortfahren?

Später, als Red fast zweihundert Tage im Jahr weg war, um

Bohrlochbrände in aller Welt zu bekämpfen, saß sie mit den Kindern allein zu Hause, mußte Bobbie Lou und Jimmy Mutter und Vater sein. Dann dachte sie häufiger darüber nach, was geschehen wäre, wenn sie damals an der Tournee teilgenommen hätte, wenn das Trio richtig berühmt geworden wäre und sie ihren großen Traum verwirklicht hätte. Der Traum war für sie wie eine Seifenblase zerplatzt, als sie sich entschlossen hatte, in Houston zu bleiben, anstatt nach Mexiko City zu reisen. Sie sang noch ein paarmal im Trio, und Red kam sogar zu einem Wohltätigkeitskonzert mit. Er tat so, als sei er stolz auf seine Frau, aber unter der Oberfläche konnte sie seine Wut spüren, als er zusehen mußte, wie sie mit den anderen jungen Frauen auf der Bühne stand und die Burschen im Publikum klatschten und pfiffen. Daraufhin trat sie nicht mehr mit dem Trio in der Öffentlichkeit auf.

Als Red von Japan nach Hause kam, wußte er, daß er von nun an voll für Myron Kinley arbeiten würde. Die Ölindustrie erlebte einen großen Aufschwung, und Kinley hatte mehr Arbeit, als er allein bewältigen konnte. Er hatte Red schon in einem Brief mitgeteilt, daß genügend Arbeit auf ihn wartete, sobald er nach Houston zurückgekommen war. Aber bevor er anfing, für Kinley zu arbeiten, wollte Red sich noch ein wenig Zeit lassen und erst einmal „ausbrechen".

„Ausbrechen" ist ein Ausdruck aus der Ölsprache und bedeutet, daß ein Bohrmeißel sich an der Sohle verkantet hat oder festgehalten wird, aber weiterhin das Drehmoment auf ihn einwirkt. Der Bohrmeißel knickt dann ab und löst sich vom Bohrgestänge — er bricht aus. Ähnlich ergeht es einem Mann, der hart auf einem Ölfeld oder sonstwo arbeitet, wenn die Spannung oder der Druck zu hoch geworden sind oder ihm ständig Gefahr für Leib und Leben droht. Plötzlich kommt der Moment, da er wie ein Bohrmeißel aus dem ewigen Kreislauf ausbrechen und sich frei von jeglichen Zwängen bewegen möchte.

Als Red zu seiner Familie nach Houston zurückkehrte, zu seiner Frau, zu seinem Sohn und seiner mittlerweile anderthalbjährigen Tochter, brach er erst einmal einen ganzen Monat lang aus. Am Anfang versuchte Kemmie, Verständnis für ihn aufzubringen. „Er hat wirklich die Hölle hinter sich", sagte sie eines Tages zu ihrer Schwester, die zu Besuch kam und nach Red fragte. „Er hat es mir nie gesagt, aber ich weiß, daß ihm in jeder Sekunde der Tod drohte. Ständig mußte er mit diesen Bomben arbeiten. Er muß einfach auf andere Gedanken kommen." Aber nach einer Weile kam es Kemmie so vor, als wolle die Liste der alten Freunde, die Red wieder einmal besuchen wollte, niemals enden. Er brachte immer neue Namen von Männern ins Spiel, von denen Kemmie noch nie zuvor in ihrem Leben gehört hatte, und er behauptete sogar, daß sie sich mit einigen von ihnen in seiner Abwesenheit verabredet hätte. Nichts von alldem entsprach der Wahrheit, und Kemmie war tief verletzt, weil er sie der Untreue bezichtigte. Sie machte ihm dann ihrerseits Vorwürfe, worauf er wütend wurde und einmal mehr mit seinen Kumpanen ausging.

Sie wollte mit ihm reden, sie wollte, daß er einmal ruhig auf seinem Stuhl sitzen blieb und ihr zuhörte. Sie wollte ihm erzählen, wie sehr sie sich in der Zwischenzeit, seitdem er in Japan gewesen war, verändert hatte, daß sie jetzt selbstsicherer und zufriedener war und wie wichtig das Singen für sie war. Sie konnte es nicht verstehen, warum er das Trio ablehnte und warum er ohne jeden Grund so eifersüchtig reagierte. Es ist, als ob er die Zeit auslöschen möchte, in der er nicht hier war, und wieder dort anfangen will, wo er aufgehört hat, dachte sie. Er leugnet einfach, was mit mir geschehen ist.

Es war jetzt Sommer. Die Nachmittage waren heiß und sehr feucht. Nicht ein einziger Windstoß bewegte die Vorhänge. Kemmie stand auf und ging zum Fenster, das nur auf eine enge, schmutzige Gasse blickte. Sie war jetzt vierundzwanzig Jahre alt und Red einunddreißig. Wir sind keine Kinder mehr, dachte sie. Wir haben schon zwei eigene, für die wir sorgen müssen, aber das scheint ganz allein meine Aufgabe zu sein. Er wollte wieder einmal mit ein paar Freunden ausgehen, und plötzlich konnte sie es nicht mehr ertragen, sie fing an zu weinen. „Red", schluchzte sie, „wenn du mich heute schon wieder allein läßt, bin ich nicht mehr da, wenn du wiederkommst."

An der Tür drehte er sich noch einmal um und sah zu ihr hinüber. Sie konnte an seinem Gesichtsausdruck erkennen, daß er ihr kein Wort glaubte. Er ging ohne ein Wort. Nachdem er das Haus verlassen hatte, holte sie sich Kartons und packte all ihre Kleider und die der Kinder ein, dann nahm sie die Kisten, den fünfeinhalbjährigen Jimmy und Robyn, die noch nicht ganz zwei Jahre alt war, und ging fort. Die Mutter von ihrer Freundin Olive Evans, die Kemmie vor Jahren das Nachthemd für die Hochzeitsnacht geliehen hatte, leitete einen Kinderhort, in dem zwanzig Kinder untergebracht waren. Sie fragte Mrs. Evans, ob sie mit Jimmy und Bobbie Lou zu ihr kommen könnte. Mrs. Evans sagte ja, und Kemmie blieb mit ihren Kindern neun Monate bei ihr.

„Ich hatte keine Ahnung, wie ich die Kinder und mich durchbringen sollte. Weil Olive als Operator an einem Computer-Kartenlocher bei IBM arbeitete, kam ich auf die Idee, das auch zu machen. Aber sie nahmen zu der Zeit niemanden in ihre Vorbereitungskurse auf, doch die Kursleiterin gab mir ein Lehrbuch und sagte mir, daß ich jeden Tag kommen und an einer Maschine üben könnte, die nicht gebraucht würde. So habe ich die Prüfung bestanden und bekam einen Job bei der Texas Company, die wie alle anderen Firmen damals ihre Operator über IBM einstellte. Ich ließ die Kinder bei Mrs. Evans und arbeitete den ganzen Tag. Abends ging ich noch zur Schule, um mich in meinem Job weiterzubilden. Bis um fünf Uhr nachmittags arbeitete ich im Büro, und die Schule begann um halb sieben, so hatte ich anderthalb Stunden allein für mich. Da ich es mir nicht leisten konnte, in der Stadt zu essen, lief ich durch die Straßen und schaute mir die Schaufenster an. Diese Stunde gehörte mir, es war die einzige Zeit am Tage, die ich wirklich für mich hatte.

Red rief ständig bei Olives Mutter an und sagte mir Dinge wie: ‚Hoffentlich bewegst du deinen Arsch bald hierher, wo du hingehörst.' Aber damit erreichte er bei mir gar nichts, o nein. Dann kam er mal herüber, oder er rief an und wollte mit mir essen gehen. ‚Ich will nur mit dir ausgehen. Ich werde auch keinen Streit anfangen. Wir gehen nur aus.' Ich stimmte zu, aber bevor der Abend vorüber war, hatte er wieder angefangen, auf mich einzureden, ich solle zurückkommen. Ich sagte ihm nur, daß ich dazu noch nicht bereit wäre.

Meine Schwester, meine Freunde und alle in Reds Familie waren sehr schockiert. Niemand hatte je bemerkt, daß wir Probleme miteinander hatten, weil wir uns niemals vor ihnen gestritten hatten. Eines Tages fühlte ich mich völlig allein, abgeschnitten von der ganzen Welt. Ich nahm mir 25 von meinen sauer verdienten Dollars und ging zu einem Psychiater. Ich habe geschrien, habe geheult und habe dem Mann alles erzählt, so, wie es war. Dann sagte ich zu ihm: ‚Sagen Sie mir jetzt bloß nicht, ich soll zurückgehen. Ich kann noch nicht zurück.' Er entgegnete: ‚Ich meine nicht, daß Sie jetzt zurückgehen sollen. Ich finde, Sie sollten wieder in Ihrem Trio singen und weiter zur Arbeit gehen. Nur wenn Sie irgendwann überzeugt sind, daß es richtig ist, dann sollten Sie zurückkehren. Lassen Sie sich aber nicht durch Ihre Familie unter Druck setzen.'

Nun, nach ein paar Monaten mußte Red feststellen, daß er auf die harte Tour bei mir nicht weiterkam. Es gab nichts in der Welt, was mich veranlassen konnte, zu dem Zeitpunkt zu ihm zurückzukehren. Ich meine, ich habe diesem Typen 25 Dollar gegeben, damit er mich darin bestärkte, daß ich nicht im Unrecht war. Das war 1946, lange bevor irgend jemand etwas von der Frauenbewegung oder so etwas erzählte. Red verdiente damals sehr gut bei Kinley, aber ich habe ihn niemals auch nur um einen Penny gebeten. Weihnachten kam, und er brachte den Kindern all diese Geschenke. Ich hätte mir das nicht leisten können, aber die Kinder waren noch zu klein, um zu wissen, was vor sich ging. Ich sparte mir alle vierzehn Tage jeweils zehn Dollar vom Lohn ab, um für den Notfall wenigstens etwas Geld zu haben.

Als Red bemerkte, daß ich auch ohne ihn fertig wurde, beunruhigte ihn das sehr. Ich habe auch über eine Scheidung nachgedacht, aber nicht wirklich ernsthaft. Dann kam er wieder häufiger vorbei und lud mich zum Essen ein, aber er hat mich nicht mehr unter Druck gesetzt. Er war einfach nur nett zu mir, und dieses Mal klappte es. Schließlich sagte ich eines Abends zu ihm: ‚Such ein schönes Haus für uns, und wir kommen zu dir zurück.' Und das taten wir dann auch, Anfang 1947. Red kaufte uns ein Haus am Foster-Platz für 9750 Dollar. Es war ein älteres, aus roten Ziegelsteinen gebautes Haus, und ganz in der Nähe befand sich eine Schule. Ich habe dann meine Arbeit gekündigt. Mit Leatha und LaVelle habe ich mich in der nächsten Zeit ein paarmal zum Singen getroffen, aber später heirateten die beiden und zogen fort. Damit war dieses Kapitel endgültig zu Ende.

Aber es war von nun an anders zwischen Red und mir. Ich meine, er glaubte wohl noch eine ganze Weile, daß er tun und lassen konnte, was er wollte, und daß ich das nicht könnte. Aber mit der Zeit hat er schließlich gemerkt, daß ich nicht einfach ein Wesen war, das in der Gegend herumsaß und nur hübsch aussah. Er nahm mich als Individuum ernst, als Person, die in der Lage war, für sich selbst zu denken, zu entscheiden und für sich selbst zu sorgen, und das hat dann viel geändert."

(Kemmie Adair)

Kapitel 12

Süd-Texas, 1949

„Ich kann Ihnen sagen, früher war es viel heißer bei der Arbeit. Heute gibt es bessere Pumpen, durch die wesentlich mehr Wasser auf das Feuer gerichtet werden kann, und heute gibt es auch diese Nomex-Schutzanzüge, die wir damals noch nicht hatten. Wir trugen früher ein altes baumwollenes Sweatshirt, und das Gewebe saugte sich so voll Wasser, daß es verdammt schwer bei der Arbeit war, man konnte kaum laufen. Nomex-Gewebe nimmt kein Wasser auf, was die Arbeit ein ganzes Stück leichter macht.

Aber heute macht es längst nicht mehr so viel Spaß wie früher. Wenn ich auf die ersten Einsätze zurückblicke, bei denen man die Löschschläuche noch selbst auslegen und dann von Hand mit Pfählen befestigen mußte, dann denke ich immer: Damals konntest du wirklich noch etwas von den Männern um dich herum lernen. Die Schläuche wurden in kurzen Abständen mit Pfählen befestigt, damit sie sich nicht unter dem Wasserdruck bewegten und sich hin und her wanden. Das konnte verdammt gefährlich werden. Mit einem Vorschlaghammer trieben wir die Pflöcke über Kreuz tief in die Erde, damit die Schläuche am Boden liegen blieben. In der Nähe eines tobenden Quellenbrandes war das ein verdammt heißer Job. Jeder Mann auf dem Ölfeld hat damals mit angepackt.

Heute gibt es diese großen hydraulischen Fahrkräne, mit denen die Löschschläuche ausgelegt werden. Dann kommen die vollautomatischen Bohrrammen, heben ein Loch aus und rammen einen Befestigungsanker hinein, und das ist alles — dann sind deine Schlauchleitungen fest verlegt. Ich gebe zu, daß das viel Zeit einspart, aber die Kameradschaft geht dabei verloren. Heutzutage wirst du ständig von irgendwelchen Beratungsgesellschaften durchleuchtet, irgend jemand demonstriert immer gegen dich, von wegen Umweltschutz und so, und dann sind heute an jeder Ecke Ingenieure. Man trifft sie überall, und sie sagen dir immer genau, mit wem du arbeiten kannst, wen du wofür einsetzen darfst und was du alles nicht tun sollst. Sie sind jahrelang zur Hochschule gegangen, aber sie haben ihren Fuß wahrscheinlich noch nicht ein einziges Mal auf ein Ölfeld gesetzt. Deswegen verstehen sie auch nicht wirklich etwas von der Materie, und du kannst nicht mit ihnen reden. Wenn du mit einem Ingenieur diskutierst, artet das nur in eine einzige Schlammschlacht aus.

Früher waren wir alle eine eingeschworene Truppe. Du kanntest alle Leute noch persönlich und hattest deinen Spaß dabei, egal wie hart der Job auch immer war. Niemand hat danach gefragt, ob er irgend etwas tun sollte, was nicht in seiner Tätigkeitsbeschreibung stand. Damals wußten die Roughnecks noch genau über alles Bescheid und konnten jede Arbeit auf einem Bohrturm erledigen. Wenn ich in der guten alten Zeit einmal genau wissen wollte, was eigentlich mit einer Quelle los war, dann setzte ich mich abends mit den Bohrarbeitern zusammen, trank Bier mit ihnen, und dann erzählten sie mir, was Sache war." (Red Adair)

„Wenn ich du wäre", sagte Hugo Andre zu Red, „würde ich noch etwas mit dem Abdichten der Quelle warten, denn dieses verfluchte Ding hat sich noch nicht vollständig entladen. Es dauert aber nicht mehr lange, bis es soweit ist." Es war um Viertel vor ein Uhr morgens, und die zwei Männer saßen in einer Bar in El Campo, tranken Tequila und hörten der traurigen Musik eines mexikanischen Geigers zu. Der Mexikaner stimmte eine besonders getragene und klagende Weise an, während Red gedankenversunken an seinem Glas nippte, zu Andre hinüberblickte und sich mit seiner Antwort Zeit ließ.

Hugo Andre war ein Roughneck im wahrsten Sinne des Wortes, er arbeitete hart, und seine Hände erinnerten an rostige Kohlenschaufeln. Sein Gesicht war zerfurcht wie ein ausgetrocknetes Flußbett. Im Ersten Weltkrieg war er Pilot gewesen, und jedesmal wenn er betrunken war, zog er seine lederne Pilotenjacke an und band sich den Fliegerschal um. Dann fuhr er raus in die Prärie, stahl irgendwo einen der abgestellten Doppeldecker, die zum Versprühen von Pflanzenschutzmitteln auf den Weizenfeldern eingesetzt wurden, und flog in einem haarsträubenden Stil über den Süden von Texas. Wenn der Sprit zu Ende war, stellte er das Flugzeug wieder neben seinem Wagen ab und fuhr nach Hause. Manchmal kam es auch vor, daß ihm schon vorher der Treibstoff ausging, dann landete er einfach irgendwo und fand immer jemanden, der ihn bis zu seinem Wagen mitnahm. Jahrelang kam er damit ohne Probleme durch.

Ein Husarenstück brachte ihm 1941 sogar unsterblichen Ruhm ein. Genau während der Einweihungsfeierlichkeiten flog er mit einem gestohlenen Flugzeug einen Looping um die gerade fertiggestellte Brücke, die nördlich von Richmond den Fluß Brazos überquerte. Am Abend vorher hatte er sich von einer wunderschönen jungen Mexikanerin in Rosas Café, dem ältesten Bordell in Richmond, verwöhnen lassen, und um ihr seine Dankbarkeit zu zeigen, versprach er dem Mädchen einen kleinen Rundflug. Zu dem Zwecke stahl er ein besonders wendiges Flugzeug, denn die Kleine war noch nie in ihrem Leben geflogen, und er wollte, daß ihr der Flug in ganz besonderer Erinnerung blieb. Sie nahmen auch eine Flasche Rotwein mit, um in guter Stimmung zu bleiben.

Auf der Brücke warteten Würdenträger, Lokalpolitiker und Vertreter der Presse gespannt auf die Einweihungszeremonie, als Hugo Andre in einer Maschine mit offenem Cockpit mit voller Kraft über den Fluß auf sie zuflog. Der Schal flatterte im

Wind, und sein Gesicht zeigte ein breites Grinsen. Dieses Grinsen kann man noch heute sehen, wie auch das vor Entsetzen verzerrte Gesicht der jungen Mexikanerin, denn die Fotografen blieben auf ihrem Posten, als Hugo Andre unter der Brücke hindurchschoß, die Nase der Maschine scharf hochzog und zu dem ersten von zwei sauber ausgeführten Loopings um die Brückenkonstruktion ansetzte.

Der Geigenspieler spielte den letzten Akkord, verbeugte sich und setzte sich an die Bar. Red stellte sein Glas ab und stützte seinen Kopf auf seinen Arm. „Warum glaubst du, daß es in dem Bohrloch immer noch rumort?" fragte er schließlich.

„Als die Bohrung zum ersten Mal schlug, habe ich dem Driller noch gesagt, er solle das Bohrgestänge nicht aus dem Rohr herausziehen", erklärte Hugo Andre, „aber er war so nervös wie eine Jungfrau beim ersten Mal und hat nicht auf mich gehört. Als der Meißel aus dem Loch herauskam, befand sich daran ein Klumpen von der Größe eines Elefantenbabys. Natürlich wird dir der Driller nichts davon erzählen, und weil die Quelle beim Blow-out den Meißel und den Klumpen und den halben Bohrturm zur Hölle geschickt hat, gibt es dafür auch keinen Beweis mehr. Der Driller wird sich hüten, zuzugeben, daß er für den Schlamassel verantwortlich ist, den wir jetzt haben. Aber ich habe den Klumpen gesehen, er war voller Felsbrocken und Steine. Das war genau die gleiche Scheiße, die aus den anderen zwei Quellen heraufkam, die Kinley und du hier unten schon gekappt habt. Und du weißt, was mit beiden passiert ist."

Wenn eine Bohrung schlägt, das heißt, wenn es in einer Erdformation eine starke Erschütterung gibt, neigt ein unerfahrener Bohrmeister dazu, das Bohrgestänge und den Meißel in Panik aus der Bohrung zu ziehen. Das kann ein schwerer Fehler sein, was Red und Hugo Andre genau wußten. Denn wenn ein großer Klumpen von Schlamm und Gesteinsbrocken, der sich am Meißel festgesetzt hat, mit dem Bohrgestänge herausgezogen wird, entsteht im Bohrloch ein Unterdruck. Infolge des Vakuums schießt alles nach oben, und man hat es nicht mehr mit einfachen Erschütterungen zu tun, sondern mit einem richtigen Blow-out.

Hugo Andre kaufte jeden Tag einen Liter Wodka, einen halben Liter trank er morgens, um überhaupt in Schwung zu kommen, den Rest hatte er immer bei sich, um sich in Schwung zu halten. Von Zeit zu Zeit unterbrach er seine Arbeit und nahm wieder einen Schluck aus der Flasche. Dennoch konnte er es mit seinen 65 Jahren bei der Arbeit noch mit 25jährigen aufnehmen, und Red wußte, daß er sich mit Ölquellen gut auskannte. „Ich sage es dir, Red", mahnte Hugo, „dichte die Quelle noch nicht ab. Die ist noch nicht fertig. Geh morgen früh hin, und du wirst sehen, was ich meine."

Red wartete nicht bis zum nächsten Morgen, sondern fuhr noch in der Nacht die fünfzig Kilometer zum Ölfeld hinaus. Der Nachtwächter der Bohrstelle öffnete ihm das Tor, und er parkte seinen Wagen neben dem Wohnwagen des Wachmanns. Dann ging er zu Fuß zum Bohrlochmund, der nur von einem Strahler, der am Generator befestigt war, beleuchtet wurde.

Jim West war ein texanischer Wildcatter vom alten Schlag und fühlte sich nicht richtig angezogen, wenn er nicht auch noch zwei chromverzierte Revolver, Kaliber 45, mit extra langem Lauf bei sich trug. Er besaß eine Villa in River Oaks, demselben exklusiven Stadtteil von Houston, in dem auch Myron Kinley wohnte. Ein paarmal im Jahr gab er in seinem Haus rauschende Feste, aber man mußte sehr vorsichtig sein, weil er jedesmal ein oder zwei arglose Gäste in ein nächtelanges Pokerspiel verwickelte, während seine Leute den Auftrag hatten, die Wagen dieser Gäste auf seinem Parkplatz blau zu streichen.

Wenn Jim West in seinen blau lackierten Wagen oder seinem blauen Flugzeug unterwegs zu seinen blau gestrichenen Bohrtürmen war, trug er immer säckeweise Silberdollars bei sich. Er machte sich einen Spaß daraus, Wettbewerbe für seine Arbeiter zu veranstalten, bei denen er die Geldsäcke als Preise aussetzte. Er führte beispielsweise Wettrennen durch, bei denen ein Sack mit Münzen das Ziel markierte. Manchmal machte er das Wettrennen etwas spannender, indem er Knallkörper auf das Geldsäckchen warf, genau in dem Moment, als die Männer am Ziel waren. Manchmal schoß er auch mit seinem Revolver, entweder in die Luft oder auf den Boden, da konnte man nie ganz sicher sein. Aber West war ein großzügiger Mann — ein bißchen verrückt vielleicht —, der seinen Arbeitern wirklich säckeweise Silberdollars gab, wenn sie auf seinen Ölfeldern gute Arbeit leisteten.

Als die Quelle in El Campo explodierte, wurden drei Arbeiter getötet. Sie brannte dreißig Tage lang, bevor es Kinley und Red gelang, das Feuer zu ersticken, West gab Red daraufhin fünfhundert Dollar auf einen Schlag und versprach ihm noch einmal soviel, wenn er die Bohrung wieder unter Kontrolle bringen würde. Als sie explodiert war, hatte sich ein Teilstück des Bohrgestänges am Bohrtisch festgesetzt und in einem Winkel von 45 Grad verkantet, so daß die Flamme schräg aus dem Rohr geschossen kam. Dadurch war es äußerst schwierig, dicht an den Brand heranzukommen und die Flamme durch den Wasserstrahl hochzudrücken. Nachdem die schrottreifen Überreste des Bohrturms an der Bohrstelle weggeräumt waren, ließ Kinley ein Artilleriekorps von einem benachbarten Militärstützpunkt anrücken, um zu sehen, ob das Feuer mit Hilfe einer Panzerabwehrgranate erstickt werden könnte. Es funktionierte nicht, und Kinley wandte sich an Red: „Nun, ich denke, die einzige Chance, die uns bleibt, das Ding kleinzukriegen, ist, dein komisches Zeug zu benutzen."

Das komische Zeug waren Reds geformte Sprengladungen. Er hatte sie zum ersten Mal 1947 auf einem Ölfeld von Continental Oil in der Nähe von Jennings in Louisiana eingesetzt. Er hatte sich vor Kinley und den Männern von Haliburton, der Firma, die für das Pumpen der Spülflüssigkeit zuständig war, damit gebrüstet, wieviel Erfahrung er während seiner Armeezeit mit Sprengstoffen gesammelt hatte. „Nun, wenn du so gut mit Sprengstoffen umgehen kannst, warum räumst du dann nicht diesen Klotz weg, an dem wir uns schon den ganzen Morgen zu schaffen machen?" Mit dem Klotz meinte Kinley den Betonboden der Arbeitsplattform der eruptierten Ölquelle. Der Beton mußte entfernt werden, bevor Red und Kinley mit der eigentlichen Arbeit an der Bohrlocheinfassung beginnen konnten. Die Männer waren von Tagesanbruch bis zum Mittag damit beschäftigt gewesen, ihn in kleine Stücke zu sprengen, indem sie immer wieder kleinere Sprengladungen in zylinderförmige Löcher einführten, die Red mit einem Preßlufthammer in den Beton getrieben hatte. „Mister Kinley", sagte Red nur zu ihm, „gehen Sie ruhig mit den Männern zum Essen, ich sehe zu, was ich machen kann." Sobald Kinley und die Männer das Bohrfeld verlassen hatten, formte Red vier spezielle Sprengladungen, befestigte sie an den vier Ecken der Betonplatte und zündete sie. Die Explosion zerlegte den Klotz in tausend kleine Stücke, keiner größer als eine Handfläche. Als Kinley zurückkam, war Red gerade damit fertig geworden, die ganze Bescherung mit einem Caterpillar aus dem Weg zu räumen. „Du und dein komisches Zeug", war alles, was Kinley dazu sagte. Aber von da ab überließ er Red alle Sprengarbeiten, wenn es galt, ein Feuer „auszublasen". Auch auf der Ölquelle in El Campo gelang es Red mit einer sorgfältig geformten Sprengladung, die genau dem Winkel des verkanteten Rohres angepaßt war, den Quellenbrand zu ersticken.

Als Red bei der Armee war, hatte sich Kinley bei einem Feuer im Norden von Venezuela schwere Verbrennungen zugezogen, und bei einem Einsatz in Goliad, Texas, hatte er sich sein lahmes Bein auch noch gebrochen. Seine Beweglichkeit hatte dadurch stark gelitten. Bei einem Job in Mexiko im Jahre 1948 blieb er plötzlich mit den Beinen in diesem Sumpf aus ausgeströmtem Öl, Bohrflüssigkeit und Schlamm stecken, wand sich darin wie ein Ertrinkender und konnte sich nicht mehr aus eigener Kraft befreien. Red setzte sich sofort in einen Laster, der mit einer Seilwinde ausgerüstet war, fuhr so dicht wie möglich an Kinley heran, watete auf seinen Boß zu, während er ein dickes Tau bei sich trug.

„Wenn du das mit mir machst, rede ich nie wieder ein Wort mit dir", brummte Kinley, dem es peinlich war, der gesamten mexikanischen Mannschaft das Schaubild seiner Hilflosigkeit zu bieten. Red kümmerte sich nicht um seine Worte. Er schlang das Tau unter Kinleys Armen durch und zog ihn mit der Winde aus dem Morast. Der Alte war noch stundenlang wütend auf ihn. Danach versuchte Red, Kinley von den wirklich heißen Feuern fernzuhalten, wobei er peinlich darauf achtete, daß es niemand mitbekam, um Kinleys Stolz nicht zu verletzen.

Die zwei waren nach dem Krieg unzertrennlich geworden, und viele Leute nahmen an, daß Red entweder Kinleys Sohn oder sein Schwiegersohn, der Mann seiner Tochter Joyce, wäre. Kinley hatte einen Sohn, Jack, aber der wollte nicht auf die Ölfelder raus, er blieb lieber im Büro seines Vaters und kümmerte sich um die Buchhaltung.

Als Red den Vollzeitjob bei Kinley bekam, hatte dieser im Schnitt acht bis zehn Aufträge pro Jahr. Wegen seiner gesundheitlichen Beschwerden, die von den Unfällen herrührten, lehnte er aber Aufträge ab, bei denen die eruptierte Quelle einen Krater gerissen hatte. „Es gibt keine Möglichkeit, so ein Ding unter Kontrolle zu bringen", sagte er zu Red. Aber Red fühlte sich herausgefordert, wenn jemand ihm sagte, etwas sei unmöglich. Er war überzeugt, daß es keinen Blow-out gab, den er nicht kleinkriegen würde. „Zum Teufel damit", antwortete er, „ich werde schon damit fertig, Mister Kinley." Selbst wenn das ganze Bohrloch unter einem See von brennendem Öl verschwunden war, selbst dann ging Red an die Arbeit. Er stellte einen genauen Plan auf, ließ eine Richtungsbohrung vortreiben, eine Entlastungsbohrung, die von einem anderen Ort aus schräg auf die erste Bohrung auftraf, pumpte Spülflüssigkeit in das Loch hinein, dichtete dann die erste Quelle ab, und die Produktion konnte wiederaufgenommen werden.

Nach Reds Eintritt führte Kinleys Firma über Jahre hinweg bis zu dreißig Aufträge durch, später vierzig oder sogar fünfzig. Red hatte einmal einen Job in Alice in Texas zu erledigen. Die Bohrgesellschaft und die Versicherung hatten die Quelle schon aufgegeben und sagten, es sei unmöglich, überhaupt an die Einfassung heranzukommen, weil sie völlig vom Schlamm überflutet sei. „Unmöglich?" fragte Red. „Nichts ist unmöglich! Bringen Sie mir so einen verdammten Bulldozer!" Dann arbeitete er die ganze Nacht, den ganzen nächsten Tag und noch die folgende Nacht durch, bis es ihm schließlich gelang, eine Stahltrosse um die zerstörte Bohrlocheinfassung zu winden, die Teile herauszureißen und dann eine neue Einfassung einzusetzen. Die ganze Zeit, während er an dem Loch arbeitete, spuckte die Quelle literweise Öl aus. Auf dem Rückweg nach Houston dichtete er noch drei weitere Ölquellen ab, die die Ölgesellschaften ebenfalls schon abgeschrieben hatten. Diese Quellen hatten so tiefe Krater gerissen, daß sie die umstehenden Laster, Autos, Tanks und Generatoren sowie den Bohrturm mit sich in die Tiefe genommen hatten. Da sich kein Arbeiter traute, auch nur in die Nähe der spuckenden Ölseen zu kommen, führte Red die Abdichtung ganz allein aus.

Red verdiente in dieser Zeit gutes Geld, er brachte es auf über 25 000 Dollar im Jahr. Er hatte gerade den zweiten neuen Wagen erstanden, einen 49er Plymouth in Rot, den er Kemmie schenkte. Seinen neuen Oldsmobile behielt er für sich selbst. Das alte Ford-Coupé lackierte er rot, nahm die Rücksitze heraus und benutzte es als Einsatzfahrzeug, vollgestopft mit Werkzeug und Sprengstoff. Er sagte Kemmie auch, daß sie sich nach einem neuen Haus umsehen sollte. Sie fand schließlich eines im Stadtteil Idlewood. Aber Red war so gut wie nie zu Hause, er arbeitete die meiste Zeit, und wenn er nicht arbeitete, dann trieb er sich auf der Autorennbahn herum oder ging mit seinen Kumpels in Bars und Kneipen. Seine Kinder kannten ihren Vater kaum, denn jahrelang bekamen sie ihn kaum zu Gesicht, und Kemmie hatte sich längst damit abgefunden, ihre Kinder allein zu erziehen.

Es war drei Uhr morgens, als er bei dem Bohrloch in El Campo eintraf, das drei Menschenleben gefordert hatte. Als er nahe heranging, konnte er förmlich hören, wie die Quelle atmete. Sie schnaufte wie ein Löwe. Dann war einen Moment lang alles ruhig, doch wenig später konnte Red das Atmen wieder hören. Am Tag vorher hatten sie Bohrflüssigkeit in das Loch gepumpt, und das Sprudeln hatte erst einmal aufgehört, aber jetzt kam ihm die Quelle wie ein riesiges, verwundetes Raubtier vor, das tief unten in einer Höhle lag und auf den günstigsten Moment zum Angriff wartete. Jedesmal, wenn die Quelle atmete, bebte die Erde um das Bohrloch herum, der Tankwagen mit der Spülflüssigkeit, ein Kleinlaster, das Gestell mit dem Rohrgestänge zitterten, und der Boden unter Reds Füßen hob und senkte sich. Hugo Andre hat völlig recht, dachte er, diese Quelle hat ihr letztes Wort noch nicht gesprochen. Wenn wir sie jetzt abdichten, fliegt sie uns noch einmal um die Ohren, und vielleicht müssen dann noch mehr Männer sterben.

Am nächsten Morgen beriet er sich mit Kinley, und während sie alle übrigen von der Quelle fernhielten, setzte sich Red seinen Helm auf, jenen, auf den obenauf der Metallhelm genietet war, und befestigte Schulterpolster unter seinem Kapuzen-Sweatshirt. Die Polster sollten ihn gegen eventuell umherfliegende Gesteinsbrocken schützen, die aus dem Bohrloch hochschießen konnten.

Die Quelle schnaufte den ganzen Morgen lang, während Red in ihrer Nähe weiterarbeitete. Er verband Rohrleitungen miteinander, um noch einmal Bohrspülung ins Loch zu pumpen. Plötzlich wurde das Atmen schneller und heftiger. Jetzt ist es soweit, dachte Red, ich fühle es ganz genau. Ich kenne doch diese verdammte Quelle. Er rannte los, um hinter einem Schild aus Stahlplatten, den er in Kinleys Werkstatt zusammengeschweißt und etwa hundert Meter vom Bohrloch entfernt aufgestellt hatte, Schutz zu suchen.

Felsbrocken schossen empor, manche so klein wie Murmeln, andere so groß wie Basketbälle, vermischt mit Geröll und Bohrflüssigkeit. Sie kamen von tief unten aus der Erde, wo ein höherer Druck herrschte. In dem Moment, in dem sie dem Druck an der Erdoberfläche ausgesetzt wurden, dehnten sie sich derartig schnell aus, daß viele von ihnen wie Granaten explodierten und barsten. Der Blow-out dauerte etwa eine halbe Stunde, und die Quelle schnaufte und prustete dabei wie ein Schwindsüchtiger. Dann war alles ruhig.

Jetzt ist alles raus, dachte Red. Jetzt kann nichts mehr passieren, jetzt kriege ich sie klein.

KAPITEL 13

Eureka Springs, Arkansas, 1988

Weit außerhalb der Stadt, wo es so still ist, daß man das Knirschen von Autoreifen auf der Schotterstraße schon aus einer Meile Entfernung hören kann, liegt Jimmy Adairs Haus. Es steht auf der Kuppe eines Hügels, der den Blick auf ein Tal und eine niedrige, dicht bewaldete Erhebung freigibt. Es ist weit weg von Houston, weit weg von den Ölfeldern und dem aufreibenden Leben, dem Jimmy Adair mit 42 Jahren den Rücken kehrte, nachdem er fast einer Herzattacke erlegen war.

Das Haus ist riesig, gut geschnitten und mit einer Holzverkleidung versehen, die Jimmy selbst entworfen hat, um Energie zu sparen. An einem Julimorgen sitzt er in der Küche und beobachtet durch das große Panoramafenster einen Falken, der seine Kreise zieht. Während er dem Tier mit den Blicken folgt, spiegelt sich auf seinem Gesicht ein Lebensüberdruß, gegen den es kein Mittel gibt.

Jimmy Adair ist ein kleiner, untersetzter Mann, der die gleichen kräftigen Arme und Hände wie sein Vater hat und auch Reds markige Züge trägt. Aber mit seinen grauen Augen und seinem ernsten Mund, der Weichheit und Sensibilität verrät, gleicht er in seiner Persönlichkeit mehr seiner Mutter als Red. Er ist jemand, der viel nachdenkt, träumt und gern liest, jemand mit analytischer Intelligenz, aber kein Mann der Tat. Er ist kein zweiter Red Adair, obgleich er jahrelang versucht hat, seinem Vater zu gleichen. Er hat rote Haare, einen spärlichen roten Bart, der sich schon leicht grau färbt, und mit seiner fast weißen Haut sieht er wie viele Rothaarige fast kindlich aus, wären da nicht die tiefen Falten in den Augenwinkeln und in seinem Nacken.

Bis zu seinem dreißigsten Lebensjahr brauchte er sich noch nicht jeden Tag zu rasieren. Mit 35 Jahren sah er immer noch wie ein Heranwachsender aus. Weil er so jung wirkte und weil er Reds Sohn war, hatte er auf den Ölfeldern mit vielen Schwierigkeiten zu kämpfen, obwohl er gute Fachkenntnisse besaß. Wenn er einen Auftrag angenommen hatte, hänselte ihn jeder in den ersten drei, vier Tagen mit der Frage, wann denn endlich sein Vater auftauchen würde, um auf ihn aufzupassen. Es machte ihn verrückt, die Männer immer erst davon überzeugen zu müssen, daß er genau wußte, was er tat. „Wenn wir Red brauchen, wird er hiersein", sagte er, „und jetzt macht endlich voran, und laßt uns an die Arbeit gehen." Er war gescheit und ein guter Ölfeuerwehrmann, aber er war nicht Red. Ihm winkte kein großer Sieg, jedenfalls nicht bei der Bekämpfung von Bohrlochausbrüchen. Wenn er noch einmal von vorn beginnen könnte, würde er die Hochschule beenden, um Ingenieur zu werden, was Red und Kemmie im stillen immer gehofft hatten.

„Jimmy, komm schnell, das mußt du sehen!" ruft Candy Adair. „Schau dir das an! Dein Vater ist im Fernsehen. In der Nordsee brennt ein schreckliches Feuer, und er will es bekämpfen. Sie sind mit einem Kamerateam bei ihm in Houston." Sie ruft aus dem geräumigen, hohen, im Jagdhausstil eingerichteten Wohnzimmer. An dem einen Ende des Raums steht ein riesiger Fernsehapparat, gegenüber, ungefähr in zehn Metern Entfernung, eine Couch, auf der Candy sitzt. Sie ist Jimmy Adairs vierte Frau, sehr hübsch, 37 Jahre alt, mit freundlichen, verständnisvollen Augen und einer weichen, melodiösen Stimme. Ihr Ton ist zurückhaltend und ruhig, wenn sie mit ihrem Mann spricht. „Denkst du nicht auch so, Jim", sagt sie meistens am Ende eines Satzes, oder: „Nicht wahr, Jimmy", und es klingt wie ein Wiegenlied.

Fünf Jahre vor seiner Hochzeit mit Candy war Jimmy eines Tages nach einem Streit mit seiner damaligen Frau aus seinem

Haus gerannt, wobei er mehrere Gewehre in der Hand hielt. Er traf auf zwei Polizisten, von denen der eine annahm, er würde auf ihn zielen. Der Polizist wollte gerade auf ihn schießen, als der andere in Jimmy den Sohn von Red Adair erkannte. Er verhinderte eine Katastrophe, indem er Jimmy entwaffnete und hinter Gitter brachte. Damals drehte Jimmy leicht durch, aber jetzt nicht mehr.

Jimmy geht durch den Raum und setzt sich neben Candy auf die Couch, sie legt ihre Hand auf seinen Arm. Sie sind nun seit elf Jahren glücklich verheiratet. Ihre Hochzeit fand am Rand des Schwimmbeckens im Garten von Reds Haus in Houston statt, und zum ersten Mal nahm Red an einer Hochzeit von Jimmy teil.

Eureka Springs ist ein kleiner, hübscher Erholungsort mit gewundenen, steilen Straßen, eingebettet in die Ozark Mountains im Norden von Arkansas, unweit der Grenze zu Missouri. Um die Jahrhundertwende kamen die Touristen hierher, um in den Heilquellen zu baden und das Wasser zu trinken. Heute bildet die Religion den großen Anziehungspunkt, abgesehen von einigen Veranstaltungen mit fußstampfender Country-music und dem Verkauf von Kunsthandwerk aus den Ozark Mountains, Touristen strömen in Massen zu den bekannten Passionsspielen, zu einer Anzahl weiterer religiöser Veranstaltungen und zum Ozark Folk-Festival. Diese Attraktionen finden alle im Sommer statt. Ansonsten lebt nur eine Handvoll Einheimischer in Eureka Springs, und es wird ernsthaft darüber diskutiert, ob eine junge Frau, die im Innenhof eines Restaurants Gitarre spielt und Volkslieder singt, die Gäste im Nachbarhotel stört oder nicht.

Jimmy und Candy fühlen sich wohl in Eureka Springs. Sie gehören einer kleinen Kirchengemeinde an, einer friedlichen, ernsten Gemeinde, in der viel gesungen wird. Die Adairs haben ein historisches, vierstöckiges Gebäude in der Innenstadt erworben, dessen Grundriß die Form eines Tortenstücks aufweist. Das Erdgeschoß wollen sie an verschiedene Geschäfte vermieten und in den oberen Stockwerken eine Pension einrichten. Ihr Leben spielt sich weit weg von Houston und weit weg von den Ölfeldern ab. Die Zeiten, in denen Jimmy mehrmals in der Woche, wenn nicht sogar täglich einen Liter Whiskey getrunken hat, sind längst vorbei. Erst als er Candy kennenlernte, brachte er den Willen auf, eine Entziehungskur zu machen und trotz unangenehmer Entzugserscheinungen durchzuhalten. Nur dem Einfluß seines Vaters konnte er nicht entfliehen. Red Adairs Persönlichkeit wirft immer noch einen Schatten über sein Leben.

Red ist immer und überall gegenwärtig. Wenn Jimmy die Renovierungspläne für das von ihm und Candy gekaufte Gebäude ausarbeitet, achtet er peinlich darauf, nicht die kleinste Kleinigkeit zu vergessen, denn er weiß genau, daß Red die Pläne danach absucht, ob er einen Fehler gemacht hat. Wenn Jimmy mit seiner Mutter telefoniert, muß er jedesmal hören, daß sein Vater sich weigert, kürzerzutreten. Stets denkt er dann: Wäre ich dort unten geblieben, hätte es mich sicherlich schon erwischt. Sein Vater war immer sein großes Vorbild. Ich habe mir immer gewünscht, denkt er, genau wie er zu sein. Später, als ich älter war, wollte ich in Bars gehen, so wie er es tat, und das machte ich schließlich auch. Doch im Gegensatz zu seinem Vater wußte er nicht, wann er aufhören mußte zu trinken. Wenn Jimmy neue Leute kennenlernt, ist Reds Schatten ebenfalls gegenwärtig. Meist wird er mit den Worten vorgestellt: „Sie haben sicher von Red Adair gehört, dem berühmten Feuerwehrmann, dies hier ist sein Sohn." Und nun ist Red hier, in Jimmys dunklem, kühlem Wohnzimmer auf dem riesigen Bildschirm, lebensgroß, er packt seinen Aluminiumkoffer, fährt in dem roten Chevrolet Suburban seiner Firma zum Flughafen und sagt den Reportern irgend etwas über die schrecklichen Verluste an Menschenleben auf der „Piper Alpha".

„Ja, da ist er nun", meint Jimmy. „Er wird nie aufhören, der alte Knabe. Er würde es keine zwei Wochen aushalten, und es gibt auch niemanden, der so wie er mit einem Bohrlochbrand fertig wird. Das Rennbootfahren hat er ja auch nur aufgegeben, weil sie ihn nach dem letzten Rennen, das er übrigens mit einem Tempo von 160 Stundenkilometern gewonnen hatte, regelrecht aus seinem Boot heraushieven und ihn dann zu seinem Wagen tragen mußten. Er läßt noch immer keine Feier aus, fährt noch immer schnelle Autos und Boote. Ex und hopp! Das ist Daddy, wie er leibt und lebt. So war er schon immer, und so wird es bleiben."

Trotz aller Belastungen, denen ihr Verhältnis ausgesetzt war, und trotz der Widrigkeiten, die zwangsläufig entstehen, wenn man der Sohn eines berühmten Vaters ist, betrachtet der 48jährige Jimmy seinen Vater immer noch als sein Vorbild.

„Als ich ein Kind war, konnte ich weder über meine Probleme noch, was mich sonst so bewegte, mit ihm sprechen, weil er einfach nicht da war. Ich habe absolut keine Erinnerung an ihn. Tauchte er mal auf, brachte er einen Sack voller Spielzeug mit, und dann ging er wieder für einen oder zwei Monate fort. Die Einsätze dauerten damals viel länger, die Ausrüstung war primitiver, und Daddy war dabei, seine Sprengtechnik zu verbessern. Manchmal waren er und Kinley sechs bis acht Wochen mit einem Brand beschäftigt. Verdammt, ich denke, sie waren häufig sogar sechs oder mehr Monate unterwegs. Ich erinnere mich, daß ich zu Veranstaltungen, wo man üblicherweise mit seinem Vater hinging, immer mit meiner Mutter erschien. Entweder arbeitete er, oder er ging aus. Wenn er mit einem Job fertig war, besuchte er mit seinen Kumpels entweder Bars oder ging zu Autorennen und später zu Bootsrennen. Als er etwas mehr Zeit hatte, so um 1950 herum, fingen wir an, gemeinsam auszugehen. Das war, als er ein paar Dollars mehr verdiente und er mit mir zur Autorennbahn gehen konnte, zu den Serienwagenrennen. Seit sein Vater ihn als kleinen Jungen zu den Rennwagen mitgenommen hatte, die er gerade reparierte, war Daddy von Autos besessen. Und ich habe diese Autoleidenschaft geerbt. Jedenfalls kaufte sich Daddy einen Serienrennwagen, obwohl er es sich finanziell eigentlich nicht leisten konnte. Mir fällt ein, daß mir Mama ein paar passende Worte dazu sagte. Einige Rennen fuhr er selbst, und er war verdammt gut, aber dann ließ er andere für sich fahren. Wie alles, was er tat, mußte er auch hier gewinnen, und wenn man die meisten Punkte in einer Saison bekommen wollte, um die Bahnmeisterschaft zu gewinnen, mußte man auch jede Woche ein Rennen fahren, was er oft nicht konnte, weil er wegen eines Auftrags unterwegs war. Er hatte einige Fahrer, die für ihn fuhren, der beste von ihnen war ein Bursche namens Willy Williams. Wenn sein Auto nicht gewann, wurde es auseinandergenommen und sofort wieder zusammengesetzt. Sein erstes Auto war ein 37er oder 38er Chevrolet mit einem Sechszylindermotor. Der Wagen war ganz gut. Danach kaufte er ein 34er Coupé mit einer 49er Oldsmobile V8-Maschine. Dieses Auto war ein Glückstreffer für ihn. Er gewann damit mehrere Trophäen.

Auf den Rennbahnen war Daddy so richtig in seinem Element. Er brauchte diese Spannung, um Dampf abzulassen. Ohne Nervenkitzel ist er unglücklich. Er braucht ganz einfach diesen Adrenalinstoß. Deswegen geht er in seiner freien Zeit nach einem Job auf den Ölfeldern zu den Rennen. Wenn er selbst ein Rennen fahren kann, fühlt er sich wohl, wenn nicht, geht er wenigstens hinunter in die Boxen, wo es hektisch, laut und schmutzig ist. Das ‚turnt' ihn dann richtig an." (Jimmy Adair)

Houston, 1951

Als Reds Maschine am Samstagabend in Houston landete, war er seit vierzehn Stunden unterwegs. Er kam aus den dicht bewaldeten Bergen Nordkolumbiens und war zunächst mit einer einmotorigen Cessna bis Barranquilla geflogen. Die nächsten neunhundert Kilometer hatte er mit einer DC-3 der Ölgesellschaft über die Berge nach Caracas zurückgelegt, die restliche Strecke war er über Miami mit Linienflugzeugen geflogen.

In Barranquilla hatte er ein Bad genommen, trotzdem hing der Geruch von Rauch, heißem Öl und Spülflüssigkeit noch an ihm. Doch das interessierte Red nicht sonderlich. Es war ihm geglückt, seine Haut zu retten, und danach hatte es in Kolumbien eine Weile gar nicht ausgesehen. Es lag nicht an dem Bohrloch, daß er beinahe sein Leben verloren hätte, obwohl es ein schlimmer Brand gewesen war. Der Bohrturm befand sich an der Flanke eines Berges, und als die Quelle außer Kontrolle geriet, riß das hochschießende Öl die Hälfte der Bergseite mit sich und ließ einen Sumpf von Bohrschlamm, brodelndem Öl, Gesteinsbrocken und turmhohen entwurzelten Bäumen am Fuße des Berges zurück. Unaufhörlich sprudelte Gas über die Unglücksstelle, und drei Tage lang fiel ein Nebel von Destillaten wie feiner Regen herab. Als dann ein Tropengewitter aufzog, setzten die Blitze die Ölquelle in Flammen.

Red und Kinley sahen die Verwüstung, die Rauchwolken und die Flammen, als die Cessna der Ölgesellschaft auf einer ausgefahrenen Graspiste landete. Doch als sie den Boden berührte und ein Hagel von Pfeilen auf die ausrollende Maschine niederging, erkannten sie, daß das brennende Bohrloch nur einen Teil ihrer Probleme darstellte. Sie waren in kriegerische Auseinandersetzungen zwischen Indianern und der kolumbianischen Regierung hineingeraten, wobei die Indianer jeden Weißen als Gegner ansahen. Die Indianer waren mit Macheten und Blasrohren bewaffnet, durch die sie vergiftete Pfeile schossen, und sie überfielen immer wieder blitzartig Farmen und kleine Ansiedlungen im Magdalena-Tal. Die Kämpfe tobten stets einige Tage, dann herrschte wieder Ruhe.

„Beide Seiten schlugen mit Macheten aufeinander ein. Wir arbeiteten ganz in der Nähe des Flusses, was sehr günstig war, da wir so genügend Wasser in das Feuer pumpen konnten. Während wir arbeiteten, sahen wir Leichen vorbeischwimmen. Die

Gegend war gespenstisch, wir befanden uns regelrecht in der Wildnis, fernab von jeder Zivilisation. Wir hatten unser Lager neben der Landepiste aufgeschlagen, ungefähr eine Meile vom Bohrloch entfernt, und einer der Burschen der Ölgesellschaft bot mir ein Gewehr an.

Ich hatte mich entschieden, bei der Arbeit niemals eine Waffe zu tragen, insbesondere nicht außerhalb der Vereinigten Staaten. Schließlich kann man sich nicht den Weg aus einem fremden Land freischießen. Darum lehnte ich ab, aber ich dachte nach. Was, zum Teufel, würde mir ein Gewehr auch nutzen? Bei all dem Lärm aus dem Bohrloch würde ich es gar nicht merken, wenn ein Indianer aus dem Busch auftauchte und einen vergifteten Pfeil abschoß.

Diese Indianer waren eine ganz üble Bande, glauben Sie mir! An einem Tag sind sie freundlich zu dir, am nächsten töten sie dich. Es gab einen Farmer in der Nähe der Niederlassung, der gut mit ihnen auskam. Er hatte einen Garten, und sie konnten sich daraus nehmen, was sie wollten. Eines Tages wollten wir ihn besuchen und fanden den Ärmsten tot auf, von vielen Pfeilen durchbohrt.

Einen ganzen Monat lang arbeiteten wir Tag und Nacht, um das Bohrloch unter Kontrolle zu bringen und diesen Ort endlich verlassen zu können. Als wir das Feuer bereits gelöscht und den Ausbruch fast unter Kontrolle gebracht hatten, mußten wir die Arbeit abrupt abbrechen. Soldaten stürzten auf das Ölfeld und berichteten, daß die Rebellen im Anmarsch seien und wir höchstens zwanzig oder dreißig Minuten hätten, um der Hölle zu entkommen. Sie hatten einige kleine Flugzeuge, und Kinley und ich und einige andere Männer, die für die Ölgesellschaft arbeiteten, beschlossen auf der Stelle, den Ort zu verlassen. Der Rest der Mannschaft hielt die Warnung für falschen Alarm und entschied sich, dort zu bleiben. Kurz nachdem wir abgehoben hatten, kamen die Indianer aus dem Unterholz hervor und töteten jeden, der sich noch im Lager befand."

(Red Adair)

Tod und Zerstörung. Glühendheißes Öl fließt den Berg hinunter, gurgelt über die Stiefel wie schwarze Lava, verbrennt den Männern den Hosensaum und auch die Beine, wenn sie sich zu weit vom Wasserstrahl der Löschschläuche entfernen, während hinter ihnen aufgedunsene Leichen flußabwärts treiben. In der Nähe warten überall Giftpfeile, lauern feindselige Indianer im Urwald. Nachts kann man sie hören, wenn sie sich durch Rufe miteinander verständigen. Wer dies einen Monat lang ausgehalten hat, sehnt sich nach einem heißen Bad, einem Nickerchen im Schatten und einer friedlichen Mahlzeit zu Hause. Nicht so Red Adair! Er nicht! Er fliegt nach Houston zurück, ruft schnell Kemmie an, um ihr zu sagen, daß es ihm gutgeht, und fährt zur Autorennbahn, um sich zu vergewissern, daß sein Rennwagen in Ordnung ist. Kemmie hat sich mittlerweile daran gewöhnt. Sie weiß, daß er vielleicht am Abend nach Hause kommt, vielleicht aber auch erst später.

Kapitel 14

West-Texas, 1952

Odessa war zu dieser Zeit der Nabel im westlichen Texas. Dort lagerten unter der Erde genug Öl und Gas, um die amerikanische Industrie fünfzig oder hundert Jahre lang, vielleicht auch noch länger, auf Hochtouren laufen zu lassen. Es gab genügend starke, rauhbeinige und eigensinnige Kerle, ehemalige Cowboys, Desperados und Wanderarbeiter, Cajuns aus den Sümpfen von Louisiana, um das flüssige Gold aus der Erde zu holen. Die Ölfelder erstreckten sich von Fort Stockton und Pecos im Süden bis nach Brownsfield und Lubbock im Norden, von Sweetwater und Abilene im Osten bis nach Jal und Eunice, New Mexico, im Westen. Der Westen von Texas war noch immer ein wildes Land, rauh, offen und frei, die am wenigsten zivilisierte Gegend in den ganzen USA. Man überlegte es sich dort zweimal, bevor man jemandem in die Quere kam, ganz besonders dann, wenn es sich um einen Ölfeldarbeiter handelte. Noch in den fünfziger und den frühen sechziger Jahren wurden hier Konflikte mit einem doppelläufigen, extra langen 45er Revolver ausgetragen.

„Ich hatte immer meinen Colt zur Hand", sagte ein alter Ölfeldarbeiter, der im Westen für Cameron Iron Works arbeitete. Sein Name war Wiley Hodgens. „Alle waren damals bewaffnet. Hier brauchte man einfach eine Waffe. Ich habe sogar den Lauf aufgebohrt und mir eigene Patronen mit einer Mischung aus Schrot und Schwarzpulver zusammengestellt. Diese Geschosse hatten zwar keine besondere Reichweite, aber sie schlugen ein ganz schönes Loch durch alles, was man so gerade vor der Nase hatte."

Red fuhr durch den Westen von Texas, über das weite Land zu einem Ölfeld in Coyanosa. Er saß in dem schnellsten Wagen, den er je besessen hat, einem Lincoln-Coupé, Baujahr 1953, den er sich im Herbst 1952 zugelegt hatte. Der Wagen hatte zwei Vierlitervergaser, und die Maschine war mit allen technischen Finessen ausgestattet worden, um eine höhere Leistung zu erbringen. Die Auspufftöpfe des Lincolns röhrten bei der Fahrt so laut, daß man glaubte, auf der Rückbank spiele ständig jemand Kontrabaß. Die Radaufhängung des Wagens war verändert, und spezielle Stoßdämpfer waren eingebaut worden. Ein Hochleistungskühlsystem sorgte dafür, daß der Motor nicht heißlief. Auf einem langen und völlig ebenen Teilstück des Highways, der quer durch Texas verlief, brachte es der Wagen auf sage und schreibe 220 Stundenkilometer, solange der Fahrer es wagte, das Pedal durchzutreten.

Hinter dem Steuer zusammengekauert fuhr Red fast die gesamte Strecke in diesem Tempo, weil er möglichst schnell diese Quelle in Coyanosa erreichen wollte. Dort sah es, selbst für die Verhältnisse in West-Texas, sehr schlimm aus. Die Bohrung war richtiggehend explodiert. Der Bohrturm war wie eine Rakete in die Höhe geschossen, wieder auf den Boden aufgeprallt und von einem riesigen Feuerball verschlungen worden, den man noch in 130 Kilometer Entfernung von Bord eines Flugzeugs aus sehen konnte. Drei Arbeiter waren getötet worden, deren Leichen nie gefunden wurden. Weitere 130 mußten mit Verletzungen in ein Krankenhaus in Monahans gebracht werden.

Neben Red im Wagen saß ein Mann namens Rush Johnson, Seniorpartner von Rush Johnson & Partner. Die Firma bestand aus einem Team unabhängiger Schadenssachverständiger und arbeitete mit Lloyd's in London zusammen, die an der Versicherung von Bohrtürmen in der Welt beteiligt waren. Wenn eine Ölquelle außer Kontrolle geriet, Feuer fing oder unbrauchbar wurde oder wenn ein Bohrschiff sank, stellte Rush Johnson die Schadenshöhe fest und damit auch den Anspruch der Bohrfirma an die Versicherung. Es gehörte zu seiner Aufgabe, die

Ausgaben der Versicherung möglichst gering zu halten. Er wußte deshalb Red Adairs Arbeit zu schätzen, denn niemand auf den Ölfeldern achtete mehr als Red darauf, wertvolle Ausrüstung zu retten.

Red wurde entweder von der Ölgesellschaft oder von der Bohrfirma beauftragt, sich um einen Blow-out zu kümmern, und wenn er seine Arbeit beendet hatte, stellte er eine Rechnung aus. Lloyd's ihrerseits beglichen durch Rush Johnson ihre Verpflichtungen gegenüber den betroffenen Öl- oder Bohrfirmen, die davon wiederum Reds Honorar bezahlten. Reds Technik, einen Bohrturm von einer brennenden Quelle wegzuziehen, anstatt ihn einfach umzustürzen, wegzureißen oder im Meer versinken zu lassen, und seine Bereitschaft, zunächst dicht an einen Brand heranzugehen, um sich ein genaues Bild davon zu verschaffen, was noch gerettet werden konnte, hatten der Versicherung über die Jahre hinweg Millionen von Dollars eingespart. Deshalb diskutierte Rush Johnson niemals mit Red über die Honorare, die er für seine Arbeit berechnete. Ob er eine Rechnung über eine oder zwei Millionen Dollar einreichte oder ob er einen Job für einen unabhängigen Ölmann, der am Rande des finanziellen Ruins stand, gar nicht berechnete — Johnson wußte, daß Red sein Geld wert war.

Rush Johnson war auch Reds bester Freund. Dieser brillante Mann war rechtschaffen und gründlich, verfügte über einen sarkastischen Humor und einen scharfen Verstand. Red gab viel auf sein Urteil. Die beiden Männer hatten sich Ende der vierziger Jahre kennengelernt, und bis zu seinem Tode war Rush Johnson der einzige Mann, der Reds Entscheidungen beeinflussen konnte. Rush Johnson starb im Jahr 1980 an einem Herzschlag.

Rush Johnson war der einzige Mensch, dem Red sich anvertraute. Er war derjenige, mit dem Red über seine Eltern, über Kemmie und seine Kinder reden konnte. Er erzählte ihm, daß er sich um ihre Sicherheit sorgte, weil er täglich dem Tod ins Auge blickte. Ihm gestand er auch als einzigem, wie er mit der ständigen Todesgefahr umging. „Du versuchst ständig, bei der Arbeit nicht daran zu denken", sagte er einmal. „Aber du weißt ganz genau, daß der Tod da ist und auf dich wartet, vielleicht dauert es noch ein Jahr oder zehn Jahre, vielleicht holt er dich aber auch schon bei deinem nächsten Einsatz."

„Wenn ich einmal sterbe", sagte Red zu seinem Freund, nachdem er bei der Explosion einer Ölquelle an der Küste von Mosambik dem Tod nur knapp entronnen war, „dann möchte ich, daß man mich als einen Menschen in Erinnerung behält, der alle Menschen gleich behandelt hat. Wenn ich jemals jemanden verletzt habe, dann bestimmt nicht absichtlich. Ich möchte auch, daß man sich daran erinnert, daß ich meine Mitmenschen immer geachtet habe, daß ich ihre Arbeit respektiert habe. Das tun nicht viele Menschen, Rush. Viele sind so gewissenlos heutzutage, und das sollte nicht sein."

Dieses Gespräch fand viel später statt, nachdem Red schon etwa zwanzig Jahre lang im Geschäft war. Aber jetzt fuhren sie gerade durch die Nacht nach Westen, Richtung Coyanosa, und Rush redete auf Red ein. Er versuchte, ihn davon zu überzeugen, daß er sich selbständig machen sollte. Das war ein heikles Thema, denn Red erledigte damals schon fast alle Aufträge von Myron Kinley in eigener Verantwortung. Reds Hingabe an seinen alten Mentor war so groß, daß er nicht einmal darüber nachdenken wollte, Kinley zu verlassen. Das sollte noch sieben Jahre so bleiben.

An der brennenden Ölquelle wartete ein Mann auf Red Adair, den er noch nie getroffen hatte, der aber eines Tages sein volles Vertrauen gewinnen würde.

Der Mann war George Curry, und er saß kettenrauchend in der Baracke des Nachtwächters, eine Meile von dem Quellenbrand entfernt. Sein Stuhl stand nur auf zwei Beinen und lehnte gegen die Wand. Er war 1,83 Meter groß und kräftig, und sein Gesicht war verwittert wie eine gegerbte Lederhaut. An seiner rechten Hand fehlten zwei Finger und von einem dritten die Kuppe. Er hatte seine Finger 1932 verloren, als eine Sprengladung direkt in seiner Hand explodiert war. Er hatte damals einen Baumstumpf aus der Erde sprengen wollen und dabei die Zündschnur an der Dynamitstange zu kurz bemessen. Die Explosion trieb außerdem noch ein paar Splitter zwischen seine Rippen, und da es zu der Zeit noch kein Penizillin oder andere Antibiotika gab, wurden seine Wunden mit Jod und Terpentin behandelt. Es dauerte ganze achtzehn Monate, bis sie völlig verheilt waren.

Sein Gang war linkisch und wirkte irgendwie unkoordiniert, aber das störte niemanden, denn wenn er hinter dem Steuer eines Raupenfahrzeugs saß, konnte er seine wahre Virtuosität unter Beweis stellen. Er arbeitete als Caterpillarfahrer für Shorty Hall, ein Transportunternehmen, das auf die Errichtung, Demontage und den Transport von Bohrtürmen spezialisiert war. Er war von Odessa nach Coyanosa geholt worden, weil kein anderer der acht Bulldozerfahrer, die dort eigentlich arbeiteten, sich an den Brand herantraute. Als man ihn fragte, ob er es schaffen könnte, hatte er geantwortet: „Verdammt, natürlich! Kein Problem für mich." Er hatte eine 21jährige Frau und seine Schwiegermutter zu versorgen und konnte den Extraverdienst gut brauchen.

Kurz nachdem sich Red und er auf dem Ölfeld in Coyanosa kennengelernt hatten, nannte Red ihn wegen der Fingerverletzung bereits „Three-finger-George" oder einfach nur „Threefinger". Der Spitzname blieb an ihm haften und war während der nächsten dreißig Jahre auf sämtlichen Ölfeldern in der Welt gleichbedeutend mit höchster Präzision, wenn es um das Steuern eines Raupenfahrzeugs während der Bekämpfung von Bohrlochbränden und Blow-outs ging. George Curry war mit seiner Arbeit hinter dem Steuer eines Caterpillars so verbunden, daß ein Bulldozer dieser Firma 1984 seinen Beerdigungszug anführte.

Ein Bulldozerfahrer erfüllt eine wichtige Funktion bei der Bekämpfung von Blow-outs, denn er ist derjenige, der erst einmal sämtlichen Schrott und eventuell auch die Überreste eines zerstörten Bohrturms von der Quelle wegzuräumen hat. Diese Arbeit ist erforderlich, damit sich heiße Metallgegenstände nicht wieder entzünden und dadurch die Quelle erneut in Brand setzen können, wenn das Feuer zuvor schon gelöscht, die Bohrstelle aber noch nicht abgedichtet ist und weiterhin Öl, Gas oder Destillate austreten. Der Bulldozerfahrer hat auch die Aufgabe, die Sprengladung, die Red Adair benutzt, um das Feuer zu ersticken, an der Bohrlocheinfassung anzubringen. Dabei bewegt er sich immer mit dem Rücken zur Quelle, während Red oder einer seiner Männer das Feuer genau im Auge behält und ihn gleichzeitig sorgfältig mit Handzeichen einweist. Ein dreiseitiger Hitzeschild an seinem Fahrzeug schützt ihn vor den hohen Temperaturen, außerdem nähert er sich meistens mit dem Wind, um dadurch soviel Rauch und Hitze wie möglich von sich fernzuhalten.

Es verlangt sehr viel Feingefühl, ein Raupenfahrzeug in der Nähe eines Quellenbrandes zu steuern. Der Fahrer muß nicht nur ohne eigene Sicht rückwärts fahren, sondern auch noch einen Anhänger manövrieren, der an den Bulldozer angekoppelt ist. Diesen Anhänger, einen fahrbaren Kran, der vom Raupenfahrzeug aus bedient wird, hat Red speziell zur Brandbekämpfung auf den Ölfeldern entwickelt. Er bestand zunächst aus einem zweirädrigen Karren, an den ein langer Mast montiert war. Red kam 1941 bei einem Quellenbrand auf diese Idee. Die Arbeiter sagten ihm, daß das Feuer zu heiß sei, um an die Brandstelle zu gehen und ein geborstenes Ventil zu entfernen. Da entdeckte Red auf der Bohrstelle einen Anhänger mit zwei Rädern, trug ein paar Rohrlängen und einen großen Haken zusammen und ließ sich von einem Schweißer die Rohre an den Anhänger montieren. Dann schob er den Karren von Hand an die brennende Quelle heran und versuchte mit Bewegungen, die an das Angeln von Fischen erinnerten, das Ventil an den Haken zu bekommen, was ihm letztendlich auch gelang. Mit den Jahren vervollkommnete Red seine ursprüngliche Entwicklung. Er tauschte die Räder gegen Raupenketten aus und fügte eine Fernbedienung hinzu, die es dem Fahrzeugführer ermöglicht, den Ausleger und den Haken von seinem Führerstand auf dem Caterpillar zu bedienen. Aber trotzdem hat der Raupenfahrer noch immer alle Hände voll zu tun. Um sich besser vorstellen zu können, worauf sich ein Raupenfahrer bei einem solchen Einsatz einläßt, muß man bedenken, daß er so nahe an das Feuer herankommt, daß sich seine Gesichtshaut anfühlt, als würde sie schrumpfen.

Ein D-9-Caterpillar ist das größte Gerät, das von der Caterpillar Tractor Company hergestellt wird, es mißt in der Länge 8,23 Meter, ist 3,35 Meter hoch und wiegt mehr als 45 000 Kilogramm. Von einem Ende zum anderen hat die Schaufel eine Breite von fast 6,80 Metern. Als Red Three-finger-George einen D-9-Caterpillar fahren sah, wußte er sogleich, daß er es mit dem besten Raupenführer zu tun hatte, den er je getroffen hatte. Er war in der Lage, damit Pirouetten wie eine Primaballerina beim Ballett zu drehen. Im Rückwärtsgang schaffte er es bis zu fünfzigmal in einer Spur, etwa fünfzehn Zentimeter vor dem Abgrund einer Grube mit kochendem Öl zum Stehen zu kommen. Er konnte den Caterpillar ein paar hundert Meter parallel zu einem Hochdruck-Wasserschlauch an einen Quellenbrand heransteuern, wobei der Abstand zu dem Schlauch nur etwa zwei Zentimeter betrug.

Chevron hatte einmal einen Quellenbrand auf einer Bohrinsel in der Mündung des Mississippi. Da es keine Möglichkeit gab, mit einem Schwimmkran dicht genug an das Bohrloch heranzukommen, wurde die Firma Brown & Root, die auf den Bau von Off-shore-Plattformen spezialisiert ist, beauftragt, eine zweite freitragende Plattform zu bauen, die achtzehn Meter hoch über dem Wasser direkt neben der brennenden errichtet wurde. Mit sechzig Meter Länge und zwölf Meter Breite kam die freitragende Plattform mehr einer Brücke gleich. Aber als der erfahrenste Raupenfahrer von Brown & Root das Gerüst prüfend ansah, schüttelte er den Kopf und sagte: „Ich fahre seit Jahren Bulldozer, aber so verrückt bin ich nicht. Auf keinen Fall fahre ich mit so einem Ding darüber. Da müssen Sie schon jemand anderen holen."

„Und was machen wir jetzt?" fragte der Ingenieur von Chevron Red Adair. „Ich kenne da einen alten Burschen aus Odessa in Texas", sagte Red. „Wir nannten ihn Three-finger-George. Der macht das bestimmt."

Also riefen sie George Curry an, der den Job natürlich annahm. Er bugsierte das Raupenfahrzeug mit dem Krananhänger vorwärts und rückwärts über die brückenartige Plattform, die ölverschmiert war und vom Wind hin und her schwankte. Zwölf Meter Breite ist unter diesen Umständen nicht viel, selbst für den besten Caterpillarfahrer der Welt nicht, und von Zeit zu Zeit hingen die Raupenketten über den Rand der Plattform hinaus. Manchmal hüllte der Rauch des Feuers ihn auch so stark ein, daß er fast blind arbeiten mußte, aber er hatte das Gefühl für das Gleichgewicht seines Fahrzeugs im Blut und gab nicht auf. Er dachte vielleicht einen Moment daran, aber er wollte Red nicht hängenlassen.

Als das Feuer erstickt und die Bohrung abgedichtet war, fragte ein Reporter Three-finger-George, warum er den Auftrag angenommen habe. „Haben Sie das aus Abenteuerlust getan? Oder war es wegen des Nervenkitzels?" — „Nervenkitzel? Bist du verrückt, mein Junge? Ich hab's wegen des Geldes getan", erklärte ihm George. „Ich schlafe nicht gerne mit einer hungrigen Frau." Das war im Jahr 1978, damals war Three-finger-George 68 Jahre alt.

Bei ihrem ersten Zusammentreffen auf dem Ölfeld in West-Texas in Coyanosa brauchte Red nicht lange auf einen Beweis von Georges Fahrkünsten zu warten. Das Feuer war so heiß, daß ein Teil der stählernen Arbeitsplattform geschmolzen und abgesackt war. Dabei war ein großer Dieselgenerator vom äußeren Rand der Plattform direkt an die Bohrlocheinfassung gerutscht. Wenn Red nicht noch vor der Brandbekämpfung zuallererst den Generator entfernen ließ, würden sich das spuckende Öl oder die Destillate an dem glühendheißen Metall wieder entzünden können. Three-finger-George näherte sich rückwärts der brennenden Quelle und ließ den Haken über dem Generator herab. Es gelang ihm auch mehrmals, ihn einzuhängen, aber jedesmal, wenn die Maschine den Rand der Plattform erreicht hatte, rutschte sie wieder vom Haken.

Red gab George ein Signal, von der Brandstelle weg zu einem Ort zu fahren, wo sie sich abseits des Lärms miteinander verständigen konnten. „Three-finger, kannst du mich am Rand der Plattform absetzen?" fragte Red ihn. „Klar kann ich dich dort hinbringen", antwortete er, „wenn du unbedingt dahin willst, aber, das wird verdammt heiß da oben, Mann." — „Das weiß ich nur zu gut", erwiderte Red.

Sie verwendeten drei Hochleistungswasserwerfer, die eine Leistung von 20 000 Litern pro Minute erreichen konnten, aber sie pumpten das Wasser mit geringerem Druck, um Red nicht umzuwerfen, George Curry konnte ihn durch den Nebel von Wassertropfen und verdunstendem Wasser genau sehen, Red trug seinen Schutzhelm, einen roten Overall und kauerte unter einer dreißig Kilogramm schweren Kette aus Stahlgliedern, die er sich über den Rücken gelegt hatte. Langsam, Handbreite um Handbreite, kletterte er an dem nassen und rutschigen Mastbaum hoch, der bald so heiß wie ein Schornstein im tiefsten Winter würde. Er schlang seine Beine um das Rohr des Mastes und zeigte mit einer Hand auf den Dieselgenerator.

George Curry konnte alles genau sehen, denn der Kranwagen war dieses Mal vor den Bulldozer gespannt, da es niemanden gab, der ihn einweisen konnte, nachdem Red eine andere Aufgabe übernommen hatte. George fuhr jetzt also vorwärts anstatt rückwärts auf die Quelle zu, und Red hing an dem Mastbaum, vielleicht sechs Meter über der Erde. Langsam ließ George ihn in Richtung auf das Feuer ab. Three-finger wußte, daß Red auf die Plattform aufschlagen oder vielleicht direkt in das Feuer fallen und ganz sicher ums Leben kommen würde, wenn der Bulldozer jetzt ruckte oder er den Mastbaum schlagartig absenkte. Dann kam Red auf der abgeknickten Plattform auf, bewegte sich unter dem schützenden Strahl der Wassermassen vorwärts und verankerte die Kette an dem Generator. Er arbeitete schnell, aber nicht in Panik. Verdammt, muß das heiß sein, dachte Three-finger-George, denn trotz des Löschwassers schmolzen Reds Schuhsohlen, und sein Hosensaum hatte Feuer gefangen. Dann löschte das Wasser das Feuer an seinem Hosenbein. George sah einen Moment lang weg, um die Kette an den Haken zu nehmen, und als er zurück zu Red schaute, hatten die Hosen erneut Feuer gefangen. Darum kann ich mich jetzt nicht kümmern, dachte er wieder, ich muß den Generator wegschaffen. Langsam und vorsichtig zog er die Maschine zum Rand der Plattform, und dabei fiel ihm ein: Mein Gott, was macht Red jetzt bloß? Wie kommt er jetzt da runter? Und dann sah er ihn: Vom Dunst halbverborgen, hing er mit einem Arm am Kranbaum und zeigte mit einer Hand gen Himmel.

„Du hast es geschafft, alter Junge. Also, aufwärts jetzt!" rief George voller Freude und hob den Mastbaum an, dann fuhr er behende mit dem Raupenfahrzeug rückwärts durch den aufgewühlten Schlamm.

George Curry erledigte später noch 225 weitere Jobs für Red Adair. Er sah, wie Red auf ein Feuer zuging, um es herum und auch mittendurch ging, aber er blieb immer ganz ruhig, wie ein schlafendes Baby in seiner Wiege.

George sah ihn mit Atemschutzmaske und Sauerstoffflaschen auf dem Rücken arbeiten, in Alaska bei Temperaturen von minus 55 Grad Celsius und an Gasquellen, die giftige Gase wie zum Beispiel Schwefelwasserstoff verströmten. Wenn man das Zeug dreißig Sekunden lang einatmete, konnte man tot sein. Er war dabei, als Red mit so stark geröteten Augen von einem Einsatz kam, daß man glaubte, sie würden vor Hitze glühen. Er mußte einmal mit ansehen, wie sie ihn ohnmächtig von einer Schwefelwasserstoff-Quelle wegtrugen; doch als Red wieder zu sich kam, trank er ein Glas Wasser und ging wieder an die Arbeit. George sah viel in all den Jahren, aber den Einsatz in Coyanosa vergaß er niemals. „Das war das Tollste, was ich jemals bei ihm gesehen habe, das Mutigste", erzählte er später allen Leuten, „weil er ja nicht auf dem Boden stand. Er hatte keinen Ausweg. Er hing da oben in der Luft und war auf Gedeih und Verderb der Ölquelle und meinem Caterpillar ausgeliefert. Das ist vielleicht ein tapferer Höllenhund, kann ich euch sagen."

Der Lincoln, Baujahr 1953, war rot lackiert wie alle anderen Wagen von Red. Die Leute dachten immer, das hätte mit seinem Spitznamen Red zu tun, den er wegen seiner roten Haare erhalten hatte. Das mag für die späteren Jahre zugetroffen haben, aber im Anfang geschah es aus ganz praktischen Erwägungen. Die rote Farbe diente als Erkennungszeichen. Red und Myron mußten oft irgendwo auf der Straße ausfindig gemacht werden, um ganz schnell zu einem Notfall fahren zu können. Damals, in den Jahren vor der Erfindung des Autotelefons, gab es kaum rote Fahrzeuge, da rote Wagen extra bestellt werden mußten. Adair und Kinley waren deshalb in ihren roten Wagen selbst bei hoher Geschwindigkeit leicht auf den Straßen und Highways auszumachen.

Nehmen wir einmal an, Kinleys Büro in Houston wußte, daß Red gerade einen Job in Ardmore, Oklahoma, erfolgreich abgeschlossen hatte und schon auf dem Rückweg nach Süden in Richtung Houston war. Kam dann ein Hilferuf aus Mineral Wells, 150 Kilometer westlich, würde sich das Büro mit dem Sheriff in Gainesville in Texas oder mit der Highway-Patrouille in Denton in Verbindung setzen. Die Gesetzeshüter wurden gebeten, nach Red Adairs rotem Cadillac oder Lincoln Ausschau zu halten, was diese gerne taten. Denn Red war mittlerweile in diesem Teil der USA sehr bekannt, und die Polizisten genossen es, quasi zu seinem Team zu gehören. Zum anderen hatten es sich Red und Kinley zu eigen gemacht, jeder Wohltätigkeitseinrichtung der Polizei entlang der Golfküste und im Südwesten jährlich einen Betrag von 25, später fünfzig, Dollar zukommen zu lassen. Das kostete die beiden ein paar tausend Dollar im Jahr, aber diese Spende sparte ihnen eine Menge Zeit ein.

Die Highway-Patrouille brauchte etwa anderthalb Stunden, um den 53er Lincoln zu erreichen, der von Coyanosa nach Osten raste, und es war ihr nur mit Hilfe eines Polizeiflugzeugs gelungen, ihn überhaupt einzuholen. „Mein Gott, Red", sagte der Pilot, der schon etwa zehn Minuten lang in nur zwei Meter Höhe neben Red hergeflogen war, um seine Aufmerksamkeit zu erwecken, „was haben Sie denn da für eine Maschine? Sie sind etwa 210, manchmal sogar 220 Sachen gefahren. Es gibt keinen einzigen Polizeiwagen in ganz Texas, der so schnell fährt. Aber Sie kehren jetzt am besten um, da brennt schon wieder so eine verfluchte Ölquelle, genau da, wo Sie gerade herkommen. Muß ziemlich schlimm sein."

Also fuhr Red wieder zurück. Als er am folgenden Tag seinen Plan entwickelte, wie der Quellenbrand am besten zu bekämpfen war, bekam er Besuch vom Sheriff von Monahans, Texas. „Ich habe von Ihrem Wagen gehört", sagte der Sheriff zu ihm, „ich habe auch gehört, daß er schneller als alle anderen auf der Straße ist." — „Der Wagen ist ziemlich schnell, Sheriff", erwiderte Red. „Der schnellste, den ich je gefahren habe." — „Nun, Red, ich wollte mal fragen, ob ich den Wagen mal ausprobieren darf", fuhr der Sheriff fort. „Bedienen Sie sich, Sheriff", sagte Red und gab ihm die Schlüssel. „Bis ich aufgebaut und die Quelle unter Kontrolle habe, vergehen bestimmt vier, fünf Tage. Vorher brauche ich den Wagen nicht. Gönnen Sie sich mal ein bißchen Spaß."

Damals gab es in der Gegend um Coyanosa ein paar Schwarzbrenner, die ihre Destillierapparate irgendwo in den Bergen im Süden versteckt hatten und ihren Stoff in Midland oder Odessa und noch weiter östlich an den Mann brachten. Seit einem Jahr war der Sheriff hinter diesen Burschen her, aber sie konnten ihn immer wieder abhängen, weil ihre Wagen schneller als die Polizeifahrzeuge waren. Zwei Tage, nachdem er sich Reds Lincoln ausgeliehen hatte, brachte der Sheriff ihn zurück und strahlte über das ganze Gesicht wie ein Honigkuchenpferd. „Der Wagen ist wirklich ziemlich schnell", lautete sein einziger Kommentar.

Wenn der Blow-out keine Todesopfer gefordert hatte, war es üblich, am Abend nach der erfolgreichen Abdichtung der Bohrung ein Fest zu feiern. Für Unterhaltung wurde immer gesorgt, und manchmal ging es wie bei einem Staatsbankett zu, wenn Polizisten, örtliche Würdenträger und Vertreter der Ölgesellschaft daran teilnahmen. Die Atmosphäre und der Stil dieser Feierlichkeiten hingen natürlich immer von dem jeweiligen Ort ab.

Das Fest, das den erfolgreichen Einsatz in Coyanosa abschließen sollte, fand in Form eines Pokerspiels statt, bei dem eine falsche Bewegung so fatal sein konnte wie bei einem traditionellen Stammesessen im Nahen Osten. Das Spiel wurde in einer Jagdhütte in den Bergen südlich von Crane ausgetragen. Da es schon zwei Stunden nach Abschluß der Arbeiten auf dem Bohrgelände begann, waren einige Arbeiter noch über und über mit Dreck und Öl beschmiert, wogegen andere umgezogen und mit perfekt sitzenden Stetson-Hüten erschienen.

Während des Spiels, das bereits neun Stunden dauerte, tranken sie guten schwarzgebrannten Whiskey. Nur einmal hatten sie das Spiel für ein Abendessen mit Wildbraten und Bohnen unterbrochen. Um Mitternacht, als das Spiel fast zu Ende war, wurden die Karten für einen Stud Poker ausgeteilt, und nachdem alle Karten auf dem Tisch lagen, waren von sieben Spielern nur noch zwei übrig. Einer der beiden war ein Driller aus Kermit an der Grenze zu New Mexico, der vor sich ein Paar Damen offen auf dem Tisch liegen hatte. Der andere war Red Adair, der einen Straight zu haben schien, woran sein Gegenüber aber nicht glaubte. Auf dem Tisch lagen viertausend Dollar. Es war an Red zu erhöhen. Er legte fünf Einhundertdollarnoten vor sich auf den Tisch.

„Du bluffst nur", sagte der Driller, „aber ich habe kein Geld mehr. Ich sag' dir, was ich mache. Ich setze eine Nacht mit meiner Alten gegen eine Fahrt mit deinem neuen Lincoln ein, von dem die Leute sagen, das er so schnell ist. Und wenn du willst, kannst du sie auch 'ne ganze Woche behalten, wenn dir danach ist."

Niemand in dem Raum rührte sich, abgesehen von Rush Johnson, der sich eine Zigarette anzündete und über das ganze Gesicht grinste. Er hatte zwei Riesen im Spiel gewonnen, aber nach einer Weile wäre er lieber schon nach Houston zurückgefahren. Jetzt freute er sich, daß Red und er noch etwas geblieben waren. Er sah Adair an, wie alle anderen auch, und schließlich sagte Red: „Ich habe deine Frau noch nie im Leben gesehen, aber ich wette, daß sie mehr Meilen drauf hat als mein Wagen. Das Spiel ist Cash oder Crash, Partner."

Rush Johnson verschluckte beinahe seine Zigarette. Es war eine Sache, ein Gebot beim Pokern nicht zu akzeptieren, aber es war eine ganz andere, die Frau eines Ölfeldarbeiters in West-Texas zu beleidigen. Der Ölmagnat aus Midland, dem die Jagdhütte gehörte, nuckelte nervös an dem Diamantring an seinem kleinen Finger, warf einen Blick hinüber zur Wand und fragte sich, wie lange er wohl brauchte, um zu seinem Waffenschrank zu kommen. Der beste Freund des Drillers, ein Tool-pusher, mit dem er jeden Morgen fast dreihundert Kilometer zur Arbeit fuhr, war 2,03 Meter groß. Er hatte seinen Revolver im Wagen zurückgelassen und den ganzen Abend schallend über Reds Witze gelacht, aber er trug immer noch sein Messer bei sich, und der Ölmann bemerkte, daß er nicht einmal mehr lächelte.

„Aber ich sage dir, was ich machen werde, weil du mir die ganze Zeit zur Seite gestanden und mir geholfen hast, das Feuer kleinzukriegen", sagte Red und nahm vier Scheine vom Tisch. „Ich setzte nur einen Hunderter, damit du sehen kannst, ob ich einen Straight habe oder nicht."

Die Leute nannten ihn einen Glücksspieler, seit er als Sechsjähriger in der Küche im Kinderheim von dem Koch seine Extraportion bekommen hatte, seit er drei Minuten vor einer Explosion vom Rand einer indonesischen Ölquelle weggegangen war. Wenn die Leute hörten, wie weitschweifig Red erzählte, konnten Sie kaum glauben, daß Adair genau wußte, was er tat. Selbst nachdem einige von ihnen gesehen hatten, mit welcher Präzision er bei seiner Arbeit vorging, hielten sie ihn für einen wirklichkeitsfremden Tagträumer, einen, dem das Glück in den Schoß fiel.

Über zwanzig Jahre hatte Red in seinem Gepäck immer ein fünfzehn Meter langes Seil. Er wollte es benutzen, falls in seinem Hotel Feuer ausbrechen sollte und er sich aus dem Fenster retten müßte. Glücklicherweise hat er es nie gebraucht, aber wenn er es jemals hätte benutzen müssen, um sich in Sicherheit zu bringen, dann hätten die Leute bestimmt wieder gesagt: „Ist das ein Glückspilz!" Und genau das sagte Rush Johnson in den ersten drei Stunden ihrer Heimfahrt nach Houston immer wieder zu ihm.

„Mann, du hast wirklich ein Glück, Red. Wenn der Kerl nicht noch diesen Hunderter im Stiefel stecken gehabt hätte, hätten wir ganz schön alt ausgesehen. Wir hätten uns den Weg freischießen müssen, aber keiner von uns hatte eine Waffe dabei. Bitte, tu so etwas nicht noch einmal." — „Nein, nie mehr. Ich verspreche es dir. Du hast mein Wort darauf", sagte Red. „Ich hatte doch wirklich viel Glück, nicht wahr?" Und er erzählte seinem Freund nicht, daß er beobachtet hatte, wie sich der Driller den Hundertdollarschein vor dem Spiel in den Stiefel gesteckt hatte. Wenn sie alle um ihn herum ihre Augen nicht offenhalten konnten, dann war das ihre Sache. Für ihn war es wichtig, überlebenswichtig, niemals seine Augen zu schließen. Sonst wäre er längst nicht mehr am Leben.

KAPITEL 15

Ich habe niemals Angst gehabt, wenn Red draußen in den Ölfeldern war, wahrscheinlich, weil ich nicht genau wußte, was dort vor sich ging. Niemand von außerhalb wußte in jenen Tagen, was auf den Bohrstellen wirklich passierte, denn die lagen ja meistens mitten im Nichts, und die Presse berichtete fast nie darüber.

Ich wußte, daß Arbeiter verletzt worden waren. Ich wußte, daß es ein gefährliches Geschäft war. Ich wußte auch, daß schon Männer getötet worden waren. Red trug auf den Ölfeldern immer einen Schutzhelm aus Stahl. Ein Stück ist mal herausgebrochen, als ein Schraubenschlüssel auf den Helm fiel. Ich habe immer geglaubt, Red würde sich an den Beinen verletzen, wenn er mal einen Unfall erleiden sollte. Vielleicht hing das mit Mister Kinleys Beinverletzung zusammen. Als Mister Kinley im Januar 1953 bei mir anrief, um mich von Reds Arbeitsunfall zu unterrichten, habe ich sofort gedacht: Jetzt hat er ein Bein verloren. Zum Glück war es nicht so, aber ich habe es sofort gedacht.

Kemmie Adair

Englewood, Kalifornien, 1953

Es war am Neujahrstag, Red und Kinley brauchten nur noch etwa dreißig Minuten, um die letzten Arbeiten an einer in Brand geratenen Gasquelle gegenüber der Hollywood-Autorennbahn auszuführen. Sie hielten sich schon eine Woche dort auf, hatten die Ausbruchstelle aufgeräumt, das Feuer zum Erlöschen gebracht und die alten undichten Ventile an der Bohreinfassung entfernt. Jetzt mußten sie nur noch ein neues Ventilsystem auf die Bohrung aufsetzen. Es lagen noch dreißig, vielleicht auch vierzig Minuten Arbeit vor ihnen, obwohl der Schlamm um die Bohrung knöcheltief war und immer noch Bohrflüssigkeit zusammen mit Sand und Steinen aus der Quelle in die Luft gespuckt wurde.

Red watete durch den Matsch zum Bohrlochkopf, er zog eine Stahltrosse hinter sich her, die an einem Kran befestigt war. Dann ging er hinüber zu dem Kranfahrer, um ihm zu erklären, was er zu tun habe. Der Kranführer hatte Silvester viel getrunken und war noch nicht wieder nüchtern. Red konnte es an seinem Atem riechen. Aber Adair wollte die Arbeit endlich abschließen, denn wieder einmal — es mußte bereits das zehnte Mal sein, seitdem er auf den Ölfeldern arbeitete — war er über Weihnachten und Neujahr von Houston weg gewesen. Er wollte endlich nach Hause fahren. Deshalb sah er darüber hinweg, daß der Kranführer gegen die Bestimmungen bei Einsätzen an ausgebrochenen Quellen verstoßen hatte.

Der Kranführer lehnte sich aus seinem Führerhaus hinaus, um besser verstehen zu können, was ihm Red zurief, und dabei setzte er versehentlich den Drehmechanismus des Führerhauses in Bewegung. Mit einem Ruck schwang die Kabine herum und quetschte Red zwischen sich und dem Maschinenunterteil des Krans ein. Sein Becken wurde gebrochen und sein Kopf so weit nach hinten gepreßt, daß er die Schulterblätter berührte. Ein Ingenieur, der Zeuge des Unglücks geworden war, schrie so lange, bis ihn der Kranführer endlich hörte und die Kabine augenblicklich in die entgegengesetzte Richtung drehte. Red wurde befreit und durch die plötzliche Gegenbewegung in den Schlamm geschleudert. Wenn der Kranführer nur einen Moment länger gewartet hätte, wäre Reds Genick gebrochen.

„Ich war die ganze Zeit bei Bewußtsein. Ich war vielleicht wütend, als erstes wollte ich den Kranführer verprügeln. Ich habe geflucht und wollte aus dem Schlamm aufstehen, aber ich konnte mich nicht bewegen. Da kapierte ich erst, wie schwer ich verletzt war. Mein Becken war zertrümmert, meine Hüfte war ausgerenkt, und dieser verfluchte Kran hatte mir das Rückgrat aufgeschlitzt. Zum Glück hatte ich gerade vorher noch meine Blase entleert, sonst wäre sie geplatzt, und ich wäre gestorben.

Nachdem sie mich ins Krankenhaus gebracht hatten, renkten sie mir die Hüfte wieder ein und flickten mich zusammen. Ich bekam einen Spätschock, zitterte wie Espenlaub und fror noch. Ich phantasierte, ich sah mich immer tiefer und tiefer fallen, aber ich konnte jedes Wort verstehen, was im Raum gesprochen wurde. Eine Krankenschwester sagte plötzlich: ‚Ich glaube, er atmet nicht. Er ist tot.' Ein Arzt in einem weißen Kittel beugte sich über mich, und das ist das letzte, woran ich mich erinnere.

Als ich wieder zu mir kam, klebten überall Pflaster, und meine Arme waren voller Infusionsnadeln. Ich sah einem Arzt ins Gesicht, der zu mir sagte: ‚Sie haben uns ja ganz schön zum Narren gehalten. Wir hatten schon geglaubt, Sie wären tot.' — ‚Doktor, ich sage Ihnen, ich habe alles mitbekommen, was hier passiert ist.' Er antwortete nur: ‚Quatsch.' Und dann erzählte ich ihm, daß die Röntgenschwester eine dunkelhaarige Deutsche gewesen sei. Er konnte es gar nicht glauben und mußte mir recht geben. Später teilten sie mir mit, daß ich nicht mehr würde laufen können. Ich erwiderte darauf: ‚Nun, ich habe Sie einmal zum Narren gehalten, warum nicht auch ein zweites Mal.'"

(Red Adair)

Kemmie flog sofort nach Kalifornien, nachdem Kinley sie über den Unfall informiert hatte. Kinley hatte am Telefon geweint. Sie hatte ihn noch nie weinen hören, und von dem Moment an, als sie Houston verließ, war sie wie versteinert. Zwei Wochen lang saß sie in Reds Krankenzimmer und fühlte sich schrecklich hilflos und allein. Sie wohnte in einem Hotel in der Nähe des Krankenhauses. Sie hatte noch nie allein in einem Hotel gewohnt, und sie war noch nie so weit von zu Hause entfernt gewesen, daß sie nicht abends zu ihren Kindern zurückkehren konnte. Selbst als sie im Trio öffentlich gesungen hatte, war sie niemals über Nacht von zu Hause fortgeblieben. Wenn sie jetzt abends aus dem Krankenhaus kam und die Tür ihres Hotelzimmers hinter sich schloß, hatte sie das Gefühl, ganz allein auf der Welt zu sein.

Die Ärzte sagten ihr, daß sie Infektionen befürchteten und daß Reds Blut nicht in Ordnung sei. Wenn sie ihm Infusionen gaben, zeigte er allergische Reaktionen und begann am ganzen Körper zu zittern. Er hatte schreckliche Schmerzen, und je mehr er zitterte, desto stärker wurden seine Schmerzen. Das ging tagelang so. Dann besserte sich sein Zustand wie durch ein Wunder. Noch immer hatte er große Schmerzen, aber das Fieber sank, und die Ärzte waren jetzt sicher, daß er durchkommen würde.

Nach zwei Wochen flog Kemmie nach Houston zurück. Red mußte zwei weitere Monate in Kalifornien im Krankenhaus bleiben. Schließlich hatte sich sein Zustand soweit gebessert, daß er im Zug in Begleitung einer Krankenschwester nach Hause fahren konnte. Sein Hausarzt, Dr. Tuttle, ein persönlicher Freund der Familie, bestand aber darauf, daß er zunächst noch im Krankenhaus in Houston blieb. Zunächst steckte Dr. Tuttle Red in ein Stahlkorsett. Später konnte er sich mit Hilfe eines Laufstuhls wieder etwas bewegen. Nachdem er aus dem Krankenhaus entlassen worden war, bauten ihm seine Kumpel eine Rampe hinter dem Haus in den Hof, damit er ihnen zusehen konnte, wenn sie an seinem Serienwagen bastelten.

Darüber wurde Kemmie schließlich wütend, denn sie hatte nie viel für seine Meute von der Rennbahn übrig gehabt. Sie hielt die meisten einfach für grob und ungehobelt, nur allzu gerne bereit, etwas von Red zu schnorren. Sie nahmen sein Geld, seinen Wagen, sein Werkzeug und aßen sich durch, aber nicht ein einziges Mal kam etwas von ihnen zurück. Sobald sie hörten, daß Red wieder in der Stadt war, hingen die Burschen von der Rennbahn mitsamt ihren Freunden wieder um das

Haus herum und warteten auf die üblichen Zuwendungen. Jetzt war allerdings nichts oder nicht mehr viel zu holen.

Vielleicht schätzte Myron Kinley Red ja wie seinen Sohn, aber er ließ ihm keine finanzielle Unterstützung zukommen, nachdem er verunglückt war. Kemmie und Red erhielten nur einen wöchentlichen Scheck über vierzig Dollar von der Berufsunfähigkeitsversicherung. Damit mußten sie den Lebensunterhalt der Familie bestreiten sowie die Arzt- und Krankenhausrechnungen bezahlen. In kürzester Zeit hatten sie all ihre Ersparnisse auf der Bank durchgebracht, und Kemmie war sogar gezwungen, die tausend Dollar anzugreifen, die sie von ihrem Vater als Notgroschen bekommen hatte.

Die finanziellen Schwierigkeiten der Adairs erreichten ihren Höhepunkt, als Red fast ihr gesamtes letztes Geld für eine neue Nockenwelle an seinem Wagen ausgab. An dem Abend, an dem die neue Welle geliefert wurde, ging Kemmie mit den Kindern in ihr Lieblingsrestaurant, um Ruhe vor den Rennbahnleuten zu haben. Als sie nach Hause kam, war die Küche ruiniert, alle Vorräte waren geplündert, und Red lag schlafend im Bett. Dann sah sie die Bescherung: Die Nockenwelle lehnte im Wohnzimmer in einer Ecke, noch vollständig eingepackt. Kemmie stürzte wütend ins Schlafzimmer.

„Red, das ist ja wohl der Gipfel!" schrie sie. „Meine Küche ist ruiniert, wir haben nichts mehr zu essen, wir haben keinen Penny mehr. Dieses Ding da unten, was auch immer es sein mag, was du für deinen Rennwagen bestellt hast, schickst du sofort zurück, weil wir es nicht bezahlen werden. Und außerdem, entweder der Rennwagen verschwindet, oder die Kinder und ich gehen. Du weißt, wie ernst ich das meine."

Der Serienrennwagen wurde abgeschafft. Die Meute von der Rennbahn verschwand. Vier Monate nach seinem Unfall ging Red wieder an die Arbeit, obwohl er noch immer auf seine Gehhilfe angewiesen war und sein Arzt es ihm verboten hatte. Er litt große Schmerzen. Sie sollten noch Monate andauern, und die Versteifung in seinen Hüften und seinem Rücken würde ihn noch Jahre plagen. Aber er kam schnell wieder in Form, zwang sich, durch den tiefen Schlick zu stapfen, schleppte seinen Körper über die Ölfelder, um die Überreste der durch eine Explosion zerstörten Bohrtürme zu inspizieren.

„Ich war in Ganado in Texas im Einsatz auf einem Ölfeld. Wieder einmal brannte eine Quelle. Ich ließ mir zwei Krücken machen, außerdem hatte ich noch dieses Gestell, diesen Laufstuhl, um mich fortzubewegen. Ich kam sehr gut zurecht, ich konnte Bulldozer fahren und alles. Ich hab' das Feuer dann ‚ausgeblasen' und abgedichtet, und dann kam die Presse und wollte ein Foto von mir machen, so mit Krücken und allem. Dadurch hat Dr. Tuttle herausgefunden, daß ich wieder arbeitete, und war schrecklich wütend auf mich. Er fragte mich: ‚Was, zum Teufel, wollen Sie damit erreichen? Wollen Sie sich umbringen?' Und ich antwortete ihm: ‚Doktor, ich muß arbeiten, ich bin pleite.'

‚Glauben Sie, daß Sie eine Hilfe für Ihre Familie sind, wenn Sie unter der Erde liegen?' erwiderte er, nahm mir die Krücken weg und steckte mich wieder ins Krankenhaus. Er ließ mich mit Gewichten trainieren, damit ich wieder Kraft bekam. Schließlich sagte ich aber: ‚Das war's. Ich verlasse jetzt das Krankenhaus und gehe zurück zur Arbeit, ob es jemandem paßt oder nicht.' Ich hatte damals einen Einsatz in den Bergen von Mexiko. Ich nahm mir eine Axt und schlug die Krücken unten schräg ab, damit ich die Berge besser rauf- und runtergehen konnte. Der Boden war sehr matschig, und ob Sie es glauben oder nicht, ich kam mit meinen Krücken besser zurecht als die anderen, die nur ihre zwei Beine hatten. Dr. Tuttle war immer noch wütend auf mich. Er dachte, daß ich verrückt sei. Ich habe ihm dann gesagt: ‚Dr. Tuttle, meine Familie hat jetzt wenigstens etwas zu essen. Vielleicht ist es mein Tod, aber dann sterbe ich wenigstens, während ich das tue, was ich liebe.'"

(Red Adair)

„Vertraulichkeit, seine Gefühle offen zu zeigen ist nicht gerade Daddys Stärke. Damit hat er seine Schwierigkeiten, aber das heißt nicht, daß er keine Gefühle hätte. Man muß auch verstehen, wo er herkam. In seiner Familie war es nicht üblich, seine Gefühle offen zu zeigen, und sie waren arm, verdammt arm. Er hat es also auch niemals lernen können. Er hat nur gelernt, daß man entweder hart arbeitet oder verhungert.

Im Jahr 1980 hatte unsere Mutter einen Schlaganfall. Ihre Schwester Jonilee lag im Sterben, sie hatte Krebs, und deswegen ging es Mama wirklich sehr schlecht. Eines Nachts rief mich Daddy mitten in der Nacht an und weinte ganz schrecklich. Ich war wie vor den Kopf gestoßen, dieser rauhe, starke Bursche, dieser Macho Red Adair weinte. ‚Bobbie', sagte er zu mir, ‚ich glaube nicht, daß sie es schafft, und ich weiß nicht, was ich ohne sie machen soll.'

Sie waren ja selten zusammen, aber gefühlsmäßig bedeuten sie sich sehr viel. Sie brauchen einander zum Leben. Ich glaube, daß einer nicht lange ohne den anderen sein kann.

In gewisser Weise passen sie gar nicht zusammen, so gegensätzlich, wie sie sind. Aber auf einer anderen Ebene bilden sie ein sehr gutes Gespann, entwickeln viel Dynamik. Er ist ein großer alter Dampfer in stürmischer See, und sie ist sein Anker. Es ist eine sehr bizarre Beziehung." (Robyn)

Houston, 1988

Red Adair besitzt ein Geschäftshaus am Katy Freeway in Houston, in dem seine Büros die ganze dritte Etage einnehmen. Sie gleichen einem Museum. An allen Wänden hängen mannshohe Fotografien von den Quellenfeuern, die er und seine Mannschaft bekämpft haben. Diese Bilder mit ihren turmhohen Flammen und ungeheuren Rauchwolken sind ergreifend, fesselnd, übermächtig. Man kann sie stundenlang betrachten. Sie sind einfach sensationell! Sie üben eine unwiderstehliche, elementare Anziehungskraft aus. Er ist einfach in diese Flammen hineingelaufen und hat sie gelöscht, denkt man. Auch wenn Red nicht da ist, spürt man überall seine Gegenwart. Das gilt auch für das Büro seiner Tochter, die finanzielle Dinge abwickelt und die Public Relations für die Red Adair Company macht. Auch hier spürt man Reds Allgegenwart. Ihr Büro liegt zwischen dem ihres Vaters und den kleineren, in denen Reds Männer arbeiten, es bildet eine Bastion von Weiblichkeit in dieser Männerwelt. Es ist hell, luftig und geschmackvoll eingerichtet. Gepolsterte Stühle in Pastelltönen sind um einen Glastisch gruppiert, daneben steht ein großer Rokoko-Schreibtisch mit Stuhl. Doch beherrscht wird dieser Raum von einem Porträt von Red.

Drei Tage nachdem ihr Vater nach Schottland geflogen war, um den Brand auf „Piper Alpha" zu bekämpfen, saß Robyn Adair vor dem Bild, während das Telefon pausenlos klingelte. Zeitungen, Magazine, Radio- und Fernsehstationen aus aller Welt wollten wissen, was es Neues gab, wo Red sich gerade aufhielt und wie er das Feuer auf der Plattform zu löschen gedachte. Höflich erzählte sie jedem wahrheitsgemäß, daß sie ebensowenig über die Katastrophe wußte wie alle anderen.

In Augenblicken wie diesen wünschte sie sich ihre Freundin Margret Ochs herbei, um mit ihr reden zu können. Margaret hatte ungefähr elf Jahre bei der Red Adair Company gearbeitet, sie hatte als Empfangsdame angefangen und wurde später mit der Verschiffung und dem Einkauf von Ausrüstungsaufträgen für das In- und Ausland betraut. Als sie sich zurückzog, gehörte sie praktisch mit zur Familie Adair. Sie nannte sogar ihre Tochter nach Robyn. Elf Jahre zuvor war ein Feuer auf der „Bravo", einer anderen Nordsee-Plattform im Ekofisk-Feld, ausgebrochen und hatte in der Presse große Aufmerksamkeit hervorgerufen. Wie Margret sich ausdrückte, war Ekofisk ein „Medienalptraum", doch im Vergleich zu „Piper Alpha" war Ekofisk nur „ein Stück Kuchen", dachte Robyn.

Spät am Freitagnachmittag hatte sie schließlich genug. „Ich fahre los", sagte sie zu Paula Pierce, der Leiterin des Büros. „Wenn sich Daddy oder einer der Burschen aus Schottland meldet, stellen Sie sie zu mir durch." Sie kam hinter ihrem Schreibtisch hervor, und bevor sie das Büro verließ, sah sie noch mal auf das Bild ihres Vaters. Er wirkte darauf so kraftvoll, so als könne ihn nichts umwerfen, aber sie machte sich Sorgen um ihn. Zwei Jahre zuvor hatte er einen leichteren Herzinfarkt erlitten. Da war er einundsiebzig. Sicher, er hatte sich schnell wieder erholt, aber sein Arzt hatte ihm geraten, sich wegen der Hitze und des Druckes von Bohrlochbränden fernzuhalten, Red Adair von Ölbränden fernzuhalten ist ungefähr so, als ob man einer Nonne verböte, in die Kirche zu gehen, dachte sie.

Sie fuhr mit dem Fahrstuhl bis ins Erdgeschoß und ging zu ihrem blauen Mercedes 420 SEL, der in der Nähe des Haupteingangs abgestellt war. Robyn Adair ist eine zierliche, attraktive, energische Frau mit glänzenden Augen und dem gleichen dunkelroten Haar wie ihr Vater. Sie hat auch sein angriffslustiges Kinn, seinen entschlossenen Mund und seine bestimmten, kurzen Schritte. Genau wie Red hat sie eine schnelle Auffassungsgabe und den brennenden Wunsch, Erfolg zu haben. Aber ihr fehlt die Fähigkeit, sich instinktiv und blitzschnell zu entscheiden, die ihm das Überleben in seinem Job garantiert und auch Erfolg als Geschäftsmann eingebracht hat.

„Daddy beherrscht einen Trick, den ich leider nicht kann", sagte sie einmal. „Ich kann alle Informationen sammeln und meine Entscheidungen von hundertprozentigen Tatsachen abhängig machen, und es ist trotzdem falsch. Daddy kann sich bei einer Beurteilung vollkommen irren, und trotzdem wendet sich alles zum Guten. Er hat einen unwahrscheinlichen Instinkt, wenn es ums Geschäft geht, der mir fehlt." Aber Red imponiert ihre große Ausdauer. „Robyn ist eine Überlebenskünstlerin, sie weiß sich schon zu helfen, wenn ich nicht da bin, und wird alles prima managen", meint Red.

Sie fuhr Richtung Süden über Galveston zu ihrem Strandhaus, das Red ihr gekauft hatte und das inmitten eines Seegrasfeldes ungefähr fünfzig Meter vom Golf entfernt lag. Während der Fahrt dachte sie: Wann hat er wohl jemals auf einen Arzt gehört? Wann hat er überhaupt auf irgend etwas anderes als auf seine innere Stimme gehört, die ihn immer wieder vorwärts treibt? Sie erinnerte sich, daß er damals, als er verletzt war, auch Dr. Tuttles Rat nicht befolgt hatte.

Es war eine der ersten Erinnerungen, die sie an ihn hatte. Damals, 1953, war sie gerade neun. Er lag flach auf dem Rücken, als er auf der Bahre aus dem Zug gerollt wurde, drehte sich zu ihr und lächelte sie an. „He, kleines Schweinchen", sagte er. So lautete damals ihr Spitzname, den sie haßte. „Jeder nannte mich so", erzählte sie später ihren Freunden, „kein Wunder, daß ich Gewichtsprobleme hatte." Aber als Red sie an dem Tag so nannte und sie anlächelte, fühlte sie sich geborgen. Einige Tage später, als er aus dem Krankenhaus entlassen worden war, ging sie in sein Schlafzimmer, setzte sich neben sein Bett und sagte ihm, daß sie ihn liebte. „Ich dich auch, Liebes", antwortete er. Es war das erste Mal, daß sie diese Worte von ihm hörte, und sie vergaß sie nie. Sie war ein sehr schüchternes, kontaktarmes Kind und drückte sich etwas eigenartig aus, so daß es Kemmie manchmal vorkam, als spräche sie eine fremde Sprache. Schließlich fand der Arzt heraus, daß sie Hörprobleme hatte, und als diese behoben waren, sprach sie normal und kam aus ihrem Schneckenhaus heraus. 1955, als sie elf war, zogen sie von Houston weg aufs Land, nach Jersey Village, wo jeder jeden kannte. Sie lernte Reiten, die anderen Mädchen besuchten sie, und sie blühte regelrecht auf. Außerdem nahm sie Tanzstunden — ihre Kostüme waren immer die hübschesten, Kemmie nähte einmal sogar 7250 Münzen an eines ihrer Kleider — und baute einen großen Freundeskreis auf.

Eingesponnen in ihre Erinnerungen, kam ihr vieles wieder zu Bewußtsein, als sie in Richtung Küste fuhr. Sie dachte an die Zeit Ende der fünfziger Jahre, als Red viel Arbeit hatte, es ihm finanziell gutging und er sich 1959 endlich selbständig machte.

Seine Gesellschaft war klein, Red und Coots arbeiteten auf den Ölfeldern, und Joy Hamilton saß im Büro. Sie nahm die Anrufe von aufgeregten Ölmännern entgegen und führte das Büro zu Reds vollster Zufriedenheit.

Robyn dachte an Coots, Edward „Coots" Matthews. Der lange, bedächtige, gemütliche Cowboy, der gut zuhören konnte, aber nur wenig sprach. Er vertrug sich mit allen, solange ihm niemand in die Quere kam. Dann schlug er sich gern. Coots war acht Jahre jünger als ihr Vater. Er arbeitete damals bei Haliburton, einer Servicefirma auf den Ölfeldern. Als Coots seinen Job bei Haliburton verlor, sprach Rush Johnson, der mit Coots' Schwester verheiratet war, mit Red, der sich seinerseits mit Myron Kinley über Coots unterhielt. Da sich sein Geschäft ausweitete, konnte Kinley eine zusätzliche Kraft brauchen. Auch Boots hatte er schon eingestellt, und Cooks erhielt nun ebenfalls einen Job bei Kinley.

Sie waren so verschieden wie Tag und Nacht, Boots und Coots, aber eines hatten sie gemeinsam: Sie waren beide Unruhestifter erster Sorte. Myron Kinley legte Red eines Tages nahe, beide zu entlassen. Red verwandte sich für sie und versprach, erstklassige Arbeiter aus ihnen zu machen. „Gut", sagte Kinley, „aber auf Ihre Verantwortung! Sie lernen sie an und kontrollieren sie." — „Gemacht", versprach Red, „sie sind zwar beide lockere Vögel, aber sie haben Mumm. Sie werden es nicht bereuen." Red machte sein Versprechen wahr, und unter seiner Führung wurden sie zu einem erstklassigen Team, das jahrelang die einzige Truppe war, die gegen unkontrollierte Ölquellenausbrüche rund um die Erde kämpfte.

Robyn dachte wieder an die alten Tage in Jersey Village. Damals gingen Männer zur Arbeit, kamen nach Hause oder landeten in einer der Bars, in der die Burschen von den Ölfeldern herumhingen, Bier tranken, Rabatz machten, und gingen dann wieder zur Arbeit. Eigentlich war es damals am schönsten. Danach ging es mit all diesen Verrücktheiten los. Mit dem „Feuerzeug des Teufels" kam der Ruhm, kamen die Riesendollars, Riesengeschäfte und die Riesenfirmen. Während des Ölbooms der sechziger Jahre wurden Flugzeuge gechartert, und schon bald hatte Red sein eigenes, erst eine Lear, dann eine größere. Hinzu kam der ganze Presserummel: „Life Magazine", „Newsweek", die „Jonny Carson Show" und viele andere rissen sich um Red.

Vorher war alles einfacher. Geld zu haben war wunderbar, sie wäre die letzte gewesen, die das nicht zugegeben hätte. So wie Kemmie einmal zu ihr sagte: „Bobbie, ich war reich, und ich war arm, glaube mir, reich sein ist besser!" Aber die alte Vertrautheit war verflogen. Früher hatte Red auch die Arbeit im Büro Spaß gemacht. Doch dann wurde die Firma so groß, daß er den genauen Überblick nicht mehr behalten konnte. Er hatte sich sowieso immer Sorgen gemacht, daß nicht alles so lief, wie er es sich wünschte.

Daddy wußte, daß er sich nur auf sich selbst verlassen konnte, dachte sie, aber als die Geschäfte sich dann so ausweiteten, daß ein Mann allein sie nicht mehr kontrollieren konnte, auch wenn er eine Kapazität war, machte ihm alles keinen Spaß mehr.

Sie fuhr die Straße, die parallel zur Küste verlief, hielt hinter der Toreinfahrt, verließ den Mercedes und stieg die Treppen zur Terrasse ihres Hauses hinauf. Ein herrliches Haus, zweistöckig, auf Pfeilern gebaut, um es vor der rauhen See zu schützen. Es bot schon Vorteile, Red Adairs Tochter zu sein! Sie besaß das Haus, den Wagen, Pelze und Juwelen. Andere beneideten sie darum, weil sie dachten, dies mache das Leben perfekt.

Sie wußte, daß das nicht stimmte, denn als sie über das Meer schaute, fühlte sie sich einsam, und eine leichte Panik überfiel sie. Dieses Gefühl der Verlassenheit war die Kehrseite der Medaille. Es überfiel sie, wenn Menschen, die sie erwartete, sich verspäteten oder wenn ihr Freund sie nicht jeden Tag anrief. Den Ursprung dieses Gefühls kannte sie genau. Selbst ihre schönsten Erinnerungen an Jersey Village, an Picknicks, Tanzstunden und Familienfeste, waren damit verbunden, ihren Vater weggehen zu sehen. Er ging, um seine Arbeit zu machen, Bars aufzusuchen, an seinem Auto zu basteln oder Bootsrennen zu fahren. Was ihr fehlte, war ein Gefühl von Vertrautheit und Nestwärme. Vielleicht hatte sie aus diesem Grunde dreimal geheiratet. Vielleicht hatte ihre Mutter sie auch deshalb so sehr vor allem beschützt. Später brauchten Jimmy und sie dann lange, um erwachsen zu werden, und als sie aus dem Haus gingen, zog Kemmie nach Austin.

Obwohl es draußen fast noch 32 Grad warm war, fröstelte sie. Um in der Nähe des Telefons zu sein, falls Red anrief, ging sie ins Haus. Lange saß sie dort. Sie fühlte sich von den zwei verschiedenen Seiten in der Persönlichkeit ihres Vaters hin und her gerissen. Dabei dachte sie an einen Tag im Jahre 1983, als sie an einem Sommernachmittag mit ihren Eltern wegfuhr.

Die Fahrt kam ihr endlos lang vor, obwohl sie nur 24 Kilometer weit fuhren. Ihr Vater und ihre Mutter saßen vorn, sie war hinten und wie immer nervös. Sie fuhren zu ihrem Bruder Paul Wayne. Er befand sich seit drei Wochen in einer Spezialklinik außerhalb Houstons, da seine Medikamentenabhängigkeit ein kritisches Stadium erreicht hatte und er eine Entziehungskur machen mußte. Heute durften sie ihn zum ersten Mal besuchen. Medikamentenabhängigkeit und Entziehungskuren waren für ihren Vater Fremdwörter, damit hatten höchstens Kriminelle oder irgendwelche Strolche im Fernsehen zu tun. Sie war aufs höchste beunruhigt, wie er regieren würde.

Sie saß hinten in den tiefen, weichgepolsterten Ledersitzen des Mercedes, zerknüllte ihr Taschentuch in der Hand und stellte sich vor, wie puterrot Reds Gesicht bei einem Wutausbruch anlaufen konnte. Es kam ihr so vor, als habe sie die eine Hälfte ihres Lebens damit verbracht, die kostbaren Geschenke ihres Vaters entgegenzunehmen, während sie in der anderen Hälfte ständig davor gezittert hatte, daß er einen Wutanfall bekommen könnte. Nie wußte man, womit bei dem hitzigen Temperament ihres Vaters zu rechnen war.

Vorne im Wagen sprach Red mit ihrer Mutter über einige von ihm entwickelte Gerätschaften, das Thema Paul Wayne wurde krampfhaft vermieden. Das konnte alles mögliche bedeuten, und Robyn machte sich weiterhin Sorgen. Ein Kombi voller Kinder fuhr dicht an ihnen vorbei. Als sie das Firmenzeichen der Red Adair Company sahen, starrten sie Robyn und ihre Eltern mit offenem Mund an. Robyn dachte an die Berge von kleinen amerikanischen Flaggen, die Red immer bei sich trug, wohin er auch fuhr. Er verteilte sie an die Polizisten auf der Straße, an Flugzeugpiloten und die Präsidenten großer Konzerne. Er verteilte sie sogar in der Sowjetunion, als er dort arbeitete. Am liebsten verschenkte er sie an Kinder in der ganzen Welt. „Sind Sie wirklich Red Adair, der Feuerwehrmann von den Ölfeldern?" fragten die Leute ihn. Sie konnten nicht begreifen, daß ein solch großer Held kleine Geschenke an Fremde verteilte. Die Leute erstarrten immer voller Ehrfurcht vor seinem Erfolg, seiner Berühmtheit und seinem Geld. Sie verstanden nicht, daß auch Helden einfache Menschen sind mit Hoffnungen, Ängsten und Problemen wie jeder andere auch.

Red fuhr den Mercedes durch die Krankenhauseinfahrt, parkte, und die drei gingen hinein. Robyn schwitzte unaufhörlich. Als sie im Besuchszimmer saßen, kam Paul Wayne herein. Laß Daddy um Gottes willen keine Szene machen, betete sie. Bitte! Sie sah, daß ihrer Mutter Tränen über die Wangen liefen, und fühlte, daß sie ebenfalls weinte. Paul Wayne stand vor ihnen und schaute sie ängstlich an. Gott, er ist ja so dünn, dachte Robyn. Red lief durchs Zimmer auf ihn zu, und plötzlich lag Paul in den Armen seines Vaters, und Red streichelte ihn sanft.

„Nun, Paul Wayne", sagte er, „du mußt diesem Problem wie ein Mann gegenübertreten. Aber vergiß nicht, daß ich dich liebe. Wir lieben dich alle und stehen voll hinter dir. Wir sind deine Familie, und wofür sonst wäre eine Familie da?"

Er war selten bei Tanzveranstaltungen, Familienpicknicks und am Erntedankfest mit uns zusammen, dachte sie. Manchmal geriet er aus irgendeinem unerfindlichen Grund in Wut, aber sein Zorn legte sich auch schnell wieder. Er zeigte seine Gefühle nicht ständig, und manchmal rannte er auch vor ihnen weg, weil er annahm, daß ein Nachgeben als Schwäche ausgelegt würde. Aber wenn es einen Notfall gab, wenn ein Freund mitten in der Nacht seine Hilfe brauchte, wenn ein Kind mit schweren Brandwunden Geld für eine Operation benötigte, um sein Leben zu retten, wenn ihr eigener Sohn, der fast vaterlos aufwuchs, einen Mann brauchte, der ihn streichelte und ihm sagte, daß er ihn gern hatte und ihm über die schwere Zeit helfen würde, dann war Red Adair zur Stelle.

Mein Gott, ich hoffe, er ist in Sicherheit, betete sie. Laß ihm drüben in der Nordsee nichts geschehen!

KAPITEL 16

Kurz nachdem ich mich selbständig gemacht hatte, fuhr ich eines Tages zusammen mit Rush Johnson und John Mecom senior in meinem Wagen. Der alte Mecom war ein Wildcatter, einer der letzten wirklichen Pioniere in den Ölfeldern, ein großartiger Mann. Er hat mir im Anfang, als ich neu auf den Ölfeldern war, sehr viel geholfen. Er hatte häufig Jobs für mich, Blow-outs, Quellenbrände, Reparatur- und Reinigungsarbeiten und anderes. Wir fuhren also durch die Gegend, als er auf Geschäfte zu sprechen kam. Er erzählte von diesem und jenem Gebäude, das er kaufen, und von dem Geschäft, in das er auch noch investieren wollte. Rush und ich sagten: „Das klingt ja alles ganz schön, aber das ist nichts für uns." Der alte Mecom sah uns an und sagte: „Also, Jungs, wenn ihr ein paar Millionen Dollar zusammenlegt, dann wäre das auch was für euch." — „Ein paar Millionen", lachte ich. „Ich wäre mehr als glücklich mit einer." — „Weißt du, Red", antwortete er mir, „wenn du erst mal eine Million hast, dann ist es nicht mehr so schwer, die anderen zusammenzubekommen."

Red Adair

Houston, 1959

Im Juni 1959 machte sich Red Adair selbständig, was bei vielen Leuten in der Ölbranche auf Verwunderung stieß. Sie wunderten sich nicht, daß er seine eigene Firma gründete, sondern daß er nicht schon lange eine besaß. Sie hatten angenommen, daß Kinley seine Firma schon längst an Red verkauft hatte. Denn seit Myron Kinley durch seine Verletzungen stark geplagt wurde, zogen stets seine Assistenten Red, Boots und Coots aus, wenn die Kinley Company zu einem Einsatz in die Ölfelder gerufen wurde.

Daß Red so lange zögerte, die Firma von Kinley zu kaufen, war vielen ein Rätsel, auch einigen guten Freunden, die in ihm nur das sahen, was Red nach außen verkörperte: Red, der Furchtlose, der Mann des Westens, der mit einem Kofferraum voller Sprengstoff durch die Lande braust. Sie sahen in ihm den einsamen Revolverhelden, bewaffnet mit einem Hochdruckwasserschlauch, bereit zum Showdown vor der brennenden Quelle, der diesen Bastard erledigen und dann in einer riesigen Staubwolke verschwinden würde. Zurück in Houston, war er allzeit bereit für einen Spaß, eine kleine Feier, und zum Schluß übernahm er auch noch die Zeche. Der gute alte Red! „Na, arbeitest du immer noch für den Alten? Verdammt, Red, du bist wohl verrückt, oder was?" Sie wußten so einiges nicht, die Leute, die immer dachten, Red gut zu kennen.

Sie wußten, daß Red im Juni 1959 gerade vierundvierzig Jahre alt geworden war. Bis dahin hatte er bereits dreißig Jahre immer nur für jemand anderen gearbeitet und war schon fast zwanzig Jahre in seiner Branche tätig. Vom Äquator bis zum Polarkreis hatte er bereits überall gearbeitet, hatte sich ständig extremsten Wetterbedingungen ausgesetzt. Diese Klimaverhältnisse und die Hitze der Quellenbrände hatten ihren Tribut verlangt. Die Haut in seinem Gesicht, im Nacken und an den Händen war zerfurcht und fleckig, und in den folgenden zwanzig Jahren mußte er zahlreiche Operationen wegen Hautkrebs über sich ergehen lassen. Die Gase und Destillate, denen er ständig nahe kam, hinterließen um die Augen rote und geschwollene Ränder, und trotz aller Schutzmaßnahmen hatte der Lärm der tobenden Quellen sein Gehör geschädigt. Red verstand nur noch dann jedes Wort einer Unterhaltung, wenn man langsam und deutlich mit ihm sprach.

Mittlerweile hatte Red wesentlich mehr Gewicht als damals, als er auf den Ölfeldern anfing, aber sein Körper hatte nichts Schwabbeliges an sich. Sein schlanker, sehniger und kraftvoller Körper hatte sich in ein bulliges, kräftiges Muskelpaket verwandelt, wie man es bei professionellen Athleten häufig findet. Zudem war er schnell geblieben, und seine Behendigkeit wurde noch durch seine innere Spannung und seine nicht nachlassende Energie verstärkt.

1959 ging Robyn noch zur Schule, und Kemmie verbrachte fast die meiste Zeit mit ihr zu Hause. Jimmy besuchte das College. Red träumte davon, daß sein Sohn eines Tages Ingenieur oder Wissenschaftler würde, aber diese Hoffnung sollte sich nicht erfüllen. Zwei Jahre später heiratete Jimmy zum ersten Mal und verließ das College für immer. Er fing an, für seinen Vater zu arbeiten, denn es war schon immer sein Traum gewesen, als Feuerwehrmann ganz wie sein Vater eine Legende zu werden. Weder Red noch Kemmie sahen ihren Sohn gerne in diesem Beruf, aber sie gaben schließlich nach, und so begann eine mit Unterbrechungen zwanzig Jahre währende, stürmische Zusammenarbeit zwischen Vater und Sohn.

Robyn heiratete ebenfalls 1961 und verließ die Schule. Ein Jahr zuvor hatte Red für Kemmie das erste Haus am See gekauft, ein einfaches Blockhaus, und 1961 begann ihr langsamer Rückzug aus Houston.

Reds Vater war 1959 bereits vier Jahre tot. Er hatte es nicht mehr mitbekommen, wie sein Sohn berühmt wurde, aber er hatte noch sehen können, wie sein Sohn einen Grad von Wohlstand erreichte, den keiner von beiden für möglich gehalten hatte, als Red 1929 die Schule verlassen mußte. Red hatte nicht mehr viel Zeit für seine Eltern, als sie alt wurden, aber er vernachlässigte sie niemals. Als sein Vater schwer an einem Lungenödem erkrankte, sorgte er dafür, daß ihm die Arztrechnungen zugeschickt wurden, und bezahlte regelmäßig die Sauerstofflieferungen für seinen kranken Vater.

Wie das Schicksal so spielt, überlebte Reds Mutter, deren Gesundheit viel schwächlicher war, ihren Mann um neun Jahre. Sie erlebte es mit, wie ihr Sohn weltweiten Ruhm erlangte, aber Red sagte ihr niemals, wann er zu einem neuen Einsatz aufbrach, damit sie sich keine Sorgen um ihn machte. Sie erfuhr aus der Zeitung und aus Fernsehberichten von seinen spektakulären Erfolgen und schnitt sämtliche Zeitungsartikel über ihn aus. Sie klebte die Berichte in ein großes Album, das immer auf dem Wohnzimmertisch in ihrem Haus lag, das Red für sie im Stadtteil Heights erworben hatte.

Als Kemmie 1980 einen Schlaganfall erlitt, befand sich Red gerade im Einsatz auf einer Ölquelle im Osten von Texas. Kemmie verbot allen, Red etwas von ihrer Erkrankung zu erzählen. Sie hatte Angst, er könne sich vor Aufregung verletzen.

Rush Johnson nahm später für sich in Anspruch, Red davon überzeugt zu haben, Myron Kinley zu verlassen. Kemmie hatte es jahrelang mit subtilen Mitteln versucht, aber sie war zu clever und nicht eigensüchtig genug, um vorzugeben, daß sie allein Reds Entscheidung beeinflußt hatte. Endlich, an einem Abend im Frühjahr 1959, traf Red seine endgültige Entscheidung. Rush und seine Frau Maureen waren über die kleine Brücke über den Bach, der die Grundstücke der Johnsons und Adairs in Jersey Village trennte, herübergekommen. Sie saßen jetzt gemeinsam auf der Terrasse, und Rush, Maureen und Kemmie brachten ihre besten Argumente vor, um darzulegen, daß jetzt der Moment gekommen war, sich selbständig zu machen. Die vier hatten diese Diskussion schon oft geführt, aber an diesem Abend sagte Red schließlich zu ihnen: „Ja, ich glaube, ihr habt recht. Ich werde gleich morgen mit dem alten Mann reden."

Red hatte sich schon seit Jahren mit dem Gedanken getragen, sich von Myron Kinley zu trennen, aber seine Loyalität und Zuneigung zu Kinley hatten diesen Schritt immer wieder hinausgezögert. Während seine Frau und seine Freunde auf ihn einredeten, war er in Gedanken bei einer brennenden Gasquelle, die er vor drei Jahren erfolgreich bekämpft hatte.

Es war 1956, die Quelle gehörte zum Ahwas-Feld, Ahwas Nr. 6, und lag etwa achtzig Kilometer nördlich des Persischen

Golfs. Kinley hatte nur Boots mit in den Iran genommen, um den Job zu erledigen. Nach einer Woche erhielt Red einen Anruf von Kinley, der ihm sagte, er sollte nachkommen und ihm bei der Feuerbekämpfung helfen.

Als Adair auf dem Bohrfeld ankam und seinen großen Gönner sah, wußte er, daß Kinley keine gefährlichen Einsätze mehr durchführen sollte. Die Woche in der Wüste hatte den alten Mann völlig entkräftet, seine sonst so blühende Gesichtsfarbe war einem gespenstischen Weiß gewichen, und er konnte kaum noch gehen. In einer halben Meile Entfernung loderten die Flammen der brennenden Quelle. „Red, ich habe schon dreimal versucht, den Brand zu ersticken, aber jedesmal entzündet sich der Bastard wieder", sagte Kinley. „Wie es scheint, haben wir unseren Meister gefunden." — „Sie gehen besser ins Lager zurück, Mister Kinley, und ruhen sich ein wenig aus", meinte Red zu ihm. „Ich will sehen, was ich tun kann."

Nachdem Kinley gegangen war, nahm sich Red einen Hitzeschild, wies die Männer an den Wasserwerfern an, ihren Strahl genau auf ihn zu richten, und ging dicht an das Feuer heran. Als er sich dem Bohrlochrand näherte, erkannte er schon das Problem. Am unteren Rand des schweren Stahlverbindungsstücks zwischen der Mitnehmerstange und dem obersten Rohrstück war ein kleiner Nippel, durch den das Gas austrat und glühendheißen Sand und Gesteinsbröckchen mit sich brachte. Dadurch entstand der Effekt eines Gebläsebrenners, der das Gas immer wieder entzündete. Früher wäre Myron Kinley noch in der Lage gewesen, selbst so dicht an das Feuer heranzugehen und dadurch das Problem zu erkennen, nun aber waren die große Hitze und der ohrenbetäubende Lärm einfach zuviel für seinen zerschundenen Körper.

„Ich brauchte ungefähr eine Woche für die Aufräumungsarbeiten. Ich nahm mir einen Bulldozer und hob um das Bohrloch herum eine Grube aus, die groß genug war, um ein ganzes Appartementhaus darin zu errichten. Es war eine verdammt harte

Arbeit. Der Sand war so fest wie Beton, und dieses Feuer tobte über mir, es war heißer als in der Hölle. Nachdem ich das Bohrloch freigelegt hatte, formte ich eine große Sprengladung in Gestalt eines Hufeisens. Ich befestigte sie am Ende des langen Gestänges, das an den Caterpillar montiert war. Ich fuhr selbst an die Quelle heran und brachte die Ladung dort an, wo ich sie haben wollte. Dann ging ich zurück ins Lager und sagte den Männern, daß mir nicht gut wäre, ich hätte wahrscheinlich die Ruhr. Mir fehlte natürlich nichts, aber ich wollte dem Alten die Ehre zukommen lassen, das Feuer kleinzukriegen. Er ging hinaus, zündete die Ladung, und ... Junge, man konnte diesen glücklichen Ausdruck auf seinem Gesicht deutlich erkennen, als er ins Camp zurückkam. ‚Red', sagte er zu mir, ‚ich habe schon nicht mehr geglaubt, daß wir dieses Feuer löschen.'

Ich wußte bereits damals genau, daß die Sache nichts mehr für ihn war, aber ich wollte ihn nicht dadurch in Verlegenheit bringen, daß ich das Feuer selbst erstickte. Er war immer so gut zu mir gewesen. Er war so ein feiner alter Mann. Und überhaupt, so etwas tut man jemandem nicht an, den man liebt." (Red Adair)

Nach dem Einsatz im Iran war es beiden, Red und Myron Kinley, klar, daß Kinleys Tage in den Ölfeldern gezählt waren und daß die Beziehung zwischen ihnen auf eine andere Basis gestellt werden mußte. Die beiden verständigten sich über eine Umstrukturierung von Kinleys Firma, um Red einen Anteil an den Gewinnen zukommen zu lassen. Red hatte nie mehr als sein Gehalt und einen Bonus am Jahresende erhalten. Aber Kinleys Sohn Jack war mit so einer Vereinbarung nicht einverstanden.

Jack Kinley und Red kamen nicht miteinander aus. Kinleys Sohn brachte seine gesamte Zeit im Büro der Firma zu und steckte nur über den Büchern. Er setzte niemals auch nur einen Fuß auf ein Ölfeld und war zudem als Geizkragen bekannt. Was Red am meisten aufregte, war nicht, daß Jack Kinley jeden

Penny einzeln zählte, der über seinen Tisch ging, sondern daß er, der niemals auf einem Ölfeld gearbeitet hatte, Red auch noch vorschreiben wollte, wie er seine Arbeit zu erledigen hatte. Jack Kinley legte sich nicht unter vier Augen mit Red an, sondern schickte ihm überdies auch noch kleine Notizen. Die Probleme zwischen den beiden, die jahrelang schwelten, spitzten sich zu, kurz nachdem Red das berühmt-berüchtigte Feuer auf der CATCO-Bohrplattform im Jahr 1958 gelöscht hatte.

Die CATCO war ein Konsortium aus vier größeren Ölgesellschaften — Cities' Service, Atlantic, Tidewater und Continental —, die ein Bohrunternehmen damit beauftragt hatte, im Golf von Mexiko vor der Küste Louisianas eine riesige Bohrinsel zu errichten. Von der Plattform aus gingen achtzehn Bohrlöcher in die Tiefe. Als eine Bohrung außer Kontrolle geriet, fingen alle achtzehn Feuer. Die Techniken des Off-shore-Bohrverfahrens (off-shore = von der Küste entfernt) steckten damals noch in den Kinderschuhen, und da diese Bohrinsel die erste größere war, auf der ein Brand ausbrach, hatte man auch noch keine Verfahrensweisen entwickeln können, wie ein derartiges Feuer zu löschen sei. Als Red und seine Assistenten Boots und Coots auf der Bildfläche erschienen, sahen sie sich einem bekannten Feind auf einem völlig unbekannten Schlachtfeld gegenüber. Es gab keine Möglichkeit, einfach um das Feuer herumzugehen, um es auszukundschaften. Man konnte auch nicht einfach die Sprengladungen anbringen und dann irgendwo in Deckung gehen. Wenn man erst einmal einen Fuß auf diese Plattform gesetzt hatte, mußte man warten, bis irgend jemand einen wieder herunterholte. Aber bislang hatte auch noch niemand eine brennende Off-shore-Plattform betreten.

Und mit achtzehn brennenden Quellen auf einen Schlag hatte es auch noch nie jemand zu tun gehabt. An Land war selbst in dem Fall, daß mehrere Bohrungen gleichzeitig Öl ausspuckten oder brannten, immer genügend Raum, um zwischen ihnen arbeiten zu können. An Land stand jeweils ein Bohrturm über einer Quelle, man konnte jedes Feuer einzeln abtöten und jedes Bohrloch einzeln abdichten. Doch in diesem Fall ging das alles nicht. Die Quellen lagen so dicht beieinander, daß jeder Versuch, sie einzeln mit herkömmlichen Sprengladungen zu ersticken, die Verwüstung nur noch vergrößert hätte.

Die Verantwortlichen für die Bohrplattform der CATCO standen an Bord eines Leichters in etwa einhundert Meter Entfernung von der brennenden Plattform und fragten Red Adair, was er in diesem Fall zu tun gedachte. „Ich muß zunächst einmal da oben rauf und sehen, was los ist", erwiderte er. „Das ist die einzige Möglichkeit, um festzustellen, welchen Weg es gibt, das Feuer zu löschen. Haben Sie einen Kranführer mit einem ruhigen Händchen in der Nähe?" — „Wir haben den richtigen Mann für Sie, Red", antwortete der Company man von CATCO. „Das ist sehr gut", sagte Red, „denn er muß mich da oben raufbringen und genau an der Stelle absetzen, wo ich hinwill."

Der Kran bewegte sich langsam und gleichmäßig. Red stand in einem kleinen Transportkorb, der an einem Haken am Ende des Kranbaums befestigt war. Ein- oder zweimal verlor der Kranführer Red aus den Augen, als er ihn ein Stück weiter auf die Plattform abließ und der Korb in dicke Rauchwolken eingehüllt wurde. Dann aber sah er Reds Hand wieder, die ihm ein Zeichen gab, den Korb weiter abzusenken, sie deutete auf einen Teil der Plattform, der von den Flammen verschont war. Ohne zu zögern, kletterte Red aus dem Transportkorb auf die stählerne Insel und verschwand hinter einen Haufen von Metallschrott. Der Kranführer konnte jetzt nur noch auf Reds Rückkehr warten und hoffen, daß die Flammen sich nicht in Richtung des Korbes ausweiten würden.

Der Boden der Plattform war knöcheltief mit kochendem Öl bedeckt, und es herrschte ein solches Durcheinander, daß Red nicht herausfinden konnte, welche der achtzehn Ölquellen das Großfeuer verursacht hatte. Als er sich von einer Seite der Plattform zur anderen durchschlug, konnte er aber feststellen, daß tatsächlich alle achtzehn Bohrungen brannten und alle einzeln gelöscht werden mußten. Red lief vorsichtig von Punkt zu Punkt, machte sich Notizen, schätzte die Entfernung zwischen den einzelnen Quellen und den Teilen der zerstörten Bohreinrichtungen ab. Er versuchte sich so schnell wie möglich zu bewegen, weil das heiße Öl seine Füße und Beine verbrannte. Als er schließlich zum Kran zurückkehrte, hatte er bereits einen Angriffsplan entwickelt.

Als erstes ließ Red die Bohrgesellschaft eine weitere Plattform direkt neben der brennenden Insel bauen, die ihm als Ausgangsbasis für seine weiteren Operationen dienen sollte. Dann ließ er mehrere große Schwimmkräne heranschaffen und rüstete sie mit Pumpen und Wasserwerfern aus, um mehrere tausend Liter Wasser pro Minute auf das Feuer zu spritzen. Später würde er eine eigene Pumpe, die bekannte „Red-Iron-Pumpe", speziell für Off-shore-Einsätze entwickeln, die mit leistungsstarken 12-Zylinder-Turbodiesel-Maschinen aus Detroit betrieben wurde und in der Lage war, pro Minute eine Ladung von 20 000 Litern Wasser auszuspucken. Bei diesem Einsatz standen ihm aber nur die Pumpen zur Verfügung, die man auf den herkömmlichen Löschfahrzeugen der Feuerwehr fand, ihre Rohrverzweigungen bestanden aus einem leichten Aluminium, das einen Wasserdruck, wie ihn sich Red gewünscht hätte, nicht auszuhalten vermochte. Aber er hatte keine andere Wahl.

Nachdem Red das System von Wasserwerfern aufgestellt hatte, ging es an das eigentliche Problem: das Ersticken der Brände. Schon seit einigen Monaten hatte er mit verschiedenen Anordnungen von Sprengladungen experimentiert und war davon überzeugt, daß er endlich auf eine Methode gestoßen war, bei der die Ladung eher implodieren als explodieren würde. Die Ladungen hatten die Form einer Pizza, bei denen sich der Sprengstoff allein im äußeren Rand befand. Red sah, daß der Job für CATCO eine gute Gelegenheit bot, um festzustellen, ob sein neues Konzept aufgehen würde. Er wollte herausfinden, ob es möglich sei, etwas von außen nach innen anstatt von innen nach außen zu sprengen. Wenn es ihm gelänge, dann könnte er tatsächlich ein Feuer nach dem anderen ersticken, ohne größeren Schaden anzurichten, bis er schließlich die ganze Plattform unter Kontrolle hätte.

Er benutzte C-3-Plastik-Verbundsprengstoff und stellte einen ganzen Stapel seiner pizzaförmigen Ladungen her, deren Durchmesser jeweils vierzig Zentimeter betrug. Als er mit den Vorbereitungen fertig war, ließ er sich ein weiteres Mal von dem Kran auf der brennenden Ölplattform absetzen, und während er von dem ständigen Wasserstrahl vor Hitze und Flammen geschützt wurde, brachte er die erste von seinen neuartigen Sprengladungen, die später als „Red Adairs fliegende Untertassen" bekannt werden sollten, an einer in Flammen stehenden Quelle an.

Die Ladung implodierte perfekt. Durch ihre nach innen gerichtete Sprengkraft wurden die zerstörten Preventer und die abgeknickten Rohre darüber sauber abgetrennt, wie von einem Messer, und schossen wie eine Rakete in den Himmel, ließen aber die übrige Plattform ohne Schäden zurück. Red machte sich sofort an die Abdichtung der ersten Quelle und fuhr dann fort, die anderen Quellenbrände in der gleichen Art zu löschen und die Bohrungen abzudecken. Nachdem er sämtliche achtzehn Quellen unter Kontrolle gebracht hatte, bekam die Presse Wind von seiner neuen Methode, und sein Erfolg trug ihm weltweiten Ruhm und Anerkennung ein: „Der Rotschopf aus Texas bringt sein erstes Großfeuer auf einer Off-shore-Ölplattform mit seinen fliegenden Untertassen unter Kontrolle." Aber als er zurück nach Houston kam, waren die Dinge in Kinleys Büro unverändert.

Eines Tages, kurz nach dem Einsatz für CATCO, erhielt Red eine Notiz von Jack Kinley, in der Jack ihn wegen angeblich vorschriftswidriger Verwendung des Firmen-Meßfahrzeugs maßregelte. Nun kannte Red so einen Meß- und Ortungswagen wie seine Westentasche, er konnte nachts bei Dunkelheit den Wagen entladen, jedes Ausrüstungsteil einzeln auseinandernehmen, reinigen, wieder zusammensetzen und den Wagen wieder beladen. Jack Kinley dagegen hatte noch nie auch nur im Führerhaus eines solchen Fahrzeugs gesessen. Red erhielt diesen Verweis, als er seine Tagesarbeit auf einem Ölfeld erledigt hatte, und fuhr daraufhin direkt nach Houston ins Büro, um Jack zur Rede zu stellen.

„Das war die letzte Notiz, die du mir geschickt hast!" schrie Red. „Weil ich dir sonst nämlich deine Fresse so poliere, daß du keine Kraft mehr hast, auch nur eine einzige Zeile zu schreiben." Myron Kinley gelang es schließlich, Red zu beruhigen. „Es hat nichts zu bedeuten", sagte er. „Ich weiß, daß du gute Arbeit machst und daß niemand das Recht hat, dich irgendwie zu kritisieren, laß ihn bitte in Ruhe."

Der Tonfall von Kinleys Stimme besänftigte Red. Noch nie hatte sein Boß ihn in dieser Weise um etwas gebeten, und Reds Gesichtsfarbe, die noch vor einem Moment puterrot gewesen war, kehrte zu seinem normalen, von Wind und Wetter gezeichneten Rot-Ton zurück. Er murmelte noch etwas davon, daß er Kinley am nächsten Morgen aufsuchen würde, und ging.

Red blieb noch ein paar Monate bei Kinley, aber sowohl er als auch der alte Mann wußten, daß Red sich jetzt selbständig machen mußte und daß ihre gemeinsamen Tage vorbei waren. Im Juni gründete Red die Red Adair Company. Die Trennung erfolgte in Freundschaft, Red und Myron Kinley hatten sich in all den Jahren, die sie sich nun kannten, niemals gestritten. Red nahm Coots mit in die neue Firma, und Boots blieb bei Kinley, der noch eine kurze Zeit sein Geschäft leitete. Aber eines Tages erhielt Red einen Anruf von ihm, in dem Kinley ihm mitteilte, daß er endgültig aufhöre. „Red, ich will einfach nicht mehr", sagte er am Telefon. Red stellte auch noch Boots ein, und Kinley verkaufte ihm den Rest seiner Ausrüstung, die nicht mehr sehr umfangreich war, für 125 Dollar. Myron Kinley zog mit seiner zweiten Frau nach Chikasha in Oklahoma, wo er bis zu seinem Tod noch acht Jahre lebte.

Ein paar Jahre nach seiner Geschäftsgründung begegnete

Red seinem alten Freund und Gönner noch einmal bei der Tulsa Oil Show, einem großen Fest, bei dem sich einmal im Jahr alle treffen, die in der Ölbranche arbeiten. „Red", sagte Kinley erfreut. „Du bist wirklich der beste Mann, der jemals Blowouts und Quellenbrände bekämpft hat. Du hast es geschafft, daß die ganze Branche sich verändert hat. Die Ölfelder sind heute so viel sicherer geworden." Dies war für Red das größte Kompliment, das er in seinem ganzen Leben bekommen hat.

Um besser verstehen zu können, warum Red Adair noch jahrelang mit Myron Kinley gearbeitet hat, auch als es sich wirtschaftlich für ihn nicht mehr gelohnt hat, muß man wissen, welchen Stellenwert Loyalität, persönliche Hingabe und sein eigener Ehrenkodex in seinem Leben einnehmen. Nur so ist es überhaupt zu erklären, warum er noch im Alter von vierzig Jahren den Boden in Kinleys Werkstatt fegte, sämtliches Werkzeug selbst reinigte und die Fahrzeuge betankte, wenn es keine anderen Aufgaben zu erledigen gab — auch dann noch, als er jährlich 50 000 Dollar verdiente. Nur so ist es zu verstehen, daß Red von seinen Männern die gleiche absolute Ergebenheit verlangte und seine Firma wie ein strenger, anspruchsvoller, aber gütiger Patriarch führte.

Seine Pflicht als Boß bestand darin, sich um jeden in seiner Truppe zu kümmern und zu sorgen, dafür verlangte er von jedem Treue, Gehorsam und harte Arbeit. Das hatte er seinerseits Myron Kinley entgegengebracht, und das erwartete er nun von seinen eigenen Leuten, ohne wenn und aber.

Red stellte noch eine weitere Forderung: Er verlangte, daß seine Leute immer hinterließen, wo sie sich aufhielten. Wenn man ins Kino oder zum Friseur ging, wenn man die Kinder zu einem Footballspiel brachte oder seine Frau zum Essen einlud, man hatte sich kurz im Büro zu melden oder abzumelden. Wenn man draußen im Einsatz war, hatte man im Büro anzurufen. Wenn man in die Ferien fuhr, mußte man regelmäßig anrufen. War man am Erntedanktag bei der Großmutter zum Essen eingeladen, meldete man sich, wenn man losfuhr, und nochmals, wenn man bei ihr angekommen war.

Natürlich hatte diese Verpflichtung einen praktischen Grund: Das Büro von Red mußte in der Lage sein, Red und seine Leute unverzüglich zusammenzurufen, wenn irgendwo eine Bohrung außer Kontrolle geriet. Seitdem Reds Männer Personenrufanlagen, sogenannte Piepser, tragen, brauchen sie nicht mehr ständig im Büro anzurufen, solange sie sich in der Stadt, in Reichweite der Empfänger aufhalten. Außerhalb dieser Reichweite müssen sie sich allerdings nach wie vor melden. Und wie sieht es mit den Angestellten im Büro aus? Mit Reds Tochter? Mit seiner Frau? Natürlich verlangt Red auch von ihnen, daß sie sich regelmäßig melden.

„Das stammt zum Teil aus der Zeit, als die elektronischen Kommunikationsmittel noch nicht so gut waren", erklärt Robyn, „und teilweise beruht es auf Daddys Bedürfnis nach Sicherheit. Wenn er nicht jede Minute des Tages genau weiß, wo die anderen sind, hat er Angst, sie könnten abhauen und ihn verlassen. Vielleicht rührt diese Angst daher, daß er als Kind selbst verlassen wurde. Woher es auch stammt, wenn man zu Daddys Familie gehört — und das betrifft auch die Angestellten, denn in Daddys Augen gehören auch sie zu seiner Familie —, hat man sich einfach an- und abzumelden. Er wird ganz einfach verrückt, wenn man es nicht tut."

„Ich kam 1959 von Henderson nach Houston, damals war ich zweiundzwanzig. Meine Schwester arbeitete in einer Bank. Als ich sie eines Tages in der Bank besuchte, sagte sie zu mir: ‚Da nebenan in dem alten Haus hat ein Mann ein Büro gemietet. Der braucht bestimmt eine Sekretärin, denn er kommt ständig zu mir rüber und fragt, ob ich mal dieses oder jenes für ihn tippen kann. Sein Name ist Red Adair.'

Ich hatte schon einmal für einen unabhängigen Ölmann in Abilene gearbeitet, und daher war mir der Name geläufig. Ich ging hinüber in das Büro von Red, wo ich ihn, Coots und noch einen anderen Mann vorfand. Sie standen in dem leeren Büro, und ich fragte Red, ob er eine Sekretärin brauche. Er antwortete: ‚Eigentlich schon, aber ich warte noch auf meinen Gewerbeschein und auf den ganzen Kram.' Ich kannte mich mit den Gepflogenheiten von Geschäftsleuten ein wenig aus und hielt das für eine Absage. Das war's dann wohl, dachte ich und fuhr zurück nach Henderson. Am nächsten Tag rief meine Schwester an und erzählte mir, Red Adair liefe völlig aufgelöst überall herum und suche seine Sekretärin, die er gerade erst eingestellt hätte. So schnell ich konnte, fuhr ich wieder nach Houston, und so habe ich schließlich bei Red Adair angefangen.

Ich hatte bis dahin immer für typische Unternehmer gearbeitet, das heißt, es gab eine lange Latte von Aufträgen und Anordnungen, und alles ging nach Schema F. Deshalb wartete ich jetzt darauf, daß mir Red sagte, was ich zu tun habe. Ich wußte ja nicht, daß Red von den ganzen administrativen Aufgaben sehr wenig verstand und noch weniger Interesse hatte, sich überhaupt hineinzuarbeiten. Also erwartete er von mir, daß ich alles übernahm und diesen Teil der Firma schmiß. Das habe ich dann gemacht, und ganz ehrlich, er hat mich niemals gefragt, was ich tue, es interessierte ihn nicht, nicht aus Gleichgültigkeit, nein, er hatte Vertrauen zu mir.

Ich erinnere mich noch an einen Job im Nahen Osten. Boots und Coots waren mit Red unterwegs, ach ja, und Rush Johnson. Sie landeten in Beirut, wo sie eigentlich ein Visum brauchten, aber keiner von uns hatte das gewußt, und natürlich hatten sie keine Visa. Die Ölgesellschaft heuerte einen Burschen an, einen Taxifahrer, der die Spur der vier an ihrem ersten Abend in Beirut wieder aufnehmen sollte, um ihnen Schwierigkeiten zu ersparen. Die arme Seele verbrachte die ganze Nacht damit, von einer Bar in die andere, von einem Klub in den nächsten zu jagen. Drei fand er schließlich, aber um auch den vierten ins Hotel zurückzubringen, mußte er nochmals losfahren. Schließlich hatte er alle vier im Hotel versammelt. Sie schafften es gerade noch in die Lobby, wo sie augenblicklich einschliefen.

Red verbrachte die ganze Nacht in einem Sessel. Am nächsten Morgen kamen die Männer von der Ölgesellschaft, um sie abzuholen.

Als Red zurück in Houston war, sagte er zu mir: ‚Wenn wir das nächste Mal in dieses Land reisen, brauchen wir Visa.' Und ich fragte ihn: ‚Was ist das?' Sehen Sie, im Anfang war es wirklich so, daß ein Blinder einen anderen Blinden führte.

In den sechziger Jahren kamen die Aufträge so schnell rein, daß die Jungs fast monatelang von einem Flughafen zum nächsten rasten. Ich habe sie damals selten gesehen, das einzige, was man von ihnen hörte, waren die Lageberichte, die sie mitten in der Nacht durchtelefonierten. Wenn es einmal etwas ruhiger wurde, kamen sie endlich wieder nach Houston zurück. Dann trafen sie sich alle und veranstalteten einen Riesenspektakel, entweder in Houston oder unten an der Bay. Sie feierten Partys, fuhren mit dem Boot durch die Gegend und hatten ihren Spaß. Und dann waren sie wieder für Monate verschwunden. Sie machen sich keine Vorstellung davon, wieviel Arbeit sie damals hatten, wie viele Jobs sie erledigen mußten. Hunderte, Red, Boots und Coots mußten sich die Jobs teilen, um überhaupt damit fertig zu werden. Sie flogen durch so viele verschiedene Zeitzonen, daß sie manchmal schon gar nicht mehr wußten, welcher Tag es war. Einmal flog Coots innerhalb von kaum mehr als 24 Stunden dreimal über den Atlantik hin und her, nur, um sich über einen Auftrag zu informieren und dann das Gerät bereitzustellen.

Ich erinnere mich, daß Red einmal pausenlos von Blow-out zu Blow-out unterwegs war. Er fing irgendwo in der Wüste an, wo die ganz normale Temperatur ohne das Quellenfeuer schon fast fünfzig Grad Celsius betrug, er flog weiter zu einem Einsatz in Eis und Schnee in Alaska, dann ging es sofort in den Urwald in Südamerika, dann wieder rauf in den Norden nach Kanada, wo minus 35 Grad herrschten, anschließend nach West-Texas und schließlich in die Sümpfe Louisianas. Das Ganze trug sich in weniger als einem Monat zu. Wie er es schaffte, das zu überstehen, ohne sich eine Lungenentzündung zu holen, ist mir ein Rätsel. Und wie er es schaffte, mit allen Quellen fertig zu werden, ist mir auch unerklärlich. Schließlich war er damals nicht mehr der Jüngste, er ging auf die Fünfzig zu. Ich weiß bis heute nicht, wie er das machte. Soviel Energie. Er war das reinste Energiepaket.

Er wollte eigentlich gar kein Millionär werden. Er wollte, daß wir alle glücklich waren und gut miteinander auskamen. Er war immer sehr gut zu uns Angestellten, zu allen. Sie waren wie seine Kinder, seine zweite Familie. Wirklich, er behandelte mich wie eine Tochter. Ich weiß noch, daß ich einmal mit Kemmie und der Frau von Coots, Mickey, nach Indianapolis zu dem großen Indy-500-Rennen gefahren bin. Wir fuhren eine Woche früher los und ließen uns für die Rückfahrt sogar zwei Wochen Zeit. Schließlich rief Kemmie ihn von Baton Rouge aus an, wo wir uns gerade eine schöne Zeit machten, und er fragte: ‚Wird es nicht langsam Zeit, daß ihr alle zurück an die Arbeit geht?' Er war nicht etwa böse auf uns, nein, er vermißte uns nur. Aber es war eine harte Zeit, es gab viel Arbeit damals, doch es hat Spaß gemacht.

Irgendwann wurde der Laden zu groß. Alles wurde unüberschaubar. Wir verloren den engen Kontakt, und es machte auch keinen Spaß mehr. Deswegen bin ich damals gegangen. Ich vermisse ihn manchmal, den alten Teamgeist, der vielleicht immer noch vorhanden ist. Genau wie in einer richtigen Familie, da trennt man sich auch manchmal und findet mit ein bißchen Glück nach einer gewissen Zeit wieder zueinander. Ich wünsche es mir so für Red. Er hätte es wirklich verdient."

(Joy Hamilton)

„Ich glaube, es ist für mich sehr wichtig gewesen, daß ich in den Ölfeldern angefangen habe, als der Handschlag eines Mannes noch wirklich etwas galt. Du fingst mit deiner Arbeit an und konntest dich darauf verlassen, nicht übers Ohr gehauen zu werden, ohne einen Haufen Papiere zu unterzeichnen. Nachdem alles erledigt war, ging man miteinander ein Bier trinken und unterhielt sich freundschaftlich. Dann verabschiedete man sich, und der Auftraggeber sagte für gewöhnlich: ‚Ich hoffe, wir treffen uns das nächste Mal unter anderen Umständen wieder, aber wenn ich wieder mal ein Problem habe, setze ich mich sofort mit Ihnen in Verbindung.' Sie wußten, daß du dein Bestes gegeben hattest und fair zu ihnen warst. Also beendete man einen Einsatz mit einem guten Gefühl.

Heute werden die Ölfirmen von Buchhaltern und Rechtsanwälten beherrscht. Die interessieren sich nur für die Kosten. Früher machte man sich darüber gar keine Gedanken. Niemand hat mich damals gefragt: ‚Wie hoch ist Ihr Honorar?'

Mister Kinley berechnete den Firmen zum einen die Zeit, die wir für einen Auftrag brauchten, und verlangte zum anderen Gefahrenzulagen bei wirklich gefährlichen Einsätzen. Ich erledigte den Job in den Ölfeldern und fuhr zurück ins Büro. Kinley fragte mich: ‚Nun, was hast du machen müssen, Red?' Ich sagte ihm dann, ich hätte dieses und jenes getan, und er fragte noch: ‚War es ein schlimmes Feuer, war es gefährlich?' Und ich sagte: ‚Ja, Mister Kinley, die Arbeit war verdammt gefährlich. Sie ist mehr wert als das übliche Honorar.' Dementsprechend berechnete Kinley den Einsatz, und jedermann wußte, daß der Preis fair war.

Manchmal lief es auch genau umgekehrt. Ich erinnere mich an einen Auftrag für Tidewater Oil in der Nähe von Venice in Louisiana. Ich war damals noch bei Kinley. Die Quelle lag tief unten in den Sümpfen, wo man sich nur schwer bewegen konnte, und spuckte wie wahnsinnig Öl und Gas. Natürlich hätte sie jeden Moment explodieren können, und dann hätte man meine Leiche bestimmt niemals gefunden. Nachdem ich fertig war, schickte ich eine Rechnung. Sie kam mit der folgenden Bemerkung zurück: ‚Red, Sie haben bestimmt nicht genug berechnet!' Ich verdoppelte den Betrag und schickte sie wieder ab. Daraufhin erhielt ich einen kurzen Brief: ‚In Anbetracht Ihres Einsatzes ist die Rechnung immer noch zu niedrig. Sie haben da draußen Ihr Leben riskiert. Sie verdienen das Geld wirklich!'

Als ich mich selbständig machte, habe ich Kinleys Verfahren übernommen. Wenn ein Einsatz wirklich große Gefahren mit sich brachte, wie ein Off-shore-Job oder eine Quelle, aus der giftige Gase strömten, dann habe ich mehr berechnet. Ich wäre ja auch dumm gewesen, es nicht zu tun. Aber ich habe einer Firma auch mehr berechnet, wenn ich an Ort und Stelle keine Unterstützung von ihnen bekam, denn das gefährdete ja unsere Sicherheit. Aber es ist auch mehr als einmal vorgekommen, daß ich gar nichts berechnet habe.

Ich erinnere mich zum Beispiel an einen Fall. Die Ölquelle gehörte einem einfachen Wildcatter, der wie viele damals sein Glück versuchte und der tatsächlich an einem Ort auf Öl gestoßen war, wo niemand es für möglich gehalten hatte. Er besaß nicht viel Geld, aber er war ein anständiger Kerl. Er hatte gerade einen Herzanfall hinter sich, als die Quelle außer Kontrolle geriet, und rief mich an: ‚Red, ich habe ein ziemlich großes Problem, meine Ölquelle ist außer Kontrolle geraten, aber da ich all diese Dinge von Ihnen und Ihren Honoraren gehört habe, weiß ich nicht, ob ich es mir leisten kann, Sie zu beauftragen.' Ich habe ihn dann beruhigt: ‚Hören Sie zu, Sie sorgen jetzt erst einmal dafür, daß Sie gesund werden, und ich kümmere mich um die Quelle. Und um das Geld machen wir uns beide erst mal keine Sorgen.' Es war ein tolles Gefühl, so eine richtig fette Null ans Ende der Rechnung zu schreiben, die ich ihm schließlich schickte."   (Red Adair)

Auch das gehört zu Reds Einstellung. 1982 verdiente er mehr als eine Million Dollar, als er einen Blow-out auf einer Offshore-Plattform, die der indischen Regierung gehörte, unter Kontrolle brachte. 1979 bekam er ein Honorar von über zwei Millionen Dollar für einen Einsatz auf der mexikanischen Bohrinsel „Ixtoc I", und 1980 und 1981 verdiente er jeweils eine Million

Dollar für Arbeiten auf Sumatra. Diese Summen schlossen die Ausgaben für den Kauf von Extra-Ausrüstung noch nicht ein. Auch viele andere zahlten ihm gute Honorare, aber wenn sich ein unabhängiger Ölmann in finanziellen Schwierigkeiten befand, fiel Reds Rechnung entsprechend aus. Solange er der einzige in seiner Branche in Houston war, konnte ein Ölmann zu niemand anderem gehen, wenn er einen Quellenbrand oder einen Blow-out hatte. Und seine Ehre verbot es Red, einen Mann zu verletzen, indem er seine Notlage ausnutzte.

„Mit einem Mann verheiratet zu sein, der in der Ölbranche arbeitet, ist wie das Zusammenleben mit einem Spieler, an einem Tag gibt es Kaviar, am anderen Kartoffeln." (Kemmie Adair)

Als sich Red Adair selbständig machte, besaß er 10000 Dollar Bargeld. Er hatte ein gemietetes Büro, eine Sekretärin, einen Assistenten, Coots, zwei Autos und einen Lastwagen, die alle drei in leuchtendem Rot lackiert waren; vier knallrote Overalls, auf denen auf der Rückseite der Firmenname stand, und große Erwartungen. Er hoffte, sofort Erfolg zu haben, aber genau zu diesem Zeitpunkt gab es wieder einmal eine Flaute im Ölgeschäft, und Red hatte drei Monate lang gar nichts zu tun.

Das ist typisch für die Ölindustrie, es herrscht ein ewiges Auf und Ab, Männer werden über Nacht reich, verlieren aber auch genauso schnell ihren letzten Penny. 1956 hatte Red sogar acht Monate lang keinen einzigen Auftrag bekommen, aber damals war er noch bei Kinley angestellt und erhielt weiter nur sein Gehalt. Anfang der siebziger Jahre wäre Red jedoch beinahe bankrott gegangen, da er in der Zeit vorher nicht gerade vorsichtig mit dem Geld umgegangen war. Aber das war das letzte Mal, daß ihm das Gespenst des finanziellen Ruins drohte. Red und Kemmie schworen sich, zukünftig besser und vorsichtiger mit dem Geld umzugehen. Als sein Geschäft ab Mitte der siebziger wieder gut lief, gelang es ihm, mehr Geld auf die Seite zu legen, als er ausgab. Als dann Mitte der achtziger Jahre wieder eine Flaute auf den amerikanischen Ölfeldern herrschte, konnte er diese Zeit ohne größere finanzielle Probleme überstehen.

„Als die Wirtschaft in den späten Siebzigern und den frühen Achtzigern wieder so richtig boomte, waren diese Burschen von den Anlagegesellschaften ständig hinter mir her und schlugen mir alle möglichen Spekulationen und Geschäfte vor, die sie sich ausgedacht hatten", berichtet Red. „Aber ich habe damals gesagt: ‚Nicht mit mir. Nicht noch einmal. Ich habe schon Lehrgeld zahlen müssen. Dieses Mal investiere ich ganz schwer in Cash!' Eine Menge von diesen Spekulanten sind damals pleite gegangen, aber Kemmie und mir ging es gut."

Ende Juli 1959 lief es jedoch nicht gut. Red hatte drei Monate lang die Miete für sein Büro, die Gehälter für die Angestellten und die Rechnungen für die häuslichen Ausgaben zahlen müssen, ohne auch nur einen Cent einzunehmen. Sein Geld war aufgebraucht. Er war beinahe so abgebrannt wie vor zwanzig Jahren, als er fast einen Betrunkenen beraubt hätte. Die Situation war so schlimm, daß er nicht einmal das Geld besaß, um Hot dogs und Limonade für Robyns Geburtstagsfeier zu kaufen. Aber er brachte es nicht übers Herz, es ihr zu sagen. Kemmie hatte sich schon damit abgefunden, die ganze Party abzusagen, als eine ihrer besten Freundinnen, Grace Carothers, eine Frau um die Sechzig, die die Kinder Mama Grace nannten, zu ihr sagte: „Das können wir dem Kind nicht antun, Kemmie. Das geht nicht. Ich werde die Party ausrichten, das ist mein Geburtstagsgeschenk für Robyn. Die Kinder brauchen nicht mitzubekommen, daß ihr Geldsorgen habt."

Am Tag nach Robyns Geburtstag trafen drei Aufträge auf einen Schlag ein, zwei aus dem Westen von Texas, einer aus dem Süden. Es handelte sich um kleine Einsätze, aber sie kamen gerade recht. Red beschloß, die beiden im Westen selbst zu übernehmen, und schickte Coots nach Süden. Kemmie war überglücklich. Sie lief zum Supermarkt, kaufte eine Flasche feinsten Champagner und wartete zu Hause auf Red. Er stapfte durch die Tür, suchte seine Ausrüstung zusammen, ohne sich auch nur einen Moment lang hinzusetzen, und als sie ihm ein Glas Champagner anbot, um auf ihr Glück anzustoßen, sagte er nur, daß er für so etwas keine Zeit hätte, und hetzte zurück zum Wagen.

Plötzlich war Kemmie ganz allein, sie saß in der Küche und starrte auf die zwei unberührten Gläser mit Champagner. Zum Teufel, dachte sie. Mir ist jetzt nach Feiern zumute, selbst wenn ich allein feiern müßte. Sie hatte schon lange nicht mehr gesungen, und genau dazu hatte sie jetzt Lust.

Es gab einen Klub in Houston, den Keyboard-Klub, den Kemmie auch allein besuchen konnte, ohne Angst haben zu müssen, daß Red die Nerven verlor. Der Klub gehörte guten Freunden der Adairs, Bob und Lois Larson, und Red würde sich nichts dabei denken, wenn sie einen ganzen Abend dort verbrachte. Bevor sie ging, sagte sie den Nachbarn Bescheid. Wenn Red zu Hause niemanden erreichte — Robyn schlief bei einer Freundin, Jimmy war im College —, würde er sicher dort anrufen.

Kemmie verbrachte einen wunderschönen Abend im Keyboard-Klub, sie spielte Klavier und sang dazu. Jeder sagte ihr, daß sie noch niemals besser geklungen hätte, und obwohl sie im Grunde ihres Herzens wußte, daß die anderen versuchten, nur nett zu ihr zu sein, genoß sie die Komplimente und fühlte sich wieder wie ein junges Mädchen.

Als es an der Zeit war, den Klub zu schließen, bat Bob Larson sie, noch einen Augenblick zu bleiben. Er wollte unbedingt ein Lied von ihr lernen, *Sophisticated Lady,* ein ziemlich schweres Stück, das Kemmie sang, ohne einen einzigen Ton auszulassen. Sie blieb, und nachdem sie Bob das Stück beigebracht hatte, bestand er darauf, sie zum Wagen zu begleiten. Man könnte nie wissen, wer sich nachts um den Klub und auf dem dunklen Parkplatz herumtreibe.

Als Kemmie die Tür ihres Wagens aufschloß, schoß ein anderes, ein leuchtendrotes Fahrzeug auf den Parkplatz. Ihr Mann hing halb zum Fenster heraus. Er war direkt von seinem zweiten Einsatz zurückgefahren und noch voller Öl und Schlamm. „Was, zum Teufel, geht hier vor sich?" schrie er aus dem Wagen. „Was machst du so spät hier draußen? Ich sage dir meine Meinung, wenn wir zu Hause sind, Kemmie." Er war so wütend, daß er nicht bemerkte, daß der Mann an Kemmies Seite sein alter Freund Bob Larson war und daß dessen Frau Lois ebenfalls in der Nähe stand, wenn auch im Schatten.

Kemmie setzte sich in den Wagen und jagte hinter Red her. Auf der Höhe des Parkplatzes am Fairbanks Supermarkt holte sie ihn ein und zwang ihn zum Halten. Sie sprang in seinen Wagen. „Ich habe gesehen, wie dir dieser Kerl die Wagentür aufgehalten hat!" brüllte Red. „Dieser Kerl war Bob Larson!" schrie sie zurück. „Was glaubst du eigentlich, was wir gemacht haben? Lois stand nur etwa fünf Meter von uns entfernt. Wenn wir zu Hause sind, wirst du Bob anrufen und dich bei ihm entschuldigen."

Als Red vom Telefon kam, sah er, wie Kemmie seine Sachen in einen Koffer packte. „Warum, zum Teufel, tust du das?" fragte er sie. Er war jetzt wieder ruhiger und von ihrer Unschuld überzeugt. „Warum ich das tue?" antwortete sie. „Warum ich das tue? Red, die ganze Zeit gehst du ständig mit diesem alten Kumpel und jenem guten Freund aus, tust, wonach dir der Sinn steht. Jetzt, wo unsere Firma endlich ihre Geschäfte aufnimmt, möchte ich einmal richtig feiern, aber ich gehe nur in den Keyboard-Klub, in dem es nicht wilder zugeht als in der Küche unserer Nachbarn. Doch du bekommst gleich einen Wutanfall. Das ist nicht fair, Red. Ich habe auch ein Recht zu leben."

Kemmie warf Red nicht aus dem Haus, eine Lösung für ihre Probleme gab es allerdings auch nicht. Da Red sich nie um die Kindererziehung gekümmert hatte, hatte sie sich schon frühzeitig völlig ihrem Sohn und ihrer Tochter gewidmet. Sie hielt ihre schützende Hand über sie und behütete sie. „Laßt bloß Kemmies Küken in Ruhe!" lautete ihr eigener Lieblingsspruch. Kemmie tat alles für ihre Kinder. Doch als diese heranwuchsen, fiel es ihnen schwer, Verantwortung für sich selbst zu übernehmen.

Wenn es mit den Kindern Probleme gab, konnte Kemmie mit Red nicht darüber reden. Sie war nur noch zu Hause. Sie kochte, räumte auf, nähte, sie fuhr die Kinder dahin und dorthin, sie arbeitete im Elternbeirat mit. Schließlich fühlte sie sich wie durch die Mangel gedreht, aber Red war der Meinung, sie wäre einfach wunderbar. Sie war eine richtige Mutter. Seine Mutter hatte dies alles niemals tun können, weil es ihre Gesundheit nicht zuließ, aber Kemmie war ganz anders. Wie konnte es mit ihr im Hause Probleme geben? Wann immer also Kemmie erwähnte, es gäbe Probleme, sagte Red, daß es keine gäbe, und verschwand.

Kemmie fühlte sich immer mehr wie ein Kämpfer auf verlorenem Posten. Trotz ihrer Hingabe an ihre Kinder, trotz all der Zeit, die sie ihnen widmete, entwickelten sie sich nicht so wie erwartet. In ihrer Familie lief nichts so wie in den Vorabendserien, die lauter glückliche Fernsehfamilien zeigten. Jimmy zog nächtelang von einer Party zur anderen, und Robyn ließ durchblicken, daß sie von der Schule gehen wollte. Es machte Kemmie verrückt, alles allein bewältigen zu müssen. Warum will Red diese Dinge nicht sehen? fragte sie sich. Er war so intelligent und klug, er wußte immer, was um ihn herum vor sich ging, er mußte doch sehen, daß sie die Probleme nicht erfand.

Im Jahr 1961 spitzte sich eines Tages alles zu, als Red aus dem Haus ging, während sie noch mitten in einem Satz war. „Ich fahre jetzt ins Büro", sagte er. Das war seine übliche Methode, eine Unterhaltung abrupt zu unterbrechen. Doch die Last, mit allem, was zu Hause geschah, allein fertig werden zu müssen, war für Kemmie unerträglich geworden. Sie konnte kaum noch schlafen und war sicher, krank zu werden, wenn sie nicht endlich mit ihm reden könnte. Deshalb stieg sie in ihren brandneuen Cadillac, den ihr Red geschenkt hatte, um sie wieder einmal etwas zu besänftigen, fuhr zum Büro und parkte direkt hinter seinem neuen Lincoln. Sie kam selten in sein Büro, aber sie war fest entschlossen, ihn jetzt ein für allemal zum Stillsitzen und Zuhören zu zwingen und ihm zu erzählen, was ihr Sorgen bereitete.

Sie stieg aus dem Wagen, atmete tief durch und ging hinein. „Hey, Kemmie", sagte Red, als sie die Tür öffnete. „Was machst du denn hier?" Er strahlte sie an, freute sich richtig, sie zu sehen; alles, was zu Hause geschehen war, schien sich in einem ganz anderen Leben abgespielt zu haben. Sobald sie ihm aber sagte, weshalb sie gekommen war, änderte sich sein Verhalten schlagartig. Er schritt durchs Büro, spielte mit ein paar Andenken auf seinem Schreibtisch und blickte sehnsüchtig auf den Straßenverkehr hinaus. Ich habe ihm den Fluchtweg durch die Tür verstellt, dachte sie, ob er jetzt wohl durchs Fenster springt? — „Wir haben keine Probleme", stellte er schließlich fest. „Alles ist in bester Ordnung."

Kemmie, die es besser wußte, verließ Reds Büro und ging zu ihrem Wagen zurück. Ich halte es einfach nicht mehr aus, sagte sie zu sich selbst. Ich habe genug! Sie legte den ersten Gang ein, betrachtete Reds Wagen vor sich und trat das Gaspedal voll durch.

Kemmies Cadillac hatte dicke, verchromte Hörner an den Stoßstangen, und als ihr Wagen auf Reds Lincoln aufprallte, riß es dem Wagen beinahe die gesamte Heckpartie weg. Der Knall war einige Straßen weit zu hören, im näheren Umkreis wurden die Fenster geöffnet, Köpfe streckten sich neugierig heraus. Red kam aus seinem Büro gelaufen, griff in das offene Fenster von Kemmies Wagen und zog den Zündschlüssel ab. Er sah gleich, daß Kemmie unverletzt war. Er reagierte so, wie er es auf den Rennbahnen häufig miterlebt hatte. Nach einem Unfall wird zunächst festgestellt, ob der Fahrer verletzt ist, und dann sofort die Zündung abgestellt, damit der Wagen kein Feuer fängt. Die beiden sahen sich minutenlang an, ohne ein Wort zu sagen, dann gab Red ihr den Schlüssel zurück, und sie fuhr nach Hause.

Stunde um Stunde saß sie im Wohnzimmer, zitternd vor Angst, Red könne sie umbringen. In all den Jahren, die sie jetzt zusammen waren, hatte Red niemals die Hand gegen sie erhoben, aber dieses Mal, befürchtete sie, könnte es anders sein. Sie hatte seinen Wagen demoliert, und das war fast so, als hätte man seine Männlichkeit angegriffen. Als Red abends nach Hause kam, war er ganz ruhig. Er setzte sich ihr gegenüber und räusperte sich. „Ich weiß, was passiert ist", sagte er. „Ich weiß auch, warum es passiert ist." Endlich, dachte Kemmie. Endlich redet er, und wir können alles offen besprechen, was mir Sorgen bereitet.

„Es lag nur daran, daß sich bei deinem neuen Cadillac der erste Gang dort befindet, wo bei deinem alten Oldsmobile der Rückwärtsgang war. Du hast den ersten Gang eingelegt und gedacht, es sei der Rückwärtsgang." Er mußte es besser wissen. Tief in seinem Inneren wußte er auch, daß sie sich viel zu gut mit Autos auskannte, als daß ihr so etwas passieren würde. Aber er hatte den ganzen Nachmittag in seinem Büro gesessen und darüber nachgedacht, welche Entschuldigung es für den Unfall gäbe. Denn eingestehen, daß sie seinen Wagen absichtlich gerammt hatte, konnte er sich nicht. Auf einmal war ihr ganz klar, warum er niemals aussprechen würde, was er doch genau wußte. Er glaubt, sagte sich Kemmie, wenn er nicht darüber spricht, dann ist es gar nicht wahr, dann ist es gar nicht passiert. Dann hat sich in unserem Leben seit unserer Jugend nichts geändert.

„Ich wurde nicht mehr damit fertig. Ich mußte zum Psychiater gehen. Ich kam sogar ins Krankenhaus. Ich erinnere mich, daß es 1963 gewesen war, denn ich war auf dem Weg zum Psychiater, als Kennedy erschossen wurde. Ich war drei Monate in Behandlung und breitete vor dem Psychiater mein ganzes Leben aus. Ich erzählte von meiner Pfadfindergruppe, von Musikstunden und der Tanzschule. Ich sprach von den Fahrgemeinschaften für die Kinder, der Arbeit im Elternbeirat und davon, daß ich die Kinder immer zu jeder Veranstaltung in der Schule gefahren hatte. Eines Tages lächelte er mich plötzlich an und sagte zu mir: ‚Kemmie, glauben Sie wirklich, daß Sie das alles nur für Ihre Kinder getan haben?' Ich habe lange darüber nachgedacht und erkannt, daß alles viel vielschichtiger war. Wissen Sie, bis dahin war es mir nie bewußt geworden, daß ich selbst ein Teil des Problems war. Ich war nie auf den Gedanken gekommen, daß ich zuviel für die Kinder getan haben könnte und ihnen nicht genügend Freiraum gelassen hatte. Ich glaubte immer, die Probleme lägen daran, daß Red nie zu Hause war. Ich dachte immer, wenn wir ein typisches, durchschnittliches Familienleben führen könnten — Vater, Mutter, gemeinsames Abendessen um sechs, Sonntagsausflug ins Grüne —, dann würde mit den Kindern alles klappen. Ich wußte damals nicht, daß es keine perfekte Familie gibt. Heute weiß ich das. Und wenn Red damals zu Hause geblieben wäre, hätte er niemals das erreicht, was er schließlich geschafft hat. Glücklicherweise konnte ich ihn nicht ändern. Ich konnte aus ihm nicht etwas anderes machen, als er eigentlich war." (Kemmie Adair)

West-Texas, 1965

Zur gleichen Zeit, als Red das Dröhnen des Blow-outs hören konnte, sah er die Männer, etwa dreißig oder vierzig, die sich in ein paar hundert Metern Entfernung von dem Quellenbrand versammelt hatten. Er hatte sich direkt nach der Landung in Houston auf den Weg hierher gemacht. Er war einen Monat außer Landes gewesen, hatte zuerst einen Brand vor der Küste Nigerias und dann einen Blow-out in Indonesien unter Kontrolle gebracht.

Er war hundemüde. Nicht nur der Einsatz auf den Ölfeldern, sondern vor allem das Schicksal vieler Tausend Männer,

Frauen und Kinder hatte ihn so mitgenommen. In Nigeria war zu diesem Zeitpunkt der Biafra-Krieg in vollem Gange. Nigerianische Kanonenboote, die nach den Rebellen suchten, patrouillierten auf den Wasserwegen um Port Harcourt, wo sich das Lager der Ölgesellschaft befand. Die Besatzung eines dieser Patrouillenboote glaubte eines Nachts, in der Nähe des Camps Rebellen entdeckt zu haben, und eröffnete das Feuer. Dabei wurde fast die Hälfte des Dachs der Unterkunft weggeschossen, in der Red Adair schlief. Als er, nachdem der Quellenbrand gelöscht war, neue Preventersysteme an der Bohrung anbrachte, mußte er seine Arbeit unterbrechen, um einen Aufstand nigerianischer Arbeiter zu verhindern. Die Nigerianer, die täglich mit dem Boot auf die Plattform gebracht wurden, verlangten, daß ihnen die Ölgesellschaft alle Lebensmittelvorräte geben sollte. Die Firma lehnte die Forderung zunächst ab, stimmte aber zu, nachdem Red ihnen klargemacht hatte, daß es billiger wäre, einige tausend Dollar an Lebensmitteln zu verlieren, als noch größere Probleme auf der Ölplattform zu bekommen.

In Indonesien begegnete er ähnlichen Problemen. Mitten im Dschungel waren fast viertausend Meter Bohrgestänge förmlich aus dem Bohrloch geschossen. Im Umkreis von hundert Metern war alles eingenebelt, und der Lärm schüttelte die Blätter von den umstehenden Bäumen. Den Blow-out hatten schlechte Schweißnähte verursacht. Das Klima war so heiß und feucht, daß man schon klatschnaß geschwitzt war, wenn man sich nur bückte, um die Schuhe zuzubinden. Red war mit einer zweimotorigen Maschine im Dunkel der Nacht an diesem entlegenen Ort angekommen. Das Flugzeug war auf einer kleinen Schotterpiste mitten im Dschungel gelandet. „Laufen Sie hier bloß niemals barfuß herum", riet ihm der Pilot noch. „Es gibt hier ein paar sehr giftige Schlangen, und erst letzte Woche ist ein Bursche ums Leben gekommen."

Am nächsten Morgen stand Red neben der dröhnenden Quelle, seine Augen waren mal zum Himmel und dann wieder auf die Bohrmannschaft gerichtet. Im Westen brauten sich Gewitterwolken zusammen, und er würde sehr vorsichtig beim Aufräumen der Überreste des Bohrturms vorgehen und die Bohrung möglichst bald abdecken müssen. Schon mehr als einmal hatte er miterlebt, wie ein Blitz in der Nähe einer ausgebrochenen Quelle eingeschlagen war und nichts als ein riesiges Loch hinterlassen hatte.

Aber die Mannschaft war mindestens ebenso explosiv. Sie war eine Bande von echten Texanern und rauhen Männern aus Louisiana, die niemals einem Kampf abgeneigt waren. Sie waren in höchstem Maße gereizt, vor allem von diesen Witterungsbedingungen und von dem Lärm des Blow-outs, und glichen Sprengladungen, die kurz vor der Zündung standen. Zudem ließen sich von Zeit zu Zeit Rebellen aus der näheren Umgebung auf der Bohrstelle blicken und verlangten Versorgungsgüter. Die Männer standen kurz davor, eine direkte Auseinandersetzung herbeizuführen. „Wenn diese Bastarde sich noch einmal hierhertrauen, dann werden wir mal richtig für Ruhe und Ordnung sorgen", sagten die Männer zu Red. „Warum sorgt ihr denn nicht hier mal ein wenig für Ordnung", fragte Red, „und helft mir, die Rohre und den anderen Schrott von der Bohrung wegzuschaffen, damit ich das Loch abdecken und nach Hause fahren kann?"

Red, der jetzt das Kommando über das Ölfeld hatte, organisierte eine Truppe, die ihm bei den Aufräumarbeiten behilflich sein sollte. Aber die Männer hatten noch nicht mit den Arbeiten begonnen, als ein altes Dodge-Allradfahrzeug ruckelnd die ausgewaschene Dschungelpiste herauffuhr und vor ihnen anhielt. Zwei Insassen des Wagens trugen Zivilkleidung, der andere eine Offiziersuniform. Der Rebellenoffizier übergab dem Oberbohrmeister eine Liste mit Gütern, die er von ihm verlangte.

„Hier ist die Liste mit dem, was sie haben wollen", sagte der Tool-pusher zu Red. Die Männer hatten ihre Arbeit liegengelassen und trotteten im Camp umher, sie fluchten und spuckten

Kautabaksud auf den Boden. „Wir sind dreißig Mann, und die sind nur zu dritt, Red", meinte einer der Arbeiter zu Red. „Gib ihnen nichts. Wir machen sie schon fertig." Adair sah die Männer an, dann schaute er auf die Liste. Es waren hauptsächlich Lebensmittel, aber wesentlich größere Mengen, als drei Männer zum Leben brauchten. Instinktiv wußte Red, daß sich mindestens noch ein ganzer Zug, wenn nicht sogar ein ganzes Bataillon von Widerstandskämpfern in der Gegend aufhalten mußte. „Ich habe euch schon einmal gesagt, mein Kampf richtet sich gegen diesen Blow-out. Wenn ich fort bin, könnt ihr tun und lassen, was ihr wollt. Und jetzt geht zurück an eure Arbeit." Er wandte sich an den Oberbohrmeister: „Holen Sie alles, was auf der Liste steht. Und lächeln Sie, wenn Sie es ihnen geben." Als die Lebensmittel verladen waren, kam der verantwortliche Offizier, ein Oberst, der in Dartmouth die Militärakademie besucht hatte, zu Red, um sich zu bedanken. Er hatte schon viel von Red Adair gehört und war fasziniert von ihm. Sie tranken gemeinsam einen Schluck des besten Cognacs, den der Oberst aufbieten konnte, und unterhielten sich darüber, wie wichtig es sei, daß zwischen den Ölgesellschaften und den Rebellen, die sicherlich die nächste Regierung stellten, schon jetzt gute Beziehungen bestünden. Red schenkte dem Obersten eine amerikanische Flagge und erhielt als Gegengeschenk einen kleinen geschnitzten Tiger aus Holz. Wie Red erfuhr, hatte der Oberst 150 Mann bei sich.

Sie hatten Red am Flughafen in Houston abgepaßt, um ihn über den Blow-out in West-Texas zu informieren. Boots und Coots arbeiteten gerade außer Landes, also blieb Red nichts anderes übrig, als die Sache selbst in die Hand zu nehmen. Er brauchte für die 650 Kilometer zu dem betroffenen Ölfeld etwas mehr als vier Stunden und war völlig fertig, als der Wagen endlich durch das Tor des Lagers rollte und in einer Staubwolke zum Stehen kam.

Es sah schlimm aus: Aus dem Bohrloch sprudelten unter

sehr hohem Druck Öl und Gas hervor, und der Blow-out war so stark gewesen, daß der dadurch hervorgerufene Folgedruck im Umkreis von einigen Kilometern Gas durch die Wasserbrunnen der Farmer entweichen ließ. Selbst durch die unterirdischen Bauten der Beutelratten in der näheren Umgebung entwich der Druck. Überall in der Prärie konnte man kleine Rauchwölkchen von aufsteigendem Gas sehen, und jeden Moment konnte die ganze Gegend explodieren, aber Red hatte keine Augen für die Bohrstelle. Noch nicht. Da er ein paar von den Männern als Helfer brauchte, blieb er ruhig auf dem bebenden Grund stehen, erzählte von seinen letzten Einsätzen im Ausland und lachte darüber, wie laut er schreien mußte, damit sie ihn in dem Lärm überhaupt verstanden. Allein durch seine Anwesenheit machte er ihnen Mut und versuchte, einen Teil seiner Zuversicht auf sie zu übertragen.

„In Ordnung, Leute, jetzt wollen wir mal sehen, wie wir anfangen", sagte er schließlich, um die Aufmerksamkeit wieder auf den Blow-out zu lenken. In seinem langsamen, tiefen Texas-Dialekt zeichnete er seinen Schlachtplan auf, und auf einmal fühlten sich alle Männer mit einbezogen. Alle, auch die, die noch vor ein paar Stunden in Panik vor der Eruption geflohen waren, waren jetzt bereit, Red zu folgen und zu tun, was er von ihnen verlangte. Sie halfen ihm bei den Aufräumarbeiten, brachten die Ausrüstung herbei, die er benötigte, und gingen sogar mit ihm in die Nähe des schrecklich dröhnenden Lärms am Bohrloch. Sie waren bereit mitzuhelfen, weil sie dann hinterher sagen konnten, daß sie bei einem Einsatz von Red Adair dabeigewesen wären.

Es gab für Red zwei Möglichkeiten, die Quelle mit einem neuen Preventersystem abzudichten: Entweder mußte er die Sicherheitsventile mit einem Kran direkt über dem Bohrloch plazieren und dann ablassen, oder er konnte den Preventer mit Hilfe von Stahltrossen über die Öffnung ziehen. Diese Trossen müßten zu drei Seilwinden führen, die an der Vorderseite von drei Lastwagen befestigt würden. Red entschied sich für den zweiten Weg, weil es keinen Kran auf der Bohrstelle gab. Er zeigte den Männern, die die Lastwagen bedienten, die Handzeichen, die er benutzen würde, um mit Hilfe ihrer Winden den Preventer über die Bohrlocheinfassung zu manövrieren. Er erklärte ihnen, wie schwierig ihre Aufgabe war, weil jeder von ihnen ständig genügend Spannung auf den Stahltrossen halten mußte. Wegen des starken Drucks wären die Folgen katastrophal, wenn auch nur einer der Männer den Preventer ein paar Zentimeter in die falsche Richtung bewegen würde. Red schärfte ihnen ein, nichts zu tun, bevor er es ihnen durch Handzeichen signalisierte.

Red stand im Untergeschoß des Bohrturms direkt neben dem mächtigen Strahl von Öl und Gas, seine Arme und Beine vibrierten von den Druck- und Schallwellen. Seine Ohren waren wie immer mit den bewährten Vaseline-Wattestöpseln geschützt, aber sein Körper schmerzte von den Stößen, die von den Ohren über die Kieferknochen und dann den Nacken hinunterliefen. Da die Kraft des eruptierenden Strahls so gewaltig war, daß sie die Luft um das Bohrloch herum mit sich riß, konnte Red nur kurze flache Atemzüge machen. Er streckte beide Hände nach dem über einen Meter hohen Preventer aus, dessen unteres Verbindungsstück in Augenhöhe vor ihm in der Luft hing und von den drei Seilwinden in Position gehalten wurde.

Der Keller war etwa 3,50 Meter tief und mit einer Mischung aus Wasser und Öl angefüllt. Red stand oberhalb dieser blubbernden Flüssigkeit auf acht Zentimeter starken Holzbohlen von 4,50 Meter Länge, die er hoch über den Kellerboden gelegt hatte. Die Bohlen lagerten auf den Betonblöcken, die den Untergrund für den Bohrturm bildeten. Von diesem Standort aus hatte Red einen guten Überblick über die Lastwagen, die sich in fünfzig bis 75 Meter Entfernung von ihm befanden, obwohl er durch den beißenden Nebel von Destillaten blinzeln mußte.

Die Spannung der Stahltrosse zwischen dem Preventer und einem der Fahrzeuge war so groß, daß die Vorderräder des

Lastwagens etwa dreißig Zentimeter über dem Boden schwebten. Red sah das, machte sich aber keine Gedanken darüber. Er hatte den Preventer fast schon über dem Strahl, und solange die Trosse gespannt war, bestand keine Gefahr. Das wußte jedoch der Fahrer des Wagens nicht. Obwohl er von Adair kein Handzeichen erhalten hatte, glaubte er, das Fahrzeug könne Red in Schwierigkeiten bringen, und kletterte aus dem Wagen, um zu helfen. Er sprang auf die vorderen Stoßstangen, um die Räder wieder auf den Boden zu drücken, doch als die Räder den Boden berührten, wurde das Stahlseil schlaff. Der Preventer bewegte sich abrupt und kippte so zur Seite, daß der Strahl aus dem Bohrloch in Richtung Keller abgeleitet wurde. Mit unglaublicher Kraft blies der Strahl das ganze Untergeschoß leer, so wie ein Kompressor einen Fingerhut voll Wasser leeren würde. Fast einhundert Kubikmeter Flüssigkeit wurden in den Himmel geblasen und mit ihr Dutzende von meterlangen Holzbohlen. Wie Streichhölzer wirbelten sie durch die Luft. Red Adair mit ihnen.

Wenn Red — wie das Öl, das Wasser und die Bohlen — zurück in den Keller gefallen wäre, hätte man ihn vielleicht niemals wiedergefunden. Aber einmal mehr hatte Red Glück. Er landete mit dem Hintern oben auf einem der Betonpfeiler, er war bei Bewußtsein, aber er konnte nichts sehen, da ihn die Chemikalien in den Flüssigkeiten vorübergehend erblinden ließen.

Nachdem seine Augen eine halbe Stunde ausgespült worden waren, konnte Red wieder klar sehen. Bei seinem zweiten Versuch setzte Red die Preventersysteme ohne jeden Zwischenfall auf das Bohrloch, und am zweiten Tag hatte er bei Einbruch der Dämmerung die Quelle abgedichtet. Das austretende Öl und Gas floß jetzt durch spezielle Rohrleitungen, die Red mit den Ventilen an der Bohrlocheinfassung installiert hatte, kontrolliert ab. Nach dem Abendessen machte er sich auf den Heimweg nach Houston.

Als sich der Vollmond über der Prärie erhob, fuhr er bereits wieder mit Höchstgeschwindigkeit nach Osten und rutschte ständig hinter dem Steuer hin und her. Die Landung auf dem Betonblock hatte seine alte Wunde, die von dem Unglück in Kalifornien im Jahre 1953 stammte, wieder verschlimmert, und selbst der tiefe, weichgepolsterte Fahrersitz seines Cadillacs konnte die Schmerzen nur wenig abmildern. Es wäre gut, wenn er jetzt einmal eine ganze Weile zu Hause bleiben könnte, aber sein Instinkt sagte ihm, daß er bestimmt wieder nur ein paar Tage Ruhe hätte, bis der nächste Auftrag hereinplatzen würde.

Er seufzte. Es war hart, ständig von der Familie getrennt zu sein. Schon seit vielen Jahren vermißte er es, bei ihnen zu sein, aber es mußte wohl so sein. Das jedenfalls erzählte er ihnen. Für ihn gab es nur schwarz oder weiß. Entweder arbeitete er in dem Stil, wie er jetzt arbeitete, dann konnten sie sich gutes Essen, ein schönes Haus und schnelle Wagen leisten, oder er arbeitete zum Beispiel an einem Ort wie der Southern-Pacific-Eisenbahngesellschaft, dann würde es wieder nur Bohnen, eine kleine Mietswohnung und eine rostige alte Karre geben.

Auf der Ablage über dem Armaturenbrett vor ihm lag ein weißes Stück Papier. Es hatte unter dem Scheibenwischer seines Cadillacs gesteckt, als er den Wagen nach seiner Landung in Houston abgeholt hatte. Aber er war am Vortag so in Eile gewesen, daß er nicht dazu gekommen war, die Nachricht zu lesen. Jetzt nahm er sich das Stück Papier vor, schaltete die Innenbeleuchtung des Wagens ein, entzifferte die Handschrift und fing laut an zu lachen. Auf dem Zettel stand: „Red, was, zum Teufel, ist los mit Dir? Siehst Du nicht, daß Dein Wagen völlig verdreckt ist? Hast Du nicht mal mehr die Zeit, ihn waschen zu lassen?" Die Nachricht hatte ein alter Freund aus der Ölbranche unterschrieben, der damals Vorstandsvorsitzender einer Ölgesellschaft, der Zapata Off-shore Corporation, war. Sein Name lautete George Bush.

Kapitel 17

Ich möchte nicht sagen, daß Red eine Klasse für sich war, aber die Klasse, in die er gehörte, bestand aus nur wenigen Namen.
Bum Phillips,
ehemaliger Football-Trainer der Houston Oilers

Texas, sechziger Jahre

Red hatte schon immer eine Vorliebe für Boote. In seiner Jugendzeit fuhr er mit seinen Freunden an den Wochenenden oft raus nach Galveston Bay. Er saß stundenlang dort und sah den Schiffen sehnsüchtig nach. Fischkutter, Segelboote, Passagierdampfer und Frachter erfüllten ihn mit einem Gefühl von Freiheit und Leichtigkeit. Er schwor sich damals, daß er eines Tages auch ein Boot besitzen würde, und sei es nur ein zwei Meter langes Schlauchboot.

Ein paar Jahre nachdem er mit dem Serienwagenrennen aufgehört hatte, kaufte er schließlich sein erstes Boot. Es war nur ein wenig größer als eines dieser Ruderboote, die man für Vergnügungsfahrten auf Flüssen und Binnenseen mieten kann. Das Boot hatte einen zwanzig PS starken Außenbordmotor und zwei verschiedene Geschwindigkeiten: langsam und noch langsamer. Red ließ das Boot zu Wasser, und wenn man beobachten konnte, wie er durch die Wellen tuckerte, war man sicher, daß das Boot nicht lange sein Herz erfreuen würde. Red Adair kam doch nicht von wilden Ölquellenbränden, um anschließend mit vier oder fünf Knoten die Buchten an der Küste entlangzuschippern.

Schon bald stieß er das bessere Ruderboot ab und holte sich dafür ein 6,40 Meter langes Century-Coronado-Schnellboot, das es immerhin schon auf 80 Stundenkilometer brachte. Das Schnellboot ersetzte kurz darauf eine zwölfeinhalb Meter lange Chris-Craft-Jacht, die Red „Blow-out" taufte, ein Name, den er auch fast allen nachfolgenden Booten gab. Es war groß und bequem, bestens geeignet, um Freunde und Geschäftspartner zu unterhalten, und Kemmie liebte das Boot. Red aber sollte mit seinen Booten nicht anders umgehen als mit seinen Autos. „Es ist ja ein schönes Boot", sagte er eines Morgens zu Jimmy, „aber ein bißchen zu langsam."

Und schon wurde der Original-Bootsmotor ausgebaut und gegen einen 7-Liter-Chevrolet-Motor mit Turbolader ausgewechselt.

Jetzt brachte es die Jacht auch auf 80 Kilometer in der Stunde, was bis dahin noch keine Motorjacht geschafft hatte. Aber schon bald ersetzte er sie gegen eine sechzehn Meter lange Jacht.

„Damals lag Reds Boot genau neben unserem im Lakewood-Jachtklub. Man konnte es einfach nicht übersehen. Die Schiffskörper aller anderen Jachten waren weiß, nur Red Adair hatte den Rumpf seines Schiffes schwarz gestrichen, und oberhalb der Schandeckel, der obersten Bootsplanken, waren glutrote Flammen aufgemalt. Es sah aus, als stünde das Boot an der Seite voll in Brand. Auf dem Vordeck befand sich das größte Signalhorn, das ich jemals auf einer Jacht gesehen habe. Es erklang in verschiedenen Tonhöhen. Ich hatte schon sehr viel von Red gehört und wollte ihn unbedingt mal kennenlernen. Eines Tages lagen mein Mann und ich am Swimmingpool, als auf einmal dieses Signalhorn in allen Tönen losging. Unser Sohn Lea war damals fünf Jahre alt, und wir dachten: Um Gottes willen, er ist einfach auf Reds Boot geklettert und betätigt jetzt das Signalhorn.

Wir stürzten hinunter zu den Booten, und natürlich war es

Lea, aber Red hatte ihn das Signalhorn bedienen lassen. Und Lea sagte stolz: ‚Mammy, Daddy, darf ich euch meinen Freund Red Adair vorstellen?' So stellte mir mein fünfjähriger Sohn den Mann vor, den ich schon so lange kennenlernen wollte." (Betty DeMontrond)

Red war am Steuer eines Motorbootes schließlich noch besser, als er hinter dem Lenkrad seines Rennwagens gewesen war. Er gehört noch heute zu den wenigen an der Küste des Golfs von Mexiko, die leichtfüßig auf eine achtzehn Meter lange Jacht springen und sie ganz allein ohne Mannschaft steuern.

Mit seinem sechzehn Meter langen Boot hatte Red sehr viel Spaß, aber er wollte trotzdem noch eins haben, das mehr Schmiß hatte, und so legte er sich ein fünfeinhalb Meter langes Chris-Craft-Schnellboot zu, das er „Blow-out Junior" nannte. Das Boot hatte einen umgebauten Chevrolet-V8-Motor und brachte es immerhin auf fast hundert Stundenkilometer. Es folgten schließlich noch ein paar kleinere Jachten, dann noch ein paar größere. Anfang 1965 meinte er schließlich, er hätte nun genug herumexperimentiert, gab Kemmie die Schlüssel von der Jacht und erstand ein Stevens-Rennboot, das schon auf einer Strecke von ein paar hundert Metern eine Geschwindigkeit von 160 Stundenkilometern erreichte. So fing er mit den Bootsrennen an. In den nächsten zehn Jahren bildeten Bootsrennen einen neuen Lebensinhalt für Red. Seine Arbeit blieb natürlich an erster Stelle. Und sosehr es Red auch liebte, ein Rennen zu gewinnen, er würde mitten auf der Strecke umkehren und aus dem Boot springen, wenn er einen Funkspruch empfing, daß irgendwo eine Quelle Feuer gefangen hatte. Aber nach dem Einsatz erfüllte das Bootsrennen die Funktion, seinen Adrenalinspiegel auf der Höhe zu halten, ihn weiteren Herausforderungen begegnen zu lassen. Wenn man ihm ein sechs Meter langes Boot mit einem 500-PS-Motor gab, kam er richtig in Fahrt, bei 160 Stundenkilometern oder gar noch mehr ging es seiner Psyche erst wirklich gut.

Kemmie machte sich zwar Sorgen, weil regelmäßig Rennboote umkippten und Bootsführer ums Leben kamen, aber sie hatte erkannt, wie wichtig es für ihren Mann war, ständig in Aktion zu sein. Er mußte sein Leben einfach aufs Spiel setzen. Sie hatte erlebt, wie er sich anstellte, wenn er zu Hause bleiben mußte, ganz zu schweigen davon, wie er sich im Büro aufführte, wenn im Geschäft eine Flaute herrschte.

Einmal entschloß sich Red, es mit Angeln zu versuchen. Er holte sich Kemmies Lieblingsangelrute und warf sie in einem Bach in der Nähe ihres Hauses in Jersey Village aus. Nach fünf Minuten hatte immer noch kein Fisch angebissen. Er steckte die Angelrute ins Uferbett und holte eine zweite — zwei Angelhaken im Wasser müßten doch mehr Erfolg bringen als einer. Aber es tat sich immer noch nichts. Als Kemmie nach einer Stunde zum Bach kam, um nach ihm zu sehen, traute sie ihren Augen nicht. Red hatte nicht nur ihre gesamten Angelruten, sondern noch ein weiteres Dutzend, das er schnell in einem Geschäft gekauft hatte, ausgeworfen, aber er hatte keinen einzigen Fisch gefangen. Dafür steckten jetzt achtzehn Angelruten im Ufer, und die Leinen verhedderten sich unter der Wasseroberfläche. Es sah aus, als wäre die Forellensaison für Geister eröffnet worden. Sie stand daneben und sah zu, wie Red gerade einen weiteren Haken mit Köder präparierte, als sich ihre Lieblingsangel losriß und vom Bach weggetrieben wurde. „Was, zum Teufel, machst du da?" schrie sie ihn an. „Mit diesen Haken stimmt irgend etwas nicht, Kemmie, kein einziger Fisch beißt an", erwiderte er. „Ich habe schon daran gedacht, es mit Dynamit zu versuchen, ich hab' ja genug im Kofferraum. Das würde zwar ein ganz schönes Spektakel geben, aber zumindest hätten wir genügend Fisch."

Kemmie verstand und unterstützte seine neue Rennleidenschaft, außerdem fand sie die Leute beim Bootsrennen rücksichtsvoller und wesentlich gebildeter als diese Meute, die 1953 ihre Küche verwüstet hatte. Wenn Rennen in der Nähe ihres Hauses in Austin oder am Clear Lake, südöstlich von Houston, wo Red und sie ein weiteres Haus besaßen, stattfanden, veranstaltete sie große Picknicks für die Teilnehmer. Sie stand oft unter den Zuschauern, um Red und später auch Jimmy anzufeuern.

Für Red spielte es keine Rolle, wie lang das Rennen war oder wo es stattfand. Wenn er gerade keinen Auftrag hatte, war er bereit und willens, zu jeder Zeit überall hinzufahren. Er fuhr Marathon-Rennen mit, über 400 oder 800 Kilometer, Einstunden- oder Sechsstundenrennen, ovalförmige Strecken, Strecken auf Flußläufen, auf Seen oder im Golf. Wenn er gerade einmal Zeit hatte und kein Rennen angesetzt war, organisierte er selbst schnell eines. Wenn kein Sponsor aufgetrieben werden konnte, zahlte er das Preisgeld aus der eigenen Tasche. Als Red in den Rennsport einstieg, war Richard Hatteberg gleich als Helfer dabeigewesen. Richard und Red kannten sich seit 1956, als Richard angefangen hatte, bei Myron Kinley zu arbeiten. Als Red ihn 1965 in seiner eigenen Firma einstellte, war Hatteberg 25 Jahre alt und ebenso bootsbesessen wie Red. Sein Traum war es, ebenfalls ein Fachmann auf dem Gebiet der Quellenbrände und Blow-out-Kontrolle zu werden. Zunächst betreute er Reds Boote und arbeitete zusammen mit Jimmy und Raymond Henry im Lager. So war damals die Hierarchie in der Firma organisiert, und so ist es bis heute.

Das System ist ganz einfach: Jeder einzelne beginnt seine Laufbahn bei der Red Adair Company ganz unten; wenn er hart arbeitet, seinen Mund hält, Eigeninitiative zeigt und in den Laden paßt, steigt er schließlich auf. Zunächst fängt er im Lagerhaus an. Wenn er sich dort gut anstellt, darf er als nächstes Ausrüstungsgegenstände zu den Einsatzorten bringen. Wenn auch das reibungslos verläuft, setzt Red ihn später bei den Einsätzen selbst ein, um zu sehen, wie sich sein neuer Helfer in der Nähe eines Blow-outs oder eines Brandes macht. Schließlich kann er nach einigen Jahren unter Reds Führung zu einem Assistenten aufrücken, und wenn Red dann den Eindruck gewinnt, daß jemand auch selbständig mit einem Einsatz fertig wird, dann ernennt er ihn zum Vormann, zum „Senior Firefighter".

Als Red sich selbständig machte, waren Boots und Coots Vormänner, Jimmy, Raymond und Richard die Stifte. Mit den Jahren kamen und gingen Dutzende von Lehrburschen, die dachten, genau zu wissen, wodurch Red Erfolg hatte und daß sie das Zeug dazu hätten, sein Nachfolger zu werden. Nur wenige blieben länger als ein paar Wochen. Und nur sechs oder acht Männern gelang es im Laufe der Zeit, überhaupt über den Status eines Hilfsarbeiters in der Firma hinauszukommen und direkt an der Brandbekämpfung mitzuarbeiten. Von ihnen arbeiten heute nur noch zwei bei Red: Raymond Henry und Richard Hatteberg.

Hatteberg sieht man seine gefährliche Tätigkeit nicht an. Er mißt 1,78 Meter, hat einen kleinen Bauchansatz, kurze, rotblonde Haare, trägt eine Brille, und auf seinem Gesicht spiegelt sich ständig ein gütiger, freundlicher Ausdruck. In einer Welt, in der Cowboystiefel aus Schlangenleder, Jeans und Gürtelschnallen im Wert von sechshundert Dollar zählen, bewegt er sich am liebsten mit einem Lederaktenkoffer, Slippers, Lacoste-Hemden und leichten Baumwollhosen. Er erweckt eher den Eindruck eines Vertreters für Segeljachten, aber sein Äußeres steht im krassen Widerspruch zu seiner Persönlichkeit. Er erinnert unweigerlich an einen Wolf im Schafspelz. Wenn man ihn ans Steuer eines Rennbootes setzt, verkörpert er eiskalte Angriffslust, wie Red ist er ein Fahrer, der vom ersten Moment an bis zum Ziel das Gaspedal bis zum Anschlag durchtritt. Wenn man ihn in die Nähe einer brennenden Ölquelle stellt, verwandelt er sich in eine furchtlose, perfekt funktionierende Maschine, besser gesagt in jemanden, der keinen Moment lang zögert, Red in jede noch so gefährliche Position zu folgen. Während Richard in puncto Rennen ein Naturtalent ist, mußte er sich an die Verhältnisse auf den Ölfeldern erst gewöhnen.

Bei Richards erstem Einsatz, einem Blow-out in Winnfield in

Louisiana, mußten Reds Leute zunächst das Bohrgestänge aus einer Bohrung herausziehen, bevor sie das Loch abdecken konnten. Sie waren damit beschäftigt, die verschiedenen Rohrlängen von Hand mit Schraubenschlüsseln auseinanderzunehmen. Die einzelnen Rohrstücke wurden von drei Spannseilen gehalten, damit das Rohr im Fall eines stärkeren Gasausbruchs nicht frei umherschwingen würde. Kritisch wurde es, wenn sie das letzte Teilstück aus dem Rohr zogen, weil das Gas dann noch stärker ausströmen und sich überall verteilen würde. Sollte das Gas Gesteinsbrocken oder Sand mit sich führen, könnte es sich leicht daran entzünden. „Was immer du tust, Richard, beweg dich nicht, und halte den Schraubenschlüssel fest, damit das Rohr Spannung behält", sagte Red. „Mach dir keine Sorgen; wenn der Bastard ausbricht, erfahren wir es als erste."

Alles verlief nach Plan, und nachdem die Arbeit erledigt war, fing Red so herzhaft an zu lachen, daß er sich erst einmal setzen mußte. „Was, zum Teufel, ist denn plötzlich so komisch?" fragte Richard. „Komm mal herein", erwiderte Red und führte Richard zu der Stelle, wo er gestanden hatte, als er mit dem Rohr beschäftigt gewesen war. Dort befand sich ein dreißig Zentimeter tiefer Fußabdruck im schlammigen Boden. „Du Stinker, du hast dich doch bewegt, Richard", sagte Red, „deine Füße haben sich so schnell bewegt, daß ich nicht einmal deine Stiefel sehen konnte. Wenn wir noch länger dort gearbeitet hätten, hättest du ein neues Bohrloch niedergebracht. Aber, glaub mir, du hättest laufen können wie der Teufel, du wärst nirgendwohin gekommen."

Burbank, Kalifornien, 1973

„Sie hatten einiges gemeinsam, Red und John Wayne. Beide waren rauhe Kerle mit einem weichen Herzen. Sie kamen wahrscheinlich deswegen so gut miteinander aus, weil sie beide den Eindruck gewonnen hatten, der andere sei redlich und aufrichtig. Man konnte sich auf die beiden verlassen, wenn es hart auf hart kam."

(Kemmie Adair)

„Wir müssen den Berg hinaufgehen, John", sagte Red. „Werden Sie es schaffen?" — „Zum Teufel, Red", antwortete John Wayne, „natürlich, ich hab' Ihnen doch gesagt, daß ich Sie einmal zu einem richtigen Feuer begleiten will, oder nicht? Jetzt kriegen Sie bloß keine kalten Füße." — „Ich kriege keine kalten Füße", erwiderte Red. „Kalt wird es uns beiden da oben sicher nicht. Ich habe nur an Ihr Bein gedacht." — „Mein Bein ist schon in Ordnung, Red", entgegnete John Wayne. „Ich halte bestimmt mit Ihnen mit. Lassen Sie uns endlich gehen."

Der Weg, der den Berg hinaufführte, war nur ein paar hundert Meter lang, aber an manchen Stellen sehr steil und von dicken Büschen überwuchert. Red mußte auf die Bergspitze, um sich einen besseren Eindruck von der brennenden Ölquelle zu verschaffen, die bereits den ganzen Bohrturm in Schutt und Asche gelegt hatte. Es war ein richtiges Bilderbuchfeuer, das heißer als die Hölle brannte, aber Red war sicher, daß sie beide schon einigermaßen damit zurechtkämen, denn der starke Wind blies die Flammen von der Spitze fort.

John Wayne sah mitgenommen aus. Er war ein kranker Mann, hager und fahl. Red konnte bemerken, daß ihm das Bein große Schmerzen bereitete, auch wenn sich Wayne nicht darüber beklagte. Er wußte auch, daß Wayne ein paar Jahre zuvor an Krebs erkrankt war und seine linke Lunge verloren hatte. Trotzdem brachte Red es nicht fertig, ihm zu sagen, er sollte unten am Fuße des Berges warten, während er allein die

Lage auf dem Berg erkunden würde. Es lag ein unausgesprochenes Übereinkommen zwischen den beiden Männern, das ein derartiges Verhalten ausschloß.

Die zwei Männer hatten sich im Jahr 1967 kennengelernt, als John Wayne nach Houston kam, um den Film *Die Unerschrockenen (Hellfighters)* zu drehen. Viele Leute glaubten irrtümlich, der Film zeige Red Adairs Leben. John Wayne spielt die Rolle des Chance Buckman, der Ölquellenbrände und Blow-outs unter Kontrolle bringt. Die Story hat gewisse Ähnlichkeiten mit dem Leben von Red Adair, aber die Unterschiede zwischen Film und Wirklichkeit sind doch gravierend.

An einer Stelle im Film kommt Buckman zu einem Einsatz nach Malaysia. Er betritt eine Bar und schlägt gleich einen australischen Driller zusammen, der sich weigert, mit dem Trinken aufzuhören, obgleich am nächsten Morgen die Arbeiten an der Bohrstelle aufgenommen werden sollen. Red würde so etwas niemals tun. Leute, die er nicht brauchen kann oder die ihm in die Quere kommen, pflegt er einfach wegzuschicken.

Während der Dreharbeiten zu dem Film half Red dem Filmteam, ein paar täuschend echte Brandkulissen aufzubauen, zuerst in Baytown in Texas, wo die Aufnahmen für die Szenen in Malaysia gedreht wurden, dann draußen in Casper, Wyoming, woraus im Film ein Einsatz in Venezuela wurde. Anschließend löschte Red die Feuer auch, zusammen mit Three-finger-George, der den Bulldozer fuhr.

John Wayne war von Georges Geschicklichkeit tief beeindruckt, und er war sehr dankbar, denn das gesamte Team einschließlich der Schauspieler hatte nicht die geringste Ahnung, wie man einen D-9-Caterpillar bewegt, und auch keinerlei Interesse daran, Fahrunterricht in der Nähe eines, wenn auch kontrollierten Brandes zu nehmen. Als Anerkennung schenkte Wayne Three-finger-George ein vergoldetes Feuerzeug, auf dem „Meinem Freund Three-finger-George von John Wayne" eingraviert war.

Zwei Jahre später nahm ein Mann das Feuerzeug von der

Theke einer Bar in Odessa und versteckte es, während George auf der Toilette war. Er tat es nur, um Three-finger ein wenig zu ärgern. George kam zurück und sah, daß sein Feuerzeug fehlte. Er ging zur Tür hinüber, sperrte ab, drehte sich um und sah den etwa zwanzig Männern in der Bar ins Gesicht. „Ich werde hier hinten anfangen", sagte er, „jeden von euch auf den Kopf stellen, bis mein Feuerzeug wieder auftaucht. Und wenn nötig, schlage ich mich mit jedem einzelnen von euch." — „Das ist nicht nötig", sagte derjenige, der das Feuerzeug weggenommen hatte, „hier ist es. Ich habe es gerade auf dem Boden gefunden."

Red erzählte John Wayne diese Geschichte von Three-finger-George, als sie zusammen den Berg hinaufgingen. Die zwei Männer lachten herzhaft und erinnerten sich wieder an die Dreharbeiten zu *Die Unerschrockenen*. Red hatte es damals viel Spaß bereitet, an dem Film mitzuarbeiten. Er hatte vorher noch nie Leute vom Film getroffen und war sehr daran interessiert, herauszufinden, was sie für Menschen sind. Besonders gerne beobachtete Red die Arbeiten der Stuntmen, und er kam gut mit dem Produzenten Robert Arthur, mit Vera Miles, die im Film John Waynes Frau Madeleine spielte, und mit Katherine Ross, Waynes Filmtochter Tish, aus.

Aber die Bekanntschaft mit John Wayne stellte alles andere in den Schatten. Red erinnerte sich an den Abend in Wyoming, als sie die Aufnahmen zu dem Quellenbrand in Venezuela gemacht hatten. Es war ein langer Arbeitstag gewesen, da sie um vier Uhr früh mit den Dreharbeiten begonnen hatten. Während des Tages drohte das kontrollierte Feuer plötzlich aus der Hand zu gleiten, und Red mußte schnell eingreifen, um eine Katastrophe zu verhindern. An diesem Abend saßen sie noch alle bei einem Drink zusammen, Red, Kemmie, John Wayne, Vera Miles und ein paar andere Schauspieler. Auf einmal beugte sich Wayne zu Red hinüber, um ihm eine heikle Frage zu stellen: „Big Red, Ihr Job ist sehr gefährlich, nicht wahr? Sie könnten dabei auch umkommen, oder?" — „Stimmt", antwortete Red, „aber, zum Teufel, zumindest würde ich dann bei einer

Arbeit sterben, die mir Spaß macht, anstatt irgendwo in der Stadt von einem Betrunkenen überfahren zu werden." Wayne nickte. „Ich weiß nur zu gut, was Sie meinen, Big Red." Dabei grinste er und klopfte Red auf den Rücken.

Wayne nannte Red seit ihrer ersten Begegnung in einem Hotel in Houston „Big Red". — „Big Red", hatte er damals gesagt und eine Flasche Scotch zutage gefördert, „lassen Sie uns einen kleinen Drink nehmen. Sie schütten ein." Adair goß ein wenig Wasser in ein Glas und füllte den Rest bis zum Rand mit schottischem Whisky auf. „Nun, wenn das so ist, muß ich Ihnen Ihren Drink einschenken", sagte Wayne und füllte ein Glas nur mit Whisky randvoll. „Volle Pulle, Big Red. Auf Ihr Wohl!"

„Volle Pulle" wurde eine stehende Wendung zwischen den beiden, ob sie nun bei den Aufnahmen miteinander arbeiteten oder anschließend zusammen an der Bar saßen. Red erinnerte sich gut daran, wie Wayne es ihm zugerufen hatte, als er dafür gesorgt hatte, daß sich der Jeep für eine Szene endlich überschlug. In einer Sequenz von *Die Unerschrockenen* sollte ein Jeep über eine Böschung stürzen, aber trotz aller Bemühungen des Stuntmans wollte sich der Wagen einfach nicht richtig überschlagen. Red riet den Männern, an der Vorderachse ein Stahlseil zu befestigen und im richtigen Moment daran zu ziehen, damit der Jeep hinten hoch gehen würde. Mit diesem Trick überschlug sich der Jeep schon im ersten Anlauf perfekt. „Volle Pulle, Big Red!" rief John Wayne, als der Jeep unten in der Schlucht aufschlug.

Nach den Dreharbeiten in Wyoming drängte Wayne Red ständig, ihn doch einmal zu einem wirklichen Feuereinsatz mitzunehmen. Aber bislang hatte es nie geklappt, bis zu diesem Quellenbrand an einem Ort, der Lethal Canyon hieß und in dessen Nähe Wayne gerade den Film *Mit Dynamit und flotten Sprüchen (Rooster Cogburn)* drehte. Wie gewöhnlich hatte John Wayne Tag und Nacht gearbeitet, obwohl er eigentlich dringend ins Bett gehörte. Und als er schließlich ein paar freie Minuten hatte, war er zu Red gefahren, um ihn zu seiner brennenden Quelle zu begleiten, anstatt sich etwas Ruhe zu gönnen.

„Auf was, zum Teufel, warten Sie, Big Red?" fragte Wayne. „Gehen wir jetzt da hoch, um das Feuer zu löschen, oder stehen wir bloß rum und schauen zu, wie es brennt?" – „Nun gut, John", sagte Red, als sie jetzt den Berg hinaufstiegen, „nur wir zwei, volle Pulle!"

Sie schafften es ohne größere Probleme bis zur Spitze des Berges und konnten über die Flammenwand hinüberschauen, als der Wind plötzlich drehte und das Feuer in einer alles erstickenden Welle über sie hereinbrach. Innerhalb von Sekunden verbrannte die gesamte Vegetation in ihrer Umgebung. „John, wir müssen ganz schnell hier weg", sagte Red. „Brauchen Sie Hilfe?" – „Zum Teufel, nein, Big Red", antwortete Wayne, „Sie haben mich hier heraufgebracht, Sie bringen mich auch schon wieder hinunter. Ich habe völliges Vertrauen zu Ihnen. Übrigens, Ihre Hosenbeine fangen gerade Feuer." Red sah nach unten, Flammen von brennendem Buschwerk tanzten um seine Stiefel. „Es ist ein verdammt heißer Job, John. Aber wem erzähle ich das?" sagte Red. „Nach unten, sofort", meinte Wayne. „Ich bin an Ihrer Seite." Als sie nach zwanzig Minuten unten am Fuße des Berges ankamen, gingen die beiden Arm in Arm und sangen.

John Wayne blieb mit Red im Lethal Canyon, bis Red das Feuer gelöscht und die Bohrung unter Kontrolle gebracht hatte. Immer wenn die beiden später miteinander telefonierten, erzählte Wayne Red, daß er die Absicht habe, einen zweiten Film über Reds Arbeit zu drehen, einen, der den Fakten entsprach. Red rief ihn noch einmal an, bevor Wayne zum letzten Mal ins Krankenhaus kam. „Big Red", sagte John Wayne, „wenn ich aus dem Krankenhaus rauskomme, dann werden wir es endlich tun. Wir machen diesen Film und zeigen den Leuten mal, wie diese Arbeit wirklich ist. Vielleicht müssen wir beide dabei sterben, aber wie Sie einmal gesagt haben, dann sterben wir bei der Arbeit, die wir lieben."

Wayne wollte nicht nur die Methode, mit der Red bei seiner Arbeit vorging, richtig treffen, sondern er war auch von Reds eigenen Abenteuern und Erlebnissen fasziniert. Als er Red kennenlernte, hatten die beiden nächtelang zusammengesessen, und Red hatte Geschichten aus seinem Leben erzählt. All das war in *Die Unerschrockenen* allenfalls gestreift, aber niemals ausgearbeitet worden. Im Film führt Chance Buckman seine Tochter Tish beispielsweise zum ersten Mal durch sein Büro und zeigt ihr eine Maske, die er geschenkt bekommen hat. Er erzählt ihr, daß er die Maske von einem Medizinmann erhalten hat. Tatsächlich hatte Red 1961 eine Zeitlang mit einem Medizinmann im Dschungel von Sumatra verbracht.

Das Bohrloch, das dort außer Kontrolle geraten war, stammte noch von den Holländern, die in einer so entlegenen Gegend im Dschungel gebohrt hatten, daß selbst Joseph Conrads Vorstellungskraft nicht ausgereicht hätte, um sie zu beschreiben. Die Japaner hatten die Quelle im Zweiten Weltkrieg erobert, und nach dem Krieg übernahmen die Indonesier die Kontrolle. In dem Camp, in dem Red 45 Tage zubringen mußte, waren noch immer die Einschußlöcher aus dem Krieg zu sehen, als die Quelle umkämpft wurde. Die ganze Zeit über aß Red die Nahrung der Eingeborenen, schlief in einem Zelt und wurde durch ein feinmaschiges Netz vor Schlangen und Insekten geschützt. Es gab Kobras in diesem Urwald und auch Tiger, aber man konnte sie nicht hören, weil der Lärm des Bohrlochs alles übertönte.

Das Lager befand sich direkt gegenüber der Quelle auf der anderen Seite des Flusses. Um hinüberzugelangen, fuhr man entweder die Straße durch den Dschungel den Fluß entlang bis zu einer kleinen Brücke, die den Fluß überspannte, oder man nahm den kurzen Weg und setzte in einem alten Holzboot über den Fluß. Egal für welchen Weg man sich entschied, in beiden Fällen gab man sein Leben in Gottes Hand. Kleinere Gruppen von kommunistischen Rebellen streiften durch den Dschungel. Eine Einheit von ihnen drang sogar einmal nachts ins Lager ein und nahm ein paar Wagenladungen voller Vorräte mit sich. Sie drückten Red eine handgeschriebene Quittung in die Hand. „Wir werden für alles bezahlen, wenn wir erst einmal die Macht im Lande übernehmen", sagte der Rebellenführer zu Red. „Das will ich hoffen, Partner", erwiderte Red mit einem breiten Grinsen und hoffte, dem Mann nie wieder zu begegnen.

Auf dem Fluß gab es schwerbewaffnete Banditen, die mit ihren hochmotorisierten chinesischen Dschunken, die etwa fünfzig, sechzig Stundenkilometer schnell waren, alles aufbrachten, was unglücklicherweise in ihren Weg kam. Aber sie waren nicht die einzige Gefahr, die vom Fluß drohte.

Gewöhnlich fuhr Red mit dem Jeep zur Ölquelle, aber eines Tages hatte er es besonders eilig und entschied sich für das alte Boot. Als er das andere Ufer erreichte, rief ihm einer der Bohrstellenarbeiter zu: „Was ist los mit dir? Bist du verrückt?" Dann zeigte er ihm drei hölzerne Stopfen im Boden des Bootes. „Wenn sich auch nur einer der Stopfen gelöst hätte, wäre das Boot abgesoffen, und du hättest im Wasser gelegen", sagte der Arbeiter. „Hat dir niemand etwas von den Krokodilen erzählt?" Von da an fuhr Red nur noch mit dem Jeep zur Arbeit.

So fand sich Red nun zwischen kommunistischen Rebellen, Banditen, Schlangen, Tigern, Haien und Krokodilen wieder, während er einen besonders gefährlichen und gewaltigen Ausbruch unter Kontrolle bringen mußte. Eines Abends zog plötzlich ein Medizinmann mit seinen Gefolgsleuten in das Lager. Der Medizinmann war ganz in Weiß gekleidet, und Red wußte, daß mit ihm nicht zu spaßen war. Sein Stamm besaß einen heiligen Ju-ju-Baum in der Nähe des Hubschrauberlandeplatzes auf dem Ölfeld. Als einer der Piloten dem Heiligtum zu nahe gekommen war, hatte ein Anhänger des Medizinmanns ihn sogleich getötet und den Hubschrauber umgestürzt.

„Was, zum Teufel, sollen wir jetzt machen?" fragte Coots, der Red bei diesem Einsatz begleitete. „Wir werden den Medizinmann einladen, so lange zu bleiben, wie er Lust hat", sagte

Red, „und seine Männer können auch bleiben." Das machten sie dann auch, sie aßen die Vorräte der Ölgesellschaft auf, saßen nachts mit Red und seinen Männern zusammen und redeten in einer Sprache auf sie ein, die sie nie vorher und nachher gehört hatten.

Als die Arbeit erfolgreich beendet war, gab es wie gewöhnlich ein großes Fest, dieses Mal eher ein zeremonielles Stammesessen. Während des Essens hielt der Medizinmann eine lange Rede, in der er verkündete, daß durch seine Zauberkräfte Red an diesen Ort gebracht worden und auch nur durch seine Magie in der Lage gewesen wäre, die Quelle unter Kontrolle zu bringen. Red seinerseits dankte dem Medizinmann für seine Hilfe und versicherte ihm, ohne ihn wäre er niemals mit dem Blow-out fertig geworden.

Medizinmänner, Banditen, Krokodile und Saboteure kamen auch in dem Film *Die Unerschrockenen* vor, aber mit Reds wirklichen Erlebnissen hatte die Filmstory nicht viel gemein. Es gab keinen Hinweis auf Butch Davenport und seine Leute. Sie waren eine Bande moderner Schurken, die es darauf abgesehen hatten, Reds ehrlicher Arbeit in die Quere zu kommen. Sie versuchten dies, indem sie zunächst Ölquellen sprengten, um später damit beauftragt zu werden, sie wieder unter Kontrolle zu bringen. Das FBI in Wyoming vermutete, daß bei den betroffenen Quellen nicht alles mit rechten Dingen zugegangen war, und ließ Red kommen, um die Bohrlöcher zu untersuchen. Red konnte daran sofort erkennen, daß die Explosion außerhalb des Lochs stattgefunden hatte und nicht innerhalb, wie es sonst der Fall war. Seine Fachkenntnis auf dem Gebiet der Sprengtechnik machte es schließlich möglich, daß Davenport und seine Bande gefangen, verurteilt und hinter Gitter gebracht werden konnte.

Kapitel 18

Ich habe mich immer aus der Politik in fremden Ländern herausgehalten. Selbst in meinem eigenen Lande mische ich mich nicht allzusehr in die Politik ein. Von Lyndon B. Johnson an haben mich alle Präsidenten eingeladen. Das ist ganz schön schmeichelhaft, und es verwundert mich immer noch. Denn als ich jung war, hätte ich mir nie vorstellen können, daß ein Präsident jemanden wie mich kennenlernen möchte. Aber sonst gehe ich meinen eigenen Weg, ich wähle, und das war's dann. Ich rede auch nicht viel darüber. Ich fühle mich so besser und auch sicherer. Ich kenne George Bush gut, aber ich betrachte ihn als einen alten Freund und nicht als Politiker. Ich erinnere mich an die kleine Stadt in Algerien, wo ich das „Feuerzeug des Teufels" bekämpft habe, und an diesen Bürgermeister, mit dem wir oft zusammensaßen, der aber unseren Sprengstoff klaute. Nachdem sie ihn überführt hatten, dachte ich mir: Zum Teufel, ich hätte erschossen werden können. Oder ich hätte von einer Bombe in die Luft fliegen können. In der Wüste bei dem gefährlichen Quellenbrand war ich sicherer als in der Stadt dieses Bürgermeisters.

Red Adair

Houston, 9. Mai 1977

Red flog nach Washington, wo er am nächsten Tag vor einem Ausschuß des Repräsentantenhauses erscheinen sollte. Der Ausschuß war kurzfristig eingesetzt worden, nachdem die Ölplattform „Bravo" im Ekofisk-Ölfeld in der Nordsee verunglückt war. Er sollte sich mit den Off-shore-Ölbohrungen vor der Ostküste der Vereinigten Staaten befassen.

Seit dem Blow-out in der Nordsee am 22. April 1977 hatten sich 31 Millionen Liter Erdöl ins Meer ergossen. Als die Bohrung außer Kontrolle geriet, schoß eine 55 Meter hohe Ölfontäne in den Himmel, die 175 000 Liter pro Stunde und 4,2 Millionen Liter pro Tag in die See spuckte. Sofort bildete sich ein Ölteppich von fünfzig Quadratkilometern Fläche, der sich später noch auf das Zehnfache ausbreitete. Zum Glück konnte die 112 Mann starke Besatzung der Bohrinsel „Bravo" schnell evakuiert werden. Aber starke Stürme und die rauhe See gestalteten die Aufräumungsarbeiten sehr schwierig, und nur Reds mutige Anstrengungen, den Ausbruch abzudichten, verhinderten eine Explosion und ein Feuer, das die Situation erheblich verschärft hätte.

Der Ausschuß hatte Red um seine Anwesenheit bei den Anhörungen gebeten, und er kam dem Wunsch natürlich nach. Aber bei einem Einsatz in der Nordsee wäre er wesentlich weniger aufgeregt gewesen. Er trug einen dunkelblauen dreiteiligen Anzug, den er auch am nächsten Tag für die Anhörung anziehen würde. Robyn hatte ihm geholfen, den Anzug auszusuchen.

„Wie steht mir der Anzug?" hatte er sie gefragt, als er ihn anprobiert hatte. „Daddy, du siehst absolut elegant aus", hatte sie geantwortet. „Aber damit fühle ich mich noch kein bißchen besser, wenn ich vor all diesen Politikern stehen muß", hatte Red erwidert. „Diese Burschen. Weißt du, die sind wie eine Meute hungriger Wölfe, die sich auf ein frisches Stück Fleisch stürzen. Sie versuchen, die Leute zu verwirren, sie drehen dir die Worte im Mund herum." — „Daddy, du stehst nicht vor Gericht", hatte Robyns Antwort gelautet. „Sie wollen doch nur deine Meinung zu den Off-shore-Bohrungen hören. Und ich weiß, das schaffst du schon."

Wie gewöhnlich war Red zwei Stunden vor Abflug seiner Maschine am Flughafen. Eines konnte man von ihm mit Bestimmtheit sagen: Er kam niemals zu spät. Er ging in die Flughafenbar, setzte sich in einen Sessel und bestellte einen Drink. Politiker, dachte er, Politik und politische Machenschaften, politische Spannungen. Man kann ihnen nirgendwo entrinnen. Manchmal schlitterte man blind hinein, wie damals im Jahre 1967, als er mit Raymond in Bolivien arbeitete.

Sie hatten es mit einer ganzen Reihe von außer Kontrolle geratenen Ölquellen zu tun, die weit im Süden des Landes im Gebirge nahe der Stadt Camiri lagen. Von den neun Bohrungen in diesem Gebiet waren acht zugleich außer Kontrolle geraten oder hatten Krater gebildet. Die Blow-outs hingen hauptsächlich damit zusammen, daß die Driller nicht genau wußten, was sie taten.

Die Driller waren bereits in niedriger Tiefe auf Gas gestoßen, das unter sehr hohem Druck stand. Wenn es einem Driller gelingt, über eine solche Gasformation hinwegzukommen, dann kann die gesamte Bohrung gelingen. Aber es ist immer eine heikle Angelegenheit, die viel Fingerspitzengefühl erfordert, bis man durch die Gasformation hindurch ist. Heute, mit besser entwickelten Bohrverfahren und Meßgeräten, die jede Druckänderung im Bohrloch sogleich anzeigen, stellt eine derartige Situation kein großes Problem mehr dar, aber 1967 in den Bergen von Bolivien war die Lage noch anders. Damals wurden die Bohrer einfach in die Tiefe niedergebracht, und in dem Moment, wo man auf eine Schicht mit hohem Gasdruck traf, verwandelte sich die Bohrung in einen wilden Stier, den man mit dem sprichwörtlichen roten Tuch gereizt hatte.

Nur Unabhängige und Spekulanten förderten hier. Die Bohrtürme standen auf Vorsprüngen, die in die Felsen eingeschnitten waren, in flachem Sand, der sich von Ort zu Ort in der Tiefe unterschied. Es war risikoreich, unter diesen Bedingungen zu bohren, auch wenn man haufenweise Geld in die Vorbereitung der Bohrung gesteckt hätte. Als Red und Raymond eines Morgens auf den Transport eines Hochdruck-Preventersystems warten mußten, der per Hubschrauber über die Berge gebracht werden sollte, unternahmen sie eine kleine Wanderung ins Gebirge.

Die beiden folgten einem Pfad, der von der Bohrstelle über eine Klippe führte und sich dann auf der anderen Seite des Berges an einem Bergbach entlangschlängelte, der mitten durch den Wald floß. Von Zeit zu Zeit blieben sie stehen, um nach interessanten Steinen im Flußbett zu schauen. Red genoß es, Steine zu bewundern und zu sammeln, wann immer er in den entlegensten Gegenden der Welt die Zeit dazu fand.

Auf einmal wurden Red und Raymond von Stimmen aufgeschreckt, die ganz in der Nähe aus dem Wald kamen. Keiner der beiden sprach genug Spanisch, um verstehen zu können, was da gesagt wurde, aber die Stimmen klangen nicht gerade freundlich. Sie entschlossen sich, ihr Schicksal nicht herauszufordern, und eilten zu ihrem Camp zurück. Wochen später in Houston, als Red mit einigen Beamten der Regierung in seinem Büro zusammensaß, wurde er darüber unterrichtet, daß Raymond und er beinahe in das Bergversteck von Che Guevara hineingestolpert wären. Che Guevara und seine Leute wurden kurz darauf von bolivianischen Soldaten aufgespürt und gefangengenommen.

Obwohl Red für Spionage nicht das geringste Interesse hat, war er in all den Jahren manchmal gezwungen, sich mit der Regierung zu verständigen. In einigen Fällen, wenn er einen Auftrag in einem besonders gefährlichen Gebiet erhielt, erkundigte er sich, ob er dabei nicht ein zu großes Risiko einginge. Immerhin mußte Red schon einmal Hals über Kopf fliehen oder war Feindseligkeiten ausgesetzt. 1983 sollten Red und seine Leute die kuwaitischen Behörden beraten, wie sie einen Ölteppich bekämpfen könnten, den eine außer Kontrolle geratene Bohrinsel vor der Küste verursacht hatte. Sie flogen nach Bahrain und nahmen von dort ein Schiff zu der Bohrinsel. Ihre schmutzige Wäsche hatten sie zuvor in die Reinigung gegeben. Als die Wäsche zurückkam, war von allen Hosen je ein Bein abgeschnitten worden.

Und dann fiel Red dieser Job im Golf von Sues ein, den er im Auftrag der israelischen Regierung erledigt hatte. Das war 1973, mitten im Krieg zwischen Israel und Ägypten. Red seufzte, schüttelte den Kopf und ließ sich noch tiefer in den weich gepolsterten Sessel in der VIP-Bar des Flughafens sinken. Dabei erinnerte er sich an all die Machenschaften und politischen Spannungen, die diesen Einsatz begleitet hatten.

Golf von Sues, 1973

Zuerst wollte Red den Job gar nicht annehmen. Es handelte sich um eine Ölplattform, von der aus von einer italienischen Bohrgesellschaft vier Bohrungen niedergebracht worden waren. Die Plattform stand mitten im Golf von Sues, zwölf Kilometer von der ägyptischen Küste und zwölf Kilometer von der Küste der Sinaihalbinsel entfernt, die die Israelis besetzt hatten. Sie hatten auch die Bohrinsel von den Ägyptern erobert, aber dabei drei Boden-Luft-Raketen hineingeschossen, die alle vier Quelleinfassungen zerrissen und die Quellen in Brand gesetzt hatten. Die Kämpfe zwischen den beiden Ländern waren inzwischen eingestellt, aber die politische Lage war alles andere als friedlich, und Red fürchtete um die Sicherheit seiner Leute. Außerdem wollte Red seine guten Beziehungen zur arabischen Welt nicht gefährden, für die er so viele Aufträge erledigte. Aber das amerikanische Außenministerium bat ihn eindringlich, die Quellen unter Kontrolle zu bringen, so daß er schließlich einwilligte, den Versuch zu wagen.

Der Einsatz glich in nichts Reds sonstigem Auftreten. Dieses Mal vollzog sich der Job inkognito oder wenigstens so unauffällig, wie sich ein Auftrag auf einer brennenden Off-shore-Plattform gerade noch durchführen ließ. Red nahm Richard und Jimmy mit, und alle drei hatten falsche Pässe erhalten: Sie hießen „Mister Richards", „Mister James" und „Mister Paul" (Red). Für den Auftrag wurden dunkle Overalls gewählt, und damit nicht das leuchtende Rot der Dieselpumpen seine Anwesenheit auf der Plattform verriet, bestellte Red bei seinem alten Freund Jerry Morton dieses Mal grau gestrichene Pumpen.

Jerry Morton ist der Besitzer von United Engines, einem Betrieb für Detroit-Dieselmotoren mit Sitz in Oklahoma City. Er stellt ganze Generatorensysteme her, von kleinen transportablen Stromgeneratoren bis hin zu großen Pumpstationen, wie sie Red bei seinen Einsätzen verwendet, um das Wasser zu den Quellenbränden zu pumpen. Jerry Morton und Red arbeiten seit Jahren zusammen, seit Red bei Myron Kinley anfing.

„Früher habe ich nie einen schriftlichen Auftrag von Red gesehen. Er rief ganz einfach an und sagte: ‚Ich brauche zehn Maschinen oder Pumpen' oder irgend so etwas, und dann habe ich die Dinge dorthin geliefert, wo Red sie gebraucht hat. Bei einem Feuer in Indonesien brauchte Red einmal 43 Pumpen. Sieben große Transportflugzeuge waren nötig, um die Aggregate an Ort und Stelle zu verfrachten. Red vertraute mir, daß ich ihm lieferte, was immer er haben wollte, und ich wußte, wenn Red anrief, daß alles bezahlt wurde.

Die ersten Pumpen, die wir für Red bauten, waren für einen Brand in Jennings, Louisiana, bestimmt. Red hatte die Idee, zu versuchen, ein Feuer mit Wasser zu löschen, anstatt es mit Sprengstoff zu ersticken. Er stellte sich vor, daß er das Feuer von vier verschiedenen Seiten zugleich einkreisen müßte, das Wasser würde dann auf die Feuersäule auftreffen, zwischen Flamme und Gas hinunterfließen und dem Feuer so die Sauerstoffzufuhr abschneiden. Das Problem dabei war nur, daß die meisten Hersteller damals nur Hochdruckpumpen mit geringer Förderkapazität liefern konnten, Red benötigte aber Niedrigdruckpumpen für hohe Wassermengen.

Ich ging seinerzeit zu Milton Williams, dem die Firma Williams Pipeline Testing Company gehörte, weil er Niedrigdruckpumpen mit hoher Fördermenge besaß, um die Pipelines voll Wasser zu pumpen, bevor sie auf Dichtigkeit und Sicherheit hin überprüft wurden. Morton überließ mir eine alte Peerless-Zentrifugenpumpe, die mit zwei Detroit-Dieselmaschinen angetrieben wurde. Ich rief Red an, um ihm mitzuteilen, was ich erreicht hatte, und er ging dann zur alten Feuerwache in Jennings und besorgte ein paar alte Schlauchtüllen für die Pumpe. Dann brachten wir unser Baby an die Feuerstelle. Die Pumpe leistete einen Druck von 85 Kilopond pro Quadratzentimeter, was für Reds Zwecke völlig ausreichend war, gleichzeitig förderte sie in der Minute etwas mehr als 11 000 Liter. Das war die erste Wasserpumpe, mit deren Hilfe ein Ölquellenfeuer gelöscht werden konnte. Bis zu dieser Zeit mußten alle Feuer mittels Sprengstoff erstickt werden.

Bis dahin hatte noch nie jemand einen Bohrlochbrand mit Wasser gelöscht. Das Besondere an dieser Methode bestand darin, daß Red nun in der Lage war, ein Feuer zu kontrollieren. Er konnte es jederzeit, wann immer er es wollte, löschen, er konnte es wieder entzünden und wieder löschen. Diese Möglichkeit war besonders wichtig, wenn eine Gasquelle brannte, weil das Gas bei Tage aufsteigt und sich bei Nacht, wenn es nicht verbrennt, am Boden sammelt und sich dort ausbreitet. Es kann sich dann in einem Gebäude, in Autos, in jedem abgeschlossenen Raum sammeln, wodurch sich die Gefahr einer Explosion vergrößert. Red löschte das Feuer bei Tage und entzündete es jeden Abend wieder.

Außerdem arbeitete Red sowieso nicht gerne im Dunkeln. Wenn er bei Nacht ins Feuer sah und anschließend wegschaute, konnte er nichts mehr sehen, und das war ihm zu gefährlich. Und wenn es an einer Einsatzstelle von dem ganzen Wasser, der Spülflüssigkeit und dem Öl feucht und matschig war, dann konnte es sich nachts von der Hitze des Feuers ein wenig abtrocknen. Also arbeitete Red tagsüber die ganze Zeit an einer außer Kontrolle geratenen Quelle, entzündete sie abends wieder und ließ das Feuer, seinen Feind, nachts für ihn arbeiten.

Sehen Sie, Sie können den Leuten viel Geld geben, aber dafür bekommt man noch keinen Respekt und keine Treue. Red dagegen kam einfach in unsere Firma in Oklahoma City, ging überall herum und schüttelte jedem, den er bei der Arbeit traf, freundlich die Hand, ob der andere gerade den Boden kehrte, mit Schweißarbeiten beschäftigt war oder gar irgendeine Abteilung leitete. Das war keine Schauspielerei, Red stand zu dem, was er tat. Er nahm sich Zeit, unterhielt sich mit den Arbeitern, tauschte Gedanken und Ideen mit ihnen aus, und sie alle hatten Respekt vor ihm. Aber nicht einfach, weil er Red Adair war, sondern weil er sie ernst nahm. Sie wußten, daß sein Leben und das seiner Leute von ihrer Arbeit abhing. Sie wußten, wenn Red oder einer der Assistenten den Knopf drückte, dann mußte die Pumpe laufen. Und zwar sofort.

Und wissen Sie, der Mann, der die Rohrstücke zusammenschweißte, wußte, daß er für jemanden arbeitete, der seine Arbeit zu schätzen wußte. Wir pflegten damals zu sagen, daß die Uhren stehenblieben, wenn Red anrief. Es machte keinen Unterschied, welche Tages- oder Nachtzeit es war, es gab keine Probleme damit, wer die Arbeit an Reds Projekt aufnehmen würde, weil alle wußten, daß Red persönlich kommen und mitarbeiten würde. Die Leute arbeiteten notfalls rund um die Uhr, wenn es für Red Adair war. Für niemand anderen haben sie das je getan. Und als Red die Pumpen für den Job im Nahen Osten bestellte, die grau gestrichen werden sollten, arbeiteten sie alle hintereinander drei Schichten an dem Auftrag, weil sie wußten, daß es etwas ganz Brandeiliges war. Sie stellten keine Fragen, und keiner von ihnen sprach außerhalb der Firma darüber. Sie wußten nur, daß es für Red war, und mehr wollten sie gar nicht wissen." (Jerry Morton)

Zum ersten Mal sah Red eine Ölplattform, die mit Maschinengewehren ausgerüstet war. Die Israelis hatten die Waffen angebracht, und sie hatten auch ein Torpedoboot vor einer Seite der Bohrinsel liegen. Vor der ägyptischen Küste befanden sich ebenfalls Torpedoboote. Red verschaffte sich einen sorgfältigen Gesamtüberblick über die Lage und fuhr dann zurück nach Tel

Aviv, wo er sich mit einem Vertreter der israelischen Regierung traf, der für die Ölindustrie verantwortlich war. Dann telefonierte er mit der italienischen Bohrgesellschaft, die sich ihrerseits wieder mit der ägyptischen Regierung in Verbindung setzte. Sowohl den Israelis als auch den Ägyptern ließ Red folgende Nachricht zukommen.

„Hören Sie zu", sagte er ihnen, „in dieser Frage sind wir völlig neutral. Wir wollen einzig die Feuer löschen, die Quellen abdichten und dann nach Hause fahren. Wenn Sie Ihren Krieg wieder aufnehmen wollen, nachdem wir weg sind, ist das Ihre Angelegenheit, aber solange wir hier auf dieser Plattform sind, sollten beide Seiten besser ihre Waffen weglegen und uns in Frieden arbeiten lassen. Ansonsten werden meine Männer und ich nach Hause fahren."

Tatsächlich zogen sowohl die Israelis als auch die Ägypter ihre Torpedoboote zurück, und die Israelis bauten auch die Maschinengewehre auf der Plattform ab. Während der ganzen 63 Tage, die der Einsatz dauerte, wurden Red und seine Männer nicht ein einziges Mal in irgendeiner Weise belästigt und konnten ihre Arbeit erfolgreich beenden.

Washington, 10. Mai 1977

Um zehn Uhr morgens stellte der Kongreßabgeordnete John M. Murphy Red dem Ausschuß vor. „Wir sind sehr glücklich, heute Mister Paul Adair, besser bekannt als Red Adair, unter uns zu haben. Er ist ein weltweit anerkannter Experte und zugleich der erfolgreichste bei der Bekämpfung von Quellenbränden und Blow-outs. Er hat bereits zahlreiche Katastrophen nicht nur an Land, sondern auch Off-shore verhindert. Es ist uns eine Freude, daß Sie hier sind, Mister Adair. Bitte fahren Sie fort."

Red war nach dem Aufstehen so nervös gewesen, daß er nicht in der Lage war zu frühstücken. Auf dem Weg vom Hotel zu dem Bürogebäude, in dem der Ausschuß tagte, fühlte sich sein Magen an, als hätte er eine Packung Schleifpapier gegessen, und seine Ohren hörten überhaupt nicht auf zu klingeln. Aber in dem Moment, als er anfing zu sprechen, in dem Moment, als er richtig gefordert wurde, war er wieder so ruhig, als stünde er vor einer brennenden Quelle.

„Ich danke Ihnen, Herr Vorsitzender", fing Red an, „es macht mich etwas sprachlos, heute hier zu stehen. Damit habe ich nie gerechnet. Ich bin nur ein einfacher Bursche vom Lande aus Texas, aber ich beantworte Ihnen gerne alle Fragen, die Sie haben. Ich kann Ihnen erklären, was ich weiß, was wir tun und was wir empfehlen."

Man fragte Red, was getan werden könnte, um Unglücksfälle vor der Küste zu bekämpfen. Red kündigte die Entwicklung eines Versorgungsschiffes an, das zu den verschiedensten Zwecken, darunter auch der Brandbekämpfung, eingesetzt werden könnte. Die Pläne für dieses Schiff, die er dem Ausschuß vorstellte, kamen der *Tharos* schon sehr nahe, die später in der Nähe der brennenden Ölplattform „Piper Alpha" zum Einsatz kommen sollte.

„Ich habe bereits etwa zehn oder fünfzehn Reisen nach Norwegen und England unternommen, um dort meine Idee eines Halbtauchers — ich nenne ihn Arbeitsplattform — vorzustellen, der an jeder Bohrinsel eingesetzt werden kann, egal wie schwer die See ist", sagte Red. „Mit einem halbtauchenden Schiff oder Leichter wie diesem, so glaube ich, könnte ein Blow-out viel schneller und viel billiger als heute unter Kontrolle gebracht werden ... Es kommt gar nicht darauf an, wo gebohrt wird, früher oder später gibt es fast überall einen Blowout. Also müssen Sicherheitsmaßnahmen ergriffen werden. Das würde uns die Arbeit auch wesentlich erleichtern. Ich habe versucht, ein solches Schiff hier in den Vereinigten Staaten zu bekommen, aber wir haben es noch nicht. Wir warten noch darauf. Ich hoffe wenigstens, daß wir es bekommen... Heute wird so weit draußen vor den Küsten gebohrt, daß die flachen Lastkähne nicht mehr ausreichen. Bei einem Einsatz in Australien zum Beispiel haben wir allein dreißig Tage gebraucht, um einen Lastkahn an die Plattform schleppen zu lassen, und dann haben wir einen Tag darauf gearbeitet. Ich glaube, dies spricht für sich und Sie verstehen, daß wir dringend ein solches Schiff benötigen."

Verschiedene Mitglieder des Ausschusses versuchten Red darauf festzunageln, wer die Schuld an einem Unglück auf einer Off-shore-Plattform tragen würde. Sie fragten immer wieder, ob insbesondere bei dem Blow-out auf der Bohrinsel „Bravo" die Ölgesellschaft Phillips Petroleum die Verantwortung treffe. Red aber blieb dabei, daß Phillips alle Vorkehrungen getroffen hatte, um ein Unglück zu verhindern. Tatsächlich war es sogar die Gesellschaft Phillips gewesen, erinnerte Red den Ausschuß, die zuallererst seine Vorschläge ernst genommen und das erste halbtauchende Feuerlöschschiff, die S. S. SEDCO/Phillips, gebaut hatte.

Der Abgeordnete Breaux aus Louisiana fragte Red, ob der Blow-out auf der Plattform „Bravo" durch einen Fehler im Sicherheitssystem oder durch eine fehlerhafte Bedienung der vorhandenen Sicherheitseinrichtungen eingetreten wäre. „Ich befürchte, daß überall auch noch der Faktor Mensch eine große Rolle spielt", antwortete Red dem Komitee. „Ganz egal, welche Ausrüstung Sie auf einem Bohrturm oder einer Bohrinsel bereithalten, wenn Sie nicht das geeignete Personal haben, das genau weiß, wie es mit den Einrichtungen umgehen soll, dann kann es nicht klappen. Sie müssen die Männer noch besser ausbilden... Sie müssen eine strengere Ausbildung für den Fall eines Blow-outs vorsehen und die Sicherheitseinrichtungen häufiger überprüfen. Sie müssen dafür sorgen, daß wirklich alles funktioniert und daß jeder Arbeiter auf dem Bohrturm jeden einzelnen Kontrollhebel genau kennt. Sie müssen bestimmte Ventilsysteme für das Bohrgestänge auf dem Drilldeck für den Fall bereithalten, daß sich das Gestänge in der Bohrung befindet, während die Bohrung außer Kontrolle gerät, damit die Männer sofort das Bohrgestänge abdichten können."

„In Arizona haben wir verständlicherweise nicht allzu viele Off-shore-Bohrungen", sagte der Abgeordnete Udall zu Red, „und ich verstehe auch nicht viel von Blow-outs. Ich mag ein Fachmann für politische Eruptionen sein, aber nicht für Öl. Sie, Mister Adair, sagen, die Hauptursache für diese Blow-outs sei menschliches Versagen. Was ist denn in der Nordsee genau passiert?"

„Nun, das wissen wir eben noch nicht genau", antwortete Red. „Die Mannschaft hat das Übliche gemacht. Die Quelle war angebohrt, und ein paar Gestängeteile hatten sich in der Bohrung verkantet, danach war der Ölfluß verstopft, und die Quelle förderte nicht mehr die übliche Menge Öl zutage. Die Mannschaft hatte den Bohrturm schon vorbereitet, um an die Arbeit gehen zu können, also um die Bohrung wieder freizumachen. Sie pumpten Bohrflüssigkeit ins Loch hinunter. Wissen Sie, die Bohrung war etwa dreitausend Meter tief. Nachdem sie die Flüssigkeit hinuntergepumpt hatten, war die Quelle ganz versiegt, und die Bohrung war in 150 Meter Tiefe abgedichtet. Was dann genau passierte, weiß niemand. Sie hatten das Eruptionskreuz, das sind bestimmte Kontrollventile, abgenommen, wodurch ein vier Zoll starkes Rohr frei lag, und als sie gerade den Preventer draufsetzen wollten, ging die Quelle plötzlich los. Wenn so etwas bei Nacht passiert, stellt man zuallererst die Stromversorgung ab und löscht sämtliche Lichter. Die Männer griffen natürlich sofort nach dem Preventer, der dort schon bereitlag, und in dieser Hektik achtet natürlich niemand mehr darauf, ob der Preventer richtig herum angebracht ist oder nicht. Es ist erst einmal wichtig, daß er oben draufsitzt. Was genau passiert ist, wissen wir nicht. Aber wir waren in der Lage, die Bohrung unter Kontrolle zu bringen, obwohl der Preventer falschherum angebracht war."

„Wir sind alle sehr stolz auf Sie", sagte der Abgeordnete Udall abschließend. „Sie haben gute Arbeit geleistet."

Eine Frage des Kongreßabgeordneten Young sollte dem Ausschuß eine Kostprobe von Red Adairs Schlagfertigkeit geben. Young fragte Red, wer die Bohrinsel vor der Küste kontrollieren sollte. „Ich möchte Ihnen nur eine Frage stellen", sagte er. „In einer Gesetzesvorlage wird gefordert, die Kontrolle der Sicherheitseinrichtungen auf Off-shore-Bohrinseln in die Hände einer eigenen Kontrollbehörde, der OSHA, zu legen, anstatt dies bei der Küstenwacht zu belassen. Können Sie sich bei Ihrer Erfahrung vorstellen, daß es dann in Zukunft Probleme geben könnte, wenn Sie auf einer Bohrinsel tätig werden müssen?"

„Nun, ich weiß nicht, wie Sie über die OSHA denken, aber ich weiß, was ich davon halte", erwiderte Red. „Ich trete jetzt vielleicht in sämtliche Fettnäpfchen, aber das ist mir ganz egal. Bei einem Blow-out habe ich mit einem von den Burschen zu tun gehabt. Einer von denen, die noch nie vorher einen Blowout gesehen haben, kommt auf mich zu und versucht mir zu sagen, was ich zu tun habe. Ich schnappe mir meinen Koffer und sage zu den Leuten: ‚Laßt den Burschen den Job erledigen, ich kann ja wohl nach Hause gehen.' Als ich am nächsten Morgen vom Frühstück komme, ist der Bursche weg." An dieser Stelle mußten die Verhandlungen vor dem Ausschuß für einen Augenblick unterbrochen werden, denn das Lachen und Klatschen war zu laut geworden.

Am selben Abend sprach Barbara Walters, die Ko-Moderatorin bei den ABC-Abendnachrichten im Fernsehen, darüber, daß die Leute in den USA sich ständig beklagten, es gebe keine Helden mehr. Die Leute sagten, daß die Kinder keine Helden mehr hätten, zu denen sie wirklich aufschauen könnten. Dann meinte sie, an diesem Tag hätte der Kongreß der Vereinigten Staaten die Möglichkeit gehabt, einen echten Helden zu sehen, und danach wurde ein Ausschnitt eingeblendet, in dem Red dem Ausschuß Rede und Antwort stand.

„Ich bin damit groß geworden, daß Daddy diese Ölfeuer

löscht, das hat mir nie viel ausgemacht", erinnert sich Robyn, „aber als er vor dem Kongreß gesprochen hat und ich abends im Fernsehen sah, wie er jede einzelne Frage der Abgeordneten beantwortete, da war ich auf ihn so stolz wie noch nie zuvor. Und ich weiß, daß Mutter auch sehr stolz auf ihn war. Ich meine, da saßen nun all diese gebildeten Leute, und es gab keinen Moment lang einen Zweifel daran, wer das Heft bei der Diskussion in der Hand hielt. Keine Minute lang."

Kapitel 19

Nordsee, 1977

„Ich war gerade mit einem anderen Job beschäftigt, als die ‚Bravo'-Plattform, die Ekofisk-Ölquelle, außer Kontrolle geriet, also schickte ich Boots hinüber und Richard, um ihm zu helfen. Dann mußte ich in den Zeitungen lesen, daß der Preventer falschherum angebracht war und daß die Backen nicht dicht schließen würden und all das Zeugs, aber sehen Sie, ob der Preventer so oder andersherum angebracht ist, dürfte eigentlich keinen Unterschied machen. Die Backen müssen trotzdem dicht abschließen, irgend etwas war dort wohl schiefgelaufen.

Schließlich rief mich Phillips Petroleum an: ‚Red, Sie sollten besser selbst hinüberfliegen und nachsehen, was, zum Teufel, da los ist.' Als ich daraufhin ins nächste Flugzeug stieg, war das für die Presse natürlich ein gefundenes Fressen. Sie fragten mich, wie lange ich brauchen würde, um es unter Kontrolle zu bringen, und ich antwortete: ‚Wenn es so steht, wie ich denke, dann sollte ich in vier bis fünf Stunden damit fertig sein.'

Ich kam auf die Plattform und sah sofort, was los war: Der Backen-Preventer war nicht sauber justiert, also schlossen die Backen das Bohrloch nicht sauber ab. Es ist so wie mit der Einstellung der Bremsen an einem Auto, wo die Bremsklötze so justiert sein müssen, daß sie die Bremstrommel oder Scheibenbremsen richtig greifen. Das andere Problem waren die Dichtungen, eine undichte Stelle ist wiederum vergleichbar mit einem Leck im Bremsflüssigkeits-Kreislauf. Man tritt die Bremse voll durch, sie greift einen Moment lang, und dann läßt sie wieder los. Dazu kam noch, daß nicht genügend Wasser auf die

Bohrinsel gepumpt wurde, als Wasserschutz für die Arbeiter, auf die das Öl herunterrieselte.

Sobald ich den Fuß auf die Plattform gesetzt hatte, schrie mich Boots an: ‚Verdammt noch mal, was machst du hier?' Ich antwortete nur: ‚Boots, Phillips hat mich gebeten herzukommen, und überhaupt, ich führe diese Firma immer noch, die Firma gehört mir, und ich bin der Boß.' Ich sagte ihm noch, er hätte ja nur anzurufen brauchen, dann hätte ich genau beschrieben, was zu tun war.

Das war Freitag nachts. Am Samstagmorgen wechselte ich das gesamte Dichtungsmaterial an dem Preventer aus, setzte einen neuen Dichtungsring ein und stellte die Rammblöcke richtig ein. Ich gab fünf oder zehn Minuten lang einen Druck von 350 Kilopond darauf, um festzustellen, ob es jetzt dicht war. Es war dicht, Richard und ich kletterten dann unter die Plattform, machten ein paar Justierungsarbeiten und pumpten Meerwasser in die Quelle. Dann war alles unter Kontrolle.

Das war wohl der Anfang vom Ende, ich bin mir ziemlich sicher, daß sie damals schon darüber nachdachten zu gehen. Ich hätte es mir denken sollen, daß Boots schon damals etwas vorhatte, denn als er ein wenig später einen Auftrag für mich im Iran erledigte, rief er nicht mal mehr im Büro an. Ich glaube, daß er damals schon seine eigene Firma vorbereitet hat. Ich nehme an, daß er und Coots sich bereits darüber unterhalten hatten.

Boots und Coots verließen dann die Firma. Ich habe sie nicht entlassen, sie kamen eines Tages mit einer Reihe von Forderungen in mein Büro. Sie wollten dieses und jenes. Sie wollten einen Anteil an der Firma. Ich sagte: ‚An der Organisation der Firma wird nichts geändert, und wenn ihr bleiben wollt, könnt ihr bleiben. Wenn ihr gehen wollt, müßt ihr eben gehen, aber es gibt keine Möglichkeit, euren Forderungen entgegenzukommen.' Tatsächlich hatten die beiden eine wesentlich günstigere Position als ich, sie hatten keinerlei Verpflichtungen, keine laufenden Kosten, keine Versicherungsprämien zu bezahlen.

Sie glaubten wohl, daß das Geld, was ich einnahm, alles mein Gewinn sei. Sie machten sich keine Vorstellung, wie es wirklich aussah. Es war nicht mehr so wie zu den Zeiten, als ich für den alten Kinley gearbeitet hatte und auch einen Teil ihrer Gehälter von dem Geld bezahlen mußte, was mir Kinley gab. Sie bekamen gute Gehälter und große Bonuszahlungen. Ich steckte tatsächlich mehr Geld in ihren Gewinnanteil, als ich mir selbst nehmen konnte, und irgendwann hätten die beiden die Firma sowieso übernehmen können.

Es hat mich sehr verletzt, als die beiden weggingen, ich meine die Art, wie sie es taten. Es hat mich richtig angekotzt. Sie sagten der Presse jede Menge schmutziger Sachen. Sie setzten diese Gerüchte in die Welt, daß ich mich zurückziehen wollte, daß ich aus dem Geschäft raus wäre. Verdammt, ich habe Boots eingestellt, als er keine Arbeit hatte. Ich habe ihn meinen Rennwagen und später mein Rennboot fahren lassen. Warum? Weil man zusammen arbeitet und auch gemeinsam etwas unternehmen möchte, weil man mit den Leuten gut auskommen möchte. Er wollte es, und ich hatte nichts dagegen.

Coots ... ich glaube nicht, daß er wirklich weggehen wollte, aber er zog von dannen. Er sehnte sich eigentlich schon lange danach, sich zur Ruhe zu setzen. Er hat immer gesagt, daß er nicht sein ganzes Leben lang so hart arbeiten will. Wenn man berücksichtigt, was passiert ist, sind wir immer noch ganz gute Freunde. Sogar Boots sehe ich ab und an, wenn ich runter in die Bucht fahre. Ich glaube, mit der Zeit werden wir alle reifer."

(Red Adair)

Houston, Januar 1978

An einem kalten, nieseligen Wintertag saß Red in seinem Büro und starrte aus dem Fenster. Er wurde bald 62 Jahre und spürte sein Alter. Er war gerade von einem Einsatz an einer Ölquelle zurückgekommen, die auch giftigen Schwefelwasserstoff ausgespuckt hatte. Die Quelle lag in Drayton Valley in Kanada, etwa 160 Kilometer west-südwestlich von Edmonton in der Provinz Alberta. Die Temperaturen hatten bei minus 43 Grad Celsius gelegen, es war so kalt, daß selbst das austretende Öl nicht mehr fließen konnte. Schwarz kam es aus der Bohrung, doch in der extremen Kälte schied sich der Gasanteil sofort ab, und das Öl wurde gelb, etwa wie dunkler Senf. Sobald es den Boden erreichte, setzte es sich fest wie gelbes Wachs. Über einen Meter hoch türmte es sich auf der Bohrplattform. Man lief darauf wie auf Treibsand, wenn man versuchte, sich mit seinem schweren Kälteanzug, dem darübergezogenen Schutzanzug, mit schweren, dick isolierten Stiefeln, Sauerstoffflaschen auf dem Rücken und Atemschutzmaske im Gesicht fortzubewegen.

Der Blow-out hatte schlimme Folgen. Die Konzentration an Schwefelwasserstoff im direkten Umkreis lag bei 28 Prozent, das reichte, um einen Menschen, der Gas einatmete, in weniger als einer halben Minute zu töten. Die Konzentration an Giftgas war zu hoch, um sie mit einer Gasmaske abzufiltern, also mußten Red und Richard Hatteberg eine komplette Atemschutzausrüstung mit Tanks auf dem Rücken tragen. In dieser schweren Ausrüstung liefen die beiden Männer wie zwei Taucher durch den brusthohen Ölteer.

Glücklicherweise befand sich das Bohrloch in einer völlig abgeschiedenen Gegend, fast fünfzig Kilometer von Lodgepole, der nächsten Stadt, entfernt. Der Ausstoß an Giftgas war zum Glück nicht so hoch, um die Bewohner der Stadt evakuieren zu müssen, aber der Geruch dort war äußerst unangenehm, als ob man mitten in einem faulen Ei lebte. Genauso stank es auch noch in achtzig Kilometer Entfernung, in Drayton Valley, wo Red und Richard über Nacht blieben. Selbst im 160 Kilometer entfernten Edmonton schimpften die Leute darüber, daß das Gas ihr ganzes Silber schwarz anlaufen ließ.

Das Unglück hatte sich ereignet, weil die Backen an einem Preventer nicht mehr arbeiteten. Jemand hatte im Sicherheitssystem ein wasserlösliches Öl anstelle der Hydraulikflüssigkeit verwendet, und das war in den Leitungen festgefroren. Red wollte den Bohrturm von der Bohreinfassung wegschleppen lassen, um sich die Arbeit ein wenig zu erleichtern. Aber die Ölgesellschaft stellte sich quer, als er ihnen erzählte, daß er das Bohrgestänge kappen und in das Bohrloch fallen lassen wollte, um danach den Bohrturm verschieben zu können. Die Ölfirma scheute davor zurück, anschließend das Bohrgestänge aus dem Loch bergen zu müssen, und wollte vielmehr versuchen, die Quelle zum Versiegen zu bringen, ohne den Bohrturm zu verschieben. Elf Tage lang versuchten Red und Richard gemeinsam, die eingefrorenen Leitungen aufzutauen, den Preventer von Hand zu bedienen und Spülflüssigkeit ins Loch hinunterzupumpen. Es gelang ihnen nicht, das Bohrloch auf diese Weise abzudichten. Schließlich willigte die Ölfirma doch in Reds ursprünglichen Plan ein, und er ließ einen speziellen Rohrschneider aus Houston heranschaffen. Dieses Werkzeug wird um das Rohr herum angebracht und arbeitet auf Luftdruckbasis, es hat eine rotierende Schneide von zwei Zoll Durchmesser und läuft immer wieder um das abzutrennende Rohrstück herum. Es war nach einem Entwurf gebaut, den Red ursprünglich ausgearbeitet hatte, um das Bohrgestänge beim „Feuerzeug des Teufels" zu durchtrennen.

Jetzt mußten Red und Richard unter das Preventersystem klettern, um das Bohrgestänge abschneiden zu können. Das System befand sich direkt unterhalb des Drehtisches in einer Nische, die nur etwa einen Meter in Länge und Breite maß. Es war so dunkel wie auf dem Meeresboden, weil sich über ihnen eine fast ein Zentimeter dicke Stahlplatte befand, die über die gesamte Fläche des Bohrturms als Wetterschutzschild geschweißt war und nicht entfernt werden konnte. Red verwendete besonders helle, gasdichte Lampen, wie sie auch in Bergwerken benutzt werden, hängte sie in der Nische auf, aber sie waren keine große Hilfe. Die Arbeitsbedingungen waren katastrophal. Die beiden verbrauchten jeweils fünf Luftfüllungen, nur um die gesamte Ausrüstung an Ort und Stelle zu bringen.

Da standen die zwei nun neben einem Bohrloch, das wie verrückt Giftgas ausspuckte, und mußten versuchen, das Bohrgestänge in diesem Halbdunkel und bei minus 43 Grad sauber zu durchtrennen. Außerdem reichte ihr Luftvorrat längstens zwanzig Minuten aus. Also waren sie gezwungen, neben ihrer Arbeit ständig die Tankanzeige im Auge zu behalten, die allerdings nicht zuverlässig war, weshalb sie auch noch regelmäßig auf die Uhr sehen mußten. Ihr rettender Rückweg verlief durch sechzig Meter dieses brusthohen Teerschlamms, und sie wußten genau, daß der Rohrschneider jeden Moment einen Funken sprühen konnte, der den Bohrturm in die Luft jagen und alles in ein riesiges Feuer verwandeln würde.

Trotz dieser Widrigkeiten kamen sie gut voran. Richard bediente das Schneidegerät, und Red ließ den Druckschlauch mit der Preßluft nach, die das Gerät betrieb. Plötzlich kam kein Schlauch mehr nach. Richard zog und zog, fluchte und stellte dann fest, daß seine Sauerstoffflaschen zur Neige gingen. Er kroch unter dem Drehtisch hervor und bemerkte, daß Red nicht mehr da war, um den Luftschlauch nachzulassen. Jemand anderes stand jetzt an seinem Platz. Aus irgendeinem Grund war der Verbindungsschlauch zwischen Reds Atemmaske und den Tanks auf seinem Rücken undicht geworden. Giftgas war durch die Öffnung eingetreten, und Red hatte das Bewußtsein verloren. Zum Glück hatte jemand beobachtet, wie Red zu Boden gefallen war, hatte ihn umgehend in Sicherheit gebracht und einen Arzt gerufen.

Am nächsten Tag war Red wieder auf seinem Posten, wenn auch gegen den Rat des Arztes. Sein Kopf schmerzte, als würde er zerspringen, und wenn er tief durchatmete, spürte er Schmerzen in der Brust, aber er bestand darauf, die Arbeit wieder aufzunehmen. Es gelang Richard und ihm schließlich, das Bohrgestänge zu durchtrennen, und sie begannen mit den Vorbereitungen, den Bohrturm wegzuschleppen. Es war Heiligabend, und Red sagte: „Es ist heute schon zu dunkel, wir schleppen den Turm morgen fort." Als sie am nächsten Morgen von Drayton Valley zur Bohrstelle fuhren, spürten sie, wie die Erde unter dem schweren Wagen bebte, und sie konnten eine große Rauchwolke am Horizont sehen: Die Quelle stand in Flammen.

Sie erfuhren niemals, wodurch das Feuer ausgebrochen war, aber Red vermutete Sabotage. Vielleicht waren es Anwohner, die Angst vor den giftigen Gasen hatten. Man brauchte nur in hundert Meter Entfernung von der Quelle ein Streichholz in das gelbe Wachs zu halten. Das Feuer würde sich langsam seinen Weg zum Bohrloch suchen, und dann — rums ...!

Red und Richard sahen sich jetzt in der schwierigen Lage, den Bohrturm von der brennenden Quelle ohne einen Hitzeschild oder sonstige Löscheinrichtungen wegziehen zu müssen. Red fuhr den Bulldozer, und Richard machte sich mit den Stahltrossen und Haken an den Pfeilern des Gerüstes zu schaffen. Bei minus 43 Grad war es unmöglich, sie zum Schutz vor der Hitze mit Wasser zu berieseln, nicht einmal in direkter Nähe des Bohrturms. Die beiden Männer mußten bis auf ein, zwei Meter Entfernung an die lodernden Flammen herangehen. Auf der einen Körperseite wurde die Haut von der großen Hitze kochend heiß, auf der anderen Seite war sie blau gefroren. „Dreh dich nur immer um die eigene Achse", sagte Red zu Richard, „und du bist überall gleichmäßig durchgebraten." Sie arbeiteten wie wild, um den Bohrturm wegziehen zu können, bevor er anfing zu schmelzen und über der Bohrlocheinfassung zusammenfallen würde. Sie mußten das Bohrloch unter allen Umständen frei halten. In nur drei Stunden hatten sie es geschafft. Es war der erste Weihnachtstag.

Der Bohrturm stand am Hang eines Berges. Das wachsförmige Öl war den Berg hinuntergeflossen, und Red hatte das Öl während der letzten zwei Wochen in kleinen Seen auffangen lassen. Nun stand die ganze Gegend in Flammen und taute den ewigen Frost auf, wodurch sich der Boden bis in ein Meter Tiefe in Schlamm verwandelte, was das Arbeiten noch unangenehmer machte. Doch Red schaffte es, seine Sprengladung anzubringen, das Feuer zu ersticken und die Quelle an Neujahr abzudichten.

Kalter Januarregen klatschte gegen die Scheiben von Reds Büro. Er war jetzt 62 Jahre alt und spürte dies nun jeden Tag: Seine Brust schmerzte, seine Hände fühlten sich an, als wären sie noch immer nicht vollständig aufgetaut. Die Muskeln in seinen Beinen verkrampften sich und zuckten unkontrolliert. Seine Augen brannten. Jedesmal, wenn er tief Luft holte, hatte er das Gefühl, daß ihm jemand ein altes Seil in die Kehle stopfen wollte. Aber all dies war Red gewöhnt, er lebte schon so lange mit körperlichen Beschwerden, daß er sich gar nicht mehr daran erinnern konnte, wie es war, keine zu haben. Was ihm jetzt so zu schaffen machte, waren seelische Schmerzen.

Auf seinem Schreibtisch lag eine aufgeschlagene Ausgabe der *Houston Post*. Eine volle Seite befaßte sich mit der Trennung zwischen ihm und Boots und Coots. „Der Bruch im Adair-Team braute sich seit Jahren zusammen, berichten Freunde", posaunte die Schlagzeile. Wer diese Freunde waren, wurde nicht gesagt, aber Coots und Boots wurden zitiert, und es war klar, daß sie an die Öffentlichkeit gegangen waren. Red betrachtete dies als einen schweren Vertrauensbruch.

Der Artikel besagte im Grunde, daß Boots und Coots die Firma von Red verlassen und ihre eigene Firma gegründet hatten, weil sie die gefährlichen Arbeiten erledigt und ihr Leben riskiert hatten, ohne dafür einen gerechten Anteil von dem vielen Geld zu erhalten, das die Red Adair Company einnahm. Ein „Freund" wurde zitiert, der behauptete, daß Reds Familie das meiste von den drei bis vier Millionen Dollar verbrauchte, die Red wahrscheinlich pro Jahr verdiente.

Als Kemmie von der Geschichte erfuhr, warf sie die Zeitung fort, ohne sie zu lesen, und kündigte sofort ihr Bezugsabonnement. Seitdem hat sie diese Zeitung nie mehr angesehen. Aber Red las den Artikel von A bis Z. „Freunde", murmelte er vor sich hin, „verdammt gute Freunde." Für ihn gab es keinen Zweifel, daß es die gleichen Freunde waren, die schon das Gerücht verbreitet hatten, er habe sich zur Ruhe gesetzt. Und wenn man meint, daß die Leute nach all seinen Leistungen nicht ohne weiteres irgendwelche Gerüchte glauben, dann muß man erfahren, daß die Firma Iran Oil Red einen Auftrag nicht erteilt hatte, weil sie der Meinung war, er sei aus dem Geschäft ausgestiegen. Freunde, dachte er. Ich hätte ein ganzes Flugzeug voll von diesen Bastarden nach Kanada hinaufschicken sollen. Da hätten sie sich selbst ansehen können, wie mein Ausstieg aussieht. Dann hätten sie einmal mitbekommen, wer, verdammt noch mal, die wirklich gefährlichen Arbeiten macht. Sie hätten alle einmal mit Richard unter den Drehtisch kriechen können, um zu sehen, wie präzise er das Rohr abgeschnitten hatte, unter Bedingungen, die kaum jemand anderes ertragen hätte.

Red schloß die Augen. Er mußte an einen anderen Quellenbrand denken, bei dem ebenfalls hoch oben in Kanada giftiger Schwefelwasserstoff ausgetreten war. Das war Mitte der sechziger Jahre, und es war noch kälter, so kalt, daß Spucke zu Eis gefror, noch bevor sie den Boden berührte. Auch bei diesem Einsatz mußten sie Sauerstofftanks auf dem Rücken tragen, die vor dem Feuer mit Asbest-Hitzeschilden geschützt waren. Red hatte Coots und Jimmy mitgenommen. Eines Tages fiel ein Stahlträger von dem brennenden Bohrturm auf Coots Bein und klemmte es ein. Coots zog an seinem Bein, aber er bekam es nicht frei. Red und Jimmy versuchten, Coots herauszuziehen, aber auch ihnen gelang es nicht. Dann sprang die Dichtung an Coots Tank plötzlich ab, und ihm drohte die Luft auszugehen. Red erkannte, daß die Luft allenfalls noch für zwei Minuten reichen würde. Entweder könnten sie ihn in der kurzen Zeit befreien, oder er würde sterben.

„Hol mir eine Axt, Jimmy", rief Red. „Was?" fragte sein Sohn zurück. „Eine Axt, verdammt noch mal! Hol mir eine Axt!" — „Was, zum Teufel, hast du vor, Red?" fragte Coots, als Jimmy gegangen war. „Ich werde dir den Fuß abschlagen", sagte Red. „Ich kann nichts anderes tun, Coots." Coots trug dicke Lederstiefel mit Schnüren, die bis zur Hälfte um seine Waden gebunden waren. Red erfuhr nie, wie es ihm gelang, aber als Coots die Axt sah, schaffte er es irgendwie, seinen Fuß aus dem Stiefel zu zerren, wobei er jede einzelne Schnur in Fetzen riß! „Wolltest du mir wirklich den Fuß abschlagen?" fragte Coots später. „Darauf kannst du wetten", erwiderte Red. „Was ist denn besser, nur einen Fuß zu haben oder tot zu sein?"

Und dann Boots. Es ist schon eigenartig, was einem einfällt, wenn man an Menschen denkt, mit denen man Jahre seines Lebens verbracht hat. Red erinnerte sich nicht an einen unter vielen gemeinsamen Einsätzen, nicht an ein Auto- oder Bootsrennen, nicht an einen Barbesuch, sondern an ein Erlebnis in Tulsa, Oklahoma.

Es war 1959, kurz nachdem Red seine eigene Firma gegründet hatte. Red hatte sich gerade einen brandneuen roten Cadillac gekauft, ein 59er Coupé. Er fuhr mit Boots und Rush Johnson nach Tulsa, um an der alljährlichen Feier der Leute auf den Ölfeldern teilzunehmen. Jerry Morton war auch dort, und sie wohnten alle im Tradewinds Hotel. Eine ganze Nacht lang spielten sie Poker. Red und Boots waren dabei, Rush und Jerry und ein Bursche namens Dewey Davis, ein leitender Ingenieur von der Penrod-Bohrgesellschaft, der nebenbei noch eine Obstplantage besaß. Der alte Dewey hatte nur noch einen Arm, den rechten hatte er bei einem Unfall irgendwo auf einem Ölfeld verloren. Wenn er Poker spielte, plazierte er seine Brieftasche direkt neben seine linke Hand, dann legte er die Karten ab, zog die Hunderter heraus und warf sie auf den Tisch, als wäre es Kleingeld.

Es war ein Spiel ohne Limit, und zum Schluß versuchte Dewey, jeden Topf zu kaufen. Red, der ziemlich pleite nach Tulsa gekommen war, hatte viel Glück. Beim letzten Spiel — es lagen achttausend Dollar auf dem Tisch — reizte Red Dewey mit einem Gebot von 1800 Dollar und schlug ihn mit drei Königen gegen zwei Paare Neuner und Siebener. Jetzt erinnerte sich Red jedoch vor allem daran, was Boots nach dem Spiel angestellt hatte. Das Pokerspiel hatte in einem Raum im zweiten Stock des Hotels stattgefunden, und als sie in die Hotelhalle gehen wollten, sprang Boots plötzlich ganz einfach über das Geländer der Galerie. Red sah in die Halle hinunter und erwartete, seinen Freund bewußtlos oder gar tot am Boden liegen zu sehen. Aber auch Boots hatte wohl einen Glückstag, denn er war direkt mit dem Hintern auf einer dickgepolsterten Couch gelandet. Boots grinste die übrigen Pokerspiele auf der Galerie an, und dieses Bild grub sich für immer in Reds Gedächtnis ein. „Hey, Boß, wußtest du nicht, daß ich fliegen kann?" lachte Boots.

Es hätte niemals so enden dürfen. Warum mußten sie einfach gehen und diese ganzen Geschichten erzählen? Es hätte so sein müssen, wie es zwischen Red und Kinley stand. Trotz der Schereien mit Kinleys Sohn Jack waren er und der alte Mann die besten Freunde geblieben. Sie hatten immer Achtung voreinander und sagten niemals ein böses Wort über den anderen. So sollte man eigentlich sein Leben ausrichten. Red hatte die Geschäfte von Kinley übernommen. Boots und Coots hätten sie von ihm übernehmen sollen und Jimmy, Raymond und Richard später von Boots und Coots. So wäre eine Tradition entstanden, eine Generation von Ölfeuerwehrleuten wäre der anderen gefolgt. Aber das ging nun nicht mehr. Red spürte, daß etwas in ihm zerbrochen war, und das hatte nichts mit seinem Körper zu tun. Er fühlte sich müde und traurig. Er kam sich betrogen vor. Als Joy Hamilton, seine Sekretärin, in sein Büro schaute, um festzustellen, warum alles so ruhig war, sah sie, wie er aus dem Fenster starrte. Sie konnte sein Gesicht nicht sehen, und es war nichts zu hören, aber sie wußte genau, daß er weinte.

KAPITEL 20

Ich benutze sehr selten Schimpfworte. So gut wie nie habe ich das Wort in den Mund genommen, das mit Sch anfängt. Aber für diese Ölquelle in Mexiko hatte ich kein anderes Wort. Als sich diese ganzen Politiker in die Sache einschalteten, als plötzlich alle möglichen Leute Red in die Quere kamen und es ihn so wahnsinnig machte, daß er die Quelle kaum unter Kontrolle brachte, da habe ich nicht mehr „Ixtoc I" gesagt. Von da an nannte ich die Quelle nur noch „Große Sch...", und ich bin mir sicher, alle Leute haben verstanden, was ich damit meinte.

Kemmie Adair

Golf von Mexiko, 1979

Die schlimmste Krise in Reds beruflicher Laufbahn auf den Ölfeldern hatte nichts mit ihm persönlich zu tun. Sie wurde von einer Quelle ausgelöst, die unter dem Namen „Ixtoc I" bekannt wurde. Die Bohrplattform lag in der Campeche-Bai, dem südlichsten Teil des Golfes von Mexiko, 65 Kilometer nördlich der Stadt Ciudad del Carmen auf der Halbinsel Yucatan. Die Bohrung war in einem Gebiet niedergebracht worden, in dem bis dahin keine Öl- oder Gasvorkommen bekannt waren, aber sie war ein Volltreffer. Sechs Monate lang förderte sie täglich mehr als 12,5 Millionen Liter Öl und zugleich fast 3,5 Millionen Kubikmeter Gas, und es gab kein Anzeichen dafür, daß sie bald erschöpft wäre.

Die mexikanische Regierung war sehr stolz auf „Ixtoc I". Die Bohrinsel lieferte den Beweis für die gewaltigen Ölvorräte des Landes. Die Mexikaner fingen sogar an, die Ölförderung von

„Ixtoc I" als Sicherheit für Geldanleihen anzubieten und einen Schuldenberg aufzuhäufen, der vielleicht niemals mehr abgetragen werden kann. Aber am 3. Juni 1979 geriet die Bohrung außer Kontrolle, und täglich flossen über zwölf Millionen Liter Öl ins Meer. Ein Aufschrei ging durch die Öffentlichkeit. Die Presse stürzte sich auf das Unglück wie die Geier aufs Aas, weil außer der katastrophalen Umweltverschmutzung noch eine Reihe politischer Faktoren mitspielten.

„Ixtoc I" gehörte der PEMEX, der staatlichen mexikanischen Monopolgesellschaft. Die Bohrausrüstung war von der Firma SEDCO Inc. gemietet worden, einer Bohrgesellschaft, die dem damaligen republikanischen Gouverneur von Texas, William Clements, gehörte. Clements ließ seine Anteile an SEDCO treuhänderisch verwalten, und sein Sohn B. Gill Clements leitete die Firma. Wenn SEDCO Fahrlässigkeit bei dem Auftrag vorgeworfen werden konnte, wirkte sich das sicherlich auf Clements weiteres Schicksal aus, zumal der Generalstaatsanwalt des Staates Texas, der Demokrat Mark White, sich mit dem Gedanken trug, für das Amt des Gouverneurs zu kandidieren. Zu diesen Verwicklungen kamen noch die problematischen mexikanisch-amerikanischen Beziehungen — ein Thema, das in Texas seit zweihundert Jahren Sprengkraft besaß.

„Von Anfang an hatte man das Gefühl, daß es hier nach dem Motto ‚Mexikaner gegen Gringos' ablief", sagte Red. „Wen traf die Schuld für das Unglück? Wer genoß genug Vertrauen, um die Bohrung unter Kontrolle zu bringen? Niemand sprach irgend etwas aus, aber es war deutlich zu spüren. Ich wußte es, und sie wußten es. Aber ich machte mir nichts daraus. Wenn ich mir daraus etwas machen würde, hätte ich einen großen Teil meiner Aufträge sicherlich nicht angenommen. Ich habe immer und überall versucht, einfach mit den Leuten klarzukommen."

Bei „Ixtoc I" war das sicherlich leichter gesagt als getan.

Am Anfang galt natürlich die erste Sorge aller Betroffenen — der Vertreter der PEMEX, der mexikanischen Politiker, der texanischen Politiker, der Umweltschützer, der Besitzer von Strandhotels und aller übrigen Anlieger — der Frage, wie das Bohrloch am schnellsten unter Kontrolle zu bringen wäre. PEMEX stellte fest, daß Red Adair der Beste für diesen Job sei, zumindest klang es am Anfang so. Da Red noch ein bis zwei Tage damit beschäftigt war, einen anderen Auftrag abzuschließen, hatte er Raymond Henry an den Golf vorausgeschickt, um die Situation auszuloten und mit den Vorbereitungen zu beginnen.

„Es gab alle möglichen Theorien darüber, wie die Bohrung außer Kontrolle geraten sein könnte, aber meiner Ansicht nach ist es folgendermaßen passiert: Die Bohrgesellschaft hatte die Bohrung so tief niedergebracht wie erforderlich, die endgültige Tiefe war also schon erreicht. Über der Sohle des Bohrlochs befanden sich die Erdschichten, die öl- und gasführenden Formationen, die schon länger förderten. Dann begannen sie damit, das Bohrgestänge aus dem Loch durch das Standrohr herauszuziehen und das Steigrohr einzusetzen und bis ganz nach unten hinunterzulassen. Wenn man das Bohrgestänge herauszieht, muß die Bohrung gefüllt bleiben, also muß Bohrflüssigkeit hinuntergepumpt werden, um ein hydrostatisches Gleichgewicht mit dem Druck des aufschießenden Öls zu erhalten.

Nun, es hatte auf der Plattform schon einmal ein Problem mit dem Druckgleichgewicht gegeben, jedenfalls verloren sie damals wohl einen Großteil ihrer Spülflüssigkeit aus dem Kreislauf in der Tiefe und verbrauchten eine große Menge ihrer Reserven, um der Lage wieder Herr zu werden. Also waren sie jetzt knapp an Bohrflüssigkeit. Als sie nun das Bohrgestänge aus dem Loch herausnahmen, pumpten sie wiederum Flüssigkeit hinunter, aber sie reichte bei weitem nicht aus, sie hielt die Bohrung nicht annähernd gefüllt. Sie hatten das Gestänge zum größten Teil draußen, als der Druck des Öls von unten nachkam und den Rest des Gestänges mit eigener Kraft herausdrückte. Als wir dann gerufen wurden, hing das Bohrgestänge irgendwo im Bohrturm.

Die Bohrinsel hatte bereits Feuer gefangen, als ich dort unten ankam, das Bohrgestänge war schon verbrannt und ins Meer gestürzt. Es handelte sich um eine schwimmende Bohrinsel, die jetzt etwa zwanzig Grad Schlagseite hatte. Wir umflogen das Feuer mit einem Lear Düsenjet; der Verantwortliche von der PEMEX für diese Bohrinsel, Jesse Echeverria, war bei mir, und ich sah, daß der größte Teil der Bohrplattform ins Wasser gestürzt war. Es stand nicht mehr viel, worauf man mit den Arbeiten beginnen konnte. Ich sagte zu Echeverria: ‚Sie besorgen am besten irgendwoher ein paar Bohrtürme, denn wir müssen hier ganz bestimmt eine Entlastungsbohrung setzen, daran gibt es kaum einen Zweifel.'

Er ließ die Maschine noch ein paarmal um die Bohrinsel kreisen, sah sich alles ganz genau an und stimmte mir dann zu. Wir beauftragten ein paar Taucher, zu der Bohrlocheinfassung am Meeresboden zu tauchen, um uns zu informieren, in welchem Zustand der Bohrlochmund war. Die Einfassung war ein wenig schief, und überall lagen Wrackteile herum. Anschließend flogen wir zurück und suchten nach geeigneten Bohrtürmen, um eine Entlastungsbohrung niederbringen zu lassen. Dabei sollte zunächst parallel zu der ersten Bohrung eine Richtungsbohrung gesetzt werden, notfalls auch mehrere, die in bestimmter Tiefe in einem geneigten Winkel auf die erste trifft. Durch die Entlastungsbohrung sollte Bohrflüssigkeit hineingepumpt werden, um so die erste Bohrung abzudichten und unter Kontrolle zu bringen.

Und dann fing dieser ganze politische Mist an. Wir fanden einen geeigneten Bohrturm in Texas und sagten der PEMEX, wo wir unsere Entlastungsbohrung setzen wollten, aber PEMEX wollte unbedingt, daß wir einen mexikanischen Bohrturm und ein mexikanisches Bohrteam nahmen, keines aus den USA. Die Mexikaner und wir kamen zu unterschiedlichen Schlüssen, wo die Sohle der Bohrung war. Also wurden zwei Bohrungen an zwei verschiedenen Orten niedergebracht. Es war fast so etwas wie ein Wettstreit, und das hätte nicht sein dürfen.

Nun, nach einer Woche oder zehn Tagen hatte die Bohrmannschaft aus Texas die Tiefe der Bohrung der PEMEX erreicht und überholte sie, und dann begannen plötzlich die Probleme mit dem Nachschub von Wasser, Bohrflüssigkeit und allen notwendigen Ausrüstungsteilen. Die Mexikaner versuchten alles, um der Mannschaft aus Texas Probleme zu bereiten, damit sie nicht tiefer bohren konnte.

Dann wurden auf einmal Dinge bestellt, die überhaupt nicht nötig waren. Ganze Frachtkähne voll mit bereits angerührter, schwerer und zudem teurer Spülflüssigkeit wurde angeliefert, als der Druck in der Bohrung nicht einmal dem Gewicht von Seewasser standgehalten hätte. Bohrgestänge wurde geliefert, das völlig unnütz war. Man schickte uns alle möglichen unnötigen Ausrüstungsteile und gab dafür ein Vermögen aus. Wissen Sie. Echeverria und seine rechte Hand Espinosa bekamen fünfzehn Prozent Provision von allen Dingen, die angeliefert wurden. Es gab dort eine ganze Bande dieser Burschen, die sich die Taschen vollstopften, aber das Ganze hatte mit uns überhaupt nichts zu tun. Wir bohrten eine Entlastungsbohrung und waren damit erst einmal nicht mehr von Interesse. Red bekam dann eine sehr schlechte Presse, weil alles so lange dauerte, aber er hatte keinen Einfluß auf diesen Wettstreit zwischen den Bohrmannschaften, im Gegenteil, es hat ihn furchtbar aufgeregt. Und er hatte keinen Einfluß auf die Probleme mit dem Nachschub. Wir waren für die Fehler nicht verantwortlich. Hätte man auf Red gehört, wäre die Quelle Monate früher unter Kontrolle gebracht worden, als es schließlich der Fall war."

(Raymond Henry)

Während die Entlastungsbohrung gesetzt wurde, gelang es Red Ende Juli 1979, die Bohrung für kurze Zeit abzudichten. Aber nach einigen Stunden stieg der Druck im Standrohr wieder so stark an, daß das Rohr brach, und zwar unterhalt der Wasseroberfläche in der Nähe der unterseeischen Bohreinfassung. Jetzt drang das Öl aus der Bohrung „Ixtoc I" unter der Wasseroberfläche aus, stieg auf und verteilte sich rings um die Plattform. Das heiße Gas aus der Quelle verwandelte das treibende Öl in einen brennenden Teppich von mehreren tausend Quadratmetern Fläche, der so heiß war, daß man ihn nicht überqueren konnte. Das bedeutete auch, daß die Taucher, die für Red die Bohreinfassung von Schrott und Wrackteilen säuberten und den Bohrlochmund für den Einsatz eines neuen Preventers vorbereiteten, nicht mehr von der Plattform aus in die Tiefe gehen konnten, sondern von einem Boot in rund dreihundert Meter Entfernung aus operieren mußten.

Noch immer war Red davon überzeugt, daß er die Quelle bald unter Kontrolle haben würde. Aber er hatte nicht gerechnet, daß das Mißgeschick mit dem gebrochenen unterseeischen Rohr den unterschiedlichsten Interventionen von sogenannten Spezialisten Auftrieb gab. „Mit seinen Methoden bekommt er die Quelle nie unter Kontrolle", sagten diese „Experten". „Aber wir wissen, wie man es schafft." Red setzte sich noch mit den Verantwortlichen bei PEMEX zusammen und zeigte ihnen, daß sein Plan der Entlastungsbohrung, den er schon mehrfach erfolgreich eingesetzt hatte, auch bei „Ixtoc I" funktionieren würde. Es gelang ihm auch, zwei weitere Offshore-Quellen abzudichten, während die Bohrarbeiten im Gange waren. Aber das nutzte nichts mehr. Reds guter Ruf und seine Erfolge zählten plötzlich nicht mehr. Vielmehr teilte die Gesellschaft Red mit, daß sie jetzt die Vorschläge dieser neuen Experten befolgen würde.

Red war außer sich. Abends rief er Kemmie an und beklagte sich bitter darüber, mit diesem Haufen von Ignoranten, korrupten und unfähigen Männern zusammenarbeiten zu müssen. Sie hörte ihm geduldig zu und zeigte ihm ihr Mitgefühl, denn sie wußte, daß er keine andere Wahl hatte. Er konnte diesen Job nicht hinwerfen, und er würde diesen Job nicht hinwerfen, nicht bevor ihn die Ölgesellschaft von seiner Pflicht entbinden würde. Also fuhr er fort, die Arbeiten zu der Entlastungsbohrung zu überwachen, während das Chaos um ihn herum immer größer wurde.

Zuerst führten die PEMEX-Ingenieure die „Operation Sombrero" durch. Der Sombrero war ein riesiger, aufrechter, stählerner Trichter, der an einer Plattform befestigt war, damit er direkt über der Quelle in Stellung gebracht werden konnte. Die Ingenieure hatten sich ausgerechnet, daß das austretende Öl in die große Öffnung des Trichters hineinfließen und dann aus der schmaleren Öffnung an der Spitze wieder ausströmen würde, wo das Öl durch verschiedene Abscheider geleitet würde. Sie glaubten, sie brauchten das Öl dann nur noch in Tanks zu pumpen, das Gas abzufackeln, das Seewasser zu filtern und wieder ins Meer zu leiten.

Die „Operation Sombrero" kostete die mexikanische Regierung fünfzig Millionen Dollar. Die ausführende Firma Brown & Root aus Houston verdiente an dem Projekt eine Menge Geld, wie auch einige leitende Angestellte von PEMEX. Die Fördermenge von „Ixtoc I" und der damit verbundene Druck waren aber so hoch, daß die Abdeckung stark vibrierte und wieder entfernt werden mußte, um nicht zu zerreißen.

Dann hatte irgend jemand bei PEMEX die glorreiche Idee, Bleikugeln in die Bohrung hineinzuwerfen, um das Loch unten an der Bohrlochsohle zu verstopfen.

„Ich bin kein Ingenieur und auch in keinster Weise technisch begabt, aber ich habe, weiß Gott, genügend gesunden Menschenverstand, um mir vorstellen zu können, was da passiert. Wenn ein Rohr unter der Wasseroberfläche ein riesiges Loch aufweist und großer Druck herrscht, dann konzentriert sich der Druck auf das Loch. Wenn man oben in das Rohr etwas, zum Beispiel eine Bleikugel, hineinwirft, fällt es bis zu dem Loch, wo der Druck alles herauspreßt. Und wo bleibt dann diese Bleikugel? Sie liegt schließlich unten auf dem Meeresboden. Genau das passierte, und Red wußte schon vorher, daß die Methode nicht funktionieren würde. Er wußte auch, daß dieser Sombrero nicht funktionieren konnte. Und mittendrin tauchten dann diese Burschen auf, die sich die Wilde Bande aus Colorado nannten. Das waren schreckliche Leute. Es waren diejenigen, die in Wyoming ein paar Quellen in die Luft gesprengt hatten, damit sie sie anschließend abdichten konnten. Ein paar Jahre nach dem Desaster mit ‚Ixtoc I' flog das FBI Red nach Wyoming, um gegen diese Burschen auszusagen. Es waren richtige Gangster. Als Red dort drüben ankam, holten ihn die Agenten des FBI vom Flughafen ab, brachten ihn direkt in sein Hotelzimmer und sagten zu ihm: ‚Wir kommen morgen früh um neun Uhr, um Sie abzuholen und direkt ins Gericht zu bringen. Bleiben Sie in Ihrem Zimmer. Wenn Sie irgend etwas wissen wollen, rufen Sie uns an.'

Nun, Red bekam später einen Anruf auf sein Zimmer. Der Mann am Telefon sagte ihm: ‚Wir möchten, daß Sie schon um acht Uhr in der Hotelhalle sind.' Red antwortete: ‚Okay', denn er nahm an, daß es jemand vom FBI war. Aber irgendwie kam ihm die Sache dann doch komisch vor, und um sich zu vergewissern, rief er spätnachts den FBI-Agenten an. Der sagte dann zu ihm: ‚Gehen Sie nur nicht hin, wir haben Sie nicht angerufen. Wir haben die Uhrzeit nicht geändert.'

Wie die erfahren hatten, um wieviel Uhr Red abgeholt werden sollte, weiß ich nicht. Er sollte nur aussagen, daß die Quellen gesprengt worden waren, aber die Burschen wollten wohl verhindern, daß er überhaupt aussagte. Also blieb Red bis um neun Uhr in seinem Zimmer und sagte dann vor Gericht aus. Die Burschen wurden verurteilt und verschwanden hinter Gittern. Red sagte zu mir, er wäre nicht nervös gewesen, gegen diese Kerle auszusagen, aber ich bin sicher, er war es doch."

(Kemmie Adair)

„Butch Davenport, der Kopf dieser Wilden Bande, sollte nach Mexiko kommen und meinen Job übernehmen. Er erzählte der Presse, daß er der einzige sei, der die Quelle unter Kontrolle bringen könnte. Bisher hätte es nicht geklappt, weil meine Methoden veraltet wären. Er sagte, daß er einfach zwei Telefonmasten in die Quelle stopfen würde, und alles wäre dann vorbei. Zwei Telefonmasten? Können Sie sich das vorstellen? Verdammt noch mal, ich hatte von diesem Kerl, von diesem angeblichen Experten, noch niemals zuvor gehört, aber die Mexikaner verhandelten mit ihm. Sie hörten sich seine Vorschläge eine ganze Weile an.

Sie verhandelten überhaupt mit jedem, und ich mußte mir all diese verfluchten Vorschläge anhören. Ich riet ihnen, vorsichtig zu sein, denn weil die Quelle so stark ausströmte, hatten sich gefährliche Strudel gebildet. Ich sagte ihnen, sie sollten besser keine waghalsigen Aktionen unternehmen, weil die Quelle durchaus jemanden in die Tiefe reißen konnte. Nachdem wir alles so weit vorbereitet hatten, daß die Mexikaner ihre Bleikugeln in die Quelle fallen lassen konnten, übergaben wir ihnen die Quelle.

Ich flog nach Europa zu einem anderen Job. Während ich dort war, hörte ich, daß ein Taucher von dem Strudel des ausströmenden Öls in die Tiefe gezogen worden und ertrunken war.

Ich war nicht mehr dabei, aber ich habe davon gehört. Der Strudel soll auch noch eines dieser ferngesteuerten Unterseeboote mit sich gerissen haben." (Red Adair)

Inzwischen wurde Red von der Presse in Stücke gerissen. Sie sagten, Red stecke in der Klemme, er habe jetzt endlich seinen Meister gefunden. „Red Adairs erfolglose Versuche, mexikanische Quelle unter Kontrolle zu bringen" lautete ständig die Überschrift der vielen Artikel über „Ixtoc I". Ein Artikel behauptete, die Quelle könne nicht abgedichtet werden, und Red hätte bereits aufgegeben.

„Zum Teufel, wir haben nicht aufgegeben", erklärte Red gegenüber der *Houston Post*. „Ich habe noch nie aufgegeben. Red Adair und seine Firma haben den Auftrag nicht hingeworfen. Wir sind mehr denn je damit beschäftigt, und wir sind verdammt sicher, daß wir die Quelle unter Kontrolle bringen, wenn wir nach unserer Methode arbeiten."

Als im August 1979 das erste Öl an die Strände der texanischen Küste gespült wurde, verstärkte die Presse ihre Kampagne. PEMEX und SEDCO wurden jetzt öffentlich dafür verantwortlich gemacht, die Umwelt zu zerstören, und auch Red wurde in die Kritik einbezogen, weil die Arbeiten schon so lange andauerten. PEMEX sagte, es sei der Fehler von SEDCO, SEDCO seinerseits wies der PEMEX die Schuld zu. Schadensersatzprozesse wurden angestrengt: vom texanischen Generalstaatsanwalt gegen SEDCO; vom amerikanischen Gewerkschaftsdachverband, AFL-CIO, gegen SEDCO, PEMEX und das mexikanische Unternehmen, das die Bohrausrüstung von SEDCO gemietet hatte; von den Geschäftsleuten und Hoteliers an der Golfküste ebenfalls gegen alle drei Parteien; von SEDCO selbst gegen die mexikanische Regierung.

Red erklärte, es sei nicht geklärt, ob das angeschwemmte Öl an den Stränden von „Ixtoc I" stamme, weil es ein unterschiedliches spezifisches Gewicht aufwies. Er behauptete, daß die im Golf fahrenden Tanker das Ölunglück jetzt zum Vorwand nehmen könnten, ihre Tanks zu reinigen. Ob Red recht hatte oder nicht, sein Ruf war jedenfalls mittlerweile so beschmutzt wie der einstmals weiße Strand am Golf. Allein die Erwähnung des Namens „Ixtoc I" brachte Reds Blut in Wallung.

„Es war, verdammt noch mal, nicht Reds Schuld. Und es war auch nicht die Schuld von SEDCO. Der gehörte doch nur der Bohrturm, der die Bohrung niedergebracht hatte. Die Leute von SEDCO auf der Plattform hatten die Mexikaner darauf hingewiesen, daß die Bohrflüssigkeit stärker zirkulieren müßte und daß das Bohrgestänge noch nicht aus der Bohrung herausgezogen werden dürfte. Aber der mexikanische Oberbohrmeister sagte: ‚Bei Gott, nein, ich bin hier verantwortlich, und es wird so gemacht, wie ich es sage.' Es wurde dann auch so gemacht, und dann kam es eben zu dem Blow-out.

Zu allem Übel sagte Clements aber vor der Presse, daß die Strände von Galveston schon mit Öl verschmutzt waren, bevor im Golf von Mexiko nach Öl gebohrt wurde, und daß das bißchen Öl ja nicht viel schaden könnte. Es hörte sich ganz so an, als ob ihm der Umweltschutz gleichgültig wäre. Also nahm sich Mark White des Themas an und sagte, Clements, der Gouverneur, kümmerte sich nicht um die Küsten von Texas, obwohl es schließlich sein Bohrturm wäre, der die Probleme geschaffen hatte. Es konnte nie bewiesen werden, daß tatsächlich Öl von ‚Ixtoc' angeschwemmt worden war. Es gab zur gleichen Zeit auch noch einen Zusammenstoß von zwei Tankern in der Gegend, und das Öl hätte auch daher stammen können. Egal, aber es war ganz und gar keine gute Zeit für Red Adair."

(Raymond Henry)

Bevor die Quelle endlich abgedichtet werden konnte, hatte „Ixtoc I" mehr als vierhundert Millionen Liter Öl in den Golf von Mexiko gespuckt. Die Bohrung hatte die schlimmste Ölpest aller Zeiten verursacht. Später bekam die PEMEX einen neuen Präsidenten. Echeverria und Espinosa tauchten unter, und andere leitende Angestellte von PEMEX kamen wegen Korruption ins Gefängnis.

Als die Quelle schließlich unter Kontrolle gebracht werden konnte, geschah es nach Reds ursprünglichem Plan. Die Entlastungsbohrung wurde genauso gesetzt, wie er es gesagt hatte, und zum Abdichten der ersten Bohrung wurden Ventilsysteme verwendet, die er speziell dafür entwickelt hatte. Aber dazu kam es erst im Frühjahr 1980, und da hatte die Presse bereits herumposaunt, daß Red Adair, der große Experte, versagt hätte.

Dieser Schlag gegen Reds Ruf konnte zu keinem schlimmeren Zeitpunkt kommen, obwohl es mehrere Jahre dauerte, bis die vollen Auswirkungen dieser Rufschädigung zu spüren waren. Von 1977, als Boots und Coots die Firma verlassen hatten, bis 1983 boomte die Ölbranche, und sowohl die Red Adair Company als auch Boots & Coots Inc. hatten volle Auftragsbücher. Mitte der achtziger Jahre kam jedoch wieder einmal eine Talsohle.

Es gab kaum neue Bohrungen, und wenn sich ein Blow-out ereignete, erhielten meist Boots und Coots den Auftrag. Red Adair sei steinreich, erzählten sie den Ölgesellschaften. Er hätte die Aufträge nicht mehr nötig. Ihre Firma war noch jung und würde die Einsätze billiger durchführen. Und außerdem wäre Red schon zu alt, um noch selbst auf die Ölfelder zu gehen, und seine Männer würden allein nicht damit fertig. Sie, Boots und Coots, würden viel bessere Arbeit leisten.

Die alten Hasen der Ölbranche wußten es natürlich besser. Red war vielleicht etwas langsamer geworden als früher, aber noch immer gab es niemanden, der die Lage schneller durchschauen und einen Blow-out schneller unter Kontrolle bringen konnte. Und sie wußten auch, daß seine Leute — sein Sohn Jimmy, Richard Hatteberg, Raymond Henry, Brian Krause und Danny Clayton — ebenfalls ausgewiesene Experten auf ihrem Gebiet waren. Wenn Red sie ausgebildet hatte, mußten sie gut sein, denn wenn sie nicht gut wären, hätte Red sie niemals allein zu einem Einsatz geschickt, und wenn sie sich für die Arbeit nicht eigneten, hätte Red sie schon längst entlassen. Reds Stolz hätte es nicht zugelassen, daß jemand den berühmten roten Overall trug, der nicht seinen hohen Ansprüchen gerecht wurde. „Denkt immer an eins", pflegte Red seinen Leuten zu sagen, „ein roter Overall läuft niemals weg."

Aber die Ölmänner der alten Tage hatten das Heft nicht mehr in der Hand. Wildcatter wie John Mecon senior und Jim West waren tot. Auch Rush Johnson war gestorben. Und die anderen hatten sich zur Ruhe gesetzt. Es gab natürlich noch ein paar vom alten Schlag, wie Armand Hammer, aber die Ölbranche sah ganz anders als früher aus. Die Firmen wurden jetzt von Juristen und Buchhaltern geleitet, die nur darauf achteten, was unter dem Strich herauskam, die wissen wollten, wie günstig man für sie arbeiten würde. Den meisten von ihnen kam Red Adair wie ein Held aus den Geschichten ihrer Kindheit vor.

Die Krise in den amerikanischen Ölfeldern hielt an. Zwei, drei, vier Jahre lang fuhr Red morgens ins Büro, um gleich darauf zur Bucht aufzubrechen, sein Boot zu holen und Kemmie zu besuchen. Aber er glich einem Roboter, seine Bewegungen liefen nach einem festen Programm ab. Er wurde depressiv und bekam einen Herzanfall. Robyn, Kemmie und Jimmy machten sich immer größere Sorgen um ihn.

Wenn er es doch nur fertigbringen würde, aus dem Büro zu gehen und nicht mehr wiederzukommen, dachte Kemmie. Wenn er seinen Job doch endlich aufgeben würde, er könnte sich ausruhen und mit mir gemeinsam im Boot irgendwohin fahren.

Aber sie wußte, wie vergeblich es war, ihn darauf anzusprechen. Es war nur Zeitverschwendung. Er glich einem vor sich hin rostenden Bohrturm, der darauf wartete, eines Tages wieder zum Einsatz zu kommen.

Ganz sporadisch kamen wieder Aufträge herein. Er stürzte sich förmlich auf sie, entwickelte einen Plan, zeichnete wie wild auf seinem gelben Block und sorgte dafür, daß seine Männer genau wußten, was sie zu tun hatten, wenn sie zum Einsatzort kamen. Doch danach herrschte wieder Flaute, und es ging ihm noch schlechter als vorher.

Red träumte. In seinem Traum hörte er das Geräusch der Rotorblätter eines Hubschraubers, aber er konnte den Helikopter nicht ausmachen. Er war in einer Wolke von giftigem Schwefelwasserstoff verschwunden, die die ganze Bohrinsel umgab. Es war die Off-shore-Plattform von Phillips Petroleum vor Great Yarmouth in der Nordsee. Bei dem Blow-out von 1968 waren drei Männer getötet worden. Der Hubschrauber hatte ihn auf dem Landedeck mit einem Sauerstoffvorrat für zwei Stunden zurückgelassen. Der Wind stand momentan gut, aber auf See drehte er sich häufig. Wenn der Wind in die falsche Richtung drehte, könnte der Hubschrauber nicht landen, und die Plattform würde sein Grab werden.

Er stand allein auf dem Deck, und er fühlte sich auch allein, als sei er in einer stählernen Stadt auf einem fremden Planeten, die in einem furchtbaren Krieg vergiftet worden war, ausgesetzt worden. Die Plattform war rutschig, ölverschmiert und bebte. Es war kalt und dunkel, und das Giftgas wurde vom Wind herumgeblasen. Als er vor zwanzig Jahren diese Arbeit tatsächlich ausgeführt hatte, hatte er das Bohrloch aus eigener Kraft abgedichtet. Er hatte das Rohr direkt unter dem Mitnehmer abdichten können, so daß anschließend Bohrflüssigkeit hinuntergepumpt werden konnte und die Quelle unter Kontrolle kam. Aber in seinem Traum war alles anders. In seinem Traum war da, wo eigentlich die Bohrlocheinfassung sein sollte, nur ein großes Loch. Und er rutschte unaufhörlich auf das Loch zu, er rutschte auf den feuchten, ölverschmierten Stahlplatten der Plattform immer weiter auf das Loch zu.

Er versuchte zu schreien, aber mit der Atemschutzmaske vor dem Gesicht war dies unmöglich. Und wer hätte ihn gehört, wenn er geschrien hätte? Wer hätte ihm helfen können? Er versuchte irgend etwas zu fassen zu bekommen, um sich festzuhalten, aber sein Griff löste sich wieder, und er rutschte näher und näher auf das Loch zu, aus dem sich eine Gassäule erhob und in dem er sicherlich sterben würde. Dann spürte er etwas fallen, auf seine Schulter herabfallen, er sprang auf und erwachte aus dem Traum.

Er war an Bord eines Flugzeugs, aber einen Moment lang hatte er keine Ahnung, wohin er flog. Er sah auf und blickte in das Gesicht einer freundlichen Stewardeß von British Airways, die ihre Hand auf seine Schulter gelegt hatte. „Mister Adair", fragte sie, „ist alles in Ordnung?" — „Ja", sagte Red. „Alles in Ordnung. Ich habe nur geträumt. Seltsam. Ich habe geträumt, wieder vor Great Yarmouth zu sein. Ich glaubte, auf der Bohrplattform zu stehen, da draußen in der Nordsee. Mann, o Mann. Das war was! In meinem Traum konnte ich sogar die Kälte spüren. Es war damals November, aber da draußen ist es ja immer kalt. Selbst jetzt im Juli."

Kapitel 21

Nordsee, 8. Juli 1988

Nach und nach wurden die verschiedenen Feuer auf der „Piper Alpha" etwas schwächer, aber die Mannschaft des Versorgungsschiffes *Tharos* befürchtete eine neuerliche starke Explosion und hielt sich etwa eine Viertelmeile von der Plattform entfernt. Dort wartete sie auf Red Adair. Dicker schwarzer Rauch umgab die Bohrinsel, Flammen züngelten von Zeit zu Zeit über das Wasser und verschwanden wieder, als ob ein Drache Feuer spie. Dann und wann sah man glühende Metallteile ins Wasser fallen, zischend versanken sie, und kleine Dampfwolken stiegen aus dem Wasser empor. Andere Wrackteile vergrößerten die Flotte des Treibguts, die jetzt in einem immer größeren Umkreis um die Plattform auf den Wellen schaukelte.

Alle 36 Bohrlöcher von „Piper Alpha" waren unterseeisch mit Sicherheitsventilschiebern ausgerüstet, die etwa 250 Meter unter der Oberfläche in den Steigrohren lagen. Diese Ventile waren mit einem ein Viertel Zoll starken Druckrohr verbunden, das bis zur Bohrplattform hinauflief, wo es entweder über Hydraulik oder Luftdruck unter Druck gehalten wurde. Solange Druck auf die Ventile ausgeübt wurde, blieben die Ventile geöffnet. Wenn sich aber an der Oberfläche irgendein Unglück ereignete, wenn die Druckrohre zum Beispiel von einer Explosion zerstört wurden, ließ der Druck im Rohr sofort nach, und die Ventile würden sich schließen.

Auf „Piper Alpha" hatten sich die meisten Sicherheitsventile nach dem Unglück von selbst geschlossen, aber das wußte noch niemand. Es war die Aufgabe von Red und seinen Männern, Raymond Henry und Brian Krause, festzustellen, warum einige Bohrlöcher noch immer in Brand standen. Niemand sonst würde es wagen, die verwüstete Plattform zu betreten.

Unter Deck auf einer Seite der *Tharos* ist die Tauchstation untergebracht, dort befinden sich drei verschiedene Kompressions- und Dekompressionskammern, eine für insgesamt acht und zwei für jeweils vier Taucher. Sie können dort während eines unterseeischen Einsatzes bis zu vier Wochen leben, während sie täglich in Wassertiefen von etwa dreihundert Metern arbeiten. An Bord der *Tharos* befanden sich einige Taucher, aber keiner von ihnen wurde ausgeschickt, um die Leichen der Besatzungsmitglieder der „Piper Alpha" zu bergen, die vielleicht noch auf dem Meer trieben oder schon auf dem Meeresboden in 150 Meter Tiefe lagen. Der Kapitän beurteilte die Lage als noch zu gefährlich, weil die Überreste der Plattform jeden Augenblick zusammenbrechen konnten und die Taucher dann von glühenden Stahlträgern erschlagen würden. Statt dessen setzte das Schiff seine ferngesteuerten Unterwasserfahrzeuge aus, um die Leichen aufzufinden und an Bord zu bringen.

Diese ferngesteuerten Unterwasserfahrzeuge haben einen eigenen Antrieb, sie bestehen meistens aus länglichen Rohren und ähneln grobschlächtigen Blechspielzeugen. Die kleineren, die kaum größer als ein Tischcomputer sind, wurden entwickelt, um den Meeresboden und das Meer abzusuchen und zu überwachen, aber die größeren haben mechanische Greifarme, die in der Lage sind, Gegenstände zu fassen und festzuhalten. Alle Fahrzeuge sind mit starken Scheinwerfern und Unterwasserkameras ausgerüstet.

Im Kontrollraum im unteren Deck der *Tharos* befaßten sich mittlerweile zwei Seeleute damit, die größeren Unterwasserfahrzeuge durch die Gewässer im Umkreis um das Wrack der Plattform zu manövrieren. Vor ihnen befanden sich Steuer- und Bedienungselemente wie in einem Flugzeugcockpit. In dem Kontrollraum war es totenstill, selbst als jetzt andere Besatzungsmitglieder der *Tharos* stehenblieben, um auf die Monitore zu starren. Nur wenn die Form eines menschlichen Körpers im gleißenden Licht der Scheinwerfer auftauchte, konnte man das Geräusch von gepreßtem Atem und unterdrücktem Schlucken vernehmen. Dann steuerten die beiden Lotsen mit mechanischen Bewegungen das Fahrzeug auf den entdeckten Körper zu. Die Greifarme des Geräts packten zu und brachten die Leichen an Bord der *Tharos*. Die Seeleute im Kontrollraum arbeiteten in mehreren Schichten, nach ihrem Dienst saßen sie schweigend beim Essen und gingen dann stumm zu Bett. Die Roboter arbeiteten rund um die Uhr, Tag und Nacht, unaufhörlich damit beschäftigt, die Toten aufzuspüren.

„Die Augen der ganzen Welt sind auf uns gerichtet", sagte Red seinen Leuten, bevor sie in Houston abflogen, und als sie in London landeten, wußte er, daß er recht gehabt hatte. Die BBC, die größeren amerikanischen Fernseh- und Rundfunkstationen, Dutzende von Journalisten und Reportern von Tageszeitungen und Illustrierten warteten am Flughafen. Da so viele Todesopfer zu beklagen waren — mehr als bei den früheren Unglücken in der Geschichte der Ölbranche —, würde dieser Einsatz das Interesse der Medien noch stärker auf sich ziehen, als Red bereits befürchtet hatte.

Sofort nachdem Red, Raymond und Brian die Einreise- und Zollformalitäten hinter sich gebracht hatten, überfielen die Reporter sie mit Fragen. Aber die drei, deren Aufmerksamkeit ganz der brennenden Bohrinsel galt, hatten kaum Zeit zu antworten.

Als erstes berief Red im Büro der Occidental-Ölgesellschaft im Flughafen von Aberdeen eine Sitzung ein. An ihr nahmen teil: Leon Daniels, einer der Direktoren der Gesellschaft, Glenn Randal, der verantwortliche Manager in Aberdeen, zwei Ingenieure, die zusammen mit Daniels aus Bakersfield in Kalifornien gekommen waren, und ein paar leitende Angestellte von Occidental, die Red nicht kannte. Während der Sitzung wurden Red und seine Leute über die Situation auf der Plattform unterrichtet, aber Red erfuhr nur wenig mehr als das, was er bereits den Nachrichten entnommen hatte. Dann bestiegen er und seine Männer einen Hubschrauber, der sie in einer Stunde und zwanzig Minuten Flug an Bord der *Tharos* brachte.

Sie umkreisten die brennende Bohrinsel, und Red konnte auf Anhieb erkennen, daß gut achtzig Prozent von ihr verschwunden waren, einfach ausradiert. Er gab dem Piloten ein Zeichen, näher heranzufliegen, und durch den dicken Rauch konnte er jetzt sehen, daß die Reste des Bohrdecks sich in einem Winkel von 45 Grad gefährlich neigten, da die Stützpfeiler durch die große Hitze verbogen waren. Das Deck war mit verbogenem Metallschrott übersät, der wie tonnenschwere Spaghetti darauf klebte. „Das bricht nicht zusammen", sagte Red zu Raymond und Brian. „Nicht, wenn es schon so lange stehen geblieben ist. Da bin ich ganz sicher. Aber es wird eine ganz schöne Rutschpartie, an die Bohrlöcher heranzukommen."

Sie landeten auf der *Tharos*, und Red sprach mit dem Kapitän, den er dazu veranlassen wollte, näher an die Bohrinsel heranzufahren. Zuerst sträubte sich der Kommandant, weil er weitere Explosionen befürchtete, aber Red versicherte ihm, daß die brennenden Bohrlöcher das verhinderten. Schließlich ließ er das Schiff am Morgen des 9. Juli bis auf zwanzig Meter an die Reste von „Piper Alpha" heransteuern. Dann kletterten Red und seine Männer in einen Förderkorb aus Stahlblech, den der Lastkran der *Tharos* in die Nähe eines der Gerüstbäume von „Piper Alpha" hinüberschwenkte — dorthin, wo sich die Sicherheitsfackeln befanden.

„Piper Alpha" war auf drei Seiten mit Hitzeschilden gegen die Strahlungswärme der lodernden Sicherheitsfackeln ausgerüstet, sie bestanden aus Stahlwänden, die von der Spitze der Arbeitsplattform bis zum untersten Deck verliefen. Damit Red und seine Männer mit den Arbeiten beginnen konnten, mußten zuerst diese Schilde entfernt werden, ansonsten hätte die hydraulische Brücke der *Tharos* nicht an die Plattform angelegt werden können. Darüber hinaus würde der Wind den dicken Rauch von der Bohrinsel wegwehen können, wenn diese Stahlwände erst einmal entfernt waren. Als nächstes mußten die Wrackteile von der Bohrung weggeräumt werden. Erst dann waren die Feuer zugänglich, und die Männer könnten die Brände löschen, Bohrflüssigkeit in die Löcher pumpen und ein Bohrloch von „Piper Alpha" nach dem anderen zum Versiegen bringen.

Von dem Transportkorb aus konnten sie erkennen, wie sich die Stahlwände von der Plattform abmontieren ließen. Sie sahen auch, daß die Fläche auf Deck nicht mehr eben und alles mit Öl bedeckt war. Die große Hitze hatte alles krumm und schief gebogen, alles hatte sich in Winkeln mit scharfen Kanten hochgedrückt oder abgesenkt.

An diesem Abend saßen Red und seine Männer in einer Kabine unter Deck der *Tharos* zusammen. An der Wand hing eine Karte, die alle Bohrlöcher der „Piper Alpha" verzeichnete. „Es wird die Hölle da drüben", sagte Red. „Wir werden uns mit Sicherheitstauen an die Plattform anleinen, den Kran lotsen und jedes Stück Schrott einzeln wegtragen müssen. Wir müssen uns von der Schlosserei Haken mit mehreren Ankern schweißen lassen, damit wir uns irgendwo und irgendwie festhalten können. Doch wenn der Wind uns keine allzu großen Schwierigkeiten bereitet, sollte es zu schaffen sein. Wir fangen morgen in aller Frühe an."

Es war weit nach Mitternacht, aber Red konnte keinen Schlaf finden. Er zog sich wieder an und verließ seine kleine Kabine. Er stieg auf das Oberdeck, ging nach vorn und konnte den Rauch und den bitteren Geschmack von ausgebranntem Metall spüren. Selbst im Halbdunkel der Nacht hatte er keine Schwierigkeiten, sich an Bord zurechtzufinden. Er kannte jeden Quadratzentimeter der *Tharos*, jeden Gang, jede Treppe, die Kräne und Mastbäume, die Stauräume mit der Ausrüstung und die Rettungsboote. Er kannte die bordeigenen Werkstätten, die Taucherräume, die Entsorgungseinrichtungen für Fälle von Ölverschmutzung, die Löscheinrichtungen und das Krankenhaus. Er hatte daran mitgearbeitet, das Schiff zu entwickeln. Die *Tharos* stellte seine Lösung für das Problem dar, eine Off-shore-Plattform im Notfall so schnell wie möglich erreichen und umgehend mit den effektivsten Rettungs- und Hilfsmaßnahmen beginnen zu müssen. Wenn es nach ihm ginge, befände sich in der Nähe jeder einzelnen Bohrinsel, wo Männer nach Öl oder Gas suchen, eine *Tharos*.

Er schüttelte den Kopf. Er hatte alles doppelt und dreifach durchdacht und dann noch einmal vier- oder fünfmal überprüft. „Laß dir immer eine Hintertür offen. Such dir immer einen sicheren Fluchtweg." Die *Tharos* war in direkter Nähe gewesen und hatte nichts, aber auch gar nichts für die Männer tun können, die jetzt da unten auf dem Meeresboden lagen. Fünf von ihnen, die die Unterwasserroboter an Bord gebracht hatten, wurden in diesem Moment an Land, nach Aberdeen geflogen. Man hatte sich entschlossen, die Leichen nachts abzutransportieren, um die Mannschaft der *Tharos* nicht noch mehr zu beunruhigen.

Red ging hinab in den U-Boot-Kontrollraum und sah stumm auf die Bildschirme, auf denen sich die Roboter wie büchsenförmige Fische durch die versunkenen Wrackteile der Plattform bewegten. Er seufzte und ging zurück. Das Unglück bedrückte ihn sehr. Er hatte schon auf Bohrplattformen in der ganzen Nordsee gearbeitet, auf der „Bravo" vor der Küste Norwegens, vor Great Yarmouth, hier vor der Küste Schottlands, und er hatte eine tiefe Zuneigung zu den Menschen an den Küsten der Nordsee gefaßt. Sie verstanden es, hart zu arbeiten, waren ehrlich und mutig, sie waren ihm irgendwie verwandt, und er achtete sie sehr. Sein Einsatz hier würde den Männern, die bei dem Unglück gestorben waren, nichts mehr nützen, aber er war fest entschlossen, die Arbeit auf „Piper Alpha" erfolgreich abzuschließen, und zwar so schnell wie möglich. Das war das einzige, was er tun konnte.

Er ging hinüber auf die Seite der *Tharos*, wo ein roter, über ein Meter großer Wasserwerfer auf „Piper Alpha" gerichtet war. Er konnte die Rauchwolken und einen kleinen Flammenbogen direkt oberhalb der Hitzeschilde sehen. Er wußte, was hinter den Stahlwänden lag, er wußte ganz genau, wie es sein würde, mit den Haufen von verkantetem und verbogenem Stahlschrott auf einer geneigten und rutschigen Fläche umzugehen. Er lehnte lange Zeit an der Löschkanone, starrte hinüber zu „Piper Alpha" und lauschte seiner inneren Stimme. Er wollte sie nicht wahrhaben, aber er hörte immer wieder dasselbe.

Die Leute nannten ihn oft einen Draufgänger. Aber er war einfach nur ein Mann, dessen Grenzen weiter gezogen waren als die der meisten anderen Menschen. Niemals würde er etwas versuchen, was er nicht wirklich schaffen konnte. Die Tage, da er sich mit einem Arm an einer Querstrebe des Bohrturms festhalten konnte, wenn er vom Gasdruck in die Höhe geschleudert wurde, waren vorbei. Seine Anwesenheit bei diesem Einsatz war indes unabdingbar. Seine Erfahrung und Weitsicht waren lebenswichtig. Aber es wäre albern zu glauben, daß er als 73jähriger noch von einem vorspringenden Metallstück auf dieser abschüssigen rutschigen Plattform zum anderen klettern würde. Das war jetzt die Aufgabe seiner jungen Assistenten. Die Zeit war reif, sich das einzugestehen. Die Zeit für einen Wechsel war gekommen.

„Es wird eure Aufgabe sein, die Plattform unter Kontrolle zu bringen", sagte er am nächsten Morgen beim Frühstück zu Raymond und Brian. „Ich werde die Operation überwachen. Ich werde dafür sorgen, daß die Schweißer und Schlosser die Kletterhaken genau richtig für euch anfertigen. Ich werde dafür sorgen, daß ihr immer ausreichend mit Wasser berieselt werdet. Aber ich werde nicht mit euch auf die Plattform gehen. Ich bleibe hier auf der *Tharos*. Wir brauchen hier einen Mann, der dafür sorgt, daß alles reibungslos läuft."

„Es war das erste Mal, daß Mister Adair nur beobachtete, ich denke, für ihn war es das Schlimmste, was er je tun mußte. Wir hatten Funkkontakt miteinander, aber manchmal funktionierte es nicht gut, und es gab Zeiten, da wußte er nicht, wo wir uns befanden. Wir hatten alle Hände voll zu tun, wir rackerten uns richtig ab und konnten gar nicht über die Gefährlichkeit unserer Arbeit nachdenken, aber Mister Adair hat sich die ganze Zeit große Sorgen um uns gemacht.

Sehen Sie, bei einigen Bohrlöchern kam es in Abständen von zwei, drei Stunden zu Blow-outs, dann brannten sie wie wild etwa fünfzehn bis zwanzig Minuten lang und waren dann wieder tot. Aber bevor es losging, gab es ein paar Warnzeichen, also wußten wir immer Bescheid, wenn es gefährlich wurde. Wir mußten unsere Augen zwar ständig offenhalten, aber wir wußten, was um uns herum geschah. Alles, was Mister Adair sehen konnte, war das Feuer und wie wir uns an Tauen entlang hangelten und an Vorsprüngen festhielten. Er war hypernervös und wollte ständig wissen, wie es stand. Er war wie ein Rennpferd, das loslaufen möchte, das man aber fest im Zaum hält und nicht laufen läßt." (Brian Krause)

„Es kommt auf uns an", versicherten sich Raymond und Brian gegenseitig. „Wie Red schon gesagt hat, die ganze Welt sieht uns zu. Die Welt will wissen, ob die Red Adair Company es schafft, und wir werden es ihnen zeigen. Wir wollen, daß Red stolz auf uns ist."

Wochenlang arbeiteten sie fünfzehn bis sechzehn Stunden täglich und räumten die stummen Zeugen der Verwüstung beiseite. Dabei fingen sie mit den Arbeiten an einer Seite der Plattform an, wo sich keine Brandherde befanden, und kämpften sich langsam in Richtung auf die Feuer vor. In der Schlosserei wurde vierundzwanzig Stunden täglich gearbeitet, um Haltegriffe und Kletterhaken zum Sichern, Stahlplanken zum Draufstehen und eine fünf Quadratmeter große Arbeitsplattform für sie fertigzustellen.

Einmal, als der Wind eine Geschwindigkeit von 75 Knoten erreichte und die Wellen bis zu elf Meter hoch schlugen, waren sie gezwungen, die Arbeiten für drei Tage einzustellen, aber sonst gab es keine Pause. Als sie eines Abends gerade von der Bohrinsel auf die *Tharos* zurückgekehrt waren, fand an dem Bohrloch mit der Bezeichnung P I ein starker Blow-out statt. Es handelte sich genau um das Bohrloch, an dem sie gerade gearbeitet hatten. Die Flamme war größer und mächtiger als alle Feuer seit der Explosion, und wenn die beiden nur fünf Minuten länger auf der Plattform geblieben wären, wären sie verbrannt worden.

Kurz nachdem P I Feuer gefangen hatte, traf sich Red mit seinen Assistenten. „Unter uns, Männer", sagte er, „ich weiß, daß wir die Feuer löschen und die Quellen abdichten werden. Ich weiß es ganz sicher. Ich habe volles Vertrauen zu euch. Aber ich muß auch die Interessen von Occidental wahren. Das bin ich ihnen einfach schuldig. Deshalb habe ich mein Einverständnis gegeben, mit den Arbeiten zu einer Entlastungsbohrung zu P I anzufangen. Es ist nur für den Notfall."

Red setzte immer größeres Vertrauen in seine Männer, als er sah, wie gut sie ihre Arbeit machten. Sie hatten festgestellt, daß insgesamt sieben Bohrlöcher in Flammen standen, sieben Bohrlöcher, bei denen sich die Sicherheitsventile nicht oder nicht völlig abgeschlossen hatten. In jeder Bohrung befindet sich ein Zwischenraum zwischen dem äußeren Zylinder, dem Standrohr, und dem inneren Zylinder, das entweder aus dem Bohrgestänge oder dem Steigrohr besteht. Dieser Zwischenraum wird Ringraum oder Anulus genannt. Das innen liegende Sicherheitsventil in den Bohrlöchern dichtet bei Gefahr zwar den Durchmesser des Steigrohres, nicht aber auch den Ringraum ab. Und durch diesen Zwischenraum mußte das Öl kommen, das die Feuer auf „Piper Alpha" in Gang hielt.

Als Raymond und Brian nun nach und nach die brennenden Bohrlöcher freilegten und löschten, hörten sie allmählich die dumpfen Geräusche des Schiffs, das in zweihundert Meter Entfernung von der Plattform die Entlastungsbohrung niederbrachte. Sie fühlten sich, als ob sie bei einem Wettlauf den heißen Atem ihres Verfolgers schon im Nacken spürten.

Red stand an Deck der *Tharos* in der Nähe der Wasserwerfer und unterstützte seine Männer tatkräftig. Wenn es ihnen gelänge, alle Feuer zu löschen und die Bohrlöcher abzudichten, bevor das Bohrschiff in eine Tiefe vorgedrungen war, wo es wirtschaftlich nicht mehr vertretbar wäre, die Bohrung einzustellen, dann hätte sein Team gewonnen. Dann könnte er der Welt zeigen, daß nicht nur er allein, sondern auch die Männer, die er ausgebildet hatte und die jetzt mit ihm zusammenarbeiteten, immer noch die größten Experten auf diesem Gebiet waren. Und als über ihm die Hubschrauber mit Reportern und Kameraleuten kreisten, spürte auch er den heißen Atem der Verfolger im Nacken. Denn die Zeitungen zweifelten bereits an seinem Erfolg.

„Adair zieht sich von brennender Bohrinsel zurück", posaunte der *Aberdeen Evening Express*. „Flammen zwingen Adair zum Rückzug", behauptete die Zeitung *The Scotsman*. „Adairs Löschversuche schlagen vielleicht fehl", bemerkte sogar die Londoner *Times*. „Wir haben kein zeitliches Limit für Mister Adairs Einsatz gesetzt", zitierte die *Times* Gene Grogan, den Vizepräsidenten von Occidental. „Aber es kann natürlich nicht endlos so weitergehen, und es sieht im Moment wirklich nicht gut aus."

Es war fast das gleiche Theater wie bei „Ixtoc I", nur erschienen dieses Mal nicht auch noch Politiker und korrupte Angestellte auf der Bühne. Es ging einzig um die Frage, ob Red und seine Männer „Piper Alpha" unter Kontrolle bringen konnten. Dabei fiel es nicht ins Gewicht, wie schlecht die Wetterverhältnisse waren und wie gefährlich es auf der Plattform war.

Als eines Morgens der Wind aus der richtigen Richtung kam, gelang es Red, die Wassermassen endlich so auf das brennende Bohrloch P I zu richten, wie er es wollte. Das Feuer verlosch.

Raymond und Brian griffen sich eine Sicherheitsdichtung, die das Bohrloch durch Ausdehnung in der Öffnung abschließt, und dichteten die Quelle ab. Dann pumpten sie zügig Bohrflüssigkeit ins Loch hinunter. Die Flüssigkeit erreichte die Sohle der Bohrung und kam außerhalb des Steigrohrs durch den Ringraum wieder an die Oberfläche — P I war endgültig still. Nachdem das Feuer von P I gelöscht war, fiel es den Männern wesentlich leichter, zu den übrigen Bohrlochbränden vorzudringen und sie zu löschen. Innerhalb von zwei Wochen hatten sie schließlich alle Bohrlöcher unter Kontrolle.

Raymond und Brian blieben in der Nähe der „Piper Alpha", bis alle Bohrlöcher voll Zement gegossen und auf ewig versiegelt worden waren. Red flog aufs Festland zurück und gab anläßlich seines Erfolges eine Pressekonferenz. Dann kehrte er nach Houston zurück. Zu Hause angekommen, fuhr er gleich zu Kemmie und verbrachte ein paar Tage mit ihr am See. Er wurde von gemischten Gefühlen beherrscht. Er empfand tiefe Zufriedenheit über den Sieg, den sein Team errungen hatte. Er fühlte Genugtuung bei dem Gedanken an all jene, die ihn fallengelassen und gesagt hatten, daß er es nicht schaffen würde oder daß er und sein Team erledigt wären. Aber zur gleichen Zeit empfand er große Trauer über die Menschenleben, die das Unglück gefordert hatte, und es fiel ihm schwer zu feiern. Nach dem erfolgreichen Abschluß der Arbeiten auf „Piper Alpha" hat auch keins der traditionellen Feste stattgefunden.

Eines Abends gaben Red und Kemmie in ihrem Haus ein Abendessen für zwei befreundete Paare. Ihre vierzehnjährige Enkeltochter, Sunny Leigh, Robyns Tochter, und zwei ihrer Freundinnen waren auch dabei. Zuerst war Red so lebendig wie eh und je, machte seine Späße mit den jungen Mädchen, erzählte seine Geschichten und mixte für alle die tollsten Drinks. Dann setzten sich die Mädchen zu einem Spiel zusammen, und Red zeigte den anderen Gästen Aufnahmen von dem Einsatz auf „Piper Alpha". Er erzählte von der Kamera in den ferngesteuerten Unterwasserfahrzeugen der *Tharos,* deren

Technologie ihn faszinierte. „Im Kontrollraum beobachteten die Lotsen die Bilder, die die Kameras an die Bildschirme senden", schilderte Red, „und wenn sie dann zum Beispiel jemanden . . ." Mitten im Satz brach er ab. „Ich möchte lieber nicht mehr darüber sprechen." Er ging hinaus.

Kemmie sah ihn eine Zeitlang am Dock sitzen. Sie dachte darüber nach, ob sie zu ihm gehen sollte, aber sie nahm dann doch Abstand davon. Sie fragte sich nur, ob er weinen würde, und entschloß sich, ihn allein zu lassen. Nach einer ganzen Weile, nach fast einer Stunde, kam er wieder hinein, um sich von den Gästen zu verabschieden. Er schien sich wieder gefangen zu haben, aber Kemmie hielt die Zeit für gekommen, ernsthaft mit ihm zu reden.

„Red", sagte sie, „reicht es jetzt nicht eigentlich? Hast du nicht lange genug hart gearbeitet? Hast du nicht genug Leuten geholfen und genug Feuer gelöscht? Denkst du nicht auch manchmal darüber nach, ganz aufzuhören, dich zu erholen, nur noch mit dem Boot zu fahren oder vielleicht zu reisen?"

„Reisen?" wunderte sich Red. „Weißt du, Kemmie, das erinnert mich an etwas. Die haben da drüben in China ein paar Ölquellen, die wie verrückt brennen, und sie wissen, verdammt noch mal, nicht, wie sie die unter Kontrolle bringen sollen. Es ist immer noch nicht klar, ob ich den Job annehmen kann, weil die eine Regierung mit der anderen Probleme hat. Aber auf alle Fälle werde ich schon mal meine Ausrüstung zusammenstellen und meine Pläne zeichnen, denn, verlaß dich drauf, die brauchen meine Hilfe wirklich ganz dringend. Und ich bin bisher noch niemals in China gewesen. Das Land würde ich mir schon gerne einmal ansehen." — „Ich hatte eigentlich mehr an eine Reise von uns beiden gedacht", antwortete Kemmie.

An diesem Abend dachte Red noch lange darüber nach, was Kemmie gesagt hatte. Er würde die Ölbranche niemals verlassen. Sie wußte das so gut wie er. Aber er war sich jetzt auch sicher, daß seine Firma weiterbestehen würde, nachdem er beobachtet hatte, wie fachmännisch seine Leute die Brände auf „Piper Alpha" gelöscht hatten. Und obwohl es für die Tragödie auf „Piper Alpha" keine Worte gab, hatte ihn die Zeit, die er auf der *Tharos* bei der Überwachung des Einsatzes verbracht hatte, daran erinnert, welchen Beitrag er für die gesamte Ölindustrie geleistet hatte. Seine Arbeit und seine technischen Verbesserungen hatten überall auf der Welt mitgeholfen, unzählige andere Tragödien zu verhindern. Es ist wirklich etwas aus mir geworden, dachte er jetzt. Ich kann mir ein wenig Ruhe gönnen.

„Kemmie, du hast recht", sagte er am folgenden Morgen zu ihr. „Wir sollten uns wirklich ein bißchen Zeit füreinander nehmen, abseits von diesem ganzen Rummel."

Zuerst glaubte Kemmie nicht daran, daß es dieses Mal wirklich klappen könnte. Es wird so sein wie immer, dachte sie, wir sind noch keine zehn Kilometer außerhalb der Stadt, dann klingelt das Autotelefon, und Red muß zu einem Einsatz. Aber allen Unkenrufen zum Trotz kamen die beiden ein paar Wochen später ohne Probleme von Houston fort. Innerhalb von drei Tagen fuhren sie hinauf nach Arkansas und besuchten Jimmy und seine Frau Candy. Auf der Fahrt hatten die beiden so viel Freude an den Sehenswürdigkeiten, daß Red an einem Nachmittag sogar völlig vergaß, im Büro anzurufen.

An diesem Abend erzählte Red Kemmie von seinen Plänen, das Büro der Firma von Katy Freeway in das Gebäude an der Pinemont Street zu verlegen, in dem auch Reds Lagerhaus untergebracht war. „Ich möchte wieder alles zusammenbringen", erklärte ihr Red. „Ich möchte sie alle wieder unter einem Dach wissen, so wie es in den alten Tagen einmal war." Dabei lächelte er ihr zu. Es war dieses Lächeln, das sie so sehr an ihm liebte, dieses Lächeln, das ihr ganz allein gehörte, auch wenn er sich sonst mit Leib und Seele den Ölfeldern verschrieben hatte.

Anderthalb Jahre später, am 3. Dezember 1989, begingen die beiden ihren fünfzigsten Hochzeitstag. Es war ein weiter Weg, dachte sie, aber es hat sich auf jeden Fall gelohnt. Nun schließt sich der Kreis, es wird alles wieder so wie damals, als wir nur eine ganz kleine Firma hatten und uns alle sehr nahestanden.

Sie blieben mehrere Tage bei ihrem Sohn und ihrer Schwiegertochter, dann nahmen sie sich wieder drei Tage Zeit für den Rückweg nach Texas. So lange waren sie seit den frühen Tagen ihrer Ehe nicht mehr zusammengewesen. Sie lachten über die guten alten Tage und all die verrückten Dinge, die sie hinter sich hatten, und aßen abends in einem kleinen Restaurant abseits der großen Stadt zu Abend. Sie fühlten sich wohl, und man konnte glauben, daß Red es ernst meinte, als er ins Büro zurückkam und ankündigte, Kemmie und er würden bald wieder verreisen. „Aber das nächste Mal", fügte er hinzu, „werden wir es wirklich ganz ruhig angehen lassen. Dann kommen wir nicht so schnell wieder nach Hause."

Das Jahr, das auf die erfolgreiche Abdichtung der Öl- und Gasquellen der „Piper Alpha" folgte, brachte Red zahlreiche neue Aufträge auf Ölfeldern in den Vereinigten Staaten und in Südamerika. Aber er wartet noch immer auf einen Einsatz in China und hat auch seine Hoffnung noch nicht aufgegeben, eines Tages in den Iran zurückzukehren und die dort noch immer brennenden Bohrlöcher zu löschen. Er tritt jetzt ein wenig kürzer. Zwischen den Einsätzen gönnt er sich einen Erholungsurlaub mit seiner Frau Kemmie oder fährt mit seinem neuen Schnellboot auf die Galveston-Bucht hinaus. Das Boot ist weiß und hat rote und goldene Zierstreifen. Drei Motoren von je 6,8 Liter Hubraum beschleunigen das Boot auf bis zu über 110 Stundenkilometer.

DANK

Ich möchte die Gelegenheit nutzen, mich bei den vielen Menschen zu bedanken, die mir so bereitwillig ihre Zeit geopfert haben, um mir ihre Geschichten zu erzählen und Fachkenntnisse zu vermitteln. All das war unschätzbar wichtig für mich, um dieses Buch recherchieren und schreiben zu können. Mein Dank gebührt Reds Familie: seiner Frau Kemmie, seinem Sohn Jimmy, seinem Enkelsohn Paul Wayne, seinen Schwestern Faye und May und ganz besonders seiner Tochter Robyn, deren jahrelange hingebungsvolle Unterstützung es erst ermöglicht hat, eine Biographie über ihren Vater zu verfassen.

Mein Dank gilt Reds Männern: Raymond Henry, Richard Hatteburg, Brian Krause, Danny Clayton und Gregg Spedale; seinen langjährigen Freunden: Jerry Morton, Squirt Baker, Doug Henderson, Wiley Hodgens, John Mecom junior sowie Betty und Lea DeMontrond.

Ferner möchte ich danken: Joy Hamilton, Reds erster Sekretärin, Paula Pearce, die heute die gute Seele seines Büros ist; Bob Eslinger, Bohrmeister bei der Chevron-Ölgesellschaft, der mir soviel darüber beigebracht hat, wie ein Ölbohrturm funktioniert, und Ron Thomas von der Hall-Houston-Ölgesellschaft, der mich freundlicherweise einmal auf eine Bohrinsel im Golf von Mexiko mitgenommen hat; Neil Watson, dem Nachrichtenredakteur von „The Press and Journal" in Aberdeen, Schottland, der mir geholfen hat, Informationen über das Unglück auf der „Piper Alpha" zu sammeln.

Ich möchte meinen Freunden danken: Alan und Carolyn Luce sowie Bill Geary, die immer zur Stelle waren, wenn ich Hilfe brauchte.

Einen besonderen Dank an meinen Agenten, Ned Leavitt,

für seine Geduld und sein Verhandlungsgeschick, an Fredi Friedman und Colleen Mohyde, die Lektoren beim Verlag Little, Brown and Co., und an Kathy Rooney vom Verlag Bloomsbury.

Und natürlich gilt mein von ganzem Herzen empfundener Dank Red Adair selbst, dessen Motto „Nichts ist unmöglich" mich während der zweieinhalb Jahre, die ich an der Geschichte seines Lebens gearbeitet habe, ständig begleitet hat.

Philip Singerman, 1989

An alle, die auf den Ölfeldern gearbeitet und ihr Leben verloren haben: Dieses Buch ist für Euch.

An Robert Arthur und Sam Weisbord: Sie haben meinen tiefsten Respekt und meine Anerkennung dafür, daß sie an dieses Projekt glaubten und meine Tochter mit Irene Webb und Ned Leavitt bekannt gemacht haben. Ohne Irene, Ned, ihre Mitarbeiter und ohne unsere Lektoren Kathy Rooney, Fredi Friedman und Colleen Mohyde hätten wir es niemals geschafft. Und natürlich vielen Dank an Phil Singerman, mit dem ich viele bewegende Augenblicke geteilt habe.

An meinen Sohn Jimmy, seine Frau Candy, meine Tochter Robyn und meine Enkel Paul Wayne und Sunny: Danke, daß Ihr Euer Leben mit mir und Eure Erinnerungen, wenn auch manche davon schmerzlich waren, mit Phil geteilt habt.

An meine Frau Kemmie, die immer da war, wenn es sonst niemand mehr war, und die nie aufgehört hat, an mich zu glauben: Denk dran, Kemmie, ich würde alles wieder genauso machen!

Red Adair, 1989